Deutsch kombi plus 9

Differenzierende Ausgabe

mit Medien

Erarbeitet von:
Petra Breuer-Küppers
Ann-Katrin Gans
Nicole Janicki
Sylvie Kurutz
Franziska Maaß
Pauline Majumder
Sabine Meier-Schulz
Kirsten Müller
Wanda Rohse
Christa Schürmann
Christiane Vatter-Wittl

Ernst Klett Verlag
Stuttgart · Leipzig · Dortmund

Inhalt

Sprechen und Zuhören

1

2

Auf einem Weg üben

WEG A

einfacher Weg

WEG B

mittlerer Weg

WEG C

schwieriger Weg

Geht euren passenden Weg
durch das Kapitel.

Lerninseln

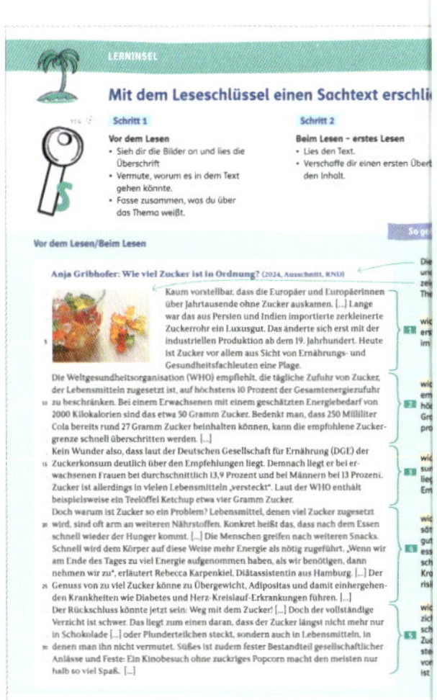
LERNINSEL

Mit dem Leseschlüssel einen Sachtext erschli

Schritt 1

Vor dem Lesen
- Sieh dir die Bilder an und lies die Überschrift.
- Vermute, worum es in dem Text gehen könnte.
- Fasse zusammen, was du über das Thema weißt.

Schritt 2

Beim Lesen – erstes Lesen
- Lies den Text.
- Verschaffe dir einen ersten Überb
den Inhalt.

Vor dem Lesen/Beim Lesen

Anja Gribbhofer: Wie viel Zucker ist in Ordnung?

Hier könnt ihr nachschlagen, we
euch etwas unklar ist. So geht's-
Beispiele zeigen euch, wie ihr eu
Wissen anwendet.

Mit dem Leseschlüssel einen erzählenden Text lesen und verstehen

Um lange literarische Texte gut lesen und verstehen zu können, kannst du folgende Technik nutzen.

Vor dem Lesen
- Sieh dir die **Bilder** an.
- Lies die **Überschrift**.
- **Vermute**, worum es in dem Text gehen könnte.

Beim Lesen
- **Lies** den Text.
- Notiere **unbekannte Begriffe** und kläre sie.
- Formuliere **W-Fragen** zum Text.
- **Lies** den Text ein weiteres Mal.
- Markiere die Textstellen, die **Antworten auf die W-Fragen** geben.

Nach dem Lesen
- Beantworte die **W-Fragen**.
- **Fasse** den Inhalt **zusammen**.
- **Prüfe**, ob deine Vermutungen zutreffend waren.

Seite 305

Mit dem Leseschlüssel einen Sachtext lesen und verstehen

Um einen Sachtext gut lesen und verstehen zu können, kannst du folgende Technik nutzen.

Vor dem Lesen
- Sieh dir die **Bilder** an und lies die **Überschrift**.
- **Vermute**, worum es in dem Text gehen könnte.
- **Fasse zusammen**, was du über das Thema weißt.

Beim Lesen – erstes Lesen
- **Lies** den Text.
- Verschaffe dir einen ersten **Überblick**.

Beim Lesen – zweites Lesen
- **Lies** den Text genauer.
- **Gliedere** den Text in Sinnabschnitte.
- Notiere die **wichtigsten Informationen** aus jedem Abschnitt.
- Finde zu jedem Sinnabschnitt eine **Überschrift**.
- Kläre **unbekannte Begriffe** aus dem Zusammenhang, mithilfe eines Lexikons oder des Internets.

Nach dem Lesen
- **Formuliere Fragen** zum Text und **beantworte sie**.
- **Fasse** den Inhalt **zusammen**.

Seite 300

1. Auflage 1 6 5 4 3 2 1 | 29 28 27 26 25

Alle Drucke dieser Auflage sind unverändert und können im Unterricht nebeneinander verwendet werden.
Die letzte Zahl bezeichnet das Jahr des Druckes.

Autorinnen und Autoren: Petra Breuer-Küppers, Ann-Katrin Gans, Nicole Janicki, Sylvie Kurutz, Franziska Maaß, Pauline Majumder, Sabine Meier-Schulz, Kirsten Müller, Wanda Rohse, Christa Schürmann, Christiane Vatter-Wittl
Unter Verwendung von Materialien von: Thomas Bickelhaupt, Martina Blatt, Julia Faber, Heike Henniger, Pit Kapetanovic, Andreas Zdrallek

Entstanden in Zusammenarbeit mit dem Projektteam des Verlages.

Gestaltung: normaldesign GbR, Schwäbisch Gmünd
Umschlaggestaltung: normaldesign GbR, Schwäbisch Gmünd
Titelbild: Getty Images Plus/Microstock, Jasmin Merdan/Moment;
Getty Images Plus/Microstock, Jasmin Merdan
Satz: Fotosatz Buck, Kumhausen/Hachelstuhl
Druck: Industriedruck Brandenburg GmbH, Wustermark

Printed in Germany
ISBN 978-3-12-314465-3

9 783123 144653

3

Schreiben

Romantisch oder was?

4

Was ist schön?

So kommst du zum Ziel

So war mein Praktikum

Lesen und Medien

Schön und hässlich

8 Auf der Suche nach Abenteuern

9 Alles über „Tschick"

10 „Creeps" – ein Jugendtheaterstück

11 Ernährung in der Zukunft

MK 12

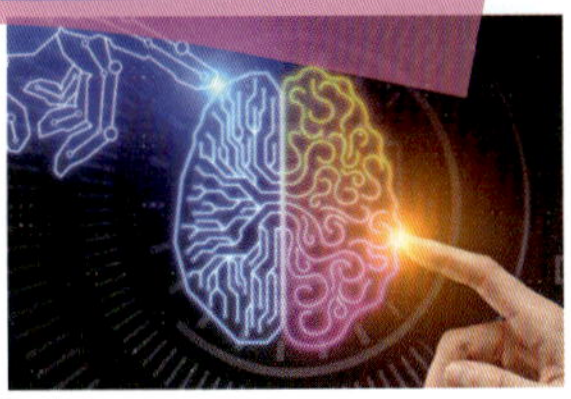

Mensch und Maschine

Künstliche Intelligenz verstehen und nutzen 214

• Künstliche Intelligenz beschreiben und ihre Funktionen untersuchen • Chancen und Risiken des interaktiven Internets benennen und Konsequenzen aufzeigen

Sprache

13

Grammatik und Rechtschreibung

Wörter, Sätze und Zeichensetzung untersuchen / Regeln und Strategien der Rechtschreibung anwenden 232

14 Sprachbetrachtung

15 Texte überarbeiten

Lerninseln

Lesen und Medien

Sprechen und Zuhören

Schreiben

Sprache

Anhang

1 Einmischen, mitreden, überzeugen

Debatten vorbereiten und durchführen

A

1 Beschreibt die Fotos A – D. Klärt, in welchem Zusammenhang sie zum Thema des Kapitels stehen. Nennt weitere Beispiele für öffentliche Debatten und Streitgespräche.

2 Was wisst ihr über öffentliche Debatten? Tauscht euch darüber aus und klärt dabei die Fragen:
- Wo finden die Debatten statt?
- Wer nimmt daran teil?
- Wozu dienen Debatten?
- Welcher Unterschied besteht zwischen einer Debatte und einer Diskussion?

3 Lest den Satz in E und erklärt, was mit „guter Streitkultur“ gemeint sein könnte.

Wichtiger Bestandteil einer Demokratie sind Debatten. In diesen Streitgesprächen nach festen Regeln geht es darum, Meinungen zu vertreten, zu begründen und andere Menschen zu überzeugen. Wer debattieren gelernt hat, kann die eigenen Interessen besser vertreten, andere Meinungen respektieren und die gemeinsam getroffenen Entscheidungen akzeptieren.

Das lernt ihr jetzt:

- eine Debatte nach den Regeln von „Jugend debattiert" vorbereiten, durchführen und auswerten
- ein Ergebnisprotokoll untersuchen und schreiben

B

C

D

E

Eine Debatte kann nur in einer guten Streitkultur funktionieren.

F

4 Bereitet kurze Reden zum Thema „Die beste Erfindung der Menschheit" vor. Geht dabei so vor:

- Jede Person wählt einen Alltagsgegenstand (z. B. aus F), von dem sie glaubt, dass er die beste Erfindung der Menschheit sei. Der Gegenstand darf nicht genannt werden.
- Jede Person notiert für eine kurze Rede drei überzeugende Gründe, warum dieser Gegenstand die beste Erfindung der Menschheit sein könnte.
- Jede Person hält eine kurze Rede vor der Klasse und verrät erst am Ende, um welchen Gegenstand es sich handelt.
- Tauscht euch in der Klasse über eure Reden aus. Klärt, wer am überzeugendsten war, und begründet eure Wahl.

Einkaufen am Sonntag

Eine Debatte vorbereiten

○ **1** Lies die folgenden Texte und sieh dir das Werbeplakat an.

A Art 139 Grundgesetz für die Bundesrepublik Deutschland (Weimarer Reichsverfassung; gültiger Bestandteil des Art 140 GG)

Der Sonntag und die staatlich anerkannten Feiertage bleiben als Tage der Arbeitsruhe und der seelischen Erhebung gesetzlich geschützt.

B Petition der Initiative „Wir wollen sonntags shoppen"

C Sonntagsöffnung: Wunsch des Einzelhandels erfüllt

Das große Engagement, speziell der Immobilien- und Standortgemeinschaft Moers Innenstadt e. V. (ISG), hat sich ausgezahlt: Der Rat der Stadt Moers entsprach in seiner Sitzung am heutigen Mittwoch (3.7.) dem Wunsch des Einzelhandels nach einem dritten verkaufsoffenen Sonntag in diesem Jahr und nahm den neuen Antrag von Moers Marketing mehrheitlich an. [...] Verkaufsoffene Sonntage sind ein Instrument von mehreren, die einerseits dem stationären[1] Einzelhandel zugutekommen und andererseits als Innenstadt-Erlebnis Besucher:innen aus der Region einen Anlass bieten, Moers kennenzulernen, neu zu entdecken oder wieder zu besuchen. „Wir arbeiten seit vergangenem Jahr mit unterschiedlichen Projekten daran, den Standort zu stärken und die Moers-Macherinnen und -Macher sichtbarer zu machen. Es freut mich daher für die Betriebe und den Standort Innenstadt sehr, dass es nun doch gelungen ist, einen verkaufsoffenen Sonntag am 15. Dezember zu ermöglichen", sagt Michael Kersting, Geschäftsführer von Moers Marketing. [...] [...] Im Antrag erläuterte das Stadtmarketing, wie sich verkaufsoffene Sonntage in ein Gesamtkonzept des Citymarketings einfügen würden, das vor allem die lokale Wirtschaft in der Innenstadt stärken soll. Zudem legte Moers Marketing weitere Ideen für ‚Magisches Moers' vor – die geplante Veranstaltung am Tag der Sonntagsöffnung, die im Zusammenspiel mit dem Moerser Weihnachtsmarkt möglichst viel Publikum in die City locken soll. [...]

1 stationär: an einen Ort gebunden

D **Dirk D.: Der freie Sonntag bedeutet für mich …**

Zeit haben. Samstagabend weggehen können. Sonntagmorgen mit Freunden und Familie frühstücken. Zeit für Sauna und Wellness haben. Verwandte besuchen. Ausflüge machen. Dinge erledigen, zu denen man sonst nicht kommt.

2 Besprecht in der Klasse, welches Thema in den Texten angesprochen wird. Formuliert das Thema als Streitfrage.

Sollen sonntags …?

Tipp
Eine Streitfrage zur Debatte wird immer als Entscheidungsfrage formuliert.

3 Tauscht euch im Tandem über die unterschiedlichen Positionen in den Materialien von Aufgabe 1 aus.

4 Lege eine Pro-Kontra-Tabelle an und notiere die Positionen und Argumente aus den Materialien in Stichworten.

Tipp
Beachte, dass auf dem Plakat B verschiedene Meinungen und Argumente genannt werden.

Streitfrage: *Sollen sonntags …?*

Material	Pro-Argumente	Kontra-Argumente
Text A	…	…
…	…	…

5 Findet in der Klasse weitere Pro- und Kontra-Argumente. Ergänzt sie in den Tabellen.

Tipp
Informiert euch im Internet ausführlicher zum Thema.

6 Einigt euch in der Klasse auf ein gemeinsames Verständnis der Streitfrage. Klärt dazu weitere Fragen zum Thema, z. B.
- Welche Läden sind gemeint?
- Wie lange sollen die Geschäfte sonntags geöffnet sein?

7 Überarbeite deine Tabelle aus Aufgabe 4, wenn nötig. Ordne dann die Argumente nach ihrer Überzeugungskraft.

Tipp
Nummeriere vom schwächsten zum stärksten Argument.

8 Entscheide dich nun für eine Position und schreibe eine kurze Stellungnahme zu der Streitfrage: „Sollen sonntags alle Geschäfte in Deutschland öffnen?“ Verwende dazu folgende Satzanfänge und nenne zwei bis drei Argumente.

Sprachtipp

In der heutigen Debatte geht es um die Frage …
Dafür spricht …/Dagegen spricht …
Deshalb bin ich dafür …/Deshalb bin ich dagegen …

9 Lest einander im Tandem eure Stellungnahmen vor. Überprüft, ob ihr eure Meinungen überzeugend begründet habt.

Ich bin dafür, du bist dagegen

Eine Debatte durchführen

Mithilfe eurer Stellungnahmen könnt ihr nun eine Debatte nach den Regeln des Bundeswettbewerbs „Jugend debattiert“ durchführen. Diese Debatten bestehen aus drei Teilen: 1. der Eröffnungsrunde, 2. der Freien Aussprache und 3. der Schlussrunde. Bereitet zuerst eure Debatte zur Streitfrage „Sollen sonntags die Geschäfte geöffnet werden?“ gründlich vor.

Tipp
Übe deine Rede, damit du frei sprechen kannst. Beachte die Redezeit von zwei Minuten.

○ **1** Schreibe für die Eröffnungsrunde eine Eröffnungsrede. Nutze deine Stellungnahme von Seite 13 und die folgenden Satzanfänge.

Sprachtipp

Einleitung:	Jeder Mensch weiß, dass ...
Frage:	Es stellt sich daher die Frage: Sollen ...?
Vorschlag:	Ich schlage vor, dass ...
Gründe:	Dafür/Dagegen spricht ...
Antwort:	Deshalb sollen/sollen nicht ...

Feed-back → Seite 342

○ **2** Tragt einander im Tandem eure Eröffnungsreden vor. Gebt euch ein Feedback. Achtet auf die Einhaltung der Redezeit von zwei Minuten.

○ **3** Übt jetzt für die Freie Aussprache das Anknüpfen an die Vorrednerin oder den Vorredner. Führt im Tandem ein Gespräch nach folgender Struktur durch:

Person 1	(eigene Sicht)	*Ich bin dafür/dagegen, weil ...* (ein Argument)
Person 2	(Anknüpfung)	*Du sagst, dass ...*
		Für/gegen dein Argument spricht ...
		Es ist sicher richtig, aber ...
	(eigene Sicht)	*Ich meine: ...* (ein neues Argument)
Person 1	(Anknüpfung)	*...*

○ **4** Übt jetzt für die Freie Aussprache überzeugend zu sprechen. Geht so vor:

- Bildet Dreiergruppen. Eine Person übernimmt die Pro- und eine die Kontra-Position. Die dritte Person soll von einer Position überzeugt werden.
- Pro und Kontra führen eine Freie Aussprache in vier Minuten durch.
- Die dritte Person formuliert dann nach kurzer Bedenkzeit ihre Entscheidung für die Schlussrunde nach folgender Struktur:

Sprachtipp

Frage:	Wir haben uns gefragt: Sollen ...?
Gründe:	Dafür spricht .../Dagegen spricht ...
Hauptgrund:	Entscheidend ist ...
Antwort:	Deshalb bin ich für/gegen ...

- Wechselt die Rollen so oft, bis jede Person eine Schlussrede gehalten hat.

MK **5** Führt nun die gesamte Debatte nach den Regeln von „Jugend debattiert“ durch. Nehmt die Debatte mit Kamera oder Handy auf. Geht dabei so vor:

- Benennt vier Redende (zwei für Pro und zwei für Kontra), eine Zeitwächterin/einen Zeitwächter und die Beobachtenden.
- Die Zeitwächterin/der Zeitwächter eröffnet die Debatte und überwacht während der Debatte die Einhaltung der Redezeiten.
- Die Beobachtenden erhalten Beobachtungsaufträge nach den Kriterien von SAGÜ (aus Aufgabe 6).
- Beginnt mit der Eröffnungsrunde (max. 8 Minuten): Die vier Pro- und Kontra-Redenden halten ihre Eröffnungsreden und wechseln sich dabei ab.
- Führt dann die Freie Aussprache durch (max. 12 Minuten): Alle vier Redenden tauschen ihre Argumente in freiem Wechsel aus.
- Beendet die Debatte mit der Schlussrunde (max. 4 Minuten): Die vier Redenden beziehen abschließend Position und wechseln sich wie in der Eröffnungsrunde ab.

Tipp
Teilt die Redezeit gerecht auf.

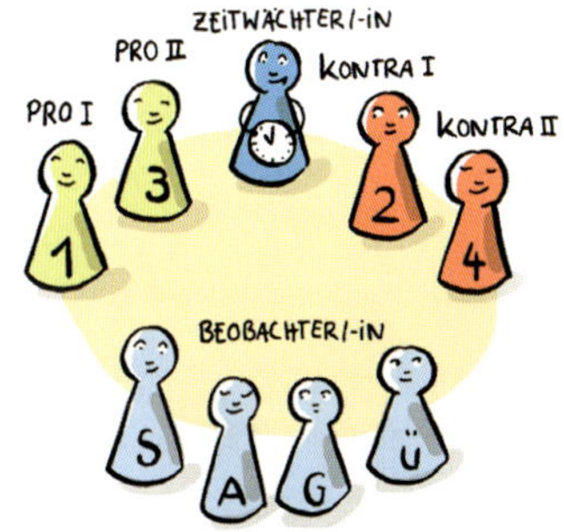

6 **Beobachtende:** Wertet nun die Debatte aus. Seht euch die Aufnahme an. Ihr könnt jeder Rednerin/jedem Redner 0 bis 5 Punkte für die SAGÜ-Kriterien geben.

Sachkenntnis: Wie gut weiß die redende Person, worum es geht?
Ausdrucksvermögen: Wie gut sagt die redende Person, was sie meint?
Gesprächsfähigkeit: Wie gut hört die redende Person zu und geht auf die anderen ein?
Überzeugungskraft: Wie gut begründet die redende Person, was sie sagt?

Tipp
Nutzt eine Tabelle für die Auswertung.

7 **Beobachtende:** Gebt den Redenden ein Feedback. Tauscht euch dann darüber aus, wie die Debatte gelungen ist und was noch verbessert werden kann.

Feedback
Seite 342

8 Führt in der Klasse eine weitere Debatte nach den Regeln von „Jugend debattiert“ durch. Wählt dafür eine eigene Streitfrage aus.

Tipp
Mögliche Themen findet ihr unter www.jugend-debattiert.de.

! **Merke**

Eine Debatte (nach den Regeln von „Jugend debattiert“) durchführen

Es debattieren immer **vier Personen** ohne Gesprächsleitung. Dabei vertreten **zwei** die **Pro-Position** und **zwei** die **Kontra-Position**.

1. Eröffnungsrunde: Jeder Redende bezieht in einer **Eröffnungsrede**, die max. **2 Minuten** dauert, Stellung zur Streitfrage. Wechsel: **Pro – Kontra – Pro – Kontra**.
2. Freie Aussprache: Die Redenden tauschen im **freien Wechsel** ihre Argumente aus. Dabei halten alle ihre Beiträge kurz und gehen auf die anderen Redenden ein.
3. Schlussrunde: Alle Redenden beziehen erneut Stellung (max. **1 Minute**). Sie können ihre Meinung ändern und begründen, aber keine neuen Argumente vorbringen. Wechsel: **Pro – Kontra – Pro – Kontra**.
4. Auswertung: Eine Debatte wird immer nach den SAGÜ-Kriterien (**Sachkenntnis, Ausdrucksvermögen, Gesprächsfähigkeit, Überzeugungskraft**) ausgewertet. Dabei sollen die **guten Leistungen** im Vordergrund stehen.

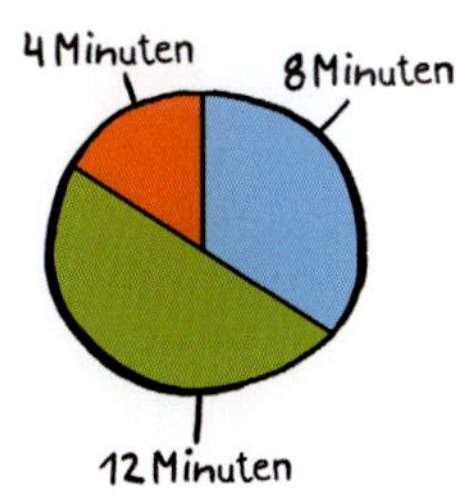

Lerninsel
Seite 320

Und am Ende steht …

Ein Ergebnisprotokoll verfassen

1 In einer Versammlung diskutieren Schülerinnen und Schüler zum Thema „Soll an unserer Schule einheitliche Schulkleidung eingeführt werden?" Lest einen Auszug aus dem Gespräch mit verteilten Rollen.

Maike Dafür würde auf jeden Fall sprechen, dass niemand mehr blöd angemacht wird wegen dem, was er anhat. Viele haben Angst, schikaniert zu werden.
Dustin Ich will mir doch aber nicht vorschreiben lassen, was ich anziehen soll. Ich will selbst entscheiden, was mir steht und wonach mir ist.
Sedra Vielleicht würde es den Zusammenhalt und das Gemeinschaftsgefühl stärken. Jeder könnte sehen, von welcher Schule wir kommen. Ich fände das cool.
Paul Genau, dann würden alle denken, dass wir uns abgrenzen wollen. Wahrscheinlich würden wir eingebildet wirken und am Ende Ärger mit Schülern aus anderen Schulen bekommen.
Sedra Das ist doch Quatsch, im Sportverein tragen auch alle Sportler einheitliche Kleidung und niemand findet sie eingebildet.
Dustin Sportvereine sind freiwillig, Schule halt nicht.
Maike Und wenn wir Jeans und Polohemd mit dem Schullogo anziehen würden?

2 Untersucht in der Gruppe das Gespräch. Notiert, welche Positionen vertreten werden und wie sie begründet werden.

3 Lies das Ergebnisprotokoll zur Versammlung mit den Ergebnissen aus der Diskussion in Aufgabe 1.

Ergebnisprotokoll der Versammlung der Klasse 9d am 17.10.2024

Ort: 8. Realschule in Neustadt, R. 1.230
Zeit: 15:30–16:30 Uhr

Teilnehmer: 25 Schülerinnen und Schüler der Klasse 9d (es fehlt: Huong)
Protokollantin: Xenia Radilov

TOP 1: Schulfasching am 07.02.2025
…
TOP 2: Einführung von einheitlicher Schulkleidung an unserer Schule (Vorschlag: Karim)
Die Schülerinnen und Schüler tragen ihre Argumente vor:
Pro-Argumente: Es gibt keine Hänseleien mehr wegen der Kleidung. Das Gemeinschaftsgefühl innerhalb und außerhalb der Schule wird gestärkt.
Vorschlag: Jeans und Polohemd mit Schullogo
Kontra-Argumente: Manche fühlen sich mit dem Zwang nicht wohl. Die Individualität geht verloren und die Abgrenzung zu anderen Schulen ist schwierig.
Beschlüsse: In der nächsten Versammlung (07.11.2024) erfolgt eine Abstimmung.
Abmachungen: Das Thema soll durch Tim und Melina in anderen Klassen vorgetragen werden (bis zum 06.11.2024), um eine Schulabstimmung vorzubereiten. Maike plant die Klassenabstimmung am 07.11.2024.
Zu TOP 3: Fotogalerie
…
Neustadt, 18.10.2024, Xenia Radilov

4 Untersucht das Ergebnisprotokoll im Tandem. Beantwortet dazu die folgenden Fragen und macht euch Notizen:
- Wie ist das Protokoll aufgebaut? Ordnet die Begriffe den Teilen im Protokoll zu:

Protokollkopf | Hauptteil | Schluss

- Welche Angaben stehen im Protokollkopf?
- Worüber informiert der Hauptteil?
- Was steht am Schluss?
- Wie ist das Protokoll sprachlich gestaltet? In welcher Form wurden die Angaben aus der Diskussion aus Aufgabe 1 notiert?

Tipp
Achtet besonders auf die Aussagen, die Vorschläge oder Anträge enthalten.

5 Tauscht euch in der Klasse über die Funktion eines Ergebnisprotokolls aus.

6 Legt im Tandem eine Checkliste zu Aufbau und Inhalt eines Ergebnisprotokolls an.

Checkliste

Ergebnisprotokoll

1. Protokollkopf
- ☑ Titel der Veranstaltung
- ☑ Ort
- ☑ …

MK **7** Verfasse ein eigenes Ergebnisprotokoll. Ändere und ergänze dazu das Protokoll aus Aufgabe 3. Denke dir zu TOP 1 oder 3 ein Gespräch aus und notiere mögliche Ergebnisse im Protokoll. Nutze ein Textverarbeitungsprogramm.

Tipp
Ändere den Protokollkopf so, als wäre es eine Versammlung deiner Klasse gewesen.

Textverarbeitung
Seite 317

Arbeitstechnik

Ein Ergebnisprotokoll verfassen

Das Ergebnisprotokoll ist ein **knapper Bericht** über eine **Diskussion** oder **Versammlung**. Es **fasst die Ergebnisse** sachlich **zusammen** und dient als **Gedächtnisstütze**. So schreibst du ein Protokoll:

1. Nenne im **Protokollkopf** den Titel der Veranstaltung, Datum, Ort, Uhrzeit, Anwesende und Protokollantin oder Protokollant.
2. Gliedere den **Hauptteil** nach Tagungsordnungspunkten (TOP). Notiere alle Ergebnisse, Beschlüsse und Abmachungen.
3. Notiere am **Schluss**: Datum und Ort der Anfertigung, Unterschrift und Name der Protokollantin oder des Protokollanten.

Beachte: Schreibe **knapp** und **sachlich** und im **Präsens**.

START **Drei Wege – ein Ziel!** Finde deinen Weg mit diesem Einschätzungstest: **D01**

A B C

Sicherer mit Helm?

Eine Debatte vorbereiten und durchführen

Auf einem Moped ist es Pflicht, einen Helm zu tragen. Aber auf dem Fahrrad nicht. Sollte das geändert werden? Bildet euch eine Meinung dazu und debattiert.

Lerninsel
→ Seite 300/301

○ **1** Lies den folgenden Beitrag und eine Auswahl an Kommentaren.

Wir sind für die Helmpflicht

Eine Helmpflicht beim Fahrradfahren ist ein wichtiges Thema, das aus verschiedenen Gründen unterstützt werden kann. Zunächst einmal schützt ein Helm den Kopf bei Stürzen und Unfällen, die beim Radfahren häufig vorkommen. Studien zeigen, dass das Tragen eines Helms das Risiko schwerer Kopfverletzungen erheblich reduziert. Dies ist besonders wichtig für Kinder und Jugendliche, die oft weniger Erfahrung im Straßenverkehr haben und daher anfälliger für Unfälle sind.

Ein weiterer Punkt ist die Vorbildfunktion. Wenn eine Helmpflicht eingeführt wird, sendet dies ein starkes Signal an die Gesellschaft, dass Sicherheit beim Radfahren besonders wichtig ist. Dies könnte dazu führen, dass mehr Menschen einen Helm tragen, auch wenn sie nicht gesetzlich dazu verpflichtet sind. Zudem könnte eine Helmpflicht die allgemeine Unfallstatistik positiv beeinflussen, was langfristig zu einer sichereren Verkehrsinfrastruktur[1] führen könnte.

Darüber hinaus könnte eine Helmpflicht auch die Gesundheitskosten senken. Weniger schwere Verletzungen bedeuten geringere Kosten für das Gesundheitssystem und damit weniger Belastung für die Gesellschaft. Schließlich fördert das Tragen eines Helms ein verantwortungsbewusstes Verhalten im Straßenverkehr und sensibilisiert[2] die Radfahrer für die Risiken, die mit dem Radfahren verbunden sind. Zusammenfassend lässt sich sagen, dass eine Helmpflicht beim Fahrradfahren sowohl die Sicherheit der Radfahrer erhöht als auch positive gesellschaftliche Effekte mit sich bringen kann.

1 **die Verkehrsinfrastruktur**: alle Straßen, Wege und Verkehrsmittel
2 **sensibilisieren**: aufmerksam, empfindlich machen

Kommentare:

Lena G.: Ich finde wichtig, dass es für Kinder eine Helmpflicht gibt. Aber wenn man älter ist, fährt man sicherer und vernünftiger. Man kennt die Gefahren, meidet sie und weiß, wie man sich verhalten muss. Ich fahre gut und brauche keinen Helm.

Mustafa A.: Bei einer Helmpflicht besteht die Gefahr, dass sich Menschen sicherer fühlen und dadurch risikoreicher fahren. Sie denken, dass ihnen mit Helm nichts passieren kann. Da bin ich besser gegen die Helmpflicht.

Franz S.: Wenn die Helmpflicht kommt, fahre ich wieder mit dem Auto. Fahrradhelme sehen uncool aus, sind unbequem und zerstören die Frisur.

Tipp
Recherchiere zum Thema.

○ **2** Untersucht die Texte im Tandem und beantwortet die folgenden Fragen:
- Um welches Thema geht es?
- Welche Positionen werden im Text und in den Kommentaren vertreten?

◐ **3** Lege eine Pro-Kontra-Tabelle zur Fragestellung an und notiere die Argumente aus den Texten. Ergänze dann eigene Argumente.

4 Einigt euch in der Gruppe auf die genaue Formulierung und ein gemeinsames Verständnis der Streitfrage. Klärt z. B.
- Sollte es für alle Personen eine Helmpflicht geben?
- Gilt die Helmpflicht auch, wenn man nicht auf der Straße fährt?

5 Tauscht euch in der Gruppe über eure Argumente aus. Ergänzt eure Tabellen und ordnet die Argumente nach ihrer Überzeugungskraft.

6 Legt in der Gruppe fest, wer die Pro- und wer die Kontra-Position einnimmt. Formuliert jeweils euren Standpunkt und begründet ihn.

7 Schreibe für die Eröffnungsrunde eine Eröffnungsrede zu deiner Position. Gehe so vor:
- Einleitung: Stelle die aktuelle Situation vor, z. B. die gesetzliche Regelung.
- Frage: Nenne die Streitfrage und erläutere sie, z. B. *Soll es ein Gesetz geben, dass zum Tragen eines Helms verpflichtet? ...*
- Gründe: Nenne zwei bis drei Argumente, die deine Position stützen, z. B. *Für/Gegen eine Helmpflicht spricht, dass ...*
- Antwort: Beende deine Rede mit der Nennung deiner Position, z. B. *Deshalb bin ich dafür/dagegen, dass ...*

Debatte
→ Seite 15

8 Tragt im Tandem eure Eröffnungsreden vor. Gebt einander ein Feedback.

Feedback
→ Seite 342

MK **9** Führt in der Gruppe eine Debatte nach den Regeln von „Jugend debattiert" durch. Bestimmt die vier Redenden, die Zeitwächterin/den Zeitwächter und die Beobachtenden, die nach den SAGÜ-Kriterien die Debatte bewerten. Nehmt die Debatte mit Kamera oder Handy auf.

10 Verwendet für die Freie Aussprache folgende Formulierungshilfen:

Sprachtipp

Du sagt: ...
Das sehe ich anders/ähnlich.
Ich meine: ...
Du fragst: ...
Dazu sage ich: ...
Wir sind uns einig: ...
Ein Unterschied ist: Ihr sagt: ..., wir sagen: ...
Der wichtigste Unterschied ist: Ihr sagt: ..., wir sagen: ...
Es gibt noch einen anderen wichtigen Punkt: ...

11 Entwickelt die Schlussrunde aus der Debatte heraus. Geht so vor:
- Fasst einzelne Argumente der Debatte noch einmal zusammen.
- Hebt euer stärkstes Argument hervor.
- Beendet die Debatte mit der Bekräftigung eurer Position (Zielsatz).

12 Die Beobachtenden geben den Rednerinnen und Rednern anschließend ein Feedback nach den SAGÜ-Kriterien.

Tipp
Seht euch davor die Aufnahme der Debatte an.

13 Bereitet die Präsentation eurer Debatte in der Klasse vor. Wählt dafür drei Personen aus, die über Thema, Debatte und eure Positionen informieren.

Werbung einschränken?

Eine Debatte vorbereiten und durchführen

Lerninsel
Seite 300/301

1 Lies den folgenden Beitrag. Formuliere dann die Streitfrage, um die es hier geht.

Umfrage: Deutliche Mehrheit befürwortet Werbeschranken für ungesunde Lebensmittel [...]

Eine deutliche Mehrheit der Deutschen unterstützt die von Bundesernährungsminister Cem Özdemir geplanten Beschränkungen für Junkfood[1]-Werbung zum Schutz der Kindergesundheit. Das ist das Ergebnis einer repräsentativen Umfrage des Meinungsforschungsinstituts Kantar im Auftrag der Verbraucherorganisation foodwatch. Demnach unterstützen 66 Prozent der Befragten das Vorhaben des Bundesernährungsministeriums, die Werbung für Lebensmittel mit hohem Zucker-, Fett- oder Salzgehalt rund um Schulen und Kindergärten sowie im Fernsehen und Internet weitgehend einzuschränken. 67 Prozent der Befragten sind besorgt, dass Kinder und Jugendliche zu viele Snacks und Süßigkeiten essen. [...]
„Nicht nur medizinische Fachgesellschaften, Kinderrechts- und Verbraucherorganisationen, sondern auch eine deutliche Mehrheit der Bundesbürger:innen hält Werbebeschränkungen für unausweichlich[2], um Fehlernährung bei Kindern zu bekämpfen. [...]
Obwohl auch viele FDP-Anhänger:innen (56 Prozent) Özdemirs Pläne befürworten, blockieren die FDP-geführten Ministerien seit Monaten das im Koalitionsvertrag vereinbarte Gesetzesvorhaben in der Ressortabstimmung. [...]
Mit ihrer Kampagne konnten die Liberalen dem Ernährungsminister offenbar bereits Zugeständnisse abringen[3]: Eigentlich hatte Özdemir geplant, die Werbung für unausgewogene Produkte im TV, Internet und Hörfunk tagsüber zwischen 6 und 23 Uhr grundsätzlich zu untersagen. Auf Druck der FDP beschränkt sich die Regelung nun wochentags nur noch auf die Abendstunden. Auch für Plakatwerbung soll es wegen des Widerstands der FDP nun lediglich eine 100-Meter-Bannmeile um Kitas und Schulen, nicht aber um Spielplätze und Freizeiteinrichtungen geben. [...]
Kinder essen etwa doppelt so viel Süßigkeiten, aber nur halb so viel Obst und Gemüse wie empfohlen. Aktuell sind etwa 15 Prozent der Kinder und Jugendlichen von Übergewicht und sechs Prozent sogar von starkem Übergewicht (Adipositas) betroffen. Ihnen drohen im späteren Leben Krankheiten wie Typ-2-Diabetes, Gelenkprobleme, Bluthochdruck und Herzerkrankungen. Jeder siebte Todesfall in Deutschland ist laut Daten der OECD auf ungesunde Ernährung zurückzuführen.
Laut einer Studie der Universität Hamburg sieht jedes Kind zwischen drei und 13 Jahren pro Tag im Schnitt 15 Werbespots für ungesunde Lebensmittel. 92 Prozent der gesamten Werbung, die Kinder wahrnehmen, vermarktet Fast Food, Snacks oder Süßigkeiten. Allein die Süßwarenindustrie hat 2022 knapp eine Milliarde Euro für Werbung ausgegeben. Um Fehlernährung bei Kindern zu bekämpfen, empfahl die Weltgesundheitsorganisation (WHO) erst kürzlich, Junkfood-Werbung gesetzlich einzuschränken.
Kantar befragte Anfang Juli 2023 per Telefon 1.987 in Deutschland lebende Menschen im Alter über 14 Jahre.

https://www.foodwatch.org/de/umfrage-deutliche-mehrheit-befuerwortet-werbeschranken-fuer-ungesunde-lebensmittel (Pressemitteilung vom 17.07.2023)

1 **das Junkfood**: ungesunde Nahrung, Fast Food
2 **unausweichlich**: unvermeidbar, hier: besonders wichtig
3 **abringen**: erzwingen (hier: ein Entgegenkommen erzwingen)

2 Tauscht euch im Tandem über den Inhalt des Beitrags aus. Nennt die Gründe, die für eine Werbebeschränkung angegeben werden.

3 Lege eine Pro-Kontra-Tabelle an und notiere die Argumente aus dem Text. Ergänze dann eigene Kontra-Argumente.

Tipp
Recherchiere zum Thema.

4 Einigt euch in der Gruppe auf eine einheitliche Streitfrage.
- Klärt die Streitfrage mithilfe von weiteren Fragen.
- Geht auf die schwierigen Begriffe ein, z. B. *Werbeschranken – Junkfood …*

5 Tauscht euch in der Gruppe über eure Argumente aus. Ergänzt eure Tabellen und ordnet die Argumente nach ihrer Überzeugungskraft.

6 Legt in der Gruppe fest, wer die Pro- und wer die Kontra-Position einnimmt. Formuliert jeweils euren Standpunkt und begründet ihn.

7 Schreibe für die Eröffnungsrunde eine Eröffnungsrede zu deiner Position. Gehe so vor:
- Stelle die aktuelle Situation vor. (Einleitung)
- Nenne die Streitfrage und erläutere sie. (Frage)
- Nenne zwei bis drei Argumente, die deine Position stützen. (Gründe)
- Beende deine Rede mit der Nennung deiner Position. (Antwort)

Debatte
Seite 15

8 Tragt im Tandem eure Eröffnungsreden vor. Gebt einander ein Feedback.

Feedback
Seite 342

MK **9** Führt jetzt in der Gruppe eine Debatte nach den Regeln von „Jugend debattiert" durch. Bestimmt vier Redende, die Zeitwächterin/den Zeitwächter und die Beobachtenden, die nach den SAGÜ-Kriterien die Debatte bewerten. Nehmt die Debatte mit Kamera oder Handy auf.

10 Tauscht in der Freien Aussprache im freien Wechsel eure Argumente aus. Beachtet dabei folgende Hinweise:
- Knüpft an die Vorrednerin/den Vorredner an, z. B. *Du sagst, …/Du stellst es so dar, …*
- Kommentiere den Beitrag der Vorrednerin/des Vorredners, z. B. *Dem möchte ich (nicht) widersprechen …/Selbst, wenn man das einräumt …*
- Äußere deine eigene Meinung, z. B. *Gegen deine Auffassung möchte ich einwenden …/Unter dem Gesichtspunkt des … lässt sich …*

11 Entwickelt die Schlussrunde aus der Debatte heraus. Klärt dabei folgende Fragen:
- Hat diese Debatte meine Meinung bestätigt oder verändert?
- Was war wichtig für mich und warum?
- Welches Argument war am wichtigsten?
- Welche Position muss ich noch einmal bekräftigen?

12 Die Beobachtenden geben den Rednerinnen und Rednern anschließend ein Feedback nach den SAGÜ-Kriterien.

Tipp
Seht euch zuvor die Aufnahme an.

13 Bereitet die Präsentation eurer Debatte in der Klasse vor. Wählt dafür drei Personen aus, die über Thema, Debatte und eure Positionen informiert.

Alt genug, um mitzubestimmen?

Eine Debatte vorbereiten und durchführen

Lerninsel
Seite 300/301

○ **1** Lies den folgenden Beitrag. Formuliere dann die Streitfrage.

Wahlrecht ab 16

Wann sind wir fähig, wichtige Entscheidungen zu treffen?
Jugendliche sind noch nicht reif genug, um zu wählen: Das Argument wird oft genannt, wenn über die Absenkung des Mindestwahlalters auf 16 Jahre diskutiert wird. [...] Bei den meisten politischen Wahlen in Deutschland darf nur mitentscheiden, wer schon 18 Jahre alt ist. Ist das gerecht? Vor allem Jüngere haben daran Zweifel. Schließlich geht es bei der Abstimmung gerade um ihre Zukunft – und über die stimmen aufgrund des demografischen Wandels zunehmend die Älteren ab. Deswegen ist die Absenkung des Wahlalters in der Diskussion. Das Argument dagegen lautet oft: Wer jünger als 18 ist, hat noch nicht genug Wissen, Reife und Erfahrungen, um eine fundierte Entscheidung zu treffen. Auch wird gern betont, dass der Zeitpunkt der vollen Geschäftsfähigkeit mit dem Wahlalter übereinstimmen sollte. Befürworter verweisen hingegen darauf, dass eine Absenkung des Wahlalters zu mehr politischem Interesse und Partizipation führen könnte. [...]

In welchen Bundesländern darf man ab 16 wählen?
In der Mehrheit der Bundesländer dürfen bei Kommunalwahlen 16-Jährige bereits ihre Stimme abgeben. In Baden-Württemberg, Brandenburg, Bremen, Hamburg, Mecklenburg-Vorpommern und Schleswig-Holstein gilt dies auch für Landtagswahlen. Auch bei den Europawahlen 2024 gilt jetzt ein Wahlrecht ab 16. Politikwissenschaftler fordern deswegen ein einheitliches Wahlalter für alle Wahlen in Deutschland [...].

Die psychologische Perspektive
Zum Thema Mindestwahlalter gibt es nicht viele psychologische Studien. Anna Lang arbeitet am Lehrstuhl für Sozial-, Organisations- und Wirtschaftspsychologie der Universität Erfurt und ist eine der wenigen, die sich mit dem Thema beschäftigt. In einer ihrer Untersuchungen hat sie die Qualität von Wahlentscheidungen bei 16-, 17- und 18-Jährigen verglichen. Eine Wahlentscheidung galt dabei als gut, wenn der Proband[1] in Abhängigkeit von seiner eigenen politischen Meinung so wählte, dass er möglichst optimal repräsentiert wurde. Wer also beispielsweise unbedingt ein Tempolimit auf deutschen Autobahnen und einen schnellen Kohleausstieg will, sollte die Grünen wählen. Das eindeutige Fazit der Studie ist, dass auch 16- und 17-Jährige in der Lage sind, gute Wahlentscheidungen zu treffen. [...]

Die politikwissenschaftliche Perspektive
Haben 16-Jährige schon ausreichend Wissen über Politik und unser politisches System – und sind sie daran interessiert? Mit diesen Fragestellungen hat sich der Politologe Arndt Leininger von der Technischen Universität Chemnitz beschäftigt. [...] Das Ergebnis: In der Altersgruppe gebe es „keine Unterschiede in dem, was die jungen Menschen wissen oder wie sehr sie sich für Politik interessieren", sagt Leininger. Egal ob 16, 17 oder 18 – alle Altersstufen erreichten bei den Testfragen zu politischem Wissen und Interesse auf einer Skala von 1 bis 5 eine gute 3. [...] Ein abgesenktes Mindestwahlalter könnte helfen, junge Menschen mehr für politische Partizipation zu begeistern. Schließlich gehen viele mit 16 Jahren noch zur Schule – und könnten sich hier noch mehr mit Politik beschäftigen. [...]

1 **der Proband**: Text-, Versuchsperson

2 Beantworte folgende Fragen zum Text schriftlich.
- Welche Informationen über das Wahlrecht in Deutschland hast du bekommen?
- Wie werden die Argumente für ein Wahlrecht ab 16 begründet?

MK **3** Lege eine Pro-Kontra-Tabelle an. Notiere die Argumente aus dem Text. Recherchiere dann zum Thema und ergänze weitere Argumente.

Internetrecherche
Seite 316

4 Klärt in der Gruppe Begrifflichkeiten und weitere Fragen zum Thema. Formuliert dann eine Streitfrage.

5 Tauscht euch in der Gruppe über eure Argumente aus. Ergänzt eure Tabellen und ordnet die Argumente nach ihrer Überzeugungskraft.

6 Legt in der Gruppe fest, wer die Pro- und wer die Kontra-Position einnimmt. Formuliert jeweils euren Standpunkt und begründet ihn.

7 Schreibe für die Eröffnungsrunde eine erweiterte Eröffnungsrede. Gehe so vor:
- Knüpfe an die aktuelle Situation an (Ohrenöffner).
- Nenne den Anlass bzw. die aktuelle Ist-Soll-Abweichung (Problem).
- Stelle die Streitfrage und erkläre sie (Definition).
- Erläutere die Maßnahme (Vorschlag/Bewertung des Vorschlags).
- Bringe deine Argumente vor.
- Beziehe mit dem Zielsatz Position.

Debatte
Seite 15

8 Tragt im Tandem eure Eröffnungsreden vor und gebt einander ein Feedback.

Feedback
Seite 342

MK **9** Führt jetzt in der Gruppe eine Debatte nach den Regeln von „Jugend debattiert" durch. Nehmt die Debatte mit Kamera oder Handy auf.

10 Die Beobachtenden fertigen eine Debattenmitschrift als Grundlage für die Bewertung an.

11 Tauscht in der Freien Aussprache eure Argumente aus. Beachtet dabei:

an den Vorredenden anknüpfen	den Beitrag des Vorredenden kommentieren	eine eigene Meinung äußern

12 Entwickelt die Schlussrunde aus der Debatte heraus. Geht so vor:
- Greift die wichtigsten Gründe noch einmal auf: Worüber haben wir gesprochen? Worin waren wir uns einig/worin nicht?
- Stützt eure Entscheidung auf die Hauptgründe: Was war der wichtigste Streitpunkt? Wie soll man sich nun entscheiden?
- Beantwortet die Streitfrage abschließend: Welches Thema steht dahinter? Was steht auf dem Spiel? Was folgt daraus?

13 Die Beobachtenden geben den Rednerinnen und Rednern anschließend ein Feedback nach den SAGÜ-Kriterien.

Tipp
Seht euch zuvor die Aufnahme an.

14 Bereitet die Präsentation eurer Debatte in der Klasse vor. Wählt dafür drei Personen aus, die über Thema, Debatte und eure Positionen informieren.

Präsentiert eure Ergebnisse

Ihr habt zu verschiedenen Themen Debatten vorbereitet und durchgeführt. Dazu habt ihr eure Pro- oder Kontraposition mit Argumenten nach den Regeln von „Jugend debattiert" ausgetauscht. Nun könnt ihr eure Ergebnisse präsentieren und in der Klasse weiterdiskutieren.

1 Information

○ Nennt die Themen, mit denen ihr euch beschäftigt habt.

2 Präsentation

◒ Präsentiert eure Ergebnisse:
- Informiert über die Textinhalte.
- Nennt die Streitfragen.
- Beschreibt den Ablauf der Debatten.
- Erläutert eure Positionen und begründet sie kurz.

3 Fragerunde

○ Stellt Fragen zu den Debatten. Lasst euch die Fragen von der jeweiligen Gruppe beantworten, z. B.
- Wie ist euch die Debatte gelungen?
- Habt ihr die Regeln eingehalten?
- Wer war am überzeugendsten? Die Pro- oder die Kontragruppe?
- Warum konnte die jeweilige Gruppe überzeugen?

4 Diskussion

◒ Besprecht die Streitfragen jeder Gruppe. Diskutiert die Themen gemeinsam und formuliert kurz eure Meinungen mit Begründungen.

5 Feedback

● Wertet die Präsentationen gemeinsam aus. Gebt einander ein Feedback. Orientiert euch an den folgenden Fragen:
- ☑ Habt ihr ausreichend Informationen über die Streitfragen und die Debatten erhalten?
- ☑ Waren die verschiedenen Positionen gut zu erkennen?
- ☑ Haben euch die Argumente jeder Position überzeugt?
- ☑ Wurden eure Fragen gut beantwortet?
- ☑ Wurde gut präsentiert (laut, deutlich, zusammenhängend gesprochen, Blickkontakt …)?

Überprüfe dich selbst

○ **1** Lies den folgenden Beitrag.

Experimente mit Tieren

Tierquälerei sagen die einen, nützlich und unvermeidbar sagen die anderen. Tiere wie Mäuse, Ratten, Hunde, Katzen, auch Affen und größere Tiere werden in Tierversuchen eingesetzt. Wer die Bilder aus Laboren gesehen hat, findet das meist grausam. Kritiker argumentieren, dass Tierversuche oft unethisch sind, da sie Tiere unnötigem Leid aussetzen. Viele dieser Versuchstiere leben unter schlechten Bedingungen und erfahren Schmerzen, die sich nicht rechtfertigen lassen. Zudem sind die Ergebnisse von Tierversuchen nicht immer auf den Menschen übertragbar, da es signifikante biologische Unterschiede gibt.
Dagegen betonen die Befürworter die Bedeutung von Tierversuchen für medizinische Fortschritte. Viele lebensrettende Medikamente und Behandlungsmethoden wurden durch Tierversuche entwickelt. Tiere dienen als Modelle, um die Wirkung von Substanzen auf den Organismus zu testen, bevor sie am Menschen angewendet werden. Dies kann helfen, potenziell gefährliche Nebenwirkungen von Medikamenten frühzeitig zu erkennen und die Sicherheit von Arzneimitteln zu gewährleisten. Zudem sind Tierversuche in vielen Ländern gesetzlich reguliert, um das Wohl der Tiere zu schützen.

○ **2** Notiere alle Argumente aus dem Text in Aufgabe 1, die für Tierversuche sprechen, und alle Argumente, die sich dagegen positionieren, in einer Pro- und Kontra-Tabelle.

◒ **3** Ergänze in der Tabelle eigene Argumente.

◒ **4** Notiere deine eigene Meinung zum Thema und nenne zwei bis drei Argumente, die deine Position stützen.

● **5** Notiere die vier Bestandteile einer Debatte nach den Regeln von „Jugend debattiert". Erläutere dann schriftlich, welchen Nutzen Debatten haben.

◒ **6** Gib einer Person, die ein Ergebnisprotokoll in einer Debatte schreiben soll, mindestens fünf Tipps dafür. Schreibe die Tipps auf.

D02 Lösungen

Das kannst du jetzt:
- Pro- und Kontra- Argumente aus Texten herausarbeiten
- die eigene Meinung in einer Debatte mitteilen und begründen
- an einer Debatte nach „Jugend debattiert" teilnehmen
- ein Ergebnisprotokoll schreiben

2 Spannendes Mittelalter

Literatur des Mittelalters erschließen und ein Referat halten

A

1 Tauscht euch mithilfe der Bilder A–E und der Begriffe H über das Mittelalter aus.

2 Lest den Informationstext zur zeitlichen Einordnung des Mittelalters in F. Gebt die Informationen mit eigenen Worten wieder.

3 Das Mittelalter spielt in aktuellen Büchern, Filmen, Serien oder Computerspielen immer wieder eine Rolle. Nennt und beschreibt Beispiele.

Das Mittelalter ist lange her und für euch vielleicht eine fremde Welt. Aber ihr kennt Märchenprinzessinnen und Drachen, Klöster, Schlösser, Burgen und Ritter sowie mittelalterlich anmutende Filme wie „Der Herr der Ringe" oder Serien wie „Game of Thrones". In diesem Kapitel könnt ihr euch mit mittelalterlichen Texten vertraut machen und in die faszinierende vergangene Welt eintauchen.

Das lernt ihr jetzt:
- literarische Texte aus dem Mittelalter lesen und untersuchen
- Besonderheiten des Mittelalters und der mittelalterlichen Literatur entdecken
- Einblick in den Wandel der Sprache gewinnen
- Referate üben und halten

B

C

D

E

Als Mittelalter wird **die auf die Antike folgende und der Neuzeit vorangehende geschichtliche Epoche** bezeichnet. Es wird davon ausgegangen, dass das Mittelalter mit dem Untergang der antiken Welt (3.–5. Jahrhundert) beginnt und um 1500 mit der Reformation endet. [...] Innerhalb des Mittelalters wird eine Binnenperiodisierung vorgenommen. So unterscheidet man:
Frühmittelalter (5.–Mitte 11. Jahrhundert)
Hochmittelalter (Mitte 11.–Mitte 13. Jahrhundert)
Spätmittelalter (Mitte 13. Jahrhundert – ca. 1500)

F

Treue
Rache
Ehre
Held

G

Ständeordnung
Kreuzzüge
Klöster
Papst
Rittertum

H

4 Warum fasziniert das Mittelalter heute noch so viele Menschen? Tauscht euch darüber aus.

5 Lest die Begriffe in **G**, die im Mittelalter eine wichtige Rolle spielten. Beantwortet die Fragen:
- Was versteht ihr unter den Begriffen und welche Bedeutung haben sie für euch?
- Welche Beispiele in Literatur, Film oder Computerspiel kennt ihr?
- Welche Bedeutung hatten die Begriffe im Mittelalter? Vermutet.

Ein Lied von Liebe und Rache

Auszüge aus einem literarischen Text erschließen

Das Nibelungenlied ist eines der bekanntesten literarischen Werke des Mittelalters. Wegen seiner spannenden Themen um Liebe, Rache, Neid und Tod ist die Geschichte bis heute von Bedeutung. In Romanen, Filmen, Musik und Theaterstücken wurden Elemente oder Teile daraus verarbeitet.

A01

Lerninsel
Seite 305

○ **1** Lies den Anfang des Nibelungenliedes in einer Fassung von Franz Fühmann.

Wie Kriemhild am Hofe zu Worms aufwuchs

Viel Staunenswertes ist in den alten Geschichten auf uns gekommen: Kunde[1] von hochberühmten Helden und ihren Taten und ihrer Not, von Festesfreuden und Jammergeschrei und den Kämpfen der Kühnen, und wer mag, kann nun von all dem hören, es werden aber wundersame Dinge darunter sein.

Es wuchs damals in Burgund ein Mädchen heran, das war so auserlesen, dass man rings in den Landen kein schöneres an Wohlgestalt finden konnte, aber auch kein schöneres an Tugend und Edelsinn. Viele Ritter begehrten sie zur Frau und alle Mädchen beneideten sie. Sie hieß Kriemhild und drei edle und reiche Könige beschützten sie: Gunther, Gernot und der junge Giselher, das waren ihre Brüder. Es waren dies freigiebige Herren aus hohem Geschlecht, unmäßig in ihrer Kraft und prächtige Haudegen, und sie herrschten gemeinsam über ihr Land. Ihre Mutter hieß Ute, ihr Vater hieß Dankrat, ihr Hof war zu Worms am Rhein und ihr Gefolge waren die erprobtesten Streiter: Hagen von Tronje, sein Bruder Dankwart, dann Ortwin von Metz, die hochberühmten Markgrafen Gero und Eckewart, die vordem an der Elbe gegen die Heiden[2] gefochten hatten, der Spielmann Volker von Alzay, der Küchenmeister Rumold, der Schenke Sindold und der Kämmerer Hunold und viele andere, deren Namen heut keiner mehr kennt, doch wenn man alle ihre Taten besingen wollte, würde ein Menschenleben dazu nicht ausreichen.

Eines Nachts träumte Kriemhild, sie zähme einen wilden und schönen Falken, da kämen mit einem Mal zwei Adler dahergeflogen und zerfleischten den schönen Falken, und sie hätte nie etwas Grässlicheres gesehen. Diesen Traum erzählte sie ihrer Mutter Ute. Die aber sprach: „Der Falke, den du da gezähmt hast, das ist ein schöner und edler Mann, und Gott möge ihn wohl behüten, sonst verlierst du ihn bald!“ Da sprach Kriemhild. „Wenn Ihr solches von meinem Manne zu sagen wisst, liebste Mutter, dann will ich zeitlebens ohne Liebe bleiben, auf dass ich niemals Leid erfahre. So werde ich es fröhlich haben bis zum Tod!“ Da sagte die Mutter: „Rede nicht so daher, mein Kind, nur durch eines braven Ritters Liebe kannst du deine Schönheit dereinst auch mit Glück und Freude krönen!“ Kriemhild aber bat die Mutter, stille zu sein, und verbannte seitdem die Liebe aus ihrem Sinn, auf dass sie am Ende der Freuden nicht Leid erfahre wie so viele andre Frauen. So wollte sie das Leid überlisten. Lange Zeit hielt sie es so, und doch werdet ihr sehen, dass ein Held sie heimführt, und er wird ihr Falke aus dem Traum sein, und ihre nächsten Verwandten werden ihn erschlagen, und daraus wird eine Rache wachsen, die diesem einen Gemordeten noch vieler Mütter Söhne ins Sterben nachschicken soll.

1 die Kunde: (hier) Nachricht, Bericht
2 die Heiden: Nichtchristen, (hier) Germanenstämme

2 Mache dir Notizen zu den Figuren, der Beziehung zwischen den Figuren, Ort und Zeit.

3 Fasst im Tandem Kriemhilds Traum und wie ihn die Mutter deutet, mit eigenen Worten zusammen.

4 Lest noch einmal den Text ab Zeile 32. Erläutert im Tandem seinen Inhalt und welche Bedeutung diese Stelle für den gesamten Text hat.

5 Das Nibelungenlied wurde aus dem Mittelhochdeutschen ins Neuhochdeutsche, also unsere heutige Sprache, übersetzt. Trotzdem wurde der „Sagenton“ des Originals beibehalten. Wählt im Tandem Textstellen aus, die euch altmodisch oder „sagenhaft“ vorkommen, z. B. *viel Staunenswertes ist … auf uns gekommen … (Z. 1)*

6 Versucht im Tandem die Stellen aus Aufgabe 5 in Umgangssprache zu übersetzen, z. B. *viel Staunenswertes ist … auf uns gekommen → Etwas sehr Spannendes ist uns überliefert worden.*

MK 7 Lege für die Hauptfiguren des Nibelungenliedes Rollenkarten wie in der Abbildung an. Lasse ausreichend Platz für Ergänzungen und deine Gestaltung. Notiere darauf alle Informationen aus den Textauszügen, z. B.

Funktion | Herkunft | Verwandte/Beziehungen | Charaktereigenschaften | wichtige Taten/Besonderheiten

Tipp
Gestalte die Karte passend zur Figur. Wähle passende Farben, Symbole usw. Gestalte die Karte am Computer.

8 Ergänze die Rollenkarte zu Kriemhild mithilfe des Textauszuges auf Seite 28.

Der Drachentöter Siegfried

Auszüge aus einem literarischen Text erschließen

A01

Das Nibelungenlied berichtet vom Königssohn Siegfried von Xanten, der am Niederrhein als Kind von Siegmund und Sieglind aufwuchs. Er war stark und mutig, erlebte viele Abenteuer, wurde von den Rittern bewundert und den Frauen begehrt. Nachdem er von der Schönheit Kriemhilds gehört hatte, zog er nach Worms, um sie zu heiraten.

1 Lies den folgenden Textauszug. Ergänze deine Rollenkarte zu Siegfried.

„Siegfried der Drachentöter?", fragte König Giselher. […] „Was wisst Ihr von ihm, Freund Hagen?", fragte König Gunther. „Man kann ihn nicht töten", sagte Hagen, „seine Haut ist vollständig mit Horn überzogen. Er hat sich im Blut des erschlagenen Drachen gebadet, da ist ihm ein Panzer gewachsen, der ihn unverwundbar macht. Außerdem besitzt er die Tarnhaut, mit der er sich jedem Blick entziehen kann, die hat er dem Zwerg Alberich abgenommen, dem Hüter des Nibelungenhorts[1], und er besitzt auch das Schwert Balmung, das schärfste aller Schwerter […]!" […]

2 Wie geht die Geschichte weiter? Lest die folgenden Textauszüge und fasst im Tandem ihren Inhalt kurz zusammen.

Kriemhild und Siegfried haben sich verliebt und wollen heiraten. Zuvor aber muss Siegfried zusammen mit Gunther nach Island reisen, da dieser um die isländische Königin Brünhild werben will.

Brünhild trat auf Siegfried zu. Sie sagte: „Willkommen, Siegfried, in meinem Reich!" […] Siegfried aber sagte: „Ihr tut mir zu viel Ehre an, Fürstin, dass Ihr mich vor diesem edlen König hier begrüßt. Das Willkommen gehört meinem Lehnsherrn, nicht mir. Es ist König Gunther aus Worms am Rhein und er ist gekommen, Euch zu freien!" […] Da wurde Brünhild bleich wie Stahl. Sie sagte: „[…] Wenn er mich im Kampfspiel dreimal besiegt, werde ich sein Weib. Wenn er unterliegt, muss er sterben und du stirbst mit ihm." […]

Gunther gewinnt die Kämpfe mithilfe Siegfrieds, der die Tarnkappe nutzt. Brünhild reist mit nach Worms, wo bald darauf eine Doppelhochzeit stattfindet. In der Hochzeitsnacht kommt es zu einem weiteren Betrug an Brünhild, wieder bezwingt Siegfried anstelle von Gunther die starke Kämpferin Brünhild. Jahre später geraten die beiden Frauen, Kriemhild und Brünhild, in Streit.

Es wurde ein glänzender Empfang, und wer sich erinnern konnte, meinte, dass Brünhilds Aufwand noch größer war als seinerzeit die Vorkehrungen Kriemhilds. Die beiden Frauen umarmten und küssten einander wohl tausendmal. […] Es war, als ob die Zeit stehen geblieben und das verflossene Jahrzehnt nur ein Nu gewesen wäre. […] Die beiden Königinnen zeigten sich nur gemeinsam; sie schritten gemeinsam zur Kirche und zum Turnierplatz und ihre Gefolge waren eins. So ging es zehn Tage lang. Dann aber begann der elfte Tag. […] Am elften Tag ergab es sich in der Abendstunde beim letzten Turnier, dass die Königinnen zusammensaßen und dem Lanzenstechen zuschauten und dabei jede an einen Helden dachte. […] Plötzlich sagte die schöne Kriemhild: „Ich habe einen Mann, der verdiente wohl, Herr

1 der Nibelungenhort: sagenumwobener Schatz der Nibelungen, eines germanischen Volkes über all diese Länder zu sein!“ Da fragte Brünhild erstaunt: „Wie willst du dir das denn vorstellen, Liebes? Da müsstet ihr ja beide allein auf der Welt sein, denn solange Gunther lebt, ist das bloß ein Traum! [...] mit deinem Bruder Gunther kann er sich nicht messen!“ [...] [Kriemhild sagte:] „Doch da du es nicht anders willst, soll deine Schande offenbar werden! Wie wurde die Hure eines Dienstmannes wohl Königin?“ „Wen schimpfst du eine Hure?“ fragte da des Königs Weib. „Dich schimpfe ich so“, sprach Kriemhild, „es war mein Mann und nicht mein Bruder, der dich zuerst gehabt hat! Es war ein schlauer Plan und du bist darauf hereingefallen! [...]“.

Hagen, der treue Gefolgsmann der auf Rache sinnenden Brünhild, soll mit Siegfried für König Gunther in eine Schlacht ziehen. Kriemhild, die immer wieder an ihren Traum und die Vorahnung denken muss, verrät Hagen – aus Sorge um Siegfried – das Geheimnis von Siegfrieds Verwundbarkeit.

„Herrin“, sagte Hagen, „wenn er an irgendeiner Stelle verletzbar ist, so sagt es mir. Ich könnte dann mein Augenmerk darauf richten!“ [...] „Ich lege das Leben Siegfrieds in deine Hände. Wisse: Als er im Drachenblut badete und das Blut ihn hörnte, fiel ihm ein Lindenblatt zwischen die Schultern. Dort ist Siegfried tötbar!“ [...]

Siegfried und sein Freund Hagen gehen zusammen zur Jagd.

Als Siegfried Kriemhild verlassen wollte, begann sie plötzlich zu weinen [...]. „Leb wohl und weine nicht!“, sprach Siegfried und küsste die Schöne. „Gott lasse mich dich gesund und heil wieder finden! [...] Kriemhild hatte nicht gedacht, Siegfried noch einmal zu sehen. Nun kam ihr wieder in den Sinn, was sie mit Hagen gesprochen, jedes Wort und jeder Blick, und es zerbrach ihr Herz. [...] Da flehte sie: „Liebster, geh heute nicht zur Jagd! Ich bitte dich bei unsrer Liebe!“ [...] Da lachte Siegfried und sagte: „Was redest du nur! In wenigen Tagen bin ich heil wieder hier! Ich habe keinen Feind!“ [...]

Der König legte sich über die Quelle und trank. Nach ihm trank Siegfried. Da räumte Hagen des Helden Köcher und Bogen und Schwert in die Büsche, den Speer aber stieß er ihm durch das Zeichen[2] zwischen den Schultern ins Herz. Da spritzte Siegfrieds Blut auf Hagens Gewand. [...] Da er mit dem Tode rang, wurden alle Blumen von seinem Blut rot. Dann verstummte er. Da legten ihn die Herren auf seinen goldenen Schild. Dann berieten sie, wie man den Mord verhehlen[3] könne. Da sagte irgendjemand: „Es waren Räuber, die ihn umgebracht haben! Wir haben es nicht gesehen!“ Da sagte Hagen von Tronje: „[...] Ob Kriemhild die Wahrheit erfährt, soll mich nicht kümmern. Sie hat gewagt, meine Herrin zu kränken. Was schert es mich, ob sie sich nun selbst kränkt! Ich habe nur meine Pflicht getan!“ [...]

2 das Zeichen: Kriemhild hatte an diese Stelle ein Kreuz auf Siegfrieds Gewand genäht.

3 verhehlen: verbergen, verschweigen

3 Stelle in einem Flussdiagramm den Verlauf der Ereignisse dar. Gib dann die Ereignisse mit eigenen Worten wieder.

Brünhild verwechselt Siegfried und Gunther bei deren Ankunft. → *Sie stellt wütend und gekränkt eine Bedingung: ...* → ...

4 Beantwortet in der Gruppe die folgenden Fragen. Ergänzt dann eure Rollenkarten von Seite 29.

- Wie wurde Brünhild von Gunther und Siegfried betrogen?
- Warum und worüber haben Kriemhild und Brünhild gestritten?
- Warum wurde Siegfried ermordet? Wie rechtfertigt Hagen seine Tat?

Das schlimme Ende

Ein Referat vorbereiten und halten

Blutig endet das Nibelungenlied: Kriemhild heiratet Etzel, den Hunnenkönig, und rächt sich für den Mord an Siegfried. Sie lädt ihre Brüder und Hagen an den Hunnenhof zu einem Fest und lässt sie überfallen. Daraufhin beginnt ein langer Kampf zwischen den Burgundern und den Hunnen, an dessen Ende Kriemhild ihrem Bruder Gunther und Hagen den Kopf abschlägt, woraufhin Etzels Waffenmeister Hildebrand die Königin erschlägt.

MK

Internet-recherche
→ Seite 316

1 Eine wichtige Rolle in der Sage spielt der Schatz der Nibelungen. Recherchiert dazu in der Gruppe und notiert, wer ihn wann besaß und wie er die Ereignisse der Sage beeinflusst hat.

2 Nutzt nun euer Wissen über das Mittelalter und beantwortet in der Gruppe die Fragen:
- Wer konnte im Mittelalter lesen und schreiben?
- Wo lernte man im Mittelalter lesen und schreiben?
- Wie und wo wurden Geschichten, Nachrichten oder Gesetze im Mittelalter weitergegeben?

3 Welche Auswirkungen hat es, wenn Geschichten, Lieder oder auch Gesetze nur mündlich weitergetragen werden? Erläutert in der Gruppe mithilfe der folgenden Begriffe.

Verbindlichkeit | Kreativität | Aktualität | Adressat | Autor/Urheber

4 Lies den folgenden Text zum Nibelungenlied. Mache dir Notizen.

Das Nibelungenlied wurde lange ausschließlich mündlich weitergegeben und in nur drei bedeutenden Handschriften aus dem 13. Jahrhundert überliefert, den Nibelungenhandschriften A, B und C. Diese aufwändig verzierten Kunstwerke wurden erst im 18. Jahrhundert wiederentdeckt. Sie sind heute Weltdokumentenerbe und werden in verschiedenen Bibliotheken, z. B. in Karlsruhe, aufbewahrt.

5 Lest euch die ersten Verse des Nibelungenliedes vor. Achtet auf die Aussprache:
- ei → als e und i sprechen
- verbundene Vokale (œ, œ, öu, üe) → als Umlaute sprechen
- das a bei klagen und sagen → kurz sprechen wie „klaggen", „saggen"
- o und u werden ebenfalls ganz kurz gesprochen
- Vokale mit dem Zeichen ^ → lang sprechen

Tipp
Achtet z. B. auf Groß- und Kleinschreibung, Vokale und die Wortstellung.

Uns ist in alten mæren
Von helden lobebæren,
von fröuden, hôchgezîten,
von küener recken strîten
Wunders vil geseit
Von grôzer arebeit,
von weinen und von klagen,
muget ir nu wunder hœren sagen.

6 Versucht im Tandem den Text in Aufgabe 5 zu übersetzen. Beschreibt, was euch an der mittelhochdeutschen Sprache aufgefallen ist.

7 Lest jetzt die folgende Übersetzung ins Neuhochdeutsche sowie die Fassung auf Seite 28, Zeile 1–4. Vergleicht beide mit eurer eigenen Übersetzung.

> In alten Sagen wird uns viel Wunderbares erzählt: von berühmten Helden, von großer Mühsal, von Freude und Festen, von Weinen und Klagen, vom Kampf tapferer Recken – von all dem könnt ihr jetzt Erstaunliches hören.

8 Sieh dir die Mindmap mit weiteren Fakten zum Nibelungenlied an. Übernimm die Mindmap und ergänze sie mit allen Informationen, die du bisher bekommen hast.

Mindmap → Seite 342

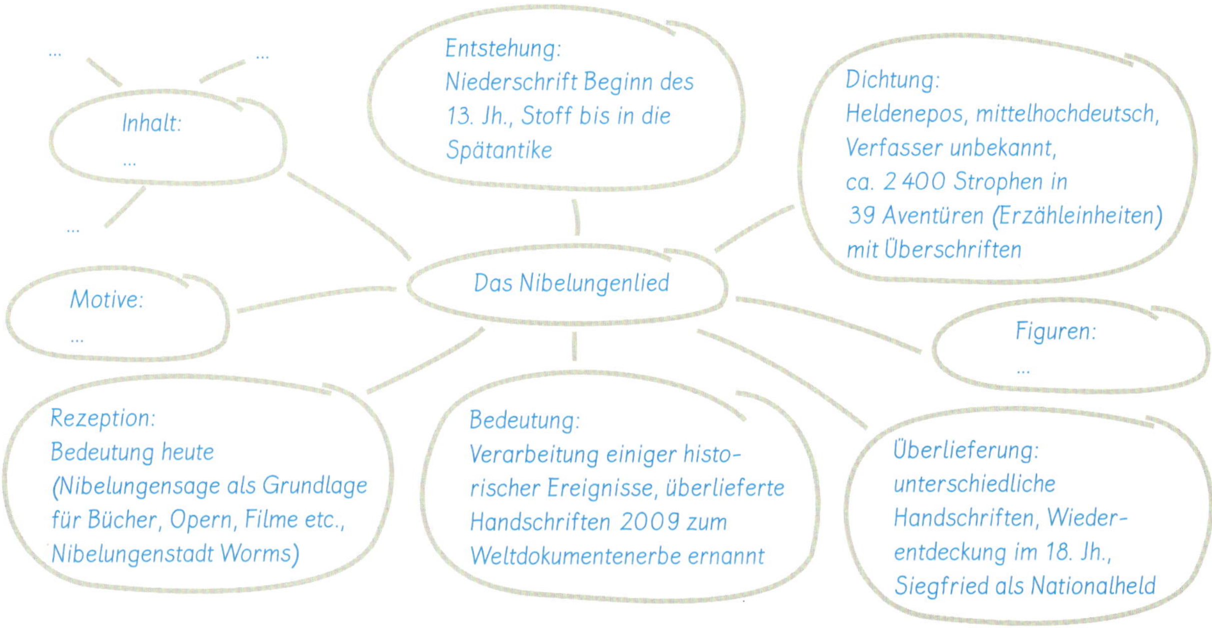

9 Gebt die Informationen aus der Mindmap im Tandem wieder. Überlegt euch weitere wichtige Fragen zum Nibelungenlied.

MK **10** Recherchiere weitere Informationen zum Nibelungenlied und ergänze deine Mindmap.

Internetrecherche → Seite 316

11 Bereite nun mithilfe deiner Mindmap ein Referat über das Nibelungenlied vor.

Referat → Seite 318

12 Haltet eure Referate im Tandem und gebt einander ein Feedback. Achtet auf logische Reihenfolge, interessante, verständliche und korrekte Informationen und einen deutlichen und frei gesprochenen Vortrag.

Feedback → Seite 342

START **Drei Wege – ein Ziel!** Finde deinen Weg mit diesem Einschätzungstest: **D03**

A
B
C

Knochen zu Knochen

Einen althochdeutschen Text erschließen und vorstellen

Zaubersprüche, Segenssprüche und Beschwörungen gibt es auch heute noch, sie spielten aber auch vor vielen Jahrhunderten eine große Rolle für die Menschen, die damit Dämonen und Geister beschwören und besänftigen wollten.

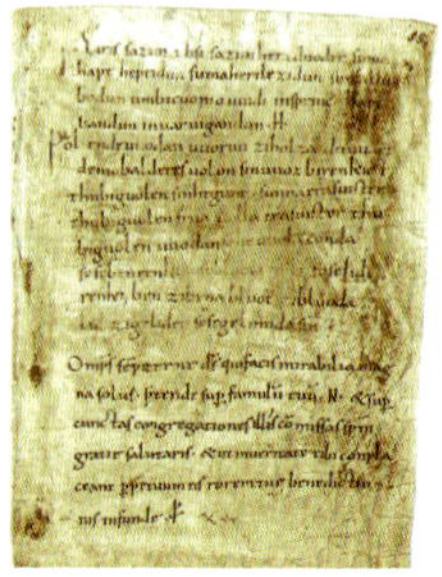

1 Tauscht euch in der Gruppe zu folgenden Fragen aus.
- Was wisst ihr über Zauber, Hexerei und Aberglauben im Mittelalter?
- Welche Rolle spielen in eurem Leben Sprüche und magische Rituale?

Tipp
Sprich alle Vokale mit diesem Zeichen ^ lang, sprich Doppelvokale als zwei Vokale.

2 Lies den althochdeutschen Text auf der linken Seite laut vor.

Erster und Zweiter Merseburger Zauberspruch (in normalisierter Orthografie)

Eiris sâzun idisi, sâzun hêra	Einst saßen Idisi[1], saßen
duoder.	auf den Kriegerscharen.
suma haft heftidun, suma heri	Einige fesselten einen Gefangenen, einige hemmten[2]
lêzidun,	die Heere,
suma clûbôdun umbi cuniowidi:	Einige zertrennten scharfe Fesseln.
insprinc haftbandun, infar	Entspringe den Fesseln, entfahre[3]
wîgandun.	den Feinden!
Phôl ende Wuodan fuorun zi holza.	Phol und Wodan begaben sich in den Wald.
Dû wart demo balderes folon sîn fuoz	Dort wurde dem Fohlen Balders der Fuß
birenkit.	gerenkt[4].
thû biguol en Sinthgunt, Sunna era	Da besangen ihn Sinhtgunt und Sunna, ihre
swister;	Schwester.
thû biguol en Frîja, Folla era swister;	Da besangen ihn Frija und Volla, ihre Schwester.
thû biguol en Wuodan, sô hê wola conda:	Da besang ihn Wodan, so wie er es gut verstand:
sôse bênrenki, sôse bluotrenki,	Wenn Knochenrenkung, wenn Blutrenkung, wenn
sôse lidirenki:	Gelenkrenkung:
bên zi bêna, bluot zi bluoda,	Knochen zu Knochen, Blut zu Blut,
lid zi geliden sôse gelîmida sîn.	Glied zu Glied! So seien sie zusammengefügt!

1 die Idisi/Disen: weibliche mythische Wesen **2 hemmten:** (hier) hindern (feindliche Heere)
3 entfahre: entkomme, entfliehe **4 gerenkt:** verrenkt

3 Lest die Übersetzung der Zaubersprüche rechts. Tauscht euch in der Gruppe über euren ersten Eindruck und den Inhalt der Sprüche aus.

4 Lest die Informationen zu den beiden Sprüchen. Klärt dann in der Gruppe, woran deutlich wird, wovon sie handeln und, dass es sich um Zaubersprüche handelt.

Erster Merseburger Zauberspruch
= **Lösezauber**
(Befreiung von Gefangenen aus ihren Fesseln)

Zweiter Merseburger Zauberspruch
= **Heilzauber**
(Heilung der Fußverletzung eines Pferdes)

MK **5** In den Sprüchen werden die germanischen Götter Wodan, Frija und Volla genannt. Recherchiert in der Gruppe, welche Bedeutung sie im Mittelalter hatten. Macht euch Notizen.

Internetrecherche
Seite 316

Tipp
Lege eine Mindmap zu allen Informationen an. Nutze sie dann für dein Referat.

6 Finde im althochdeutschen Originaltext Wörter, die dir verständlich sind, weil sie heutigen Wörtern ähneln. Schreibe sie mit ihrer Übersetzung auf, z. B.
sâzun – saßen, heri – Heere, …

7 Untersucht jetzt in der Gruppe die sprachlichen Besonderheiten des Originaltextes im Vergleich zur Übersetzung. Geht auf Wiederholungen, Klang, Buchstaben, Buchstabenfolgen und Wortendungen ein.

8 Lies die folgenden Informationen.

Die Merseburger Zaubersprüche

Auf einem sehr alten Blatt einer Sammelhandschrift der Merseburger Domstiftsbibliothek (Hs 136) sind zwei Sprüche in Althochdeutsch überliefert: die so genannten Merseburger Zaubersprüche. Die Zeilen geben magische Beschwörungsformeln aus vorchristlicher Zeit in seltener Ursprünglichkeit wieder und halten damit heidnisch-germanisches Brauchtum fest. [...] Die Aufzeichnung dürfte, wie man jetzt annimmt, im ersten oder zweiten Drittel des 10. Jahrhunderts erfolgt sein. Man vermutet, dass die Zaubersprüche nahe der Zeit der Aufzeichnung entstanden sind, aber sicher frühestens in der Mitte des 8. Jahrhunderts. Die Merseburger Zaubersprüche erhielten ihren Namen nach dem Fundort. Entdeckt wurden die Zeilen erst im Jahre 1841 von dem in der Wissenschaft weithin bekannten Historiker Georg Waitz in der Bibliothek des Domstifts Merseburg. Er selbst verzichtete auf eine Veröffentlichung der Zaubersprüche und überließ sie den Brüdern Grimm zur Bearbeitung. Jakob Grimm wählte die Merseburger Zaubersprüche zum Thema seines Antrittsvortrags der Berliner Akademie der Wissenschaften am 3. Februar 1842.

MK **9** Bildet drei Gruppen und recherchiert jeweils zu einem der unterstrichenen Begriffe im Text. Fasst eure Rechercheergebnisse so zusammen, dass ihr die anderen beiden Gruppen in etwa drei Minuten informieren könnt.

Internetrecherche
Seite 316

10 Informiert einander innerhalb der Gruppen zu den Themen Althochdeutsch, heidnisch-germanisches Brauchtum und Merseburg. Macht euch Notizen.

11 Bereite nun mithilfe deiner Arbeitsergebnisse von dieser Doppelseite ein Referat über die Merseburger Zaubersprüche vor. Informiere über Inhalt, Sprache, Überlieferung und historische Hintergründe.

Referat
Seite 318

MK **12** Haltet eure Referate in der Gruppe, nehmt sie mit Kamera oder Handy auf. Gebt dann einander ein Feedback.

Feedback
Seite 342

13 Bereitet die Präsentation in der Klasse vor. Wählt vier Personen dafür aus und verteilt die Aufgaben:
- Zaubersprüche im Original und in der Übersetzung vorlesen
- Teilreferat zu Inhalt und Sprache der Zaubersprüche halten
- Teilreferat zu den historischen Hintergründen halten

Ich saz ûf eime steine

Mittelhochdeutsche Gedichte erschließen und vorstellen

Tipp
Sprich die Vokale mit ^ lang und das z wie s.

1 Lest im Tandem die mittelhochdeutschen Verse laut vor. Tauscht euch dann über euren ersten Eindruck und die Stimmung im Gedicht aus. Nennt das Thema.

Dû bist mîn, ich bin dîn.
des solt dû gewis sîn.
dû bist beslozzen
in mînem herzen;
verlorn ist das sluzzelîn:
dû muost ouch immer darinne sîn.

2 Versucht euch im Tandem an einer Übersetzung der Verse in das Neuhochdeutsche, das heutige Deutsch.

Tipp
Achtet auf Großschreibung, Buchstabenfolgen und Klang.

3 Vergleicht im Tandem eure Übersetzung mit dem Original. Beschreibt, was euch an der mittelhochdeutschen Sprache auffällt.

4 Lies das Gedicht vom berühmten Dichter **Walther von der Vogelweide**. Sieh dir dann die Übersetzung an.

Ich saz ûf eime steine	Ich saß auf einem Stein
und dahte bein mit beine:	und schlug ein Bein über das andere.
dar ûf sazte ich den ellenbogen	Darauf stützte ich meinen Ellenbogen,
ich hete in mîne hant gesmogen	in meine Hand legte ich
daz kinne und ein mîn wange.	mein Kinn und meine Wange.
Dó dâhte ich mir vil ange,	Da dachte ich lange darüber nach,
wie man zer welte solte leben:	wie man in der Welt leben sollte.
deheinen rât kond ich gegeben	Ich konnte keinen Rat finden,
wie man driu dinc erwurbe,	wie man drei Dinge erwerben könnte,
der keines niht verdurbe.	so dass keines verderbe.
diu zwei sint êre und varnde guot,	Die [ersten] zwei sind Ehre und vergängliche Güter,
daz dicke ein ander schaden tuot:	die einander ziemlich schaden:
daz dritte ist gotes hulde,	das dritte ist die Huld [Gnade] Gottes,
der zweier übergulde.	das die beiden [anderen] übertrifft.
diu wolte ich gerne in einen schrîn:	Die drei hätte ich gern in einem Schrein:
jâ leider desn mac niht gesîn,	ja leider wird das wohl nicht möglich sein,
daz guot und weltich êre	dass weltliches Gut und Ehre
und gotes hulde mêre	und Gottes Huld
zesamene in ein herze komen.	zusammen in ein Herz kommen.
stîg unde wege sint in benomen;	Stege und Wege sind ihnen verwehrt,
untriuwe ist in der sâze,	Untreue liegt im Hinterhalt,
gewalt vert ûf der strâze,	Gewalt herrscht auf der Straße,
fride unde reht sint sêre wunt.	Frieden und Recht sind sehr verletzt.
diu driu enhabent geleites niht,	Die drei haben keinen Schutz,
diu zwei enwerden ê gesunt.	bevor die beiden nicht genesen.

5 Tauscht euch im Tandem über das Gedicht von Walther von der Vogelweide aus. Beantwortet dabei die folgenden Fragen:
- Welche drei Dinge sind für das lyrische Ich[1] erstrebenswert?
- Was spricht dagegen, sie gleichzeitig zu erlangen?
- Welche Gedanken des Dichters sind auch heute noch aktuell?

1 das lyrische Ich: der Sprecher im Gedicht

6 Vergleicht in der Gruppe die mittelhochdeutsche Sprache des Gedichts mit dem Neuhochdeutschen. Nennt Merkmale des Mittelhochdeutschen.

7 Lies den Text über Walther von der Vogelweide. Notiere wichtige Fakten.

Tipp
Lege eine Mindmap zu allen Informationen an. Nutze sie dann für dein Referat.

Walther von der Vogelweide, mittelhochdeutscher Minnesänger und Sangspruchdichter, * um 1170, † um 1230; seine Herkunftsregion (Südtirol, Österreich oder Franken) und sein Geburtsstand sind unsicher, vermutlich gehörte er nicht dem Adel an, sondern war ein Berufsdichter, der sich an verschiedenen Fürstenhöfen etablieren konnte [...]; am Wiener Hof Schüler *Reinmars von Hagenau*, [...]; seit 1220 sesshaft auf dem ihm vom Kaiser [Friedrich II] geschenkten Lehen[2] in oder bei Würzburg; angeblich im Kreuzgang des Würzburger Münsters bestattet.
Walther von der Vogelweide führte den Minnesang und die Sangspruchdichtung [...] zu einem neuen Höhepunkt. In Auseinandersetzung mit dem höfischen Minnesang [...] wandte er sich mit seinen „Mädchenliedern“ und den „Liedern der Niederen Minne“ von der reinen Standesdichtung ab und schuf ein neues Ideal von gegenseitiger Liebe, Sinnlichkeit und Gleichwertigkeit von Tugendadel und Geburtsadel. Mit Elementen aus Tanzlied, Vagantendichtung[3] und Pastorelle[4] erweiterte Walther das Themen- und Formenspektrum. [...] wichtigste Neuerung ist die Einführung aktuell politischer Themen (Kritik am drohenden Zerfall des Reiches und am päpstlichen Machtanspruch). Im Spätwerk finden sich auch religiöse [...] und elegische Gedichte. [...]

2 das Lehen: Grundbesitz, z. B. ein Stück Land

3 die Vagantendichtung: lateinische Lyrik im Mittelalter

4 die Pastorelle: mittelalterliche Lyrik, in der ein Ritter um eine Schäferin wirbt

8 Bildet Kleingruppen und recherchiert weitere Informationen zur mittelhochdeutschen Lyrik (wichtigste Vertreter, typische Themen, Überlieferungen, z. B. „Manessische Handschrift“). Stellt eure Ergebnisse vor. Macht euch Notizen.

Internetrecherche
Seite 316

Merke

Minnesang

Der Minnesang ist die **ritterlich-höfische Liebeslyrik** im Mittelalter. **Minne** bedeutet **Liebe** oder **Verehrung**. Die Dichter bedachten und verehrten die meist **adligen Frauen** mit ihren Liebesgesängen.

9 Bereite nun mithilfe deiner Arbeitsergebnisse ein Referat über Walther von der Vogelweide und sein Werk vor.

Referat
Seite 318

10 Haltet eure Referate in der Gruppe, nehmt sie mit Kamera oder Handy auf. Gebt dann einander ein Feedback.

Feedback
Seite 342

11 Bereitet die Präsentation in der Klasse vor. Wählt drei Personen aus, die das Gedicht und die Übersetzung vorlesen sowie das Referat halten.

Von Hildebrand und Hadubrand

Einen althochdeutschen Text erschließen und vorstellen

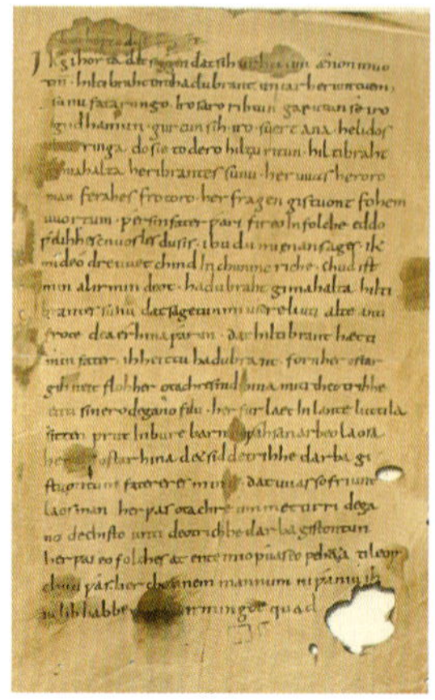

Das althochdeutsche Hildebrandslied ist einer der ältesten poetischen Texte in deutscher Sprache. Das Heldenlied wurde von zwei unbekannten Mönchen im 9. Jahrhundert im Kloster in Fulda aufgeschrieben. Da vermutlich der Platz auf dem letzten Blatt nicht ausreichte, bricht die Aufzeichnung ab.

1 Lest im Tandem die althochdeutschen Textauszüge vor.

Ik gihorta dat seggen,
dat sih urhettun ænon muotin,
Hiltibrant enti Hadubrant untar heriun
tuem.
sunufatarungo iro saro rihtun.
garutun se iro gudhamun, gurtun sih iro
suert ana,
helidos, ubar hringa, do sie to dero hiltiu
ritun […]
Hadubrant gimahalta, Hiltibrantes sunu:
„dat sagetun mi usere liuti,
alte anti frote, dea erhina warun,
dat Hiltibrant hætti min fater: ih heittu
Hadubrant.
forn her ostar giweit,
floh her Otachres nid,
hina miti Theotrihhe enti sinero degano f
ilu.
her furlaet in lante luttila sitten
prut in bure, barn unwahsan,
arbeo laosa: her raet ostar hina. […]"
want her do ar arme wuntane bauga,

cheisuringu gitan, so imo se der chuning
gap,
Huneo truhtin: „dat ih dir it nu bi huldi
gibu".
Hadubrant gimahalta, Hiltibrantes sunu:
„mit geru scal man geba infahan,
ort widar orte. ....
du bist dir alter Hun, ummet spaher,
spenis mih mit dinem wortun, wili mih dinu
speru werpan.
pist also gialtet man, so du ewin inwit
fortos.

Ich hörte das sagen,
dass sich Herausforderer einzeln abmühten:
Hildebrand und Hadubrand zwischen zwei
Heeren.
Sohn und Vater bereiteten ihre Rüstung,
richteten ihre Kampfgewänder, gürteten
sich ihre Schwerter um,
die Helden, über die Rüstung, als sie zu
dem Kampf ritten […]
Hadubrand sagte, Hildebrands Sohn:
„Das erzählten mir unsere Leute,
alte und weise, die früher schon da lebten,
dass Hildebrand mein Vater heiße, ich heiße
Hadubrand.
Vormals ist er nach Osten gegangen,
er floh vor dem Hass Odoakers,
dorthin mit Dietrich und vielen seiner
Kämpfer.
Er ließ im Lande arm zurück
die Frau im Hause und den unerwachsenen Sohn
erblos: Er ritt nach Osten hin. […]"
Er [Hildebrand] wand sich dann von den Armen
gewundene Ringe ab,
aus kaiserlichem Gold gemacht, wie sie ihm der
König gab,
der Herrscher der Hunnen. „Das gebe ich dir
nun aus Freundschaft!"
Hadubrand, Hildebrands Sohn, sagte:
„Mit dem Speer soll man Geschenke
annehmen, Spitze gegen Spitze! ....
Du dünkst dich, alter Hunne, unmäßig schlau.
Verlockst mich mit deinen Worten, willst
deinen Speer nach mir werfen.
Du bist ein so alter Mann, wie du ewig
Betrug im Sinn hast.

dat sagetun mi seolidante
westar ubar wentilseo, dat inan wic furnam:
tot ist Hiltibrant, Heribrantes suno“.
Hiltibrant gimahalta, Heribrantes suno:
„wela gisihu ih in dinem hrustim,
dat du habes heme herron goten,
dat du noh bi desemo riche reccheo ni
wurti“.
„welaga nu, waltant got [quad Hiltibrant],
wewurt skihit.
ih wallota sumaro enti wintro sehstic ur
lante [...]
nu scal mih suasat chind suertu hauwan,
breton mit sinu billiu, eddo ih imo ti banin
werdan. [...]“
do stoptun to samane staim bort chludun,
heuwun harmlicco huitte scilti,
unti imo iro lintun luttilo wurtun,
giwigan miti wabnum ....

Das sagten mir Seeleute,
westlich über dem Ozean, dass ihn ein
Kampf hinnahm:
Tot ist Hildebrand, Heribrands Sohn!“
Hildebrand, Heribrands Sohn, sagte:
„Wohl sehe ich an deiner Rüstung,
dass du daheim einen guten Herrn hast,
dass du in diesem Reich noch nie vertrieben
wurdest.“
„Wohlan, nun walte Gott [sagte Hildebrand], Unheil
geschieht:
Ich wanderte 60 Sommer und Winter außer Landes
[...]
Nun soll mich das eigene Kind mit dem Schwerte
schlagen,
niederschmettern mit der Klinge, oder aber ich werde
ihm zum Töter. [...]“
Da ritten sie gegeneinander, spalteten
farbige Schilde,
schlugen gefährlich auf weiße Schilde,
bis ihnen ihre Lindenschilde zu Bruch gingen,
zerstört von den Waffen ...

2 Schreibe aus dem Text mindestens sechs althochdeutsche Wörter auf, die heutigen Wörtern ähneln. Übersetze sie und prüfe sie dann mithilfe der abgedruckten Übersetzung.

3 Lest jetzt die Übersetzung. Tauscht euch im Tandem über den Inhalt aus und beantwortet die folgenden Fragen:
- Wer steht sich im Kampf gegenüber?
- In welchem Verhältnis stehen sie zueinander?
- Wie reagieren beide aufeinander? Benennt die Unterschiede.

MK **4** Im Text werden Odoaker, Dietrich (von Bern) und die Hunnen genannt. Recherchiert im Tandem die historischen Hintergründe und nennt die Zeit, in der die Episode um Hildebrand und Hadubrand spielt.

Internetrecherche
Seite 316

5 Typisch für die althochdeutsche Dichtung ist der Stabreim[1]. Finde im Text Stabreime und schreibe sie auf, z. B. *Hiltibrant enti Hadubrant, ...*

[1] **der Stabreim**: Gleichklang der Anfangslaute

6 Der Ausgang des Kampfes ist nicht überliefert. Schreibe einen Schluss des Hildebrandsliedes und versuche dabei Stabreime zu verwenden.

7 Bereite ein Referat über das Hildebrandslied vor. Haltet eure Referate im Tandem, nehmt sie mit Kamera oder Handy auf. Gebt dann einander ein Feedback.

Feedback
Seite 342
Referat
Seite 318

8 Bereitet die Präsentation in der Klasse vor. Dabei soll der Text im Original und in der Übersetzung vorgelesen sowie über die historischen Hintergründe informiert werden.

ZIEL

Präsentiert eure Ergebnisse

Ihr habt Texte in verschiedenen Sprachstufen des Mittelalters gelesen, Informationen zur Literatur in dieser Zeit recherchiert und anschließend in Referaten darüber informiert. Jetzt könnt ihr der Klasse eure Ergebnisse präsentieren.

1 Information

○ Informiert die Klasse über das Thema, zu dem ihr Referate gehalten habt.

2 Präsentation

◒ Präsentiert eure Arbeitsergebnisse:
- Lest eure Texte im Original und in der Übersetzung vor.
- Haltet eure Referate über:

A die Merseburger Zaubersprüche und die historischen Hintergründe
B Walther von der Vogelweide und den Minnesang
C das Hildebrandslied und die historischen Hintergründe

3 Fragerunde

○ Stellt Fragen zu den Präsentationen. Lasst euch die Fragen von der jeweiligen Gruppe beantworten, z. B.

A Welche Bedeutung hat Wodan in der germanischen Mythologie?
B Welche weiteren Dichter des Minnesangs habt ihr kennengelernt?
C Wer war Dietrich von Bern?

4 Diskussion

◒ Besprecht und diskutiert gemeinsam weitere Fragestellungen, z. B.
- Wie konntet ihr euer Wissen aus dem Geschichtsunterricht bei der Erarbeitung eurer Themen nutzen?
- Konntet ihr die Sprache Althochdeutsch und Mittelhochdeutsch gut verstehen? Was fiel euch leicht und was schwer?
- Warum solltet ihr euch mit mittelalterlicher Literatur und Sprache beschäftigen?

5 Feedback

● Wertet eure Präsentationen gemeinsam aus. Gebt einander ein Feedback. Orientiert euch an den folgenden Fragen:

☑ Habt ihr ausreichend Informationen zu den mittelalterlichen Texten erhalten?
☑ Waren die Referate gut strukturiert? Wurde in einer logischen Reihenfolge informiert?
☑ Wurde gut präsentiert (laut, deutlich, zusammenhängend gesprochen, Blickkontakt ...)?

Überprüfe dich selbst

○ **1** Lies den mittelhochdeutschen Text, wenn möglich laut. Nutze die unten stehenden Aussprachehinweise.

HARTMANN VON AUE

Gregorius-Legende (Auszug)

(um 1190)

Der sterbende Vater richtet das letzte Mal sein Wort an die Kinder:

mittelhochdeutsch	**neuhochdeutsch**
er nam sie beidiu bî der hant,	Er nahm sie beide an der Hand,
er sprach: „sun, nû wis gemant,	er sprach: „Sohn, nun lass dich mahnen,
daz dû behaltest mêre	dass du fortan befolgst
die jungesten lêre,	diese letzte Lehre,
die dir dîn vater tæte,	die dir dein Vater gegeben hat:
wîs getriuwe, wis stæte,	Sei aufrichtig, sei beständig,
wîs milte, wis diemüete,	sei freigiebig und demütig,
wîs vrevele mit güete.	sei kühn, doch voller Güte.
wîs dîner zuht wol behuot,	Bewahre dir deine guten Sitten,
den herren starc, den armen guot.	sei stark vor den Herren und gut zu den Armen.
die dînen solt dû êren,	Die Deinen halte in Ehren,
die vremeden zuo dir kêren.	die Fremden gewinne dir (als Freunde).
wis den wîsen gerne bî,	Halte dich an erfahrene Leute
vliuch den tumben swâ er sî.	und fliehe stets die Dummköpfe.
vor allen dingen minne got,	Vor allen Dingen: Liebe Gott
rihte wol durch sîn gebot."	und herrsche gerecht nach seinem Gebot."

Aussprachehinweise
- einfache Vokale werden stets kurz gesprochen (z. B. „nam" wie „namm")
- Vokale mit dem Aussprachezeichen ˆ werden lang gesprochen (z. B. „dîn" wie „dien" oder „dîhn")
- æ = äh, iu = üh, h-ch (wie in „ach"), c = k

◒ **2** Lies die Übersetzung ins Neuhochdeutsche rechts. Welche Ratschläge gibt der Vater seinen Kindern? Notiere sie stichwortartig.

◒ **3** Stelle dir vor, du möchtest einer Freundin oder einem Freund diese Ratschläge geben. Formuliere sie in deiner Sprache.

D04 Lösungen

Das kannst du jetzt:
- mittelalterliche Texte erschließen
- Informationen über mittelalterliche Literatur sammeln und recherchieren
- über mittelalterliche Literatur in einem Referat informieren

3 Romantisch oder was?

Einen informierenden Text materialgestützt schreiben

A

1 Welche Darstellungen in A – D findet ihr romantisch? Erklärt, was für euch daran romantisch ist, und begründet eure Meinung.

2 Gibt es andere Bilder oder Situationen, die ihr romantisch findet? Stellt sie einander vor und begründet eure Einschätzung.

3 Die Wörter Romantik, Romantiker, romantisch gibt es seit dem Ende des 18. Jahrhundert. Lest die Erläuterungen in E.

In diesem Kapitel tauchst du in die Welt der Romantiker ein, erfährst mehr über ihr Leben und lernst Auszüge aus ihren Werken kennen. Am Ende kannst du dein neues Wissen über diese literarische Epoche und ihre besonderen Dichterinnen und Dichter in einem eigenen Informationstext darstellen.

Das lernt ihr jetzt:
- Texte über die literarische Epoche Romantik und ihre Dichterinnen und Dichter erschließen
- Motive der Romantik erkennen
- Informationen zusammenstellen und strukturieren
- einen informierenden Text mithilfe von Materialien schreiben und überarbeiten

B

C

D

„Indem ich dem Gemeinen einen hohen Sinn, dem Gewöhnlichen ein geheimnisvolles Ansehen, dem Bekannten die Würde des Unbekannten, dem Endlichen einen unendlichen Schein gebe, so romantisiere ich es.“ F

Die Epoche der Romantik beginnt etwa am Ende des 18. Jahrhunderts. Sie erstreckte sich auf Dichtung, Malerei und Musik. Die Romantik war eine europäische Epoche mit Schwerpunkten in Deutschland, Frankreich und England. Die Künstler dieser Epoche nannten sich Romantiker. Romantisch bedeutete damals, im Stil der Romantik zu schreiben, zu malen oder zu komponieren. Die Vertreter der Romantik wollten in ihrer Kunst die Welt nach ihren Vorstellungen gestalten. Die Künstler drückten es so aus: Sie wollten sie romantisieren. E

4 Lest in F, wie der Dichter Friedrich von Hardenberg, der sich Novalis nannte, den Begriff des Romantisierens beschrieb.

5 Tauscht euch über die Begriffe Romantik, romantisch und romantisieren aus. Erläutert, welche Haltung die Künstler vertraten. Vergleicht die Bedeutung von Romantiker und romantisch um 1800 und heute.

Friedrich von Hardenberg = Novalis

Informationen sammeln

○ **1** Lest den folgenden Informationstext. Tauscht euch in der Klasse über Friedrich von Hardenbergs große Liebe und seine Todessehnsucht aus.

Friedrich von Hardenberg und Sophie von Kühn

1794 lernte der 22-jährige Friedrich von Hardenberg die noch sehr junge Sophie von Kühn kennen. Er war von ihrer Natürlichkeit begeistert und entschloss sich, dass diese Liebe das Wichtigste in seinem Leben werden sollte. Sie verlobten sich, doch schon 1796 erkrankte Sophie schwer und stirbt ein Jahr später. Friedrich von Hardenberg war so verzweifelt über den Verlust der Geliebten, dass er ihr in den Tod folgen wollte, um dann mit ihr wieder vereint zu sein. Tief erschüttert schreibt er seine todessehnsüchtigen „Hymnen[1] an die Nacht".

1 die Hymne: Lobgesang

○ **2** Als Sophie noch lebte, verfasste Friedrich von Hardenberg, der sich als Dichter Novalis nannte, das folgende Gedicht. Lest die erste Strophe und erläutert einander im Tandem, wie Novalis seine Liebe beschreibt.

Zu Sophiens Geburtstag

Wer ein holdes[2] Weib errungen,
Stimme seinen Jubel ein.
Mir ist dieser Wurf gelungen,
Töne Jubel – die ist mein.
So hat nie das Herz geschlagen,
Nie so hoch und nie so gut.
Künftig neigt vor meinen Tagen
Selbst der Glücklichste den Hut.

2 hold: anmutig, lieblich

◒ **3** Was hast du bisher über Friedrich von Hardenberg oder Novalis erfahren? Schreibe einen kurzen Text, indem du den Inhalt des Informationstextes und des Gedichts zusammenfasst, z. B. *Friedrich von Hardenberg lernt Sophie von Kühn 1794 kennen, zwei Jahre später … Der Anlass zu dem Gedicht war …*

○ **4** Lies den Informationstext zur Biografie von Novalis.

Novalis entstammte einem alten niedersächsischen Geschlecht von Landadligen, das bis ins 12. Jahrhundert zurückreichte. Von diesen Vorfahren übernahm der Dichter sein Pseudonym[3]: Der gräfliche Hauptzweig der Familie in Nörten bei Göttingen gab sich den Beinamen „de novali" – die das Neuland bestellen. Im Laufe der Jahrhunderte verlor man jedoch die Besitztümer, die Hardenbergs wurden Beamte und Offiziere. Novalis' Vater arbeitete als Direktor der kursächsischen Salinen[4], der Sohn trat engagiert in seine Fußstapfen. […]

Niemand in der kursächsischen Administration[5] sollte in ihm einen unsicheren, weil dichtenden Kandidaten sehen. Inzwischen hat der seinerzeit taktische Künstlername den realen verdrängt: Alle Welt sagt „Novalis" und verspürt sogleich den zauberhaften Klang seiner Poesie. […]

Am Pfingstsonntag, den 1. Juni 1800, begaben sich zwei junge Männer auf Wanderschaft durchs sächsische Land. […] Zwei Wochen später kehrten der Salinen-

3 das Pseudonym: Deckname

4 die Saline: Werk zur Salzgewinnung

5 die Administration: Verwaltung

assessor[6] Georg Philipp Friedrich von Hardenberg und sein Begleiter mit reichlich Material und wertvollen Erkenntnissen zurück. Ihre Beobachtungen bildeten den Auftakt zur Erschließung der ergiebigsten Braunkohlevorkommen in ganz Deutschland. Mit welchem Fleiß und Feuereifer der berühmteste Dichter und Begründer der Romantik seinem Brotberuf nachging, wissen heute nur noch Literaturhistoriker. [...]

(Joachim Scholl: 50 Klassiker, Hildesheim 2011, S. 54, 56)

6 der Assessor: Anwärter auf höhere Beamtenstelle

○ **5** Lege Karteikarten zu den Begriffen **Herkunft/Familie, Liebe, Beruf Dichter** und **Beruf Geologe** an. Notiere darauf alle Informationen, die du bisher zu Novalis bekommen hast.

Herkunft/Familie	Liebe	Beruf Dichter	Beruf Geologe
– Vorfahren: Landadlige ...	– Sophie v. Kühn war seine ...	– Pseudonym: Novalis ...	– Salinenassessor
			– Erschließung ...
– ...	– ...	– ...	– ...

○ **6** Sieh dir weitere biografischen Daten zu Novalis' Leben in der Tabelle an. Ergänze die Informationen auf deinen Karteikarten und lege weitere Karteikarten an, z. B. zu **Lebensdaten**.

2. Mai 1772	geboren auf Gut Oberwiederstedt (Mansfeld) als zweites von elf Kindern
ab 1790	Studium: Jura, Philosophie, Mathematik in Jena, Leipzig, Wittenberg
1794	Anstellung als Gerichtsschreiber in Tennstedt
März 1795	heimliche Verlobung mit Sophie von Kühn
1797	Stelle beim Salinendirektorium in Weißenfels
19. März 1797	Tod Sophie von Kühns (Tuberkulose[7])
1797 bis 1799	Studium der Bergwissenschaften in Freiberg
Dez. 1798	Verlobung mit Julie von Carpentier, der Tochter eines Freiberger Geologen
Dez. 1799	Salinenassessor in Weißenfels
1800	erstes Werk „Hymnen an die Nacht" wird veröffentlicht
Aug. 1800	Erkrankung (Tuberkulose)
25. März 1801	Tod in Weißenfels

7 die Tuberkulose: Infektionskrankheit vor allem der Lunge

◒ **7** Berichtet einander mithilfe eurer Karteikarten über Novalis. Formuliert vollständige Sätze und wechselt euch in der Gruppe ab.

Tipp
Ihr könnt auch die Teilthemen untereinander verteilen.

Die blaue Blume

Informationen sammeln

Erst nach Novalis' Tod erschien sein Roman „Heinrich von Ofterdingen", den er nicht mehr vollenden konnte. Er spielt im Mittelalter und beschreibt die Entwicklung des Goldschmiedesohns Heinrich zum Dichter. Von Eisenach aus begibt sich der 20-Jährige auf die weite Reise nach Nürnberg. Dort trifft er auf Mathilde, deren Liebe er gewinnen kann.

○ **1** Lies die Auszüge aus dem Roman. Fasse sie anschließend abschnittweise mit eigenen Worten zusammen.

Die Eltern lagen schon und schliefen, die Wanduhr schlug ihren einförmigen Takt, vor den klappernden Fenstern sauste der Wind; abwechselnd wurde die Stube hell von dem Schimmer des Mondes. Der Jüngling lag unruhig auf seinem Lager und gedachte des Fremden und seiner Erzählungen. „Nicht die Schätze sind es, die ein so unaussprechliches Verlangen in mir geweckt haben", sagte er zu sich selbst; „fernab liegt mir alle Habsucht: aber die blaue Blume sehn ich mich zu erblicken. Sie liegt mir unaufhörlich im Sinn, und ich kann nichts anders dichten und denken. [...]".

– Der Jüngling verlor sich allmählich in süßen Phantasien und entschlummerte. Da träumte ihm erst von unabsehlichen Fernen und wilden, unbekannten Gegenden.

Er wanderte über Meere mit unbegreiflicher Leichtigkeit; wunderliche Tiere sah er; er lebte mit mannigfaltigen Menschen, bald im Kriege, in wildem Getümmel, in stillen Hütten. Er geriet in Gefangenschaft und die schmählichste Not. Alle Empfindungen stiegen bis zu einer nie gekannten Höhe in ihm. [...]

Was ihn aber mit voller Macht anzog, war eine hohe lichtblaue Blume, die zunächst[1] an der Quelle stand und ihn mit ihren breiten, glänzenden Blättern berührte. Rund um sie her standen unzählige Blumen von allen Farben, und der köstlichste Geruch erfüllte die Luft. Er sah nichts als die blaue Blume und betrachtete sie lange mit unnennbarer Zärtlichkeit. Endlich wollte er sich ihr nähern, als sie auf einmal sich zu bewegen und zu verändern anfing; die Blätter wurden glänzender und schmiegten sich an den wachsenden Stängel, die Blume neigte sich nach ihm zu, und die Blütenblätter zeigten einen blauen ausgebreiteten Kragen, in welchem ein zartes Gesicht schwebte. Sein süßes Staunen wuchs mit der sonderbaren Verwandlung, als ihn plötzlich die Stimme seiner Mutter weckte und er sich in der elterlichen Stube fand, die schon die Morgensonne vergoldete. [...]

1 zunächst: in nächster Nähe

○ **2** Tauscht euch in der Klasse über die Textauszüge aus. Beantwortet die Fragen.
- Welche Bedeutung haben Nacht und Traum in den Textauszügen?
- Wie wird die blaue Blume beschrieben? Was könnte ihr Geheimnis sein?

○ **3** Das Motiv „Sehnsucht" ist das wichtigste Motiv der Romantik. Tauscht euch in der Klasse über den Begriff aus.

◒ **4** Wonach sehnt sich Heinrich? Untersucht im Tandem die Textauszüge, beantwortet die Frage und belegt mit Textstellen.

! **Merke**

Das Motiv

Ein Motiv ist ein **inhaltliches Element**, das in literarischen Texten immer **wiederkehrt**. Es hat eine **besondere Bedeutung** für den Textzusammenhang. Typische **Motive** der **Romantik** sind → das Unheimliche, die Liebe oder die Sehnsucht.

○ **5** Lies den Text über die „Hymnen an die Nacht“ sowie einen Auszug daraus.

Novalis notierte ein Erlebnis, das er am Grab Sophie von Kühns hatte, in seinem Tagebuch und verarbeitete es später im Gedichtzyklus „Hymnen an die Nacht“. Die Vorstellung, im Jenseits wieder mit der Geliebten vereint zu sein, war sehr tröstlich und hatte anscheinend dazu geführt, dass Novalis sich wieder dem Leben zuwandte. Er begann ein Studium und verlobte sich erneut. 1800 wurden die „Hymnen an die Nacht“ veröffentlicht. Sie gehören zu den bedeutendsten Werken der Romantik.

A

Hymnen an die Nacht – Kapitel 3

[...] Zur Staubwolke wurde der Hügel – durch die Wolke sah ich die verklärten Züge der Geliebten. In ihren Augen ruhte die Ewigkeit – ich fasste ihre Hände, und die Tränen wurden ein funkelndes, unzerreißliches Band. Jahrtausende zogen abwärts in die Ferne, wie Ungewitter. An ihrem Halse weint ich dem neuen Leben entzückende Tränen. –
Es war der erste, einzige Traum – und erst seitdem fühl' ich ewigen, unwandelbaren Glauben an den Himmel der Nacht und sein Licht, die Geliebte.

B

○ **6** Erklärt einander im Tandem, was der Dichter im Auszug aus den „Hymnen an die Nacht“ beschreibt. Was könnte das „unzerreißliche Band“ bedeuten? Tauscht euch darüber aus.

◒ **7** Formuliert im Tandem Sätze zu Novalis' Erlebnis und zu seinen Empfindungen. Verwendet dabei die folgenden Begriffe.

Traum | Todessehnsucht | Jenseits | Nacht

○ **8** Lege Karteikarten zu **„Heinrich von Ofterdingen“** und **„Hymnen an die Nacht“** an. Notiere die Informationen von dieser Doppelseite und ergänze die in Aufgabe 5 auf Seite 45 angelegten Karteikarten.

Tipp
Gehe auf das Motiv Sehnsucht ein.

Heinrich von Ofterdingen
– ...

Hymnen an die Nacht
– ...

◒ **9** Formuliere die Stichworte der beiden neuen Karteikarten in Sätze um. Verwende eigene Formulierungen.

Novalis – aus eurer Sicht

Einen informierenden Text materialgestützt schreiben

Textverarbeitung
→ Seite 317

Jetzt kannst du mithilfe der Texte, Bilder und der Tabelle auf den letzten beiden Doppelseiten einen informierenden Text über den Romantiker Novalis schreiben. Orientiere dich dabei an deinen Karteikarten. Du kannst auch ein Textverarbeitungsprogramm nutzen.

Tipp
Hebe einen interessanten Punkt für den Schluss auf.

○ **1** Überlege, welches Thema du in den Mittelpunkt deines informierenden Textes stellen möchtest. Sieh dir dazu deine Karteikarten an. Formuliere eine passende Überschrift, die Interesse weckt.

○ **2** Schreibe eine Einleitung, in der du Novalis mit seinen wichtigsten Lebensdaten kurz vorstellst. Ergänze eine Aussage, die das Interesse der Leserin oder des Lesers wecken könnte.

Tipp
Du kannst dich an den Überschriften deiner Karteikarten orientieren.

○ **3** Gliedere den Hauptteil. Notiere mithilfe der Karteikarten mögliche Zwischenüberschriften und bringe sie in eine sinnvolle Reihenfolge, z. B. *chronologisch: Herkunft/Familie, Studium, Liebe, Beruf ...*

Zitieren
→ Seite 68, 253

○ **4** Lies noch einmal die Texte auf den 44–47. Notiere auf deinen Karteikarten Textstellen, die du als Zitate verwenden möchtest. Schreibe die Seiten- und Zeilenzahl auf, z. B. *Beruf Geologe: – übte seinen Beruf gern aus → „Fleiß und Feuereifer" (Seite 45, Zeile 19)*

○ **5** Schreibe jetzt den Hauptteil. Formuliere auf der Grundlage deiner Gliederung und mithilfe der Stichworte auf den Karteikarten einen Text mit eigenen Worten. Beachte dabei:

- *Schreibe im Präsens.* • *Verwende Zitate.* • *Schreibe sachlich.*
- *Mache Zusammenhänge deutlich (weil, deshalb, dadurch, obwohl, daher, denn).*
- *Formuliere Überleitungen zwischen den Themen.*

○ **6** Schreibe den Schluss. Fasse zusammen und formuliere eine interessante Aussage zum Thema, z. B. *Novalis ist ein typischer Romantiker, weil in seinen Werken ...*

Schreibkonferenz
→ Seite 343

Tipp
Ihr könnt auch die Untersuchungskriterien in der Gruppe aufteilen.

◒ **7** Veranstaltet eine Schreibkonferenz und überprüft eure Texte in der Gruppe.
Geht so vor:
- Gebt die Texte im Uhrzeigersinn reihum. Schreibt eure Kommentare an die Texte.
- Vereinbart eine Zeit, nach der die Texte weitergereicht werden.
- Überprüft die Texte mithilfe der Fragen in der Checkliste auf Seite 49.

Checkliste

- ☑ Wurde sachlich und verständlich geschrieben?
- ☑ Wurden die Informationen in einer logischen Reihenfolge wiedergegeben?
- ☑ Wurden eigene Formulierungen verwendet?
- ☑ Wurden die Informationen korrekt und zusammenhängend wiedergegeben?
- ☑ Wurden Zitate sinnvoll und korrekt wiedergegeben?

○ **8** Überarbeite deinen Text, wenn nötig.

überarbeiten
Seite 297

○ **9** Lest einige Texte in der Klasse vor. Tauscht euch darüber aus, welche Informationen über Novalis für euch am interessantesten waren.

Arbeitstechnik

V01

Einen informierenden Text materialgestützt schreiben

Lerninsel
Seite 321–323

In einem informierenden Text fasst du **wichtige Informationen** zu einem Thema zusammen. Die Grundlage dafür sind **verschiedene Materialien** wie Texte, Übersichten oder Diagramme. Mit dem Text kannst du dir selbst einen **Überblick verschaffen** sowie anderen deine Kenntnisse zu einem Thema vermitteln. **Beachte** Thema, Adressaten, Textart und Funktion deines Textes.

Schreibziel
Seite 61

Vorbereitung
1. **Lies** alle Materialien. Notiere die einzelnen Themen, die angesprochen werden.
2. Lege **Karteikarten** zu Begriffen an, die für das jeweilige Thema stehen.
3. Lies die Texte noch einmal. **Notiere** die **Informationen** stichwortartig auf den angelegten Karteikarten.

Schreiben
1. Formuliere eine **Überschrift** und eine **Einleitung**. Beide sollen das Interesse der Leserin oder des Lesers wecken.
2. Lege die Gliederung des **Hauptteils** in Zwischenüberschriften fest und formuliere den Hauptteil auf der Grundlage der Karteikarten.
3. Fasse am **Schluss** zusammen. Formuliere eine interessante Aussage zum Thema.

Beachte: Schreibe **sachlich** und im **Präsens**. Verwende **Zitate**, die deine Aussagen unterstützen.

Überarbeiten
Überprüfe deinen Text mithilfe der folgenden Fragen:
- Wurden die Informationen **richtig** wiedergegeben?
- Ist die **Reihenfolge** der Informationen **sinnvoll**?
- Wurde **sachlich**, **verständlich** und im **Präsens** formuliert?
- Sind **Zusammenhänge** deutlich geworden?
- Wurde zwischen den einzelnen Themen **sinnvoll übergeleitet**?
- Sind die **Zitate sinnvoll** und **korrekt** verwendet worden?

START **Drei Wege – ein Ziel!** Finde deinen Weg mit diesem Einschätzungstest: **D05**

A B C

Die Brüder Grimm: Es war einmal ...

Informationen sammeln

Die meisten Kinder und Erwachsenen kennen die Märchen der Brüder Grimm. Die Anfänge ihrer Märchensammlung liegen über 200 Jahre zurück. Von 1810 stammt die handschriftliche Urfassung der Kinder- und Hausmärchen. Mit vielen Überarbeitungen und Ergänzungen erschien 1857 die letzte, von den Brüdern betreute Ausgabe.

○ **1** Überprüft eure Kenntnisse über Märchen in der Gruppe. Beantwortet dabei die folgenden Fragen:
- Welche Märchen der Brüder Grimm kennt ihr?
- Woran erkennt ihr Märchen? Nennt Merkmale.
- Wie wurden Märchen früher weitergegeben und wie könnten sie in die Märchensammlung der Brüder Grimm gekommen sein?

○ **2** Lies zwei Anfänge desselben Märchens, einmal die Urfassung von 1812 und einmal die Fassung von 1857.

Die drei Raben

Es war einmal eine Mutter, die hatte drei Söhnlein, die spielten eines Sonntags unter der Kirche Karten. Und als die Predigt vorbei war, kam die Mutter nach Hause gegangen und sah, was sie gethan hatten. Da fluchte sie ihren gottlosen Kindern und alsobald wurden sie drei kohlschwarze Raben und flogen auf und davon. Die drei Brüder hatten aber ein Schwesterchen, das sie von Herzen liebte, und es grämte sich so über die Verbannung, dass es keine Ruh mehr hatte und sich endlich aufmachte, sie zu suchen. [...] Es konnte aber die drei Raben immer nicht finden, außer einmal waren sie über seinen Kopf weggeflogen, da hatte einer einen Ring fallen lassen, wie es den aufhob, erkannte ihn das Schwesterchen für den Ring, den es einsmals dem jüngsten Bruder geschenkt hatte. [...]

Die sieben Raben

Ein Mann hatte sieben Söhne und immer noch kein Töchterchen, so sehr er sich's auch wünschte; endlich gab ihm seine Frau wieder gute Hoffnung zu einem Kinde, und wie's zur Welt kam, war's auch ein Mädchen. Die Freude war groß, aber das Kind war schmächtig und klein, und sollte wegen seiner Schwachheit die Nottaufe haben. Der Vater schickte einen der Knaben eilends zur Quelle, Taufwasser zu holen: Die andern sechs liefen mit, und weil jeder der erste beim Schöpfen sein wollte, so fiel ihnen der Krug in den Brunnen. Da standen sie und wussten nicht, was sie tun sollten, und keiner getraute sich heim. Als sie immer noch nicht zurückkamen, ward der Vater ungeduldig und sprach: „Gewiss haben sie's wieder über ein Spiel vergessen, die gottlosen Jungen." Es ward ihm Angst, das Mädchen müsste ungetauft verscheiden, und im Ärger rief er: „Ich wollte, dass die Jungen alle zu Raben würden."

Kaum war das Wort ausgeredet, so hörte er ein Geschwirr über seinem Haupt in der Luft, blickte in die Höhe und sah sieben kohlschwarze Raben auf- und davonfliegen. [...]

Allein das Mädchen machte sich täglich ein Gewissen daraus und glaubte, es müsste seine Geschwister wieder erlösen. Es hatte nicht Ruhe und Rast, bis es sich heimlich aufmachte und in die weite Welt ging, seine Brüder irgendwo aufzuspüren und zu befreien, es möchte kosten, was es wollte. Es nahm nichts mit sich als ein Ringlein von seinen Eltern zum Andenken, einen Laib Brot für den Hunger, ein Krüglein Wasser für den Durst und ein Stühlchen für die Müdigkeit. [...]

3 Besprecht in der Gruppe, worum es in den Märchenauszügen geht und welche Bedeutung der Ring oder das Ringlein dabei haben könnte.

4 Sucht in der Gruppe Formulierungen in den beiden Texten, an denen man erkennt, dass sie vor langer Zeit geschrieben wurden. Erklärt, was sie bedeuten.

Tipp
Schlagt in einem Herkunftswörterbuch nach.

5 Vergleicht in der Gruppe die beiden Texte in Aufgabe 2. Legt eine Tabelle zu folgenden Untersuchungskriterien an und füllt sie aus.

Figuren | Konflikt | Sprache: Wortwahl/Satzbau | Umfang | wörtliche Rede

6 Lies das fiktive Interview mit einer Märchenforscherin zu den Märchen der Brüder Grimm.

Interviewer Stimmt es, dass die Brüder Grimm viele ihrer Märchen von Menschen aus dem einfachen Volk hatten?

Frau Alraune Das ist auch nur ein Märchen. Die Märchenzuträger waren häufig Frauen aus dem Bürgertum oder dem Adel.

Interviewer Was versteht man unter dem „Märchenton“?

Frau Alraune Das war die Idee von Wilhelm Grimm. Er veränderte die Märchen und schrieb bestimme Redewendungen hinein wie „Es war einmal …“ oder „und wenn sie nicht gestorben sind …“ Das kennen wir alle. Und es gibt magische Zahlen und das Gute siegt.

Interviewer Waren die Märchen sofort erfolgreich?

Frau Alraune Zuerst eher nicht, denn sie wurden für Sprachforscher aufgeschrieben. Hinter jedem Märchen stand ein wissenschaftlicher Kommentar. Dann erschien 1825 eine Ausgabe mit nur 50 Märchen, mit einigen Illustrationen und ohne Kommentare. Ab dieser Ausgabe war die Märchensammlung unglaublich erfolgreich und wurde zum bekanntesten deutschen Buch. Die Bilder stammten übrigens von Ludwig Emil Grimm, dem jüngeren Bruder der Grimms.

Interviewer Warum sammelten die Grimms überhaupt Märchen?

Frau Alraune Einige Romantiker sammelten Märchen und Sagen, weil sie sich für die Traditionen ihrer Heimat interessierten. Sie beschäftigten sich mit der eigenen Kultur und Geschichte, die stark mit der Sagen- und Mythenwelt des Mittelalters verbunden ist. Jacob und Wilhelm trugen mit ihrer Sammlung der „Kinder- und Hausmärchen“ dazu bei.

7 Beantwortet im Tandem die folgenden Fragen:
- Aus welcher Quelle stammen die meisten Märchen?
- Was gehört zum „Märchenton“ und wer hat ihn entwickelt?
- Was erfahrt ihr über den Erfolg der Märchensammlung?
- Was interessierte die Brüder Grimm an Märchen?

8 Lege eine Karteikarte zum Thema **Märchen** an. Notiere alle Informationen, die du dazu auf dieser Doppelseite erhalten hast.

Gemeinsames Leben und Arbeiten

Einen informierenden Text materialgestützt schreiben

○ **1** Lies den Text über die Brüder Grimm und die biografischen Daten in der Übersicht.

Jacob und Wilhelm Grimm [...] verfolgten dieselben Interessen und Ziele, teilten Wohnung, Einkommen und eine unerschöpfliche Leidenschaft für Sprache und Literatur. [...] über fünfzig Jahre währte diese außergewöhnliche Verbindung [...].
Der plötzliche Tod des Vaters erschütterte 1796 die glückliche Kindheit [...]. In Marburg begannen Jacob und Wilhelm das Studium der Jurisprudenz[1], die Bibliothek wurde zu ihrem Lieblingsort. Dort stöberten sie nach uralten Handschriften, entzifferten und kopierten altgermanische und mittelalterliche Texte [...]. Die Brüder Grimm fanden rasch Zugang zu den romantischen Dichterkreisen um Clemens Brentano, Achim von Arnim, Ludwig Tieck und begeisterten sich für deren aktuelles Projekt: *Des Knaben Wunderhorn*[2] erschien ab 1805 in mehreren Bänden, etliche Beiträge stammten aus der schon erklecklichen[3] Sammlung, die Jacob und Wilhelm nach und nach zusammentrugen. [...]

(Joachim Scholl: 50 Klassiker, Hildesheim 2011, S. 66 f.)

1 **die Jurisprudenz**: Rechtswissenschaft
2 **Des Knaben Wunderhorn**: Sammlung alter Lieder
3 **erklecklich**: ziemlich groß

Biografische Daten von Jacob und Wilhelm Grimm

1785/1786	Jacob, dann Wilhelm Grimm, in Hanau geboren
1787–1793	Geburt von drei Brüdern und der Schwester Charlotte
1796	Tod des Vaters
1798	Umzug zu Tante Henriette nach Kassel, Besuch des Gymnasiums
ab 1802/03	Studium der Rechtswissenschaften in Marburg
1806	Rückkehr nach Kassel, Sammeln von Volksliedern und Märchen
1808	Tod der Mutter, Jacob sichert das Familieneinkommen als Bibliothekar, Schwester Charlotte versorgt den Haushalt
1825	Wilhelm heiratet Dortchen (Dorothea) Wild, drei Kinder werden geboren, Bruder Jacob lebt mit ihnen zusammen
ab 1829	Arbeit als Bibliothekare und Professoren in Göttingen
1837	Arbeit als freie Schriftsteller in Kassel
1840	Umzug nach Berlin, Arbeit am „Deutschen Wörterbuch“ für die Akademie der Wissenschaften
1859/1863	Tod von Wilhelm, dann von Jacob Grimm, in Berlin

○ **2** Besprecht im Tandem die folgenden Fragen. Notiert die Antworten.
- Was machten die Brüder während ihres Jura-Studiums am liebsten?
- Was passierte nach dem Tod der Mutter?
- Zu welcher Sammlung haben die Brüder Grimm beigetragen?

3 Lege Karteikarten zu folgenden Themen an.

Familie | Lebens- und Arbeitsorte/Tätigkeiten | Kontakt zu anderen Romantikern

4 Notiere alle Informationen zu den Themen in Stichworten auf den Karteikarten.

5 Lies den Lexikonartikel zum „Deutschen Wörterbuch" der Brüder Grimm.

Das Deutsche Wörterbuch (DWB)

ist das größte und umfangreichste Wörterbuch zur deutschen Sprache seit dem 16. Jahrhundert mit Wortbedeutungen und Belegstellen. Es wird auch **Der Grimm** genannt, weil es die Brüder Jacob und Wilhelm Grimm waren, die 1838 mit dem DWB begonnen haben. [...] Sie und viele Mitarbeiter sammelten Informationen über die Herkunft und den Gebrauch jedes deutschen Wortes, selbst Schimpfwörter wurden aufgenommen. Ein solches Wörterbuch der deutschen Sprache war den Brüdern Grimm ein Bedürfnis im Interesse einer geeinten deutschen Nation, denn Deutschland war in viele Kleinstaaten zersplittert. Die Beschäftigung mit der deutschen Sprache und Identität war aber auch eine Reaktion auf die Eroberungen von deutschen Gebieten durch Napoleon.
Der erste Band des Wörterbuchs erschien 1854. Bei der Bearbeitung der Wörter des Buchstabens F verstarb der letzte der Brüder. Erst 1961 wurde die Arbeit am Wörterbuch beendet, eine Neuausgabe wurde 2012 abgeschlossen.

(https://de.wikipedia.org/wiki/Deutsches_Wörterbuch, 31.03.2025)

6 Beantwortet im Tandem die folgenden Fragen. Legt eine Karteikarte „Das Deutsche Wörterbuch" an und notiert die wichtigsten Informationen.
- Was enthält das „Deutsche Wörterbuch"?
- Welche Gründe hatten die Brüder Grimm, diese Arbeit zu beginnen?

7 Schreibe jetzt einen informierenden Text über die Brüder Grimm. Gehe so vor:
- Lies noch einmal alle Informationen zu den Brüdern Grimm, die du auf deinen Karteikarten notiert hast, durch.
- Überlege, was du in einem informierenden Text über die Brüder Grimm mitteilen möchtest.
- Notiere eine Überschrift für deinen Text, die Interesse weckt.
- Schreibe eine Einleitung, in der du die Brüder Grimm mit den Lebensdaten und ihrem bekanntesten Werk kurz vorstellst.
- Schreibe den Hauptteil. Notiere Zwischenüberschriften. Formuliere dann einen zusammenhängenden Text mithilfe der Informationen auf deinen Karteikarten.
- Schreibe einen Schluss, in dem du auf den Erfolg der Märchen und des Deutschen Wörterbuchs eingehst.

materialgestützt schreiben → Seite 49

8 Veranstaltet in der Gruppe eine Schreibkonferenz und überprüft eure Texte. Gebt einander ein Feedback. Orientiert euch an Aufgabe 7 auf Seite 48.

Schreibkonferenz → Seite 343

9 Überarbeite deinen informierenden Text, wenn nötig.

überarbeiten → Seite 297

10 Wählt einen informierenden Text aus und bereitet die Präsentation in der Klasse vor.

Karoline von Günderrode

Informationen sammeln

Künstlerinnen spielten in der Zeit der Romantik erstmals eine aktive Rolle im kulturellen und literarischen Leben. Einige führten Salons, wo sich Schriftsteller, Maler, Musiker und Philosophen trafen und diskutierten. Andere waren als Künstlerinnen tätig wie die Dichterin Karoline von Günderrode. Sie wurde vor allem durch ihre Gedichte bekannt, verfasste aber auch Dramen, z. B. „Udohla".

○ **1** Lies die ersten beiden Strophen des Gedichts von Karoline von Günderrode.

Überall Liebe

Kann ich im Herzen heiße Wünsche tragen?
Dabei des Lebens Blütenkränze sehn,
Und unbekränzt daran vorübergehn
Und muss ich trauernd nicht in mir verzagen?

Soll frevelnd[1] ich dem liebsten Wunsch entsagen?
Soll mutig ich zum Schattenreiche gehn?
Um andre Freuden andre Götter flehn,
Nach neuen Wonnen bei den Toten fragen?

(aus einem Brief an Friedrich Creuzer, 1805)

1 frevelnd: sich vergehend, gegen Regeln verstoßend

◒ **2** Karoline von Günderrode schickte das Gedicht an ihren Geliebten. Besprecht in der Gruppe, welche Gedanken sie ihm mitteilen möchte. Achtet besonders auf Vers 3 und Vers 6.

○ **3** Lies die Auszüge aus dem Drama „Udohla" von Karoline von Günderrode.

Das Drama „Udohla" spielt im Orient, einem damals beliebten Schauplatz. Der Sultan hat sich in Nerissa, die an seinen Hof kam, verliebt. Es geht das Gerücht um, dass sie seine Schwester sei, die vor langer Zeit verschwunden war.

Sultan Warum o Schicksal, muss ich diese lieben?
Die Einzige, die du mir hast versagt. [...]
Viel schöne Frauen sind in meinem Hause,
Doch keine rührt, und keine freut mein Herz.
Denn alles Schöne, was mein Auge schauet,
Erweckt die Sehnsucht nur nach ihrem Reiz;
Und ist sie nah und könnt ich sie umfassen,
so hält ein tiefer Schauer mich zurück,
Ein leises Beben läuft mir durch die Glieder,
Als stünd ein Todes-Engel neben ihr [...].

Es stellt sich heraus, dass Nerissa nicht die Schwester des Sultans ist, sondern die Tochter des aufständischen Bahadar, den der Sultan hat hinrichten lassen.

Sultan Die Scheidewand, Geliebte! ist zerfallen,
Und du bist mein. Ja, Liebe, du bist mein.
Wie konntest du mich lang so grausam quälen,
Und mir verbergen ein so wonnig Glück?

Nerissa Wo find ich Töne doch zu diesem Worte,
Vor dem die blasse Lippe zaghaft bebt?
So wisse denn, ich bin von dir geschieden
Auf immerdar durch deine eigne Tat;
Des Vaters Blut belastet deine Seele,
Bahadars Tochter ist's, die vor dir steht.
Sultan O Allah! *Er verhüllt sich.* [...]

Nerissa erfährt, dass Udohla, der sich seit Kurzem am Hof befindet, ihr vermisster Bruder Achmed ist. Die Geschwister erkennen und umarmen sich.

Sultan Wie sie in dieses Jünglings Armen ruhet,
Ein Anblick, wie der Hölle Qualen mir!
Nerissa Es hat dein Wort des Vaters Blut vergossen;
Ich richte nicht, ob er es auch verdient;
Doch dieser teilte niemals sein Vergehen,
Er hat sein Schwert nicht gegen dich geführt.
Drum sei ihm gnädig, auch um meinetwillen,
Und lass mich ruhig mit dem Bruder ziehn.
Sultan Vergisst du so, was es mich kosten könne,
wenn ich, oh Teure, dich entlassen muss? [...]

4 Untersucht im Tandem den Dramenauszug.
- Gebt den Inhalt mit eigenen Worten wieder.
- Erklärt den Konflikt, in dem sich der Sultan befindet.
- Beschreibt die Figur Nerissa.
- Der Sultan lässt die Geschwister ziehen. Besprecht seine Entscheidung.

5 Die folgende Strophe stammt aus einem Gedicht von Karoline von Günderrode. Setzt diese Aussage in Bezug zur Haltung der Figur Nerissa. Tauscht euch im Tandem darüber aus.

In die heitre freie Bläue
In die unbegrenzte Weite
Will ich wandeln, will ich wallen
Nichts soll meine Schritte fesseln.

6 Seht euch im Tandem das Gedicht und den Dramenauszug noch einmal genauer an. Benennt das wichtigste Motiv und erläutert, wie es dargestellt wird.

Motiv
→ Seite 47

7 Lege Karteikarten zu den beiden Werken der Günderrode an. Notiere die Informationen in Stichworten und ergänze passende Zitate.

Gedicht „Überall Liebe"
- *Brief an den Geliebten Friedrich Creuzer von 1805*
- *Wunsch nach Heirat (Symbol dafür: „des Lebens Blütenkränze")*
- *...*

Warum ward ich kein Mann?!

Einen informierenden Text materialgestützt schreiben

○ **1** Informiere dich mithilfe der Materialien über Karoline von Günderrode.

11.02.1780	Geburt in Karlsruhe
1786	Tod des Vaters, Umzug nach Hanau, Mutter wird Hofdame
1794	Krankheit und Tod der Schwester Louise, 13 Jahre alt
1799	lernt Friedrich Karl von Savigny kennen, er führt sie in den Kreis der Romantiker ein
1801	Bekanntschaft mit Bettina, Gunda und Clemens Brentano, Briefwechsel, Krankheit und Tod der Schwester Charlotte, 18 Jahre alt
1802	Krankheit und Tod der Schwester Amalie, 18 Jahre alt
1803	Heirat von Savigny mit Gunda (Kunigunde) Brentano
1804	Tian (Pseudonym der Günderrode): *Gedichte und Phantasien*
1805	Friedrich Creuzer gibt ihre Dramen *Udohla* und *Magie und Schicksal* heraus, Heiratsversprechen, Sophie Creuzer willigt in Scheidung ein
1806	Creuzer erkrankt und beendet das Verhältnis zu Karoline
26.07.1806	Suizid in Winkel am Rhein

Sibylle Duda

Karoline von Günderrode: Biografie

Karoline stammte aus einer verarmten, gebildeten Adelsfamilie und war die Älteste von insgesamt sechs Geschwistern. 1797 trat sie in Frankfurt in ein adeliges Damenstift ein – eine Institution, in der unverheiratete, verarmte adelige Frauen versorgt wurden, von wo aus sie sich aber auch in Ruhe eine gute Partie[1] suchen konnten. [...] In Gesprächen mit ihrer Freundin Lisette Mettingh erkannte sie die Benachteiligung der Frau in der Gesellschaft. Ein Ausweg, der Beschränkung zu entkommen, war Bildung, die sich Karoline durch unermüdliches Lesen erwarb. [...] Bei einer Abendgesellschaft traf sie Friedrich Karl von Savigny, damals noch Jurastudent, später ein bedeutender Rechtsgelehrter, in den sie sich leidenschaftlich verliebte. Es kam zu Annäherungen, die eine Heirat nahelegten, doch Savigny, von Günderrodes Bildung abgeschreckt, heiratete lieber die nicht so hochgebildete Gunda von Brentano. Nach der gescheiterten Liebe zu Savigny widmete sich Karoline vor allem der Kunst, um, wie sie sagte, ihre Persönlichkeit zu vervollkommnen. [...] Sie schrieb Dramen, z.B. *Hildegund und Nikator*, oder *Mora*, in denen meist heldenhafte, starke Frauen im Mittelpunkt standen. [...] Zunehmend vereinsamte sie, da ihre Schwester und zwei ihrer Freundinnen heirateten. Nun wird Schreiben immer mehr zum Mittel der Selbstbehauptung. [...] Unter dem männlichen Pseudonym Tian veröffentlichte sie *Gedichte und Phantasien*, ein Werk bestehend aus lyrisch-epischen Dichtungen, Dramenfragmenten und Prosastücken. [...] Im August 1804 lernte sie den [...] verheirateten Heidelberger Altertumsforscher Friedrich Creuzer kennen. Eine große Liebe entwickelte sich. Sie verstanden sich nicht nur menschlich, sondern auch wissenschaftlich und literarisch sehr gut. [...] Creuzers Freunde rieten ihm von der Heirat mit Günderrode ab, sie würde keine bürgerliche Hausfrau abgeben [...]. Nun forderte Creuzer von ihr, sie solle seinen Freunden einen Brief schreiben, in dem sie sich für ein stilles Eheleben ausspräche und der Schellinglektüre abschwüre. Karoline wehrte sich gegen diese Zumutungen und fasste den Plan, mit Creuzer nach Alexandria oder in Männerkleidern

1 die gute Partie: (hier) vermögender Ehemann

nach Russland zu fliehen. Sie wollte auch gemeinsam mit Creuzer sterben. Creuzer wurde unter dieser großen Anspannung krank und bat seinen Freund Daub, an Günderrode einen Absagebrief zu schreiben. Karoline befand sich gerade in Winkel im Rheingau. Sie machte sich zu einem Spaziergang auf und erdolchte sich am Rheinufer. [...]

(Sibylle Duda, in: http://www.fembio.org/biographie.php/frau/biographie/karoline-von-guenderrode, 31.03.2025)

2 Tauscht euch im Tandem über die Lebensumstände der Günderrode aus. Klärt, in welchen Konflikten sie sich befand.

3 Notiere Begriffe, denen du die Informationen dieser Seiten zuordnen kannst.

4 Schreibe dann auf die Karteikarten stichwortartig die wichtigsten Informationen. Ergänze deine Karteikarten von Seite 55 mit den biografischen Angaben.

5 Lies aus einem Brief der Günderrode und den Text von Knigge[2]. Untersuche, wie sich Leben und Schaffen der Dichterin vom Frauenbild Knigges unterscheiden.

Gestern las ich Ossians[3] Darthula, und es wirkte so angenehm auf mich; der alte Wunsch, einen Heldentod zu sterben, ergriff mich mit großer Heftigkeit [...]. Schon oft hatte ich den unweiblichen Wunsch, mich in ein wildes Schlachtgetümmel zu werfen, zu sterben. Warum ward ich kein Mann! Ich habe keinen Sinn für weibliche Tugenden, für Weiberglückseligkeit. [...]

(Brief Karoline von Günderrode an Gunda Brentano, 29.08.1801)

A

Ich muss gestehn, dass mich immer eine Art von Fieberfrost befällt, wenn man mich in Gesellschaft einer Dame gegenüber oder an die Seite setzt, die große Ansprüche auf Schöngeisterei oder gar auf Gelehrsamkeit macht. Wenn die Frauenzimmer doch nur überlegen wollten, wieviel mehr Interesse diejenigen unter ihnen erwecken, die sich einfach an die Bestimmung der Natur halten und sich unter dem Haufen ihrer Mitschwestern durch treue Erfüllung ihres Berufs auszeichnen. [...]

(Knigge: Über den Umgang mit Menschen, 1788)

B

2 Adolph Freiherr Knigge: deutscher Schriftsteller, 1752–1796

3 Ossian: Titelfigur eines erdachten keltischen Epos

6 Notiere auf einer Karteikarte Informationen zum Frauenbild im 18. Jahrhundert.

7 Schreibe einen informierenden Text über Karoline von Günderrode. Gehe so vor:
- Überlege, was du über Karoline von Günderrode mitteilen möchtest.
- Notiere eine passende Überschrift. Schreibe eine Einleitung, in der du die Dichterin kurz vorstellst und einen interessanten Punkt erwähnst.
- Schreibe den Hauptteil. Notiere Zwischenüberschriften und formuliere einen zusammenhängenden Text mithilfe der Informationen auf deinen Karteikarten.
- Schreibe einen Schluss, in dem du auf einen wichtigen Aspekt eingehst.

materialgestützt schreiben
Seite 49

8 Überprüft eure Texte in einer Schreibkonferenz. Gebt ein Feedback. Orientiert euch an der Checkliste von Seite 49. Überarbeitet anschließend eure Texte, wenn nötig.

Schreibkonferenz
Seite 343

überarbeiten
Seite 297

9 Wählt einen informierenden Text aus. Bereitet die Präsentation in der Klasse vor.

Joseph von Eichendorff: Sehnsucht

Informationen sammeln

Joseph Freiherr von Eichendorff gilt als der „letzte Romantiker", nicht nur weil er die Epoche Romantik um etwa 30 Jahre überlebte, sondern auch weil seine Poesie wesentlich im Zeichen des Abschieds steht. Viele Gedichte von Eichendorff wurden vertont und sind bis heute bekannte Volkslieder.

Tipp
Geht auf die Sinne ein, die angesprochen werden.

1 Lest das Gedicht „Sehnsucht" von Joseph von Eichendorff. Fasst dann im Tandem den Inhalt des Gedichts zusammen.

C.D. Friedrich: Frau am Fenster

Sehnsucht

Es schienen so golden die Sterne,
Am Fenster ich einsam stand
Und hörte aus weiter Ferne
Ein Posthorn im stillen Land.
Das Herz mir im Leibe entbrennte,
Da hab' ich mir heimlich gedacht:
Ach, wer da mitreisen könnte
In der prächtigen Sommernacht!

Zwei junge Gesellen gingen
Vorüber am Bergeshang,
Ich hörte im Wandern sie singen
Die stille Gegend entlang:
Von schwindelnden Felsenschlüften[1],
Wo die Wälder rauschen so sacht,
Von Quellen, die von den Klüften
Sich stürzen in die Waldesnacht.

Sie sangen von Marmorbildern,
Von Gärten, die überm Gestein
In dämmernden Lauben verwildern,
Palästen im Mondenschein,
Wo die Mädchen am Fenster lauschen,
Wann der Lauten[2] Klang erwacht
Und die Brunnen verschlafen rauschen
In der prächtigen Sommernacht.

(1834)

1 die Felsenschlüfte: Felsenschluchten
2 die Laute: mittelalterliches Zupfinstrument

2 Lies den folgenden Text zur Bildgestaltung in der romantischen Malerei.

Vier Jahre nach seiner Heirat malt Friedrich seine Frau Caroline am Fenster seines Ateliers. [...] Wie auf vielen Landschaftsgemälden des Romantikers ist auch auf diesem Bild eine Figur in Rückenansicht mit Blick in die Ferne dargestellt. Die Rückenansicht verdichtet das Moment des Alleinseins. Sie kann sowohl für Situationen des Abschieds als auch der Ankunft stehen. Die dargestellte Person nimmt im Bild denselben Blickwinkel auf die Landschaft ein wie der Betrachter des Bildes von außen und wird so zur Identifikationsfigur.

3 Vergleicht im Tandem das Gedicht mit dem Bild „Frau am Fenster" des romantischen Malers Caspar David Friedrich. Beschreibt Situation, Stimmung und Wirkung.

Motiv
→ Seite 47

4 Seht euch im Tandem das Gedicht noch einmal genauer an. Benennt das wichtigste Motiv und erläutert, wie es dargestellt wird.

5 Lies den folgenden Informationstext.

[...] Das Alltagsleben erscheint trostlos, von eintöniger Arbeit beherrscht, Der Blick der Romantiker richtet sich nach innen. Die „romantische Sehnsucht" bestimmt das Lebensgefühl. Es ist eine Sehnsucht nach innerer Einheit, nach einer heilen Welt, nach der Zusammenführung von Gegensätzen, nach der Unendlichkeit, die bis zur Todessehnsucht führen kann. Dies zielt nicht auf die Endlichkeit allein, sondern auf die Rettung im Sinne der christlichen Glaubenslehre. Es kommt in der späteren Romantik zu einer neuen Frömmigkeit, viele Gelehrte und Schriftsteller konvertieren nach 1805 zum Katholizismus. [...]

(Adina-Monica Trinca: Deutsche Literatur vom Mittelalter bis zur Romantik, Karlsruhe 2011, S. 153)

● **6** Besprecht in der Gruppe, welche Bedeutung das Motiv der Sehnsucht in der Romantik hatte. Bezieht das Gedicht von Eichendorff mit ein.

○ **7** Notiere wichtige Informationen zum Gedicht „Sehnsucht" und seinem Leitmotiv.

○ **8** Informiere dich anhand der Materialien über Joseph von Eichendorff.

10.03.1788	geboren auf Schloss Lubowitz in Oberschlesien
1805–1812	Jurastudium in Halle, Heidelberg und Wien, unterbrochen von Reisen meist mit Bruder Wilhelm und durch die Unterstützung des Vaters bei der Bewirtschaftung der Familiengüter
1813–1815	Teilnahme an den Befreiungskriegen gegen Napoleon
1815	Heirat mit Luise von Larisch gegen den Willen der Eltern
ab 1816	preußischer Staatsdienst: Referendar in Breslau, dann Beamter in Danzig, Königsberg und Berlin
1823	Zwangsversteigerung des Familienbesitzes
1826	Veröffentlichung „Aus dem Leben eines Taugenichts"
26.11.1857	gestorben in Neiße/Schlesien (heute Polen)

Die Eichendorffs entstammten einem alten brandenburgischen Adelsgeschlecht, das es im Verlauf der Jahrhunderte nach Oberschlesien verschlug. Dank ausgedehnter Ländereien zählte man zu den reichsten Familien, doch Eichendorffs Vater, ein herzensguter, geselliger Mann, erwies sich als schlechter Wirtschafter. [...] Natur, Musik, Traum und unbeschwerte Jugendzeit bilden denn auch die konstanten Motive in Eichendorffs Poesie, unablässig hat er sie variiert, verfeinert und dabei diesen spezifischen, individuellen Klang ausgeprägt [...]. Eichendorff wuchs in der Blütezeit der Romantik auf, lernte in Heidelberg [...] ihre Helden Clemens Brentano und Achim von Arnim noch persönlich kennen. Die ersten eigenen lyrischen Versuche entstanden [...]. In Breslau fand sich eine erste kleine Stelle als Referendar [...]. Von diesem freudlosen, jahrzehntelangen Beamtentum, den einschneidenden politischen wie sozialen Entwicklungen jener Zeit findet sich kaum ein Hinweis im gesamten Werk [...]. Notgedrungen arrangierte er sich mit der beruflichen Situation, wobei ihm ein starker religiöser Glaube und der familiäre Rückhalt halfen. Die glückliche Verbindung mit Ehefrau Luise ist vielfach belegt [...]. Eichendorff hat die Auflösung der alten Ordnung, der Harmonie von Mensch und Natur, einzig als Zerstörung gesehen, die durch bürgerliche Habgier und Philistertum[3] noch beschleunigt wird. [...]

(Joachim Scholl: 50 Klassiker, Hildesheim 2011, S. 73–75)

3 der Philister: abwertend für Spießbürger

◒ **9** Strukturiert im Tandem die Informationen zum Leben von Joseph von Eichendorff. Legt entsprechende Karteikarten an und macht euch Notizen.

Den lieben Gott lass' ich nur walten

Einen informierenden Text materialgestützt schreiben

Die Romantiker interessierten sich nicht für die Grenzen zwischen den literarischen Gattungen. Sie fügten zum Beispiel Gedichte in Erzählungen und Märchen ein. In dieser Zeit entstand auch die Idee vom Gesamtkunstwerk, das verschiedene Künste wie Musik, Malerei und Dichtung verbindet.

○ **1** Lies den Anfang der Novelle „Aus dem Leben eines Taugenichts" von Eichendorff.

Das Rad an meines Vaters Mühle brauste und rauschte schon wieder recht lustig, der Schnee tröpfelte emsig vom Dache, die Sperlinge zwitscherten und tummelten sich dazwischen; ich saß auf der Türschwelle und wischte mir den Schlaf aus den Augen, mir war so recht wohl in dem warmen Sonnenscheine. Da trat der Vater aus dem Hause; er hatte schon seit Tagesanbruch in der Mühle rumort und die Schlafmütze schief auf dem Kopfe, der sagte zu mir: „Du Taugenichts! da sonnst du dich schon wieder und dehnst und reckst dir die Knochen müde und lässt mich alle Arbeit allein tun. Ich kann dich hier nicht länger füttern. Der Frühling ist vor der Türe, geh auch einmal hinaus in die Welt und erwirb dir selber dein Brot." – „Nun", sagte ich, „wenn ich ein Taugenichts bin, so ist's gut, so will ich in die Welt gehen und mein Glück machen." [...]

Ich ging also in das Haus hinein und holte meine Geige, die ich recht artig[1] spielte, von der Wand, mein Vater gab mir noch einige Groschen Geld mit auf den Weg, und so schlenderte ich durch das lange Dorf hinaus. Ich hatte recht meine heimliche Freud', als ich da alle meine alten Bekannten und Kameraden rechts und links, wie gestern und vorgestern und immerdar, zur Arbeit hinausziehen, graben und pflügen sah, während ich so in die freie Welt hinausstrich. Ich rief den armen Leuten nach allen Seiten recht stolz und zufrieden Adjes zu, aber es kümmerte sich eben keiner sehr darum. Mir war es wie ein ewiger Sonntag im Gemüte. Und als ich endlich ins freie Feld hinauskam, da nahm ich meine liebe Geige vor und spielte und sang, auf der Landstraße fortgehend:

Wem Gott will rechte Gunst erweisen,
Den schickt er in die weite Welt,
Dem will er seine Wunder weisen
In Berg und Wald und Strom und Feld.

Die Trägen, die zu Hause liegen,
Erquicket nicht das Morgenrot,
Sie wissen nur vom Kinderwiegen,
Von Sorgen, Last und Not um Brot.

Die Bächlein von den Bergen springen,
Die Lerchen schwirren hoch vor Lust,
Was sollt' ich nicht mit ihnen singen
Aus voller Kehl' und frischer Brust?

Den lieben Gott lass ich nur walten;
Der Bächlein, Lerchen, Wald und Feld
Und Erd' und Himmel will erhalten,
Hat auch mein' Sach' aufs best' bestellt! [...]

1 artig: anmutig, gut

2 Tauscht euch im Tandem über den Inhalt des Textauszugs und des Gedichts aus. Klärt dabei, wie das Gedicht die Aussagen des Texts unterstreicht.

3 Lest den Lexikonartikel über den „Taugenichts". Besprecht in der Gruppe, was das „Romantische" an Eichendorffs Novelle ist und woran man das erkennt.

Tipp
Achtet auf die besondere Rolle des „Taugenichts" in der Gesellschaft.

Aus dem Leben eines Taugenichts

Novelle von Joseph Freiherr von Eichendorff (1788–1857), begonnen 1822, erschienen 1826. [...] Sehnsucht nach der Ferne führt den jungen Sohn eines Müllers in die Welt hinaus, in der er sein Glück machen will. Mit seiner Geige streift er ziellos umher und lässt sich sein Schicksal von Zufällen und Abenteuern bestimmen, deren erstes ihn auf ein Schloss in der Nähe Wiens führt. Hier wird er Gärtnerbursche und Zolleinnehmer und verliebt sich in [...] Aurelie. Ihre Unerreichbarkeit treibt ihn jedoch, seine Wanderung fortzusetzen. Sein Weg führt nach Italien, [...] bis ihn endlich die Sehnsucht nach der Heimat und nach Aurelie aus Rom fortlocken. [...] Der bewusst naive Ton der Novelle, in die Eichendorff einige seiner schönsten Gedichte eingestreut hat [...], sucht sich dem Märchen anzunähern. [...]

(Kindlers Literaturlexikon, IV, München 1974, S. 1267)

4 Notiere alle Informationen zur Novelle „Aus dem Leben eines Taugenichts" stichwortartig.

5 Schreibe einen informierenden Text für die Schülerzeitung der Joseph von Eichendorff-Schule. Informiere über den Dichter, seine Epoche und das Motiv der Sehnsucht in seinem Werk. Gehe so vor:

- Sieh dir deine Karteikarten an und überlege, welche Informationen du für den Text benötigst. Beachte, für wen du den Text schreibst.
- Notiere eine passende Überschrift und schreibe eine Einleitung.
- Schreibe den Hauptteil. Formuliere einen zusammenhängenden Text mithilfe der passenden Informationen von deinen Karteikarten.
- Schreibe einen Schluss.

materialgestützt schreiben
→ Seite 49

6 Überprüft eure Texte in einer Schreibkonferenz. Gebt ein Feedback. Orientiert euch an der Checkliste von Seite 49. Überarbeitet anschließend eure Texte, wenn nötig.

Schreibkonferenz
→ Seite 343

überarbeiten
→ Seite 297

Merke

V01

Materialgestütztes Schreiben mit einem Schreibziel

Beim Schreiben eines Textes mit einem **Schreibziel** muss eine konkrete **Erwartung** berücksichtigt werden. Diese hängt ab:

- vom **Thema** → Was wird gefragt? Was soll untersucht werden?
- vom **Adressaten** → Wer liest den Text?
- von der **Textart** und ihrer **Funktion** → Rezension, Sachbuchartikel, Anleitung … → informieren, appellieren, argumentieren

Um einen Text mit Schreibziel zu verfassen, muss das **Material** entsprechend dem Schreibziel **ausgewählt** und **genutzt** werden.

7 Wählt einen informierenden Text aus. Bereitet die Präsentation in der Klasse vor.

Präsentiert eure Ergebnisse

Ihr habt zu einigen Dichterinnen und Dichtern der Romantik auf der Grundlage von Materialien informierende Texte geschrieben. Nun könnt ihr eure Ergebnisse präsentieren.

1 Information

○ Nennt die Dichterin und die Dichter, mit denen ihr euch beschäftigt habt.

2 Präsentation

◒ Präsentiert eure Arbeitsergebnisse, indem ihr eure informierenden Texte vorlest.

3 Fragerunde

○ Stellt Fragen zu den vorgelesenen Texten. Lasst euch die Fragen von der jeweiligen Gruppe beantworten, z. B.

- A Woher könntet ihr noch weitere Informationen über die Brüder Grimm bekommen?
- B Habt ihr noch weitere Dichterinnen kennengelernt?
- C Was muss man beachten, wenn man einen informierenden Text mit einem Schreibziel schreiben soll.

4 Diskussion

◒ Besprecht und diskutiert gemeinsam weitere Fragen, z. B.

- Was ist das Besondere an der Literaturepoche der Romantik?
- Gibt es die Romantik auch in anderen Künsten? Was wisst ihr darüber?
- Gibt es einen Zusammenhang zwischen der historischen und künstlerischen Epoche der Romantik und unserem heutigen Verständnis von Romantik?

5 Feedback

● Wertet die Präsentationen gemeinsam aus. Gebt einander ein Feedback. Orientiert euch an folgenden Fragen:

- ☑ Habt ihr ausreichend Informationen zum Thema erhalten oder haben euch wichtige Informationen gefehlt?
- ☑ Wurden die Informationen in einer logischen Reihenfolge präsentiert?
- ☑ Wurde zwischen den einzelnen Themen sinnvoll übergeleitet?
- ☑ Wurden eure Fragen gut beantwortet?
- ☑ Wurde gut präsentiert (laut, deutlich, zusammenhängend gesprochen, Blickkontakt …)?

Überprüfe dich selbst

1 Schreibe einen informierenden Text über die Literaturepoche der Romantik. Nutze den folgenden Text, die Übersicht und Informationen aus dem Kapitel.

Die Welt verzaubern

Die literarische Epoche der Romantik erstreckt sich über den Zeitraum von 1795 bis 1830. Dabei umfasste die Romantik nicht nur die Literatur, sondern ebenso Musik und Malerei. [...] Die Verbindung dieser Künste entsprach den Vorstellungen der Romantiker. [...]

	Frühromantik	Hochromantik	Spätromantik
Zeit	1795–1805	1805–1820	1820–1830
Zentren	Berlin, Jena	Heidelberg	Berlin
Vertreter	Ludwig Tieck, Novalis	Achim von Arnim, Clemens Brentano, Joseph von Eichendorff, Brüder Grimm, Karoline von Günderrode, Bettina von Arnim	E. T. A. Hoffmann, Achim von Arnim, Joseph von Eichendorff, Ludwig Tieck, Clemens Brentano

In der **Frühromantik** erhielten Gefühl und Fantasie den Vorzug vor dem in der Literatur der damaligen Zeit vorherrschenden Vernunftgedanken. Ihre Vertreter glaubten, dass durch magische Wörter und ungewöhnliche Stimmungen der Mensch etwas tiefgründiger erfassen kann als nur mit dem Verstand. Die Romantiker wenden sich von der durch technische Entwicklungen und wissenschaftliche Erkenntnisse, die sogenannte Industrialisierung, bestimmten Gesellschaft ab, die die Welt „entzaubert" habe. [...] Der Traum ist Zugang zu fantastischen Welten und das Sehnsuchtsmotiv nimmt einen breiten Raum ein. Das Streben nach Liebe, der Blick aus dem Fenster oder das Wandern in der noch unzerstörten Natur sind Ausdruck dieser Sehnsucht. [...] Die Romantiker besinnen sich auf die Vergangenheit und idealisieren diese. Sie wünschen sich das christliche Mittelalter zurück.
Anfangs hatten die **Hochromantiker** die Französische Revolution mit ihren Idealen von Freiheit, Gleichheit und Brüderlichkeit begrüßt. Sie hofften in dem in viele Einzelstaaten zersplitterten Deutschland auf Einheit und demokratische Rechte. Dann führte die Fremdherrschaft Napoleons zu einem Erstarken des Nationalgefühls und zu einer Orientierung auf die nationalen Wurzeln. Die Romantiker setzten jetzt auf Volkspoesie und deren Verbreitung. Es wurden Sammlungen von Sagen, Liedern und Märchen veröffentlicht. Die Liedersammlung „Des Knaben Wunderhorn" von Achim von Arnim und Clemens Brentano sowie die Märchensammlung der Brüder Grimm sind die bekanntesten.
In der **Spätromantik** gewann die Religion eine größere Bedeutung.

D06 Lösungen

Das kannst du jetzt:
- Informationen zu einem Thema sichten und zusammenstellen
- Informationen zu einem Thema strukturieren
- einen informierenden Text mithilfe von Materialien verfassen

4 Was ist schön?

Erörterungen verfassen

A

1 Seht euch die Bilder A–D an und beantwortet die folgenden Fragen. Begründet eure Meinungen.
- Welches Bild spricht euch an und welches nicht?
- Was ist für euch schön? Welches Bild spiegelt das wider?
- Welche der abgebildeten Erfahrungen kennt ihr?

2 Was wisst ihr über das Thema Körperfotos auf Social Media? Tauscht euch darüber aus.

3 Besprecht und beantwortet die Fragen in F.

Ihr werdet zunehmend mit widersprüchlichen Themen konfrontiert und solltet euch eine eigene Meinung dazu bilden. Das gelingt besonders gut, wenn ihr ein Thema aus mehreren Blickwinkeln betrachtet. Kennt man die verschiedenen Seiten, ist es oft einfacher, einen eigenen Standpunkt einzunehmen und zu vertreten.

Das lernt ihr jetzt:

- Informationen und Argumente zu einem Thema sammeln
- Argumente nach Wichtigkeit ordnen
- Aussagen mit Zitaten belegen
- eine schriftliche Erörterung vorbereiten und verfassen

B

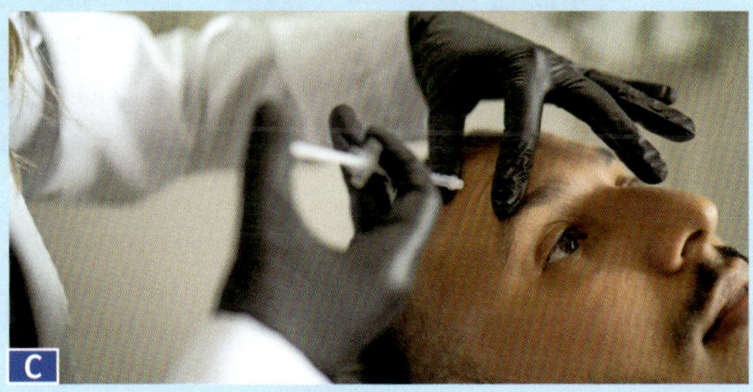

C

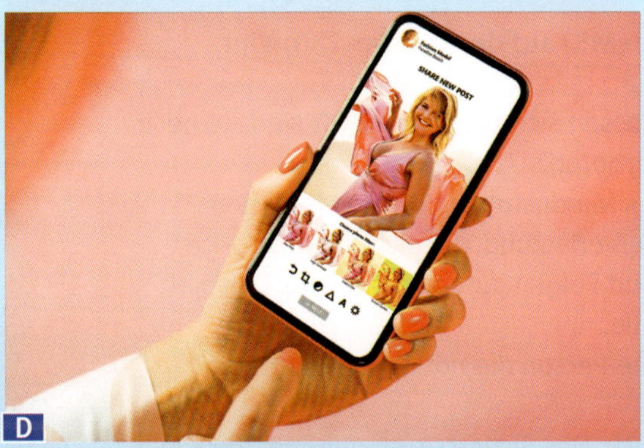

D

E

F Würdet ihr an eurem Körper etwas verändern wollen? Was und warum?

4 Notiert jeweils auf einer Skala von 1 (unwichtig) bis 10 (sehr wichtig) die Bedeutung, die euer Aussehen für euch hat.

5 Seht euch die Karikatur zum Thema Tattoo in **E** an. Klärt, wie sie zu verstehen ist.

6 **Rollenspiel:** Ihr wollt euch ein Tattoo stechen lassen und müsst eure ablehnenden Eltern davon überzeugen. Bereitet das Gespräch vor:

- Bildet Gruppen. Verteilt die Rollen.
- Bildet eine Gruppe der Beobachterinnen und Beobachter.
- Versetzt euch in die Personen hinein und überlegt, wie ihr überzeugend euren Standpunkt vertreten könnt.
- Spielt die Situation und diskutiert die Streitfrage.
- Wertet anschließend mit den Beobachtenden das Spiel aus. Lasst euch ein begründetes Feedback geben, wessen Argumente am überzeugendsten waren.

Hautschmuck: schön oder nicht?

Informationen und Argumente zu einem Thema sammeln

Menschen haben schon immer ihre Haut mit Bildern verziert. Damit wurden Informationen und Botschaften vermittelt, wie eine Gruppenzugehörigkeit oder das Erreichen eines Lebensabschnitts. Heute gibt es weitere Gründe für ein Tattoo.

○ **1** Seht euch die folgenden Bilder an. Tauscht euch in der Klasse über das Thema Tätowierungen aus.

○ **2** Welche Bedeutung haben Tattoos heute? Stellt Vermutungen über Gründe und Absichten der Tätowierten an. Orientiert euch an den folgenden Wörtern und ergänzt eigene Ideen.

Tradition | Protest | Zugehörigkeit | Schönheitsideal

○ **3** Lies die Texte **A–D** und sieh dir das Diagramm in **E** an.

Lerninsel
Seite 300/301

A Interview mit der Juristin Mona Schulze (MS) auf der Online-Tätowier-plattform (TP) vom 26.04.2025

TP Frau Schulze, immer mehr Jugendliche lassen sich tätowieren. Oft sind sie noch keine 18 Jahre alt. Ist das nicht eigentlich verboten?

MS In Deutschland gibt es kein gesetzliches Mindestalter für Tätowierungen. Rechtlich gesehen ist Tätowieren eine Körperverletzung, die nicht bestraft wird, wenn man einwilligt und über die Risiken und Folgen aufgeklärt wurde. Da spielt auch die individuelle Reife eine wichtige Rolle.

TP Wie lässt sich denn herausfinden, ob eine Person die nötige Reife für eine Tätowierung besitzt?

MS Für die Tätowierer ist das nicht so einfach. Das Sicherste ist, nur Personen zu tätowieren, die das 18. Lebensjahr vollendet haben. Der Verein Deutsche Organisierte Tätowierer (DOT) lehnt daher Tätowierungen für Jugendliche unter 18 Jahren ab. Manche Tätowierer lassen sich nach einer Aufklärung über die Risiken eine Einverständniserklärung der Eltern geben.

B

Katie 2010 (Forum für Tattoos und Piercings)

Hallo zusammen. Hab vor 4 Monaten mein erstes Tattoo stechen lassen. War ein richtig gutes Studio mit super Bewertungen. Allerdings hab ich jetzt ziemliche Probleme. Erst hat das Tattoo ewig gejuckt, jetzt heilt es zwar ab, aber die Haut schuppt sich und die Außenlinien sehen so verdickt aus. Die Tätowiererin sagt, ich soll warten und eincremen. Ich finde es furchtbar. Hat jemand damit Erfahrungen?

C Lea K. (Tätowiererin in Braunschweig auf www.flotte-nadel-bs.de)

Ich bin sehr früh zum Tätowieren gekommen. Die Verbindung von Kunst und Individualität fasziniert mich. Tattoos sind für mich Ausdruck der eigenen Persönlichkeit. Von Geburtsdaten geliebter Personen bis zur Darstellung der persönlichen Lebensgeschichte ist alles möglich. Tattoos können die Einstellung zur Gesellschaft oder auch Wendepunkte im eigenen Leben widerspiegeln. Manche lassen sich zur Selbstdarstellung tätowieren, andere tun es für sich allein.

D Markus M. (Hautarzt), Beitrag in den Ärztenachrichten März/2025

Natürlich sind Tattoos mittlerweile eher gesellschaftsfähig als noch vor 30 Jahren. Dennoch kommt es auch heute noch zu Komplikationen im gesundheitlichen und beruflichen Bereich. Die Gesundheitsrisiken sind zwar überschaubar, trotzdem enthalten die Tätowierfarben Stoffe, die für immer im Körper bleiben. Das kann Allergien auslösen. Von enormer Bedeutung sind daher die Einhaltung aller Hygienestandards. Nicht sterile Nadeln oder verunreinigte Farbstolle sind oft Auslöser von Hauterkrankungen.
Was für mich außerdem gegen Tattoos spricht, ist, dass sie endgültig sind. Geschmack und auch der Körper verändern sich im Laufe des Lebens und manche Personen möchten ihre Tattoos später wieder entfernen lassen. Allerdings ist die Entfernung mithilfe von moderner Lasertechnik nicht nur schmerzhaft und teuer, sondern garantiert keine vollständig wiederhergestellte Haut.

Diagramme → Seite 304

E

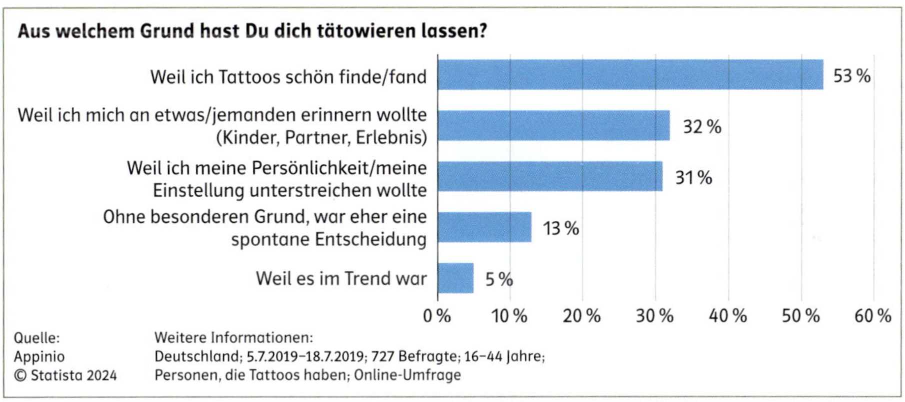

4 Tauscht euch im Tandem über die Texte aus. Klärt die folgenden Fragen:
- Spricht sich die Autorin oder der Autor für oder gegen Körperschmuck aus?
- Welche Gründe geben Autorin oder Autor für ihre Meinung an?

5 Übernimm die Tabelle. Notiere aus allen Texten Pro- und Kontra-Argumente.

Text/Beleg	Pro-Argumente	Kontra-Argumente
A	*unter 18 Jahren: nicht verboten.*	*unter 18 Jahren: könnte als Körperverletzung strafrechtlich verfolgt werden*
…	…	…

6 Recherchiere weitere Argumente zum Thema. Ergänze deine Tabelle.

Internetrecherche → Seite 316

7 Wie stehst du zu Körperschmuck? Ergänze deine Argumente in der Tabelle.

Tätowierungen für jeden?

Eine lineare Erörterung vorbereiten

Du hast dir anhand verschiedener Materialien eine Meinung zum Thema Tätowierung gebildet. Jetzt sollst du eine Erörterung erarbeiten, in der du dich mit dem Verbot oder der Erlaubnis von Tätowierungen bei Jugendlichen beschäftigst.

1 Tauscht euch in der Klasse zum Thema Tätowierungen aus.
- Was sollte eurer Meinung nach erlaubt bzw. verboten sein?
- Was sollte von der Erlaubnis der Eltern abhängen und was nicht?
- Wer darf über den Körper entscheiden?

2 Lies die folgende Frage und bilde dir eine Meinung dazu.

Sollen Tätowierungen ohne Einverständnis der Eltern vor dem 18. Lebensjahr erlaubt sein?

Tipp
Ein Textbeleg ist ein direktes oder indirektes Zitat mit Angabe der Quelle.

3 Sieh dir deine Tabelle von Seite 67 an. Markiere die Argumente, die zu deinem Standpunkt passen. Formuliere deinen Standpunkt schriftlich und begründe ihn.

4 Seht euch im Tandem eine vollständige Argumentation mit Meinung, den Argumenten mit Beispielen und dem Textbeleg an. Unterscheidet die Teile.

A

Beispiel für ein direktes Zitat:
Tätowierungen unter 18 Jahren halte ich für gefährlich. Selbst die Juristin Mona Schulze sagt, dass „das Sicherste ist, nur Personen zu tätowieren, die das 18. Lebensjahr vollendet haben.“ (Mona Schulze, in: https://www.taetowierplattform/…, 26.04.2025) Die geistige Reife einer Jugendlichen oder eines Jugendlichen lässt sich weder an seinem Aussehen noch während eines Gesprächs ableiten.

B

Beispiel für ein indirektes Zitat:
Tätowierungen unter 18 Jahren halte ich für gefährlich. Selbst die Juristin Mona Schulze gibt zu bedenken, dass es am sichersten ist, nur volljährige Personen zu tätowieren (Mona Schulze, in: https://www.taetowierplattform/…, 26.04.2025).
Die geistige Reife einer Jugendlichen oder eines Jugendlichen lässt sich weder an seinem Aussehen noch während eines Gesprächs ableiten.

Merke

Zitieren

Mit Textzitaten kann man **Aussagen belegen** und **bekräftigen**. Man kann dafür ein **wörtliches** oder ein **indirektes Zitat** nutzen. **Wörtliche** Zitate setzt man in **Anführungszeichen**. Bei den **indirekten** Zitaten verwendet man den **Konjunktiv I**. Die Fundstelle wird in **Klammern** angegeben.

Man nennt **Autorin oder Autor, Titel, Erscheinungsort, Erscheinungsjahr** und **Seitenzahl**. Bei Internetquellen die **Internetadresse** und das **Recherchedatum**.
→ Max Müller: Das Tattoo, Bonn, Musterverlag 2023, S. 8
→ Max Müller, in: https://www.taetowiermagazin.de/szene, 05.12.2024

5 Formuliere zu deinem Standpunkt zwei vollständige Argumentationen nach dem Schema in Aufgabe 4. Nutze die Tabelle auf Seite 67. Achte auf genaue Quellenangaben.

6 Wenn du eine Erörterung schreibst, solltest du mögliche Gegenargumente berücksichtigen. Bereite dich so darauf vor:
- Lies noch einmal deine Tabelle von Seite 67 und die Argumente, die gegen deinen Standpunkt sprechen.
- Notiere dann alle Argumente, die deine Meinung unterstützen.
- Ergänze passende Gegenargumente, z. B.

Pro-Argument
Tätowierungen unter 18 Jahren sind nicht verboten.
→
Gegenargument/Entkräftung
Tätowierungen stellen eine Körperverletzung dar und sind an bestimmte gesetzliche Regelungen gebunden.

Kontra-Argument
Tätowierungen können gesundheitliche Probleme verursachen.
→
Gegenargument/Entkräftung
Gesundheitliche Risiken können durch sorgfältige Auswahl des Tattoostudios verringert werden.

7 Sieh dir alle Argumente in Aufgabe 6 noch einmal an, wäge sie gegeneinander ab und korrigiere deinen Standpunkt, wenn nötig.

8 Ordne nun alle Argumente für deinen Standpunkt nach ihrer Überzeugungskraft. Beginne mit dem schwächsten Argument und ende mit dem stärksten.

Tipp
Nummeriere deine Argumente so: 1 stärkstes Argument, 2 …

Arbeitstechnik

Eine schriftliche Erörterung vorbereiten

In einer **Erörterung** setzt du dich mit einer **kontroversen**[1] **Fragestellung** auseinander. Du versuchst, deinen **Standpunkt** unter Berücksichtigung von Gegenargumenten zu entwickeln und darzulegen.

Vorbereitung
1. Kläre, was die **Aufgabenstellung** von dir verlangt. Stelle fest, zu welcher Fragestellung oder zu welchem Thema du schreiben sollst.
2. Beschaffe **Informationen zum Thema** (Texte, Statistiken, Bilder) und notiere wichtige Aussagen.
3. Werte die Materialien aus, indem du **Pro- und Kontra-Argumente** in einer Tabelle sammelst. Ergänze eigene Argumente.
4. Wäge die Argumente gegeneinander ab und finde einen **eigenen Standpunkt**.
5. Formuliere **Argumente mit passenden Beispielen** für deinen Standpunkt. Beachte mögliche Gegenargumente.
6. **Ordne** deine Argumente nach ihrer Überzeugungskraft.

Lerninsel
Seite 324/325

1 **kontrovers**: widersprüchlich, gegensätzlich

Kannst du überzeugen?

Eine lineare Erörterung verfassen

Schreibe jetzt deine Erörterung zum Thema „Sollen sich Jugendliche unter 18 Jahren ohne Einverständnis der Eltern tätowieren lassen dürfen?“ Lege deine Meinung dar und stütze sie mit den erarbeiteten Argumenten.

○ **1** Beginne deine Erörterung mit der **Einleitung**, in der du zum Thema hinführst und die konkrete Fragestellung sowie deinen Standpunkt formulierst. Beginne mit einem Beispiel oder einer interessanten Frage. Du kannst **A** oder **B** wählen und so weiterschreiben, dass das Thema deutlich wird.

A *Immer mehr Jugendliche unter 18 Jahren tätowieren sich heimlich allein oder lassen sich ein Tattoo von einem Amateur stechen. Das ist oft nicht nur hässlich, sondern auch gefährlich. „Sollten sich Jugendliche unter 18 Jahren ohne Einverständnis ihrer Eltern tätowieren lassen dürfen?“ ist eine Frage, der es sich lohnt, nachzugehen. Meiner Meinung nach ...*

B *Schon immer habe ich mich gefragt, warum nicht jeder frei entscheiden darf, was er mit seinem eigenen Körper macht. Aus diesem Grund haben wir uns die Frage gestellt, ob sich Jugendliche unter 18 Jahren tätowieren lassen dürfen, auch ohne Einverständnis der Eltern. Ich bin der Meinung, dass ...*

○ **2** Schreibe nun den **Hauptteil** deiner Erörterung. Gehe so vor:

- Beginne die Argumentation mit dem schwächsten Argument und schließe mit dem stärksten Argument ab. Nutze die Ergebnisse von Seite 69.

Sprachtipp

An erster Stelle wäre zu nennen … / Ein weiteres Argument für … / gegen … / Noch wichtiger aber ist … / Zusätzlich kann angeführt werden … / Besonders wichtig erscheint mir aber …

- Verknüpfe die Argumente so miteinander, dass sie auch untereinander nachvollziehbar sind. Belege deine Aussagen mit direkten oder indirekten Zitaten.

Sprachtipp

Auch Max Muster sagt „…“ / Der Hautarzt bestätigt auch, dass … / … wie ebenfalls junge Menschen in Foren schreiben

Satzverknüpfungen mit:
außerdem, weiterhin, zudem, ebenfalls, ebenso

- Gehe auf mindestens ein Gegenargument ein und versuche es zu entkräften.

Sprachtipp

Es lässt sich dagegen/dafür sagen, dass …, jedoch … / Natürlich gibt es auch eine andere Seite, die meint, dass … / Dagegen möchte ich allerdings anführen, dass …./ Kritiker würden sagen, dass …, ich aber …

3 Verfasse einen **Schluss**. Orientiere dich an den unten stehenden Begriffen.

eigene Position kurz zusammenfassen – persönlicher Wunsch – Aufruf – Schlussfolgerung – Bezug zur Einleitung

4 Tauscht im Tandem eure Erörterungen aus. Überprüft sie mithilfe der folgenden Fragen. Korrigiert und überarbeitet anschließend eure eigene Erörterung.
- Sind die Argumente logisch und entsprechend gewichtet?
- Sind die Argumente überzeugend formuliert?
- Sind die Argumente gut miteinander verknüpft?
- Wurde sachlich formuliert und das Präsens verwendet?
- Sind die Satzanfänge abwechslungsreich?
- Wurden die Regeln der Rechtschreibung, Grammatik und Zeichensetzung eingehalten?

überarbeiten
Seite 297

5 Lest eure Erörterungen in der Gruppe vor. Gebt einander ein Feedback, ob eure Argumentationen überzeugend waren.

Feedback
Seite 342

Arbeitstechnik

Eine lineare Erörterung verfassen

1. **Gliedere** deine Erörterung in Einleitung, Hauptteil und Schluss.
2. Beachte, an welchen **Adressaten** deine Erörterung gerichtet ist, und stelle dich inhaltlich und formal darauf ein.
3. Führe in der **Einleitung** zur Frage hin, z. B. mithilfe eines Beispiels oder eines aktuellen Ereignisses. Nenne das Thema und formuliere deinen Standpunkt.
4. Formuliere im **Hauptteil** deine Argumente. Baue eine Argumentationskette vom schwächsten zum stärksten Argument auf. Stütze deine Argumente durch Belege und Beispiele.
5. **Beachte**:
   - Du kannst auch **Gegenargumente** einbringen und entkräften.
   - Nutze sinnvolle **Verknüpfungen** zwischen den Argumenten.
   - Schreibe sachlich in verständlicher **Sprache** und im **Präsens**.
6. Beende deine Erörterung mit dem **Schluss**. Ziehe Schlussfolgerungen aus deiner Argumentation, nenne Wünsche oder beziehe dich auf deine Einleitung.
7. **Überprüfe** deinen Text. Achte auf korrekte Rechtschreibung und Grammatik.

Lerninsel
Seite 324/325

6 Schreibe einen Leserbrief an die Schulzeitung zum Thema „Tätowierungen unter 18 Jahren ohne Erlaubnis der Eltern". Verwende deine Erörterung. Orientiere dich an den folgenden Begriffen.

Anlass – Grußformel – Standpunkt – Anrede – Begründung – Forderung/Wunsch

Tipp
Beachte die Adressaten.

START **Drei Wege – ein Ziel!** Finde deinen Weg mit diesem Einschätzungstest: **D07**

A B C

Sport ist gesund?

Informationen und Argumente sammeln

Die FIBO in Köln ist die weltweit größte Messe für Gesundheit, Fitness und Wellness und verzeichnete auch 2024 über 129.000 Besucher. Der Fitnesstrend ist bei uns längst angekommen, gerade junge Menschen sind oft in Fitnessstudios anzutreffen. Ist dieser Trend denn gesund?

1 Tauscht euch in der Gruppe über das Thema Fitnesstraining aus. Beantwortet dabei die folgenden Fragen.
- Was versteht ihr unter fit sein und Fitness?
- Welche Erfahrungen habt ihr mit Fitnesstraining gemacht?
- Wie wichtig ist euch eure Fitness? Begründet.

2 Seht euch die Bilder an. Besprecht in der Gruppe, wo ihr die Grenze zwischen gesundem und ungesundem Fitnesstraining und Sport ziehen würdet.

A

B

C

3 Sammelt in der Gruppe Argumente, die für und gegen ein intensives Fitness-training für Jugendliche sprechen. Begründet sie.

Tipp
Lass in der Tabelle Platz für weitere Argumente.

4 Übernimm die Tabelle und trage die gesammelten Argumente aus Aufgabe 3 ein. Unterscheide in Pro- und Kontra-Argumente. Ergänze Beispiele. Beginne die Tabelle mit den Pro-Argumenten.

Text/Beleg	Meinung (Behauptung)	Argument (Begründung)	Beispiel (Erläuterung)
Aufgabe 3	***Pro:*** *Intensives Fitnesstraining ist sinnvoll, …*	*…, weil der Körper schlank bleibt.*	*Seit ich trainiere, habe ich nicht mehr zugenommen.*
Text A	***Pro:***	…	…
…	…	…	…
Aufgabe 3	***Kontra:*** *Intensives Fitnesstraining schadet, …*	*…, da man davon krank werden kann.*	*Mein Vater hat oft geschwollene Gelenke vom vielen Laufen.*
Text A	***Kontra:***	…	…
…	…	…	…

○ **5** Lies die folgenden Texte **A** und **B**. Mache dir jeweils Notizen zum Inhalt.

A Pumpen fürs Cool-Sein?! – Interview im Bodybuilding Forum, 05.06.2025

Selina Korf (SK) Hallo Tom. Danke, dass du Zeit für das Interview hast. Die Deutschen Meisterschaften in Bodybuilding und Fitness stehen im Mai wieder an und du trainierst täglich dafür. Du bist erst 16 Jahre. Wie kamst du zu diesem Sport?

Tom Danner (TD) Es fing vor zwei Jahren an. Mir ging es vermutlich wie vielen Jungs. Ich war eher schmächtig und von Muskeln war wenig zu sehen. Dafür war ich im Sport immer gut. Ich war beweglich und flink. Zu Weihnachten habe ich mir dann Hanteln gewünscht, da ich noch nicht ins Fitnessstudio durfte.

SK Heute sieht man nichts mehr von einem schmächtigen Körper. Du bist mega trainiert, hast schon Meisterschaften gewonnen, bist viel in den sozialen Netzwerken zu sehen und verdienst damit schon Geld. Ist das nicht alles sehr schnell und zu extrem? Du bist ja erst 16 Jahre alt.

TD Durch das tägliche Training forme ich meinen Körper, ich fühle mich dadurch besser – es pusht mein Ego – und ganz ehrlich, ich fühle mich cool. Außerdem geht es vielen Jungs wie mir, auf Social Media teile ich mein Wissen.

SK Du hast gesagt, du trainierst täglich. Wie schaffst du die Schule und hast du auch Zeit für Freunde und Familie?

TD Zugegeben leidet die Schule. Klar, aber ich bleibe sowieso mal in diesem Bereich und verdiene jetzt schon Geld durch Werbung. Ich habe gute Sponsoren. Die Fitnessbranche boomt. Meine Freunde und Familie haben oft kein Verständnis. Sie finden es zu viel. Dann gibt es Streit, aber das ist mein Leben und mein Körper.

SK Tom, letzte Frage. Der Fitnesstrend wird immer größer, aber damit auch die Gefahren. Hast du auch schlechte Erfahrungen in deinem Sport gemacht?

TD Sicherlich ist Social Media ein Problem. Ewig vergleicht man sich mit anderen. Das macht mich manchmal fertig, wenn ich andere sehe, die noch „krasser“ aussehen als ich. Außerdem muss ich mich beim Essen absolut disziplinieren. Es gibt keine Ausnahmen und kein Schwachwerden.

B Kommentar aus einem Fitness-Forum

Themen-Optionen ▼ Anzeige ▼

■ 24.06.2025

Sportsucht – nur Angstmacherei?

Hallo, ich habe den Thread lange verfolgt und kann euch nur meine Story erzählen. Ich habe schon immer gern Sport gemacht und nie Alkohol, Zigaretten oder Drogen konsumiert – war nie suchtgefährdet. 3x bin ich in der Woche ins Fitnessstudio gegangen. Nicht Wildes, eher Kardio und sowas. Dann bin ich mit 17 zu den Gewichten gekommen – eine neue und geile Welt. Auf einmal, auch mit der passenden Ernährung, habe ich meine körperlichen Veränderungen richtig gesehen. Das hat mich angespornt, noch intensiver und härter zu trainieren. Am Ende war ich dort 6x in der Woche. Die Community war toll, ich sah gut aus. Aber dann ging es los, immer Muskelkater, später ständig Schmerzen. Heute weiß ich, dass das eine Überlastung war. Ich habe das damals ignoriert und weitertrainiert, ich wollte nicht aufhören. Dann kam alles zusammen, neben den Schmerzen hatte ich Magen-Darm-Probleme und meine Ausbildung habe ich kaum geschafft. Ich musste mit dem Training aufhören und war total fertig. Da habe ich gemerkt, dass ich sportsüchtig bin.

Fit sein ist in?

Eine lineare Erörterung verfassen

○ **1** Sieh dir die Werbung in **C** und das Diagramm in **D** an. Mache dir Notizen zu den vermittelten Informationen.

C **Werbung der Krankenkassenvereinigung**

D **Diagramm ...**

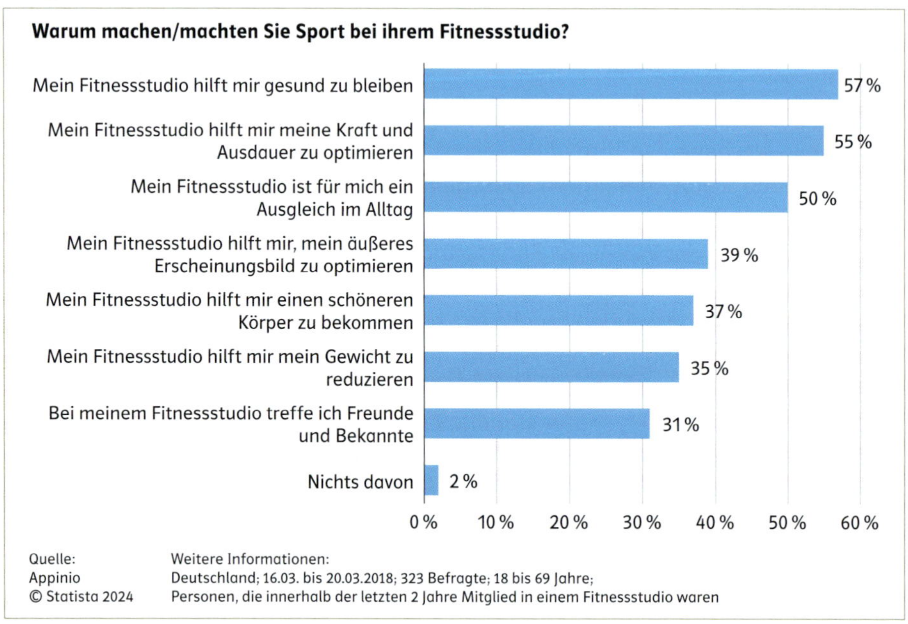

2 Ergänze deine Tabelle von Aufgabe 4 auf Seite 72 mithilfe der Materialien **A–D**. Notiere alle Argumente, die für oder gegen ein intensives Fitnesstraining für Jugendliche sprechen. Nutze auch die folgenden Begriffe.

mehr Selbstbewusstsein | Geld verdienen | Schmerzen | gesunder Körper | Schulprobleme | besseres Aussehen | einseitige Beschäftigung | Essdisziplin

3 Bist du für oder gegen ein intensives Fitnesstraining für Jugendliche? Bilde dir eine Meinung. Schreibe deinen Standpunkt auf. Gehe so vor:
- Lies noch einmal die Argumente in deiner Tabelle. Wäge ab, welche Seite du eher vertreten kannst.
- Begründe deinen Standpunkt mit drei Argumenten und Beispielen, z. B. *Ich bin für ein intensives Fitnesstraining für Jugendliche, weil man dadurch mehr Selbstbewusstsein bekommt. Ich würde mit mehr Selbstbewusstsein häufiger meine Meinung sagen.*
- Sieh dir nun die Gegenargumente in deiner Tabelle an. Entscheide dich für die zwei stärksten und entkräfte sie.

Erörterung vorbereiten → Seite 69

4 Ordne nun alle Argumente für deinen Standpunkt nach ihrer Überzeugungskraft. Beginne mit dem schwächsten Argument und ende mit dem stärksten.

Tipp
Nummeriere deine Argumente.

5 Schreibe jetzt deine Erörterung in folgenden Schritten:

Erörterung verfassen → Seite 71

1. Schritt: Einleitung
Beginne deine Erörterung mit der Einleitung, in der du das Thema nennst und zur Fragestellung hinführst. Du kannst mit einem Beispiel aus deiner Lebenswelt oder einer interessanten Frage beginnen. Formuliere anschließend deinen Standpunkt.

2. Schritt: Hauptteil
Schreibe nun den Hauptteil deiner Erörterung. Gehe so vor:
- Beginne mit deinem schwächsten Argument und schließe mit dem stärksten Argument ab. Nutze deine Pro- und Kontra-Tabelle und Aufgabe 4.
- Verknüpfe die Argumente so miteinander, dass sie auch untereinander nachvollziehbar sind. Nutze die Sprachtipps in Aufgabe 2 von Seite 70.
- Gehe auf mindestens ein mögliches Gegenargument ein und versuche es zu entkräften.

3. Schritt: Schluss
Schreibe einen Schluss. Fasse darin deine Position kurz zusammen oder schlussfolgere. Äußere einen Wunsch, eine Forderung oder beziehe dich auf die Einleitung.

6 Überprüfe deine Erörterung mithilfe der Fragen von Seite 71, Aufgabe 4. Überarbeite die Erörterung, wenn nötig.

überarbeiten → Seite 297

7 Lest eure Erörterungen in der Gruppe vor. Gebt einander ein Feedback, ob ihr überzeugen konntet.

Feedback → Seite 342

8 Bereitet die Präsentation eures Themas und der Erörterungen in der Klasse vor. Wählt dafür drei Personen aus: Eine Person informiert über das Thema, die anderen Personen lesen eine Pro- und eine Kontra-Erörterung vor.

Unters Messer?

Informationen und Argumente sammeln

Wenn junge Menschen mit ihrem Körper unzufrieden sind, hängt das häufig mit den nahezu unerreichbaren Schönheitsidealen in den sozialen Medien zusammen. Sie fühlen sich unter Druck gesetzt und wollen genauso makellos aussehen. Manche überlegen, ob sie mit operativen Eingriffen ihren Körper verändern lassen.

1 Setzt euch mit dem Thema Schönheit auseinander. Lest dazu das Zitat von F. Scott Fitzgerald[1]. Besprecht in der Gruppe, wie der Autor Schönheit definiert. Erklärt dann, was für euch Schönheit ist und was sie euch bedeutet.

1 **Scott Fitzgerald**: amerikan. Schriftsteller (1896–1940)

„Sie war schön. Aber nicht wie die Frauen in den Zeitschriften. Die Art, wie sie dachte, war schön. Sie war schön wegen des Glitzerns in ihren Augen, wenn sie über etwas sprach, das sie liebte. Sie war schön, weil sie fähig war, andere zum Lächeln zu bringen, selbst wenn sie traurig war. Nein, sie war nicht schön aufgrund von vergänglichen Zuständen, wie die ihres Aussehens. Sie war schön bis auf den Grund ihrer Seele.“

2 Seht euch die Bilder an und tauscht euch in der Gruppe darüber aus. Beantwortet dabei die folgenden Fragen.
- Welche kosmetischen Eingriffe bzw. Schönheitsoperationen sind abgebildet und welche weiteren kennt ihr?
- Was wisst ihr über diese Eingriffe?
- Welchen Eingriffen würdet ihr zustimmen, welchen nicht?

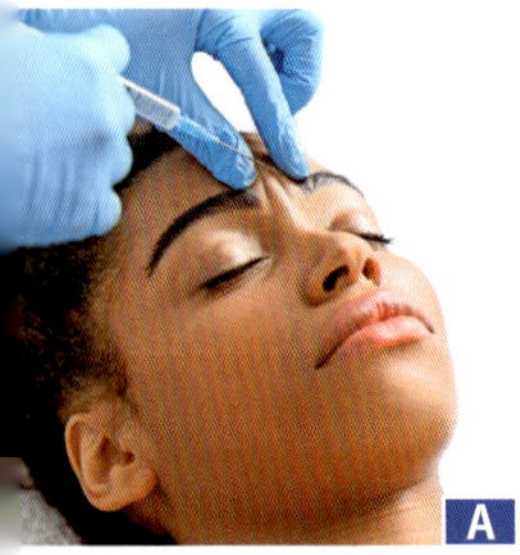
A

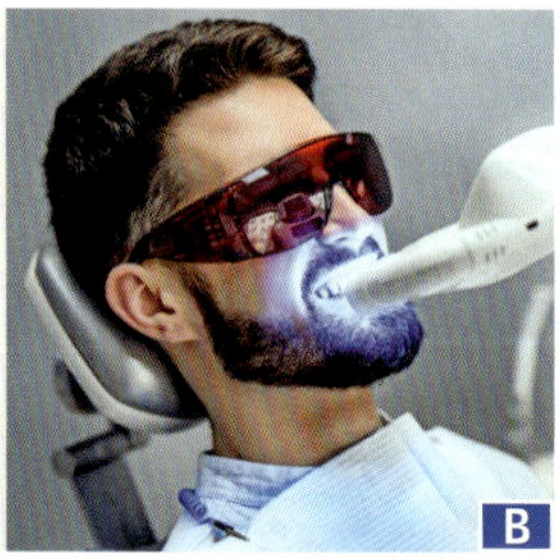
B

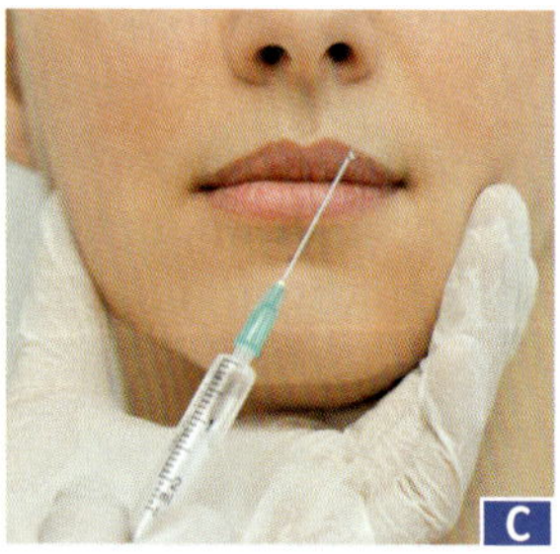
C

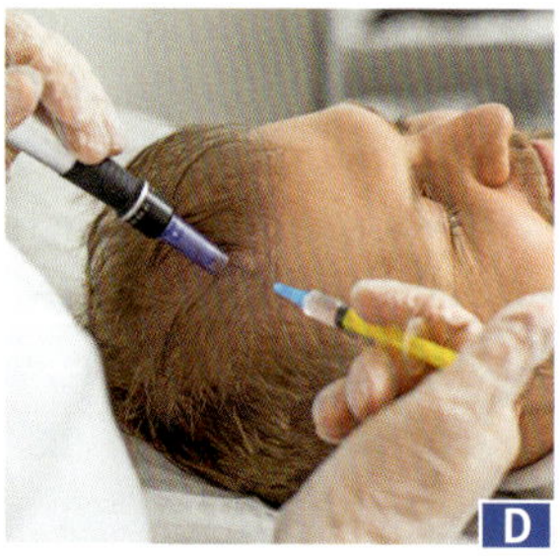
D

3 Wählt ein oder zwei Beispiele von Schönheitsoperationen aus. Sammelt dazu in der Gruppe Argumente, die dafür und dagegen sprechen.

Tipp
Lass Platz für weitere Argumente.

4 Lege zwei Tabellen, eine für die Pro- und eine für die Kontra-Argumente, an. Schreibe die Argumente aus Aufgabe 3 hinein. Ergänze eigene Argumente.

5 Lies die folgenden Texte. Finde weitere Argumente für und gegen Schönheitsoperationen. Ergänze sie in deinen Tabellen von Aufgabe 4.

A Leserbrief zum Artikel „Was schön ist, bestimmt das Netz."

Mit Verwunderung habe ich gelesen, dass sich Erwachsene mal wieder über die Jugend von heute sorgen. Laut einer Studie will die Hälfte der befragten 12- bis 17-Jährigen gerne etwas an ihrem Aussehen ändern. Jeder Vierte hat schon mal über eine Schönheits-OP nachgedacht. Dabei wurde uns jungen Menschen unterstellt, dass wir gefakte Bilder nicht erkennen und irgendeinem Trend hinterherhecheln, da wir uns ja ständig vergleichen.
Ich frage mich ernsthaft, warum, selbst wenn es so wäre, eine „Schönheits-OP" für Jugendliche so unvorstellbar wäre? Wieso sollte ich selbst nicht am besten über meinen Körper bestimmen können? Erwachsene haben das Recht, ihr Selbstbewusstsein und ihr Wohlbefinden durch kleine kosmetische Eingriffe zu verbessern. Mir gesteht man das aber nicht zu, weil mir noch zwei Jahre fehlen bis ich 18 bin. Und dann bin ich endlich reif genug für die Entscheidung. Ich kann verstehen, dass der Antrieb für eine solche Entscheidung wichtig ist, eine OP aus einer Laune heraus, sollte niemand vornehmen lassen. Dazu sind die Risiken, die eine solche OP mit sich bringt, viel zu hoch. Aber eine Diskussion mit den Jugendlichen und nicht über sie wäre hier sicherlich hilfreicher.

B Kommentare zum Artikel „Warum bestimmte Werbung für Hyaluron-Filler[2] nun verboten ist" (aus: Schönheit. Der Blog, 29.05.2025)

Ercan K.: Ich finde es gut, dass endlich mal ein Zeichen gesetzt wird. Werbung auf Social Media erreicht besonders junge Menschen, die mittlerweile denken, dass es normal ist, keine Falten zu haben. Die Werbung suggeriert absolut falsche Vorstellungen von altersgerechtem Aussehen – die Werte hinsichtlich des Aussehens verschieben sich immer mehr. Selbst, wenn ich mein Aussehen verändere, meine Persönlichkeit und mein Alter bleiben doch. Da kann auch keine OP etwas ändern. Außerdem frage ich mich, ob es schön ist, wenn alle gleich „toll" aussehen? Macht so ein Einheitslook mich glücklicher? Haben wir nicht alle bestimmte Fotos von Frauen vor Augen, bei denen keine Mimik mehr erkennbar ist – ist das wirklich so gewollt? (12:45 Uhr)

Tanja M.: Ist es nicht ein bisschen kurz gedacht? Keine Werbung heißt dann, dass es diese Art von kosmetischen Eingriffen nicht mehr gibt oder junge Menschen kein Interesse mehr haben? Klar ist doch, dass die Medizin mittlerweile so weit entwickelt ist, dass fast alles möglich ist. Selbst Narben, Brandwunden und Missbildungen können korrigiert werden. Warum also nicht diese Möglichkeiten nutzen. Wir wissen doch alle, dass das Aussehen einfach wichtig ist – auch wenn wir es gerne anders hätten. Wer lässt sich nicht gerne von jemand Gutaussehendem im Café bedienen, die Haare waschen oder trainieren? Außerdem soll mir keiner erzählen, dass die Chancen auf dem Arbeitsmarkt nicht größer sind, wenn ich einem gewissen Schönheitsideal entspreche. (12:50 Uhr)

Kleo B.: Laut einer Statistik sind nur 30 % der Operierten mit dem Ergebnis ihrer Schönheits-OP zufrieden. Ich frage mich, was mit dem Rest ist. Ist es nicht wichtig, dass die Patientinnen und Patienten gut aufgeklärt werden? Welche Risiken birgt die OP und die Narkose? Wie hoch sind die Kosten insgesamt. Wie oft muss ich mich z. B. beim Lippenaufspritzen nachspritzen lassen? Ich denke, dass da eine Werbung bei Social Media wirklich sehr kurz greift und die Gefahr einer fehlenden Beratung durch einen Facharzt in den Hintergrund gerät. Es gibt vermutlich einige schlechte Ärzte, die nur am Geld ihrer Patienten interessiert sind. (13:00 Uhr)

2 der Hyaluron-Filler: Methode zum Unterspritzen der Haut, gegen Falten

Ein wenig nachhelfen?

Eine lineare Erörterung verfassen

1 Lies das folgende Interview und sieh dir das Diagramm in **D** an. Ergänze Argumente daraus in deinen Tabellen von Seite 76, Aufgabe 4.

C Interview mit der Schönheits-Chirurgin Sabine B. (Ärzte-Blatt, 30.05.2025)

Interviewer Frau Dr. B., sind die Patientinnen und Patienten heute schneller bereit für eine Schönheits-OP als noch vor einigen Jahren? Und wussten Sie, dass jeder 4. Jugendliche über eine OP nachdenkt?

Sabine B. (SB) Schönheits-OPs sind heute nicht mehr so verpönt, wie noch vor Jahren. Frauen und Männer gehen selbstbewusster mit diesem Thema um. Obwohl operative Eingriffe unter 18 Jahren nur mit der Einwilligung der Eltern möglich sind, erhalten wir öfter Anfragen von Jugendlichen.

Interviewer Warum, glauben Sie, erhitzt dieses Thema die Gemüter so sehr? Ist der Trend zur OP nicht gefährlich für junge Menschen?

SB Sicher ist das Thema durch die Sozialen Netzwerke immer präsent. Andererseits haben die Menschen einen anderen Fokus auf ihren Körper und ihr Aussehen. Aussehen ist für viele Menschen ein Statussymbol geworden. Bestimmt ist der medizinische Fortschritt auch ein wichtiger Aspekt. Kosmetische Eingriffe, ob medizinisch notwendig oder nicht, sind aufgrund der jahrelangen Erfahrungen sicherer geworden. Ich möchte nicht über das Selbstbewusstsein meiner Patientinnen und Patienten urteilen. Jede und jeder trägt die Verantwortung für sich und seinen Körper selbst.

Interviewer Sie unterscheiden zwischen medizinisch notwendig und nicht notwendig. Können Sie dazu etwas sagen?

SB Wir und auch die Krankenkassen unterscheiden in diese beiden Kategorien. Notwendig ist ein Eingriff dann, wenn eine Person wegen ihres körperlichen Zustands massive Einschränkungen im Lebensalltag erlebt. Die Kosten werden dann nach Prüfung von der Krankenkasse übernommen. Das können Brustverkleinerungen oder Nasenkorrekturen sein, sofern die Gesundheit dadurch beeinträchtigt ist.

Interviewer Wir kennen alle Fotos von Stars, die sich ständig operieren lassen und sich am Ende gar nicht mehr ähnlich sehen. Was ist da schiefgelaufen?

SB Das muss im Einzelfall bewertet werden. Fakt ist, dass Schönheitsoperationen auch zur Sucht werden können. Das nennt man Dysmorphophobie. Hier sollte Ärztin oder Arzt der Person ganz klar eine weitere OP verwehren und auf andere Hilfe verweisen. Die Grenze, was Schönheit ist, bewerte ich als Ärztin nicht. Wichtig ist mir eine ausreichende Aufklärung, da jeder Eingriff Komplikationen mit sich bringen kann.

D Diagramm

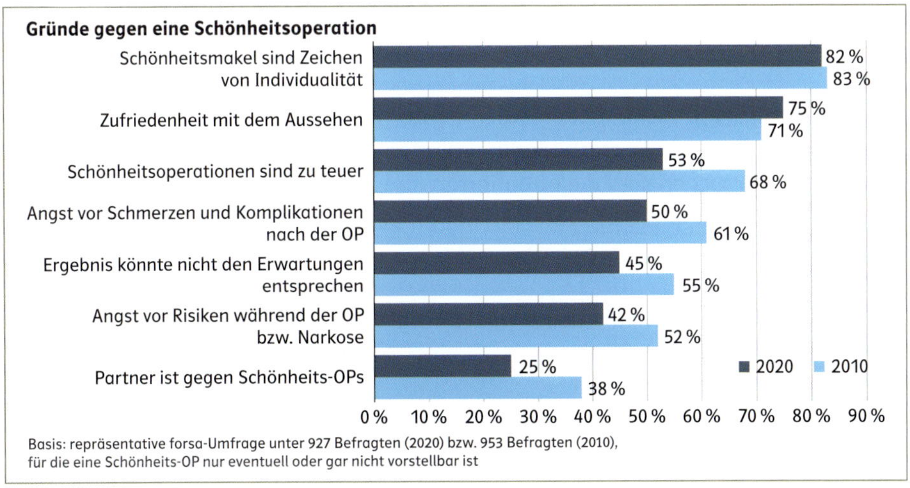

2 Bereite nun deine Erörterung zum Thema Schönheitsoperationen vor. Gehe so vor:
- Sieh dir alle Argumente in deinen Tabellen an und wäge ab. Bist du für oder gegen Schönheitsoperationen? Bilde dir eine Meinung.
- Formuliere deinen Standpunkt zum Thema und notiere mindestens drei Argumente mit Beispielen.
- Sieh dir die Gegenargumente in der jeweils anderen Tabelle an. Entscheide dich für die zwei stärksten und entkräfte sie.
- Ordne alle Argumente für deinen Standpunkt nach ihrer Überzeugungskraft. Beginne mit dem schwächsten Argument und ende mit dem stärksten.

Erörterung vorbereiten → Seite 69

3 Schreibe jetzt deine Erörterung in folgenden Schritten:

1. Schritt: Einleitung
Beginne deine Erörterung, in dem du das Thema nennst und mit einem Beispiel zur Fragestellung hinführst. Formuliere deinen Standpunkt.

2. Schritt: Hauptteil
- Begründe deinen Standpunkt mit Argumenten. Baue eine Argumentationskette vom schwächsten zum stärksten Argument.
- Belege deine Argumente mit Beispielen und Zitaten.
- Gehe auf mögliche Gegenargumente ein.

3. Schritt: Schluss
Äußere Wünsche oder Anregungen. Formuliere eine Schlussfolgerung oder eine Frage für einen weiteren Austausch. Beziehe dich auf die Einleitung.

Erörterung verfassen → Seite 71

4 Überprüfe deine Erörterung mithilfe der Fragen von Seite 71, Aufgabe 4. Überarbeite die Erörterung, wenn nötig.

überarbeiten → Seite 297

5 Lest eure Erörterungen in der Gruppe vor. Gebt einander ein Feedback, ob ihre überzeugen konntet.

Feedback → Seite 342

6 Bereitet die Präsentation in der Klasse vor. Wählt drei Personen: Eine Person informiert über das Thema, die anderen lesen eine Pro- und eine Kontra-Erörterung vor.

Ist das echt?

Informationen und Argumente sammeln

Studien zum Thema „Schönheitsideale im Internet" zeigten, dass sich Jugendliche durch die idealisierten Körperbilder in digitalen Medien unter großen Druck gesetzt fühlen. Ursachen sind die optimierten und idealisierten Darstellungen von Models oder Schauspielern, aber auch der große Einfluss von Influencerinnen und Influencern.

1 Wie beeinflusst Social Media deine Vorstellung von Schönheit und dein Ich-Gefühl? Mache dir zu den Fragen Notizen.

2 Besprecht in der Gruppe die folgenden Fragen. Geht dabei auf die Abbildungen ein.
- Welche Möglichkeiten gibt es, Fotos zu verändern?
- Welche Mittel habt ihr schon genutzt, um Fotos von euch zu verändern?
- Seid ihr damit einverstanden, dass Bilder in Social Media „geschönt" werden?
- Braucht es mehr Realität in Social Media? Wie könnte man sie durchsetzen?

A

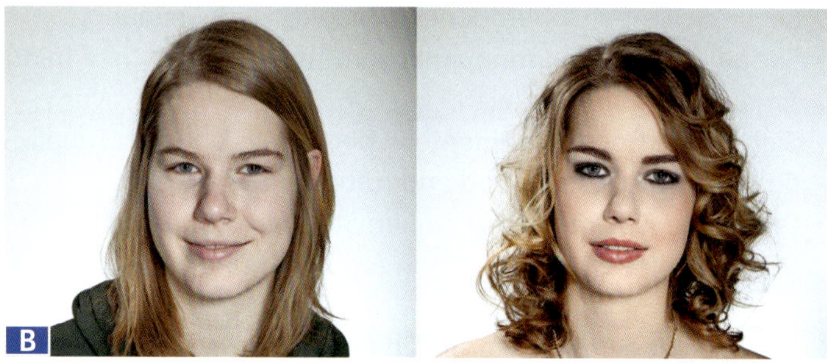
B

3 Lies die folgenden Texte. Mache dir Notizen zum Inhalt.

A Jugendschutz bei TikTok: Keine Beauty-Filter für Minderjährige

Größere Lippen, perfekte Haut oder eine andere Haarfarbe: Mit Filtern können UserInnen sich in ihren TikTok-Videos „verschönern". Das kann besonders für Jugendliche zu einem unrealistischen Schönheitsideal und Unzufriedenheit mit dem eigenen Aussehen führen. Im Rahmen neuer Jugendschutzmaßnahmen sollen diese Filter auf TikTok nun für Kinder und Jugendliche weltweit verboten werden. […]

Das Soziale Netzwerk TikTok hat kürzlich neue Jugendschutzmaßnahmen vorgestellt. Schönheitsfilter, mit denen zum Beispiel die Haut glatter oder die Lippen voller gemacht werden, sind bald nur noch für über 18-Jährige verfügbar. Ausgenommen hiervon sind Filter, die Gesichter so stark entfremden, dass sie zum Beispiel einer Comicfigur oder einem Tier ähneln.

Die Plattformbetreiber standen in den letzten Monaten besonders durch den neu eingeführten Digital Services Act der EU unter Druck. Solche Beauty-Filter können vor allem junge Menschen in ihrer Entwicklung und Selbstwahrnehmen beeinträchtigen. Sie schaffen unrealistische Schönheitsideale, die im echten Leben fast nicht zu erreichen sind. Vor allem Kinder sind in ihrem Körperbild noch nicht gestärkt. Sie vergleichen sich stark mit anderen und eifern ihren Vorbildern aus den Medien nach. Die perfekte Inszenierung in Videos auf Social Media kann bei ihnen zu einem geringeren Selbstwertgefühl führen.

Laut der Geschäftsbedingungen müssen TikTok-NutzerInnen mindestens 13 Jahre alt sein. Auch hier reagiert das Unternehmen auf den Digital Service Act: Das Mindestalter soll in Zukunft stärker kontrolliert werden. Mithilfe einer KI sollen Konten von unter 13-Jährigen schnell erkannt und blockiert werden. (03.12.24)

(https://www.schau-hin.info/news/jugendschutz-bei-tiktok-keine-beauty-filter-fuer-minderjaehrige, 25.04.2025)

B Blogbeitrag eines Schönheitschirurgen

WEB

<1> Home

Legt Social Media Schönheitsideale fest?

Fakt ist, dass junge Menschen meine Praxis mit dem Smarthpone in der Hand betreten und mich bitten, sie so wie auf dem Bild aussehen zu lassen. Dabei zeigen sie Fotos einer Influencerin oder eines Influencers, aber auch gefilterte Selfies. Das Alter der jungen Menschen liegt oft unter 18 Jahren. Es ist nicht selten, dass die Eltern mitkommen. Natürlich ist dies kein neues Phänomen, aber die Anfragen haben deutlich zugenommen. Die sozialen Netzwerke haben einen großen Anteil daran. Es wimmelt auf Tiktok und Co. von Videos oder Fotos, die kosmetische Eingriffe als eine Selbstverständlichkeit zeigen und sogar bewerben. Die jungen Konsumenten werden durch gefakte Vorher-Nachher-Bilder oder Videos manipuliert und beeinflusst. Die Hemmschwelle, sich einem operativen Eingriff zu unterziehen, wird verharmlost und die Operation teilweise sogar noch „schmackhaft" gemacht. In Studien gaben 30 % der Befragten an, dass sie sich durch Social-Media-Posts animiert fühlten, sich weiter über bestimmte Eingriffe zu informieren. Dies wiederum führt natürlich dazu, dass diese Nutzer durch die Social-Media-Algorithmen immer mehr dieser Inhalte in ihrem persönlichen Feed angezeigt bekommen und die Motivation für einen Eingriff steigt.

C Schöne gefakte Welt (Post auf Social Media)

Social Media ist ein wichtiger Teil unseres Lebens. Es bietet nicht nur eine Plattform für den Austausch von Ideen und Erlebnissen, sondern auch für die Selbstdarstellung. Beautyfilter haben sich als ein beliebtes Werkzeug etabliert, das viele Personen in ihren Posts verwenden. Zuerst kann man feststellen, dass Beautyfilter das Selbstbewusstsein fördern. Viele Menschen fühlen sich durch die Möglichkeit, ihre Bilder zu optimieren, sicherer und wohler in ihrer Haut. In einer Zeit, in der das äußere Erscheinungsbild oft stark bewertet wird, können diese Filter dazu beitragen, das Selbstwertgefühl zu steigern. Sie ermöglichen es Nutzern, sich in einem positiven Licht zu präsentieren und ihre besten Seiten hervorzuheben. Nicht zu vergessen, Beautyfilter und das kreative Arbeiten mit Bildern macht Spaß. Man kann mit verschiedenen Looks experimentieren, das trägt dazu bei, die eigene Identität zu erkunden und zu definieren. In einer Welt, in der Individualität geschätzt wird, können Beautyfilter als ein Werkzeug zur Selbstentfaltung dienen. Viele Influencerinnen und Influencer, Künstlerinnen und Künstler nutzen diese Filter, um ihre Bilder zu gestalten und eine bestimmte Ästhetik zu kreieren. Dies kann zu einer neuen Form der visuellen Kommunikation führen, die sowohl ansprechend als auch inspirierend ist. Wichtig ist mir aber auch zu betonen, dass die Verwendung von Beautyfiltern eine persönliche Entscheidung ist und bleiben sollte. Jede Person hat das Recht, zu entscheiden, wie sie sich in sozialen Medien präsentieren möchte. (Mary D.)

Zwanghaft schön?

Eine dialektische Erörterung verfassen

1 Notiere die Pro- und Kontra-Argumente aus den Texten auf den Seiten 80/81 zur Frage „Sollen Beautyfilter in Social Media verboten werden?“ in einer Tabelle.

2 Werte das folgende Diagramm aus. Notiere Argumente daraus in deiner Tabelle von Aufgabe 1 und ergänze eigene Argumente.

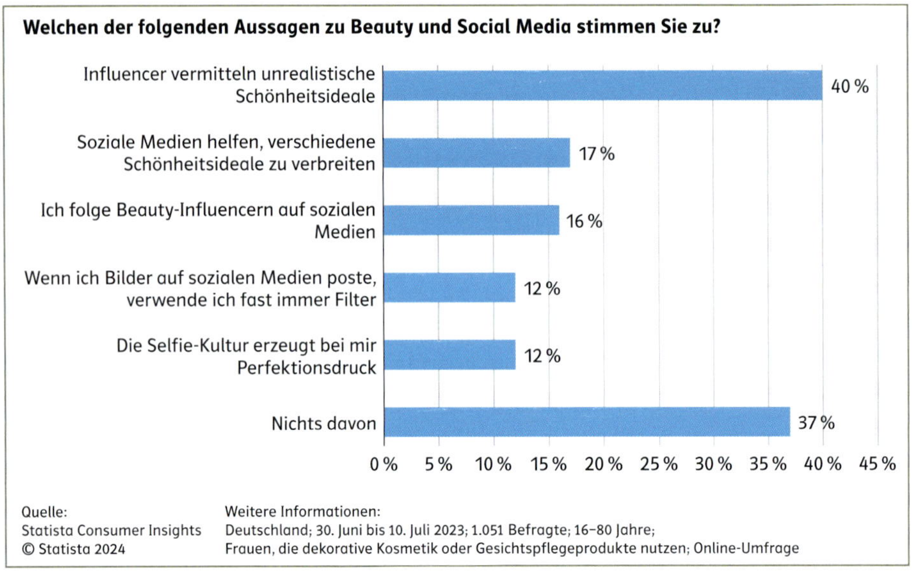

3 Sieh dir nun die Argumente in deiner Tabelle an. Bilde dir eine Meinung zum Thema Verbot von Beautyfiltern in Social Media.

4 Seht euch die folgende Grafik an. Erläutert im Tandem den typischen Aufbau einer dialektischen Erörterung nach dem Sanduhrprinzip.

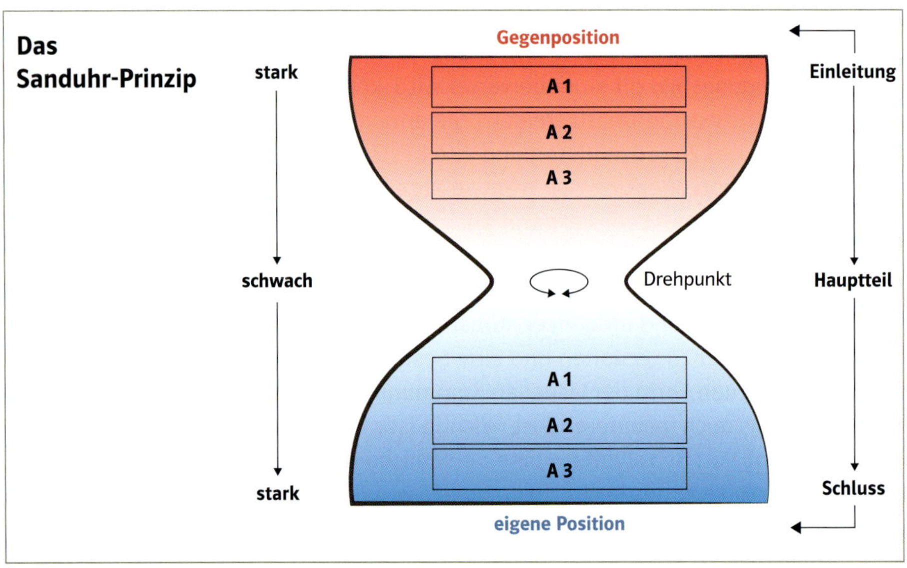

5 Klärt in der Gruppe, welchen Vorteil eine dialektische Erörterung hat.

6 Schreibe nun eine dialektische Erörterung zur Frage: Sollten Beautyfilter in Social Media verboten werden? Gehe so vor:

- Gliedere deine Erörterung nach dem Sanduhrprinzip. Lege einen Schreibplan an.
- Ordne die Pro- und Kontra-Argumente nach ihrer Wichtigkeit und Überzeugungskraft. Bringe alle Argumente in die Reihenfolge, die das Sanduhrprinzip vorgibt.
- Schreibe dann eine Einleitung für deine Erörterung, in der du zum Thema und zur Fragestellung hinführst.
- Schreibe den Hauptteil der Erörterung.
  - Beginne mit dem Standpunkt, den du nicht vertrittst. Schreibe die Gegenargumente mit Beispielen und Zitatbelegen auf, beginne mit dem stärksten Gegenargument.
  - In einer Überleitung (Drehpunkt) wendest du dich deinem Standpunkt zu. Nutze die folgenden Formulierungshilfen:

Erörterung vorbereiten → Seite 69

Erörterung verfassen → Seite 71

Sprachtipp

Dem steht entgegen, dass …
Nicht nur …, man muss auch …
Trotz … sollte man aber beachten …

Dagegen sollte …
Ähnlich wie …/Anders als …
Einerseits … andererseits …

  - Begründe jetzt deinen Standpunkt mit Argumenten, beginne mit dem schwächsten Argument. Belege mit Beispielen und Zitaten.
- Schreibe einen Schluss, in dem du dich auf die Einleitung beziehst, die Argumentation zusammenfasst und/oder eine Schlussfolgerung ziehst.

Merke

Die dialektische Erörterung

In einer **dialektischen** (oder kontroversen oder antithetischen) **Erörterung** setzt man sich mit einem strittigen Thema in **Pro- und Kontra-Argumenten** auseinander. Die Pro- und Kontra-Argumente werden **gegenübergestellt**.
Es gibt mehrere Möglichkeiten der **Strukturierung** der dialektischen Erörterung → das Sanduhr-Prinzip oder das Pingpong-Prinzip (Pro/Kontra abwechselnd).

7 Überprüfe deine Erörterung mithilfe der Fragen von Seite 71, Aufgabe 4. Überarbeite die Erörterung, wenn nötig.

überarbeiten → Seite 297

8 Lest eure Erörterungen in der Gruppe vor. Gebt einander ein Feedback, ob eure Argumentationen überzeugend waren.

Feedback → Seite 342

9 Schreibe einen Leserbrief an die Schulzeitung, in dem du die gegenteilige Meinung zu deiner Erörterung zum Thema Beautyfilter vertrittst.

10 Bereitet die Präsentation in der Klasse vor. Wählt drei Personen aus. Eine informiert über das Thema, die anderen lesen einen Pro- und einen Kontra-Brief aus Aufgabe 9 vor.

Präsentiert eure Ergebnisse

Ihr habt euch zu verschiedenen Themen im Zusammenhang mit Körperschmuck und Schönheitsbildern eine Meinung gebildet und schriftliche Erörterungen verfasst. Nun könnt ihr Ergebnisse präsentieren und in der Klasse weiterdiskutieren.

1 Information

○ Nennt die Themen, mit denen ihr euch beschäftigt habt.

2 Präsentation

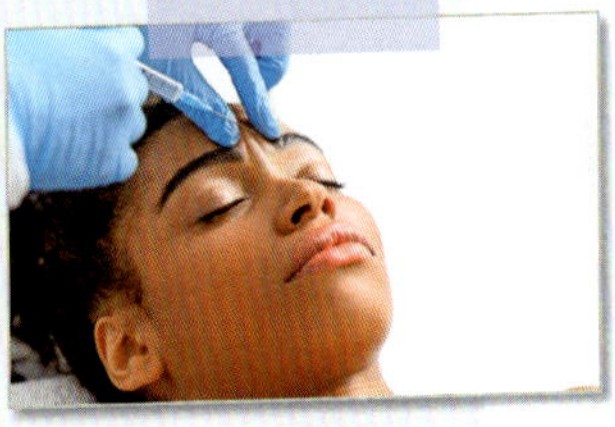

◒ Präsentiert eure Arbeitsergebnisse.
- Stellt eure Themen und die verwendeten Materialien ausführlich vor.
- Lest dann jeweils eine Pro- und eine Kontra-Erörterung vor.

3 Fragerunde

○ Stellt Fragen zu den Themen und den vorgelesenen Erörterungen. Lasst euch die Fragen von der jeweiligen Gruppe beantworten, z. B.

A Woran erkennt man eine Sportsucht oder ob jemand zu intensiv trainiert?

B Welche Beispiele kennt ihr für „medizinisch notwendige kosmetische Eingriffe"?

C Welchen Nutzen könnte Body Positivity (positives realistisches Selbstbild) oder Body Neutrality (Ich-Gefühl nicht vom Äußeren abhängig machen) im Zusammenhang mit den idealisierten Bildern in Social Media haben?

4 Diskussion

◒ Wählt ein Thema aus Weg A, B oder C.
Führt eine Diskussion in der Klasse zu dieser strittigen Frage durch.

5 Feedback

● Wertet die Präsentationen gemeinsam aus. Gebt einander ein Feedback. Orientiert euch an folgenden Fragen:

☑ Habt ihr ausreichend Informationen zum Thema erhalten oder haben euch wichtige Informationen gefehlt?

☑ Waren die Erörterungen überzeugend?

☑ Wurden eure Fragen gut beantwortet?

☑ Wurde gut präsentiert (laut, deutlich, zusammenhängend gesprochen, Blickkontakt ...)?

Überprüfe dich selbst

○ **1** Lies den folgenden Sachtext, in dem die Argumente unterstrichen sind.

Machen uns soziale Medien unglücklich?

Soziale Medien, sollten die nicht eigentlich zu mehr sozialen Kontakten führen? Oder verdrängen sie eher das Miteinander im echten Leben – und fördern sogar die Einsamkeit?

Nie zuvor haben wir so viel Zeit an unseren Smartphones, Tablets und Laptops verbracht wie in der Corona-Pandemie. Seitdem sind Facebook, WhatsApp, Instagram und Co. noch mehr als sonst die Hauptquelle für Unterhaltung, Informationen und Beziehungspflege für viele Menschen – ja geradezu ihr Tor zur Außenwelt. Soziale Medien geben jedoch auch laufend Anlass zur Ablenkung und zu sozialen Vergleichen, sie bergen Gefahren wie Cybermobbing und Belästigungen oder können uns mit ihrer Reizüberflutung belasten. Machen soziale Medien unter dem Strich also eher unglücklich? Seit dem Aufkommen von digitalen Medien beschäftigt diese Frage auch viele Wissenschaftler. Herrschte anfangs eine pessimistische Sichtweise vor – dominiert vom Glauben, das Netz verdränge reale soziale Kontakte und fördere Einsamkeit –, so liegt das Augenmerk heute sowohl auf den Risiken als auch auf den Chancen. Beispielsweise zeigten sich Vorteile vor allem für jene, die im „Offline-Leben" häufig zu kurz kommen, wie etwa introvertierte oder sozial isolierte Personen. [...] Großen Einfluss scheint auch die Art der Nutzung zu haben. Während es eher den Neid fördert, wenn man nur passiv durch die Profile anderer browst, geht eine aktive, kommunikative Nutzung sozialer Medien häufig mit höherem Wohlbefinden einher. [...]

Betrachten wir etwa die Nutzung sozialer Medien zur politischen Information: Die „Generation Z" der um die Jahrtausendwende herum Geborenen steht politischen Institutionen teils distanziert gegenüber; hier kann eine direktere Ansprache etwa durch twitternde Politiker manche Hürden abbauen helfen. Andererseits ist klar, dass die sozialen Medien auch einen Nährboden für Fehlinformationen und Verschwörungsmythen darstellen. [...] Fake News und extremistische Botschaften erreichen oft über soziale Medien ihr Publikum und können so zur Ausbreitung polarisierter Einstellungen und radikaler Weltanschauungen beitragen. [...].

(Desirée Schmuck, 21.11.2021: unter: https://www.spektrum.de/frage/internetpsychologie-machen-soziale-medien-ungluecklich/1911832?utm_source=pocket-newtab-global-de-DE, 21.01.2022)

○ **2** Lege eine Pro- und Kontra-Tabelle zur Frage „Machen uns soziale Medien unglücklich?" an. Notiere die Argumente aus dem Text und ergänze eigene Argumente.

◒ **3** Verfasse einen Kommentar als Reaktion auf den Beitrag in Aufgabe 1. Erörtere deinen Standpunkt zur Frage „Machen uns soziale Medien unglücklich?".

D08 Lösungen

Das kannst du jetzt:
- in Texten Argumente finden, sammeln und ordnen
- eigene Argumente zu einem Thema finden und mit Beispielen formulieren
- eine lineare Erörterung zu einem Thema verfassen

5 So kommst du zum Ziel

Berufsorientierung: Bewerbung und Vorstellungsgespräch

A

1 Seht euch die Fotos A–E an und tauscht euch darüber aus. Welche Themen sind abgebildet, was wisst ihr darüber und welche Erfahrungen habt ihr damit bereits gemacht?

2 Berufe mit ähnlichen Tätigkeiten werden Berufsfeldern zugeordnet. Ermittelt, welche Berufsfelder es gibt. Nutzt dazu Informationen der Bundesagentur für Arbeit, z. B. im Berufenet.

3 Übernehmt die Tabelle von F und gestaltet sie als Plakat. Hängt es in euer Klassenzimmer und ergänzt weitere Berufsfelder.

Bevor ihr die Schule beendet, fragt ihr euch, wie es weitergeht. Falls ihr euch für eine Ausbildung bewerben wollt, dann ist es wichtig, dass ihr gut vorbereitet seid. Hier übt ihr Bewerbungen zu schreiben und erfahrt, was ihr bei Vorstellungsgesprächen beachten müsst.

Das lernt ihr jetzt:
- Stellenanzeigen untersuchen
- Informationen zu verschiedenen Berufen und Berufsfeldern sammeln
- Bewerbungen für Ausbildungsplätze schreiben
- sich auf Vorstellungsgespräche vorbereiten

B

C

D

E

F

Handel	Dienst-leistung	Bau	Gesundheit	Landwirt-schaft	Verwaltung	...
Drogist/ Drogistin	*Koch/Köchin*	*Architekt/ Architektin*	...	...	...	...
...	...	...	...	...	...	...

G Zu welchem Berufsfeld gehört der Beruf?

H Welche Tätigkeiten werden ausgeübt?

I Welche Fähigkeiten benötigt man?

4 Vervollständigt eure Tabelle immer weiter. Ordnet die Berufe den Berufsfeldern zu. Schreibt in die Tabelle:
- die Berufe aus eurer bereits angelegten Berufekartei
- die Berufe von den Fotos **B–E**
- eure Wunschberufe,
- Berufe eurer Familienmitglieder, Freunde und Bekannten.

5 Seht euch eure Wunschberufe genauer an. Tauscht euch zu den Fragen in **G–I** aus.

6 Recherchiert Ausbildungsmöglichkeiten zu euren Wunschberufen.

Wir suchen engagierte Auszubildende

Stellenanzeigen untersuchen

1 Lest die folgenden Aussagen von Schülerinnen und Schülern. Diskutiert in der Klasse die Vor- und Nachteile dieser Ideen.

Ich gebe einfach mal freie Stellen für Einzelhandelskaufmann im Internet ein und schau, was ich angeboten bekomme.

Ich will in der Firma eine Ausbildung machen, in der ich auch mein Praktikum gemacht habe. Ich schau mal auf deren Homepage.

Ich schau mal im Netz auf diesen Jobwebsites wie Indeed oder Stepstone, da werde ich schon was finden.

Die von der Berufsberatung wollte mir Adressen von freien Stellen schicken. Ich gehe aber auf jeden Fall zu so einer Ausbildungsmesse.

MK **2** Wie und wo würdet ihr nach Ausbildungsplätzen suchen? Probiert verschiedene Möglichkeiten aus und besprecht eure Erfahrungen in der Klasse.

3 Lies die Stellenanzeige von Bens Wunschfirma.

Ausbildung 2026 zum/zur Kaufmann/-frau im Einzelhandel (m/w/d) in Köln

Dir ist gutes Aussehen wichtig? Dann komm zu uns – uns nämlich auch.

Deine Aufgaben
- Abläufe und Aufgaben im Verkauf
- fachgerechte Kundenbetreuung
- Warenmanagement
- Produktpräsentation
- Reklamationen
- vers. Verkaufstechniken
- Sortiments- und Materialkunde

Deine Qualifikationen
- mind. guter Hauptschulabschluss, besser Abschluss der mittleren Reife
- gute Noten in Deutsch & Mathe
- wünschenswert: Englischkenntnisse
- Kommunikations- & Teamfähigkeit
- kreativ & aufgeschlossen für Neues

Lifestyle bietet dir:
- 40 Std./Woche – Montag–Samstag (ein variabler Freizeittag pro Woche)
- 30 Tage Urlaub
- Weihnachtsgeld
- Vergünstigungen bei Fitnessstudio- und Handyverträgen
- zahlreiche Workshops & Seminare, sowie Events (Modeschauen, Konzerte, etc.)

- 3-jährige duale Ausbildung (Modehaus & Berufsschule)
- Beginn: 1. September 2026
- Vergütung: 1010–1235 € zzgl. Verkaufsprämie

Bewirb dich jetzt in unserem internationalen Modehaus „Lifestyle“ mit über 30 Filialen europaweit. Wir freuen uns auf eine Bewerbung per E-Mail unter: lifestyle-moden/karriere.com.

MK **4** Klärt in der Klasse, was die unterstrichenen Abkürzungen und Begriffe in der Stellenanzeige auf Seite 88 bedeuten.

Tipp
Recherchiert weitere unbekannte Begriffe.

5 Untersucht im Tandem die Stellenanzeige. Übernehmt die Tabelle und notiert alle Informationen, die ihr der Stellenanzeige entnehmen könnt.

Informationen über die Ausbildung	Informationen über das Unternehmen	Informationen über die Anforderungen
– *Kaufmann/-frau …* – …	– *Lifestyle*	…

MK **6** Recherchiere weitere Informationen zur Ausbildung als Kaufmann/-frau im Einzelhandel. Formuliere eigene Fragen zur Ausbildung. Lege eine Berufekarte an.

Arbeitsorte | Berufsperspektiven | Tätigkeiten | Arbeitsmarktsituation | weitere Anforderungen

Tipp
Seht euch den passenden Steckbrief im Berufenet an.

7 Untersuche eine Stellenanzeige für den Ausbildungsberuf, der dich interessiert. Nutze die Tabelle aus Aufgabe 5. Beantworte die Fragen:
- Wie kannst du dich bewerben?
- Wer ist Ansprechpartnerin oder Ansprechpartner für deine Bewerbung?
- Kennst du das Unternehmen, das die Ausbildung anbietet?
- Würdest du dich auf diese Stellenanzeige bewerben? Begründe.
- Wie ansprechend und übersichtlich findest du die Stellenanzeige? Begründe.
- Notiere Fragen zur Ausbildung, die nicht in der Stellenanzeige beantwortet wurden.

8 Sieh dir die Stellenanzeige von Seite 88 und deine Stellenanzeige an. Notiere, welche Voraussetzungen zwingend nötig sind („Muss"-Anforderungen) und welche eher zu den „Kann"-Anforderungen zählen.

! **Merke**

Stellenanzeigen

In **Stellenanzeigen** erhält man **Informationen** über:
- die **Ausbildung** (Beruf, Ausbildungsart, Unternehmen, Schule, Ort, Zeitpunkt, Beginn, Dauer, Ablauf, Inhalte, Vergütung …)
- das **Unternehmen** (Name, Unternehmensinhalte, Kontaktdaten, Ansprechpartner, Erwartungen an die Bewerbung, Bewerbungsfristen …)
- die **Anforderungen** (Schulabschluss, Kompetenzen, Kenntnisse, Erfahrungen, persönliche Eigenschaften …)

Bei den **Anforderungen** an die Bewerber unterscheidet man in:
- **Muss-Kriterien**, wie z. B. den Schulabschluss (sie werden meist so beschrieben → … wird vorausgesetzt, … unbedingt notwendig, … wird erwartet, erforderlich sind …, Voraussetzung ist …)
- **Kann-Kriterien**, wie z. B. praktische Erfahrungen (meist so beschrieben → idealerweise …, … wären von Vorteil, bevorzugt werden Bewerber …, … wünschenswert wäre …)

Ich bin geeignet, weil ...

Eine Bewerbung schreiben

Du hast eine passende Stellenanzeige gefunden und willst dich bewerben. Es ist egal, ob du dich online, mit einer ausgedruckten Bewerbungsmappe oder per E-Mail bewirbst. Die Bestandteile deiner Bewerbung sind immer gleich: Bewerbungsschreiben, Lebenslauf und Anlagen.

○ **1** Lies Bens Bewerbungsschreiben auf die Stellenanzeige von Seite 88.

Lifestyle Moden
Personalabteilung
Alte Str.100

50678 Köln

Ben Meyer
Hauptstr. 8
59394 Nordkirchen

Nordkirchen, 28.02.2026

Bewerbung um einen Ausbildungsplatz zum Kaufmann im Einzelhandel
Ihre Stellenanzeige vom 01.12.2025 auf www.lifestyle-moden.com

Sehr geehrte Damen und Herren,

beim Besuch Ihrer Filiale in Köln habe ich Ihr Stellengesuch an der Tür gelesen und mich daraufhin auf Ihrer Homepage informiert. Ich habe großes Interesse an einer Ausbildung zum Kaufmann im Einzelhandel in Ihrem Unternehmen.

Für die Ausbildung bei Lifestyle Moden habe ich mich entschieden, weil ich mich für Mode und kaufmännische Abläufe interessiere. Wichtig ist außerdem, dass ich gern mit Menschen arbeite. Die nette und kompetente Kundenbetreuung in Ihrer Filiale in Köln konnte ich mehrfach persönlich erleben. Ich würde mich freuen, wenn ich in diesem Team arbeiten könnte. In Ihrer Stellenanzeige schreiben Sie, dass verschiedene Verkaufstechniken sowie Sortiments- und Materialkunde Teil der Ausbildung sind. Das hört sich spannend und abwechslungsreich an. In meiner Freizeit beschäftige ich mich mit den Modetrends, vor allem im sportlichen Bereich. Gern berate ich meine Freunde in modischen Fragen. Von meinen Freunden wird meine offene und humorvolle Art geschätzt. Ich denke, dass ich Ihren Erwartungen bezüglich der Kommunikations- und Teamfähigkeit entsprechen kann. Ich habe z.B. im Fitnessstudio und bei der Hausaufgabenbetreuung beide Fähigkeiten gut erlernt und geübt.

Derzeit besuche ich die neunte Klasse der Karl-Müller-Gesamtschule in Nordkirchen und schließe sie voraussichtlich im Sommer 2026 mit der Mittleren Reife ab. Zu meinen besten Fächern gehören Deutsch und Wirtschaft. Von meinen guten Noten können Sie sich gern im letzten Zeugnis überzeugen.

Über eine Einladung zu einem persönlichen Gespräch würde ich mich sehr freuen.

Mit freundlichen Grüßen
Ben Meyer

Anlagen: tabellarischer Lebenslauf, Kopie der beiden letzten Schulzeugnisse

○ **2** Notiert im Tandem die Bestandteile eines Bewerbungsschreibens.

3 Untersucht in der Gruppe das Bewerbungsschreiben von Ben. Beantwortet dabei die folgenden Fragen und belegt mit Textstellen.
- Wie begründet Ben seine Bewerbung und seine Eignung für den Beruf?
- Überzeugen euch die Begründungen? Formuliert und begründet eure Meinungen.
- Welche Gründe für die Berufswahl könnte man außerdem angeben?

MK **4** Schreibe nun deine eigene Bewerbung. Gehe so vor:
- Suche eine Stellenanzeige für die Ausbildung zu deinem Wunschberuf oder nutze die Anzeige aus Aufgabe 7 von Seite 89.
- Überlege, wie du deine Berufswahl begründen kannst. Beachte deine bisherigen Erfahrungen, deine Stärken und Kompetenzen. Mache dir dazu Notizen.
- Schreibe die Bewerbung. Beachte den Aufbau mit allen Bestandteilen und die äußere Form.

Textverarbeitung → Seite 317

Tipp
Orientiere dich an Bens Bewerbungsschreiben.

5 Tauscht im Tandem eure Bewerbungen aus und überprüft sie nach folgenden Kriterien. Gebt einander Feedback und überarbeitet, wenn nötig.

äußere Form	Vollständigkeit	Rechtschreibung	ausreichende Begründung des Berufswunsches

überarbeiten → Seite 297

Feedback → Seite 342

6 Ben kann sich auch mit einer E-Mail oder einem Onlineformular bewerben. Recherchiert Beispiele dafür und besprecht in der Klasse, worauf man jeweils achten muss.

Internetrecherche → Seite 316

Arbeitstechnik

V02

Eine Bewerbung für einen Ausbildungsplatz schreiben

Schreibe deine Bewerbung nach folgendem **Aufbau**:
1. **Kopf der Bewerbung**:
   - Adressen von **Absender** und **Empfänger** (Firma) sowie **Datum**
   - **Betreffzeile** → Bewerbung um einen Ausbildungsplatz als …
   - höfliche **Anrede** → Sehr geehrte Damen und Herren …; Sehr geehrte Frau …; Sehr geehrter Herr … und **Sie-Ansprache**
2. **Einleitung**:
   - **Grund** des Anschreibens (Wahl des Ausbildungsbetriebes begründen)
3. **Hauptteil**:
   - Begründung des **Berufswunschs**
   - Begründung der **Wahl des Betriebes**
   - Begründung deiner **Eignung** und deines **Interesses** (deine Eigenschaften, Stärken, Interessen und Fähigkeiten, die zu dem Beruf passen)
   - **Schulsituation** und **Schulabschluss** (Klasse, Schulform, voraussichtlicher Abschluss und Abschlussjahr, beste Fächer)
4. **Schluss**:
   - **Einladungswunsch** zu einem Vorstellungsgespräch
5. **Grußformel** → Mit freundlichen Grüßen
6. eigenhändige **Unterschrift**
7. **Anlagen**: tabellarischer Lebenslauf, Kopie des letzten Schulzeugnisses

Formale **Gestaltungsregeln** beachten:
- eine gut lesbare **Schrift** verwenden (z.B. Arial oder Calibri)
- **Schriftgröße** 11 oder 12 Punkt / **Zeilenabstand** 1,5 zeilig / **Seitenränder** 2,5 bis 3 cm
- Bestandteile der Bewerbung durch **Leerzeilen** und **Absätze** trennen

Lerninsel → Seite 326

Warum haben Sie sich beworben?

Ein Vorstellungsgespräch vorbereiten

Bens Bewerbung hat überzeugt, er ist zu einem Vorstellungsgespräch eingeladen. Die Personalleitung will ihn kennenlernen und herausfinden, ob er in das Unternehmen passt und für die Ausbildung geeignet ist. Das ist eine besondere Situation, auf die er vorbereitet sein sollte.

○ **1** Die Personalleiterin Frau Wolf und die Ausbilderin Frau Ipci stellen Ben Fragen im Vorstellungsgespräch. Lies die Fragen und die möglichen Antworten.

Konnten Sie gut hierher finden?

a Erst hab ich die Bahn verpasst und dann stand die nächste wegen einer Störung lange rum.
b Da ich schon einige Male in der Gegend war, war die Anreise sehr leicht.
c Die Anreise war absolut schrecklich und kompliziert.

Warum interessieren Sie sich für diese Ausbildung in unserem Unternehmen?

a Verkaufstechniken und -abläufe und der Umgang mit Kunden interessieren mich. Ich mag die Atmosphäre und das Sortiment in Ihren Filialen und ich finde es toll, dass Sie zusätzlich Workshops für Mitarbeiter anbieten.
b Ich war schon so oft bei Ihnen einkaufen. Sie sind mit Abstand das beste Modehaus. Ich wollte diese Ausbildung schon immer machen.
c Meine Mutter hat gesagt, dass Lifestyle Moden ein tolles Unternehmen ist. Sie kennt jemanden, der bei Ihnen arbeitet.

Welche Hobbys haben Sie und warum habe Sie eine schlechte Note in Kunst?

a Ich schaue gerne Serien zuhause. Manchmal ziehe ich mit Freunden um die Häuser. Die Note in Kunst hat mit der Lehrerin zu tun. Sie hat oft gefehlt und musste dann Noten machen. Das war nicht meine Schuld.
b Ich spiele gerne Fußball und kann auch ein wenig Gitarre. Früher hab ich auch mal Schach gespielt und gegolft. Die Kunstnote, äh ich weiß auch nicht, ist dieses Jahr nicht gut gelaufen. War ein Versehen, sonst bin ich richtig gut.
c In meiner Freizeit spiele ich gerne Fußball, allerdings in keinem Verein, nur so aus Spaß. Den Kunstunterricht, muss ich gestehen, habe ich nicht ernst genug genommen.

Haben Sie Ihrerseits noch Fragen?

a Nein danke.
b Nochmal: Wie viele Stunden muss man in der Woche arbeiten?
c Können Sie mir sagen, wo sich die Berufsschule befindet?

2 Wie sollte Ben antworten? Wählt die passende Antwort in Aufgabe 1 aus und begründet in der Gruppe eure Meinung.

3 Sieh dir die folgenden Fähigkeiten (Kompetenzen) an. Notiere, welche drei Fähigkeiten in deinem Wunschberuf wichtig sind.

Zuverlässigkeit – Einsatzbereitschaft – Belastbarkeit – Gewissenhaftigkeit – Konzentrationsfähigkeit – Zielstrebigkeit – Fleiß – Kritikfähigkeit – Höflichkeit – Freundlichkeit – Teamfähigkeit – Pünktlichkeit – Durchsetzungsfähigkeit – Einfühlsamkeit – Selbstdisziplin – Flexibilität – Sprachgewandtheit – Lernbereitschaft – Kommunikationsfähigkeit – Selbstständigkeit

Tipp
Recherchiere unbekannte Begriffe im Wörterbuch oder Internet.

4 Lies die Fragen, die in einem Vorstellungsgespräch häufig gestellt werden.

Fragen zur Person:
- Womit beschäftigen Sie sich in Ihrer Freizeit?
- Was sind Ihre Stärken und Schwächen?
- Was sind Ihre Eigenschaften und Fähigkeiten?
- Was sind Ihre Lieblingsfächer und warum?
- Wie würden Ihre Mitschülerinnen und Mitschüler Sie beschreiben?

Fragen zum Lebenslauf:
- Warum sollten wir uns für Sie entscheiden?
- Wo konnten Sie schon praktische Erfahrungen sammeln?

Fragen zur Berufswahl:
- Was sind Ihre persönlichen Ziele für die Zukunft?
- Was reizt Sie an diesem Ausbildungsberuf?
- Wie stellen Sie sich einen typischen Tag in diesem Beruf vor?

Fragen zum Unternehmen:
- Wie sind Sie auf unsere Firma aufmerksam geworden?
- Wie und wo haben Sie sich über uns informiert?
- Was wissen Sie bereits über die Firma?
- Warum haben Sie sich gerade bei uns beworben?

5 Notiere dir zu den Fragen aus Aufgabe 4 Antworten, die deinen Wunschberuf und die Stellenanzeige von Aufgabe 4 auf Seite 91 betreffen.

Tipp
Nutze die Begriffe aus Aufgabe 3.

6 Was könnte in einem Vorstellungsgespräch außerdem gefragt werden? Ergänzt im Tandem in Aufgabe 4 weitere Fragen. Notiert eure Antworten.

7 Überlegt in der Klasse, wie ihr auf Fragen reagiert, die ihr nicht gern beantworten möchtet, z. B. wenn sie zu persönlich sind. Schreibt höfliche Formulierungen auf.

Tipp
Denkt dabei an Fragen zu sexueller Orientierung oder religiöser Zugehörigkeit.

8 Notiert im Tandem Fragen, die ihr der Personalleitung stellen würdet, z. B.
Wie sind die Arbeitszeiten geregelt? *Gibt es eine Ausbildungswerkstatt?*
Wie sind die Übernahmechancen? *...*

9 Spielt jetzt im Tandem ein Vorstellungsgespräch als Frage-Antwort-Spiel. Verwendet die Fragen aus den Aufgaben 4 und 6 sowie eure Antworten.

Tipp
Tauscht die Rollen.

Vorstellungsgespräche vorbereiten

○ **1** Wie sollte man in einem Vorstellungsgespräch auftreten? Tauscht euch in der Klasse darüber aus, wie ihr einen guten Eindruck hinterlassen könnt. Notiert Stichworte zu Auftreten, Kleidung, Aussehen und Körpersprache an der Tafel.

○ **2** Sieh dir jetzt die Bilder von Schülerinnen und Schülern an, die zu einem Vorstellungsgespräch eingeladen sind.

○ **3** Beurteilt in der Klasse das Auftreten, die Kleidung und die Körperhaltung der abgebildeten Bewerberinnen und Bewerber. Gebt Tipps, was gut ist und was sie noch besser machen können.

○ **4** Wie würdet ihr bei einem Vorstellungsgespräch auftreten und was würdet ihr anziehen? Tauscht euch dann in der Klasse darüber aus und gebt einander Tipps.

Tipp Nutzt eure Tipps aus den Aufgaben 3 und 4.

○ **5** Überlegt in der Klasse, was bei einem Vorstellungsgespräch angebracht ist und was nicht. Übernehmt die folgende Tabelle und füllt sie aus.

Auftreten/Verhalten		Aussehen/Kleidung		Körpersprache	
☺	☹	☺	☹	☺	☹
pünktlich sein	*undeutlich sprechen*	*saubere Schuhe*	*unge-kämmt*	*Blickkontakt halten*	*Arme ver-schränken*
…	…	…	…	…	…

○ **6** Überlegt euch, wie ihr euch auf ein Vorstellungsgespräch vorbereiten müsst. Legt dazu in der Klasse eine Checkliste an.

Checkliste

Ein Vorstellungsgespräch vorbereiten

- ☑ Termin bestätigen
- ☑ Bewerbungsmappe, Stift, Papier mitnehmen
- ☑ …

○ **7** Was führt in Vorstellungsgesprächen zum Erfolg? Der folgende Satz stammt aus einer Untersuchung darüber. Lies den Satz und überlege, was damit gemeint ist.

Motivation spielt oft eine größere Rolle als Talent!

◒ **8** Was bedeutet Motivation? Wie kann es euch gelingen, eure Motivation im Vorstellungsgespräch auszudrücken? Tauscht euch in der Klasse darüber aus.

MK ◒ **9** Bildet Vierergruppen und bereitet ein Vorstellungsgespräch als **Rollenspiel** vor. Nehmt das Gespräch mit Kamera oder Handy auf. Geht so vor:
- Verteilt die Rollen: Bewerberin/Bewerber, Personalleitung, zwei Beobachtende.
- Wählt einen eurer Wunschberufe aus oder nehmt den Beruf von Seite 88. Wichtig ist, dass ihr über die Ausbildung und den Beruf gut informiert seid.
- Klärt, um welche Ausbildung es sich handelt und in welcher Firma das Vorstellungsgespräch spielen soll.
- Legt Rollenkarten für die Akteurinnen und Akteure an. Nutzt alle Informationen zum Beruf und orientiert euch an den Fragen und Antworten von Seite 93.
- Legt Beobachtungsbögen für das Verhalten der Bewerberin oder des Bewerbers an.
- Die Akteure und Akteurinnen bereiten sich allein auf ihre Rollen vor.
- Spielt nun das Vorstellungsgespräch in der Gruppe.
- Gebt der Bewerberin oder dem Bewerber ein Feedback.

	gut gelungen	nicht so gut gelungen
Vor dem Gespräch • anmelden • anklopfen • …	…	…
Gesprächsverlauf • begrüßen • sich vorstellen • …	…	…
Körpersprache • Körperhaltung • Blickkontakt • …	…	…
Sprech- und Ausdrucksweise • flüssig in ganzen Sätzen • sachlich • …	…	…

Tipp
Achtet auf die Reihenfolge:
1. Begrüßung
2. Vorstellung
3. Fragen/ Antworten
4. Verabschiedung

Rollenspiel
Seite 343

Tipp
Seht euch für das Feedback auch die Aufnahme an.

Feedback
Seite 342

Drei Wege – ein Ziel! Finde deinen Weg mit diesem Einschätzungstest: **D09**

Handwerker werden immer gebraucht

Eine Bewerbung schreiben

Simona möchte gern eine Ausbildung in einem Handwerksberuf absolvieren. Beim Girls' Day hat sie verschiedene Berufe im Berufsfeld Metall/Maschinenbau kennengelernt und Gefallen daran gefunden. Eine Stellenanzeige für die Ausbildung zur Zerspanungsmechanikerin hat sie auch schon entdeckt.

MK ○ **1** Lest die Stellenanzeige. Recherchiert im Tandem die Bedeutung der Fachbegriffe sowie der Begriffe, die euch unbekannt sind.

Stellenanzeigen → Seite 89
Internetrecherche → Seite 316

WEB

Müller Meier Metall GmbH Bad Berleburg

Zum 01.08.2025 suchen wir Auszubildende (m/w/d) in folgendem Beruf

Zerspanungsmechaniker (m/w/d)
Fachrichtung Frästechnik

Mit Müller Meier in die Zukunft – gemeinsam nachhaltige Lösungen schaffen. Werde Teil unseres Teams.

Deine Aufgaben:
- Herstellung von Präzisionsbauteilen aus Metall mit den spanenden Verfahren wie Drehen, Fräsen und Bohren
- Erlernen der CNC-Sprache zum Programmieren, Einrichten und Bedienen großer Fräs- oder Drehmaschinen
- Serienfertigung an CNC-Bohr- und Fräsmaschinen

Ausbildung
- 3,5 Jahre
- duale Ausbildung in unserer Firma und in der Berufsschule

Anforderungen
- mindestens guter Hauptschulabschluss bzw. Mittlere Reife
- gute Abschlüsse in mathematisch-naturwissenschaftlichen und technischen Fächern
- technisches Verständnis und handwerkliches Geschick
- Freude am präzisen Arbeiten
- Durchhaltevermögen, Team- und Kommunikationsfähigkeit

Unsere Leistungen
- über 1.000 € im 1. Jahr (steigend)
- Zusatzleistungen: Urlaubsgeld, Weihnachtsgeld, günstige Kantine
- hohe Übernahmequote

Bist du dabei?

Dann lade deine vollständige Bewerbung inkl. der letzten beiden Zeugnisse gleich auf unserer Homepage hoch!
www.mueller-meier-Metall.de/

Wir freuen uns darauf, Dich kennenzulernen.

MK ○ **2** Informiere dich im Internet über den Beruf der Zerspanungsmechanikerin oder des Zerspanungsmechanikers. Lege eine Berufekarte dazu an.

○ **3** Simonas Notizen für ihre Bewerbung bei der Firma Müller Meier sind durcheinandergeraten. Schreibe sie in der richtigen Reihenfolge für eine Bewerbung.

Girls' Day | handwerkliche Fähigkeiten | 9. Klasse Gesamtschule Eslohe | Stellenanzeige in der Jobbörse | Firma Müller Meier mit Bus gut zu erreichen | Simona Lehmann, Wichtelstraße 17, 59889 Eslohe | großes Interesse an Technik | Gruppenleiterin bei den Pfadfindern | Lieblingsfächer Physik und Werken | Bewerbung um einen Ausbildungsplatz als Zerspanungsmechanikerin | im Praktikum (Unternehmen für Grillgeräte) erste Einblicke in Berufsfeld | gute Ergebnisse im technischen Zeichnen | Freude am sorgfältigen Arbeiten

Tipp
Beginne mit Simonas Adresse, der Überschrift (Bewerbung um …) und dem Hinweis auf die Stellenanzeige.

○ **4** Schreibe für Simona eine vollständige Bewerbung. Orientiere dich an der Stellenanzeige und verwende die Notizen aus Aufgabe 3. Ergänze den Lückentext.

> Sehr geehrte Damen und Herren,
>
> mit großem Interesse habe ich Ihre … in der Jobbörse gelesen. Ich möchte mich hiermit auf den Ausbildungsplatz zur … in Ihrer Firma bewerben. Beim … habe ich viel über den Beruf erfahren und war von den präzisen Arbeitstechniken und der Fertigung von Maschinenbauteilen an modernen Maschinen begeistert. Der Beruf interessiert mich besonders, weil ich über ein großes … verfüge sowie Freude … habe.
>
> Während meiner Schulzeit habe ich bereits erste Erfahrungen in technischen Fächern gesammelt und gute … erzielt. Meine Lieblingsfächer sind … Darüber hinaus habe ich im Praktikum … erhalten. Ich konnte dabei feststellen, dass …

Textverarbeitung → Seite 317
Bewerbung → Seite 91

5 Tauscht im Tandem eure Bewerbungen aus. Gebt einander ein Feedback und überarbeitet eure Bewerbung, wenn nötig.

Feedback → Seite 342
überarbeiten → Seite 297

○ **6** Simona wird zu einem Vorstellungsgespräch eingeladen. Hilf ihr bei der Vorbereitung, indem du Tipps zu folgenden Kriterien formulierst.

Begrüßung | Verhalten während des Gesprächs | Kleidung | Verabschiedung

○ **7** Bildet zwei Gruppen. Gruppe A überlegt sich Fragen, die der Personalleiter an Simona stellt. Gruppe B überlegt sich Fragen, die Simona dem Personalleiter stellt.

○ **8** Verteilt die Rollen (Simona, Personalleitung, Beobachtende) und spielt das Vorstellungsgespräch als Rollenspiel. Gebt einander Feedback. Wechselt die Rollen.

Rollenspiel → Seite 343

○ **9** Bereitet die Präsentation des Berufes Zerspanungsmechanikerin/Zerspanungsmechaniker und das Vorlesen einer Bewerbung in der Gruppe vor.

Genauigkeit ist gefragt

Eine Bewerbung schreiben

Elias hat auf der Ausbildungsmesse einen interessanten Ausbildungsberuf und ein passendes Unternehmen entdeckt. Nach einem Ferienpraktikum steht fest, dass er sich als Technischer Produktdesigner bei diesem Unternehmen bewirbt.

Stellenanzeigen → Seite 89

Internetrecherche → Seite 316

MK ○ **1** Lies die Stellenanzeige. Recherchiere anschließend die Bedeutung der unbekannten Wörter.

WEB

Silver Technology AG

Silver Technology AG

SILVER Technology AG

Wir bieten an:

Ausbildung zum Technischen Produktdesigner (w/m/d) 2025

Du verfügst über ein gutes räumliches Vorstellungsvermögen? Du zeichnest gerne, am liebsten ganz präzise und detailgenau? Technik fasziniert dich? Dann ist diese Ausbildung der richtige Weg für dich.

So sieht dein Ausbildungsalltag aus
Du erlernst die Grundlagen der Metallbearbeitung in der Praxis. Außerdem vermitteln wir Einblicke in die Themen Pneumatik und Steuerungstechnik. Parallel erhältst du eine zeichnerische und konstruktive Grundausbildung. In eigenen Projekten entwickelst du mithilfe von CAD-Systemen dreidimensionale Modelle. Die praktische Fachausbildung findet in unserem Werk in Kaiserslautern statt. Das Theoriewissen wird in der Berufsschule vermittelt.

Das solltest du für die Ausbildung mitbringen
Für die Ausbildung musst du mindestens die Mittlere Reife abgeschlossen haben. Für uns ist es wichtig, dass deine persönlichen Fähigkeiten zur Ausbildung und zu uns als Unternehmen passen. Dazu gehören Spaß an der Arbeit und der Wille, die Dinge voranzubringen. Noten sind nicht alleine ausschlaggebend für die Vergabe des Ausbildungsplatzes, sie sind vielmehr deine Eintrittskarte zum Bewerbungsgespräch. Daher achten wir auf das Gesamtbild und insbesondere auf deine Noten in Mathematik, Technik und den naturwissenschaftlichen Fächern.

Das wirst du verdienen
Die Vergütung während der Ausbildungszeit ist bei uns klar geregelt. Wir zahlen gemäß dem Tarifvertrag der Metall- und Elektroindustrie NRW.

Nutze deine Chance und bewirb dich jetzt!
Schau dir unsere Bewerbungstipps an und bewirb dich jetzt per E-Mail unter: silver-technology@bewerbung.com! Wir freuen uns, dich kennenzulernen!

Klicken Sie hier, um zum Online-Formular zu gelangen:

MK ○ **2** Informiere dich im Internet über den Beruf der Technischen Produktdesignerin oder des Technischen Produktdesigners. Lege eine Berufekarte dazu an.

MK ○ **3** Recherchiere, in welchen Bereichen Technische Produktdesigner oder Produktdesignerinnen tätig werden können.

MK ◒ **4** Schreibe jetzt Elias' Bewerbung für die Ausbildung zum Technischen Produktdesigner. Schreibe eine Onlinebewerbung. Gehe so vor:
- Orientiere dich an der Stellenanzeige und überlege, wie Elias darauf eingehen könnte.
- Notiere Gründe, Interessen und Fähigkeiten, die Elias besitzen könnte und die zu dem Beruf passen.
- Denke dir alle weiteren Angaben (Adressen, Schulsituation) selbst aus.
- Schreibe die Bewerbung. Du kannst dich an den folgenden Satzanfängen orientieren.

Bewerbung
Seite 91
Textverarbeitung
Seite 317

An: silver-technology@bewerbung.com
Betreff: Bewerbung für einen Ausbildungsplatz zum ...
Anhang: Lebenslauf, Zeugnis
Senden

Sehr geehrter ...,

auf der Ausbildungsmesse habe ich in Ihrer Stellenanzeige ...

Diese Ausbildung interessiert mich, weil ...
Ich arbeite gerne am ... und baue gerne Modelle.

In der Schule ...
Ich übernehme gern ...
Ich würde gern die Ausbildung in Ihrem Unternehmen absolvieren, da ...
Derzeit besuche ich ...

Über eine Einladung zu ...

Mit freundlichen ...

Anlagen

◒ **5** Überprüft im Tandem eure Bewerbungsschreiben und gebt einander ein Feedback. Überarbeitet, wenn nötig.

Feedback
Seite 342
überarbeiten
Seite 297

○ **6** Elias wird zum Vorstellungsgespräch eingeladen. Beantwortet im Tandem die folgenden Fragen, die er sich stellt.
- Was ziehe ich an?
- Was sollte ich über das Unternehmen wissen?
- Was sollte ich über die Ausbildung und den Beruf wissen?

◒ **7** Bereitet im Tandem das Vorstellungsgespräch vor, indem ihr mögliche Fragen und Antworten darauf notiert.

◒ **8** Verteilt in der Gruppe die Rollen (Elias, Personalleitung, Beobachtende) und spielt das Vorstellungsgespräch als Rollenspiel. Gebt einander ein Feedback. Wechselt die Rollen.

Tipp
Orientiert euch an den Fragen auf Seite 93

○ **9** Bereitet die Präsentation des Berufes Technische Produktdesignerin/Technischer Produktdesigner und das Vorlesen einer Bewerbung in der Gruppe vor. Wählt zwei Personen dafür aus.

Rollenspiel
Seite 343

Mein Hobby wird mein Beruf!

Eine Bewerbung schreiben

Alissa liebt das Lesen und die Literatur. In einer Onlinebörse für Ausbildungsplätze findet sie eine Stellenanzeige für eine Ausbildung zur Buchhändlerin.

Internetrecherche → Seite 316

1 In welchen Berufen arbeitet man mit Büchern oder für Bücher? Recherchiert im Tandem zum Berufsfeld und macht euch Notizen dazu.

Stellenanzeigen → Seite 89

2 Lies die Stellenanzeige. Untersuche sie hinsichtlich der Muss- und Kann-Kriterien. Notiere die entsprechenden Formulierungen in einer Tabelle.

WEB

Bücherzimmer

Bücherzimmer – Buchhandlung Hagen

Auszubildende zum Buchhändler (m/w/d) in Hagen

Bücherzimmer, Hauptstr. 12, 58095 Hagen – buecherzimmer-hagen@mail.de

Das Bücherzimmer

Im „Bücherzimmer“ ist jeder Tag ein besonderer Tag. Wir sind eine familiengeführte Buchhandlung in 4. Generation. Bücher sind unser Leben.

Deine Aufgaben bei uns
Du berätst Leserinnen und Leser aller Altersstufen auf eine freundliche und offene Art. Sortimentspräsentationen sowie Gestaltungsaufgaben gehören ebenso zu deinen Aufgaben wie Tätigkeiten im Kassenbereich und in der Buchhaltung. Abwechselnd finden Veranstaltungen in und außerhalb der Buchhandlung statt, bei deren Organisation und Durchführung du unterstützt.

Dein Profil
Unabdingbar ist, dass du gerne liest und dich auch in der digitalen Welt auskennst. Ein hohes Kommunikationsvermögen und eine positive Grundeinstellung sowie Eigeninitiative, Teamfähigkeit und Zuverlässigkeit sind für diese Ausbildung ein Muss. Kritikfähigkeit und selbständiges Arbeiten wären wünschenswert. Wichtig sind gute Sprachkenntnisse in Deutsch sowie Grundkenntnisse in Englisch.

Wenn du mindestens einen überzeugenden Mittleren Bildungsabschluss oder die (Fach-)Hochschulreife hast, freuen wir uns, deine Bewerbung zu lesen.

Was wir dir bieten
Eine interessante und abwechslungsreiche Ausbildung in einem kleinen Team. Abwechselnde Veranstaltungen, an denen du teilnehmen kannst. Kostenlose Probeexemplare von Buchverlagen. Du bist von Anfang an ein vollwertiges Teammitglied und somit Teil unserer Bücherzimmer-Familie.

Wenn du dich angesprochen fühlst, bewirb dich per Post, per E-Mail oder fülle das Online-Formular aus. Wir freuen uns auf deine aussagekräftige Bewerbung.

Stelle merken | Jetzt bewerben

3 Informiere dich im Internet über den Beruf der Buchhändlerin oder des Buchhändlers. Lege eine Berufekarte dazu an.

Bewerbung → Seite 91
Textverarbeitung → Seite 317

4 Schreibe Alissas Bewerbung für die Ausbildung zur Buchhändlerin. Gehe so vor:
- Orientiere dich an der Stellenanzeige und notiere Gründe, Interessen und Fähigkeiten, die Alissa besitzen könnte und die zu dem Beruf passen.
- Denke dir alle weiteren Angaben (Adressen, Schulsituation) selbst aus.

5 Überprüft im Tandem eure Bewerbungsschreiben und gebt einander ein Feedback. Überarbeitet, wenn nötig.

Feedback → Seite 342

überarbeiten → Seite 297

6 In der Stellenanzeige werden drei Möglichkeiten angeboten, wie man sich bewerben kann. Nenne die drei Formen der Bewerbung.

7 Alissa ruft das Online-Formular der Buchhandlung auf, um sich für die Ausbildung zu bewerben. Sie erhält die folgende Ansicht. Besprecht im Tandem, wie ihr das Formular ausfüllen würdet.

Tipp
Ihr könnt auch das Formular kopieren und ausfüllen.

WEB

Bücherzimmer

Die mit * gekennzeichneten Felder sind Pflichtfelder

Persönliche Daten

Anrede*
○ Herr ○ Frau ○ Divers

Titel

Vorname*

Nachname*

Straße und Nummer*

PLZ*

Ort*

Telefon oder Mobiltelefonnummer*

E-Mail*

Bewerbungsdaten

Früh. Eintrittsdatum (TT.MM.JJJJ)*

Höchster Bildungsabschluss

Von Stelle erfahren durch

Anhänge

Um einen ersten Eindruck von Ihnen zu erhalten, können Sie uns hier eine Nachricht hinterlassen und Ihre Bewerbungsunterlagen hochladen.

Nachricht

Bewerbungsschreiben

Datenpfad*

Hochladen mehrerer Dokumente via ⊕

Lebenslauf

Datenpfad*

Hochladen mehrerer Dokumente via ⊕

Weiteres

Datenpfad*

Hochladen mehrerer Dokumente via ⊕

8 Alissa nutzt das Online-Formular, lädt Bewerbungsschreiben, Lebenslauf und Zeugnisse hoch. Zuvor muss sie eine kurze Nachricht schreiben. Formuliere diese Nachricht.

9 Beantwortet in der Gruppe die Fragen zu den drei Bewerbungsformen.
- Wer entscheidet, in welcher Form man sich bewirbt?
- Wie muss das Bewerbungsschreiben aussehen und wie wird es versendet?
- Welche Vor- und Nachteile haben die drei Formen der Bewerbung für die Bewerber und die Unternehmen?

10 Bereitet in der Gruppe Alissas Vorstellungsgespräch vor.

Tipp
Orientiert euch an den Fragen auf Seite 93

11 Spielt in der Gruppe das Vorstellungsgespräch als Rollenspiel (Alissa, Personalleitung, Beobachtende). Gebt einander ein Feedback. Wechselt die Rollen.

Rollenspiel → Seite 343

Feedback → Seite 342

12 Bereitet die Präsentation des Berufes Buchhändlerin/Buchhändler und das Vorlesen einer Bewerbung in der Gruppe vor. Wählt zwei Personen dafür aus.

Präsentiert eure Ergebnisse

Ihr habt verschiedene Berufe kennengelernt und dazu Berufekarten angelegt. Außerdem habt ihr Stellenanzeigen untersucht, Bewerbungen für einen Ausbildungsplatz geschrieben und Vorstellungsgespräche geübt. Jetzt könnt ihr eure Arbeitsergebnisse der Klasse präsentieren.

1 Information

○ Nennt die Berufe, die ihr untersucht habt und präsentieren möchtet.

2 Präsentation

◒ Präsentiert eure Ergebnisse.
- Stellt die Berufe mithilfe der Berufekarten vor.
- Präsentiert die Stellenanzeigen und lest eure Bewerbungsschreiben vor.

3 Fragerunde

○ Stellt Fragen zu den vorgestellten Berufen und den Bewerbungsschreiben. Lasst euch die Fragen von der jeweiligen Gruppe beantworten, z. B.

A Welche weiteren Berufe kennt ihr im Berufsfeld Metall/Maschinenbau?

B In welchen Bereichen kann man den Beruf der Technischen Produktdesignerin oder des Technischen Produktdesigners ausüben?

C Was sind Vor- und Nachteile der Bewerbung mit einem Online-Formular?

4 Diskussion

◒ Besprecht und diskutiert gemeinsam weitere Fragen, z. B.
- Welche Fähigkeiten benötigt man für die vorgestellten Berufe?
- Würdet ihr euch für die vorgestellten Ausbildungen bewerben?
- Welche Erfahrungen habt ihr in den gespielten Vorstellungsgesprächen gemacht?
- Welche Bewerbungsverfahren (Papier, E-Mail, Online-Formular) bevorzugt ihr?

5 Feedback

● Wertet die Präsentationen gemeinsam aus. Gebt einander ein Feedback. Orientiert euch an folgenden Fragen:

☑ Waren die Informationen zu den Berufen ausreichend oder haben euch wichtige Informationen gefehlt?

☑ Waren die Bewerbungsschreiben sprachlich und inhaltlich korrekt?

☑ Wurden eure Fragen gut beantwortet?

☑ Wurde gut präsentiert (laut, deutlich, zusammenhängend gesprochen, Blickkontakt…)?

Überprüfe dich selbst

1 Erläutere, wie eine Bewerbung aussehen sollte. Nutze die folgenden Begriffe.

Unterschrift | Anrede | Berufswunsch begründen | Anlagen | Hauptteil

Grußformel | Einladungswunsch | Einleitung | Eignung | Schulsituation

Schluss | Interessen | Absender/Empfänger | Betreffzeile | Schulabschluss

2 Lies die Ausschnitte aus fehlerhaften Bewerbungsschreiben und korrigiere sie. Denke dir fehlende Informationen aus und schreibe die verbesserten Bewerbungssätze auf.

Hallo,
ich habe gehört, sie brauchen einen Azubi in ihrem Salon. Das könnte ich sein. Meine Familie kann bezeugen, dass ich geeignet bin, denn ich schneide seit langem allen die Haare …
A

Sehr geehrte Damen und Herren,
ich bewerbe mich hiermit für die Ausbildung zum Verkäufer. Ich habe Ahnung von Mathematik, weil ich auf dem Laptop viele Spiele dazu mache. Mein Bruder hat gesehen, dass sie einen Aushang an ihrem Laden haben …
MfG
B

Sehr geehrte Damen und Herren,
mit großem Interesse habe ich Ihre Anzeige in der Jobbörse gelesen. Hiermit bewerbe ich mich für die Ausbildung zur Fitnesskauffrau. Die Arbeit in ihrem Sportstudio interessiert mich sehr.
Zurzeit bin ich 15 Jahre alt und besuche die Realschule in Münster. Ich schließe meine Schulausbildung im nächsten Jahr mit dem Realschulabschluss ab.
Auf eine Einladung zu einem persönlichen Gespräch freue ich mich sehr.
C

Liebe Frau Bach,
wie sie mir am Telefon mitteilt haben, bilden sie Zimmerleute aus. Auf der Internetseite habe ich mich über ihre Fierma informiert. Mir gefellt die handwerklische Arbeit, ich bin geschickt und habe beim Hausbau meiner Eltern viele Erfarungen sammeln können …
D

D10 Lösungen

3 Notiere fünf Tipps für ein gelungenes Vorstellungsgespräch.

Das kannst du jetzt:
- Anforderungen in Stellenanzeigen erkennen
- eine Bewerbung für eine Ausbildung verfassen
- dich in einem Vorstellungsgespräch angemessen verhalten

6 So war mein Praktikum

Berufsorientierung: Praktikumsbericht

A

1 Theresa, Leon, Selin und Jan haben ihr Praktikum absolviert und tauschen sich jetzt darüber aus. Lest die Sprechblasen in Bild A und den Dialog in B.

2 Legt eine Tabelle zu den Begriffen in C an. Füllt sie mithilfe der Informationen aus dem Gespräch für jeden Jugendlichen aus.

In der 9. Klasse werdet ihr ein Betriebspraktikum absolvieren. Das hilft euch herauszufinden, welche Berufe zu euch passen. Hier lernt ihr, wie eine Praktikumsmappe angelegt und ein Praktikumsbericht geschrieben wird.

Das lernt ihr jetzt:

- Arbeitsvorgänge beschreiben
- Praktikumsberichte schreiben
- eine Praktikumsmappe zusammenstellen
- Wünsche und Ziele im Leben formulieren

Theresa Ich habe bei uns im Ort beim Forstwirt gearbeitet. Wir waren fast jeden Tag im Wald unterwegs. Und wo hast du gearbeitet?

Jan Ich habe mein Praktikum in einem Altenheim gemacht. Es hat mir gut gefallen, weil es sehr abwechslungsreich war. Die alten Leute waren sehr nett zu mir. Was hast du gemacht, Leon, und wie war es?

Leon Ich habe in einem Betrieb gearbeitet, der Landmaschinen repariert. Das war echt cool, weil ich an einem alten Motor für einen Mähdrescher ganz alleine rumschrauben durfte. Der Meister hat mir auch ganz viel erklärt. Und du, Selin?

Selin Ich habe in meinem alten Kindergarten gearbeitet. Da habe ich viele Erzieherinnen und Erzieher von früher wieder getroffen und konnte die Arbeit aus deren Perspektive sehen.

Leon Das klingt alles toll, hat euch aber auch was nicht gut gefallen?

Theresa Mein Praktikum war nicht so mein Ding. Im Wald war es oft kalt und nass – ich hatte mir das ganz anders vorgestellt.

Jan Das ist ja doof. Was hast du denn dann gemacht?

Theresa Ich habe mit meiner Chefin überlegt, welche Arbeiten für mich eher in Frage kämen. Ich habe dann bei der Bearbeitung der Holzbestellungen geholfen. Das hat mir viel mehr Spaß gemacht. Und wie war's bei euch so?

Jan Bei mir war es oft hektisch. Gerade um die Essenszeit musste ich mich beeilen, sodass ich mich gar nicht mehr um die Heimbewohner kümmern konnte.

Leon Bei mir war es so, dass ich bei ganz vielen Maschinen und Reparaturen nicht helfen durfte, weil ich entweder zu jung war oder zu wenig Wissen hatte. Dadurch musste ich häufig allein arbeiten. Das hat schon manchmal genervt.

Selin Ich fand es echt schwierig, wenn alle Kinder auf einmal was von mir wollten und alle gleichzeitig geredet haben. Das war manchmal sehr laut.

B

Name | Betrieb | Beruf | Tätigkeiten | Einschätzung

C

3 Welche Erwartungen habt ihr an euer Praktikum. Tauscht euch darüber aus. Beantwortet dabei die Fragen in **D**.

- In welchem Beruf wollt ihr ein Praktikum absolvieren?
- Wo wollt ihr euch bewerben oder habt euch schon beworben?
- Was interessiert euch an dem Praktikum?
- Worauf freut ihr euch? Worüber macht ihr euch Sorgen?
- Wie reagiert ihr, wenn euch etwas während eures Praktikums nicht gefällt?

D

Typische Arbeitsvorgänge

Einen Arbeitsvorgang beschreiben

Jan hat sein Praktikum in einem Altenheim absolviert. Altenpflegerinnen und Altenpfleger unterstützen, betreuen und pflegen ältere Menschen, die im täglichen Leben nicht mehr gut allein zurechtkommen.

Internet-recherche → Seite 316

1 Tauscht euch in der Gruppe über den Beruf Altenpflegerin/Altenpfleger aus. Nennt und beschreibt Tätigkeiten, die in diesem Beruf ausgeübt werden.

MK **2** Recherchiert in der Gruppe weitere Informationen zum Beruf Altenpflegerin/Altenpfleger und legt eine Berufekarte dazu an.

3 Seht euch die folgende Abbildung an und lest die Übersicht. Klärt im Tandem unbekannte Begriffe, die Funktion der verwendeten Geräte und die Bezeichnung der abgebildeten Tätigkeit.

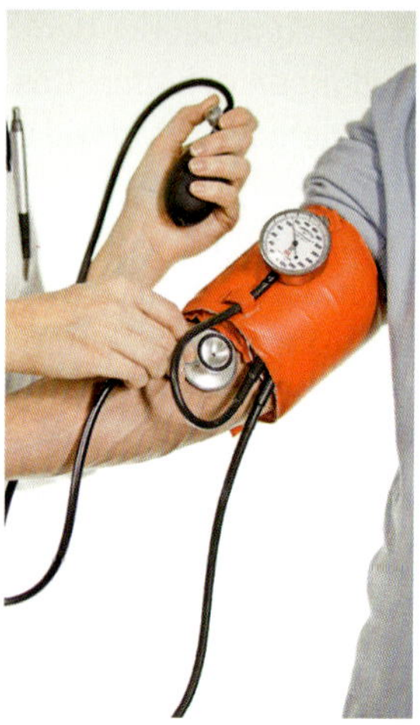

Tätigkeit: ...
Ort: Behandlungszimmer
Benötigte Gegenstände: Stethoskop/Blutdruckmanschette
Reihenfolge: 1. Ventil am Manometer öffnen – 2. Manschette anlegen – 3. Ventil schließen – 4. „Oliven" des Stethoskops in die Ohren stecken – 5. Speichenarterie ertasten – 6. Manschette aufpumpen – 7. Schallkopf in Ellenbeuge anlegen – 8. Ventil vorsichtig öffnen – 9. den ersten Ton wahrnehmen (= systolischer Blutdruckwert) – 10. Manschettendruck ablesen – 11. Manschettendruck weiter reduzieren – 12. letzten Ton wahrnehmen (= diastolischer Blutdruckwert) – 13. Ventil vollständig öffnen – 14. Manschette entfernen

Tipp
Verwende für deine Notizen die Stichworte aus Aufgabe 3.

4 Sieh dir die folgenden Bilder an. Bringe sie in die richtige Reihenfolge und mache dir dann Notizen zum Ablauf des Blutdruckmessens.

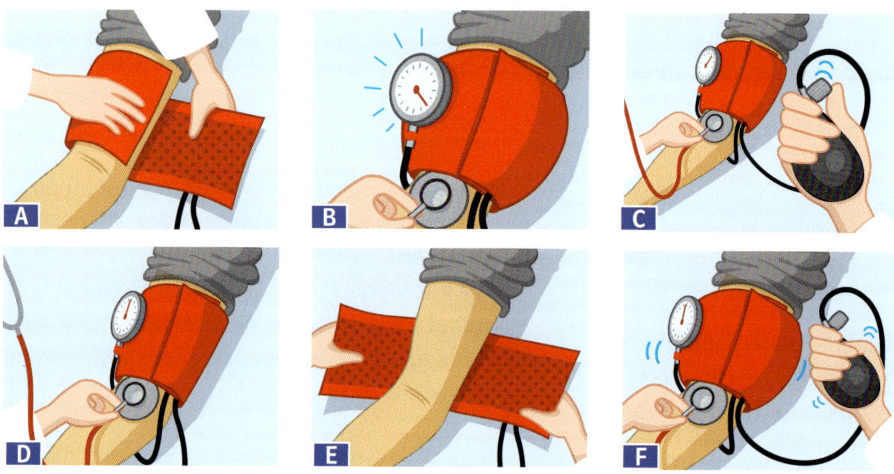

5 Beschreibt mündlich im Tandem die Tätigkeit des Blutdruckmessens mithilfe eurer Notizen. Gebt einander ein Feedback.

Feedback → Seite 342

6 Verfasse nun eine Beschreibung des gesamten Arbeitsvorgangs des Blutdruckmessens. Gehe so vor:

- Nenne die Tätigkeit, die du beschreiben willst.
- Zähle dann die Arbeitsmittel auf. Nenne den Ort, an dem die Tätigkeit stattfindet.
- Erkläre, wozu diese Tätigkeit dient.
- Beschreibe dann Schritt für Schritt den gesamten Arbeitsablauf mithilfe deiner Notizen aus Aufgabe 4. Verwende das Präsens und unpersönliche Formen wie das Passiv oder die man-Form, z. B. *das Ventil wird geöffnet/geschlossen – man öffnet/schließt das Ventil …*
- Du kannst folgende Satzanfänge verwenden:

Passiv → Seite 329

Sprachtipp

Man braucht/benötigt …
Die Tätigkeit dient zu …/Man kann damit …
Zuerst/als Erstes …
Anschließend …
Als Nächstes …
Dann/Danach …
Schließlich/Zum Schluss …/Als Letztes …

7 Lest einander im Tandem eure Beschreibungen vor. Überprüft, ob

- der Zweck der Tätigkeit genannt wird,
- der Ablauf in der richtigen Reihenfolge beschrieben wurde,
- so genau beschrieben wurde, dass man sich die Tätigkeit gut vorstellen kann,
- im Präsens und in unpersönlicher Form geschrieben wurde.

8 Überarbeite deine Vorgangsbeschreibung, wenn nötig.

Arbeitstechnik

Einen Arbeitsvorgang beschreiben

1. Nenne zuerst die **Tätigkeit**, notwendige **Arbeitsmittel**, den **Ort** sowie den **Zweck**, den diese Tätigkeit hat.
2. Beschreibe anschließend in **Arbeitsschritten** den Arbeitsablauf in der richtigen **zeitlichen Reihenfolge**. Verwende die passenden **Fachwörter** und schreibe **sachlich** und **genau**.
3. Mache die **zeitliche Abfolge** durch entsprechende Wörter und Wortgruppen **deutlich**. → zuerst …, als Nächstes …, anschließend …, zum Schluss …
4. Schreibe im **Präsens**.
5. Verwende unpersönliche Formulierungen wie das **Passiv** oder die **man-Form**.
   → Die Manschette wurde dem Patienten angelegt.
   → Man legt als Nächstes dem Patienten die Manschette an.

Im Altenheim „Sonnenhof“

Einen Praktikumsbericht verfassen

○ **1** Lies die folgenden Informationen zum Altenheim „Sonnenhof“, die Jan in einem Interview mit der Leiterin des Heims bekommen hat.

Das Altenheim „Sonnenhof“ in Stuttgart gehört mit seinen etwa 700 Pflegeplätzen und 300 Angestellten zu einem der größeren Unternehmen der Branche und der Region. Neben der Ausbildung zur Altenpflegerin oder zum Altenpfleger bietet die Einrichtung unter anderem Ausbildungsplätze in der Alten-, Gesundheits- und Krankenpflege sowie in der Verwaltung. Das Heim bietet Pflege in allen Pflegestufen sowie Kurzzeitpflege an. Der Komplex verfügt über etwa 500 Einzelzimmer und 100 Doppelzimmer.

○ **2** Lies einen Tagesbericht aus Jans Praktikum.

Mittwoch, 13. März	
Uhrzeit	Tätigkeiten
6:30 Uhr	Dienstbeginn: Schichtleitung teilt Aufgaben zu: Versorgung der Bewohnerinnen und Bewohner – Körperpflege/Anziehen – ich begleite Altenpfleger Felix, wir betreuen zuerst Herrn Wolf
7:00 Uhr	Altenpflegerin Marie und ich: Vorbereitung des Frühstücks – Marie: stellt Medikamente zusammen, ich verteile – Unterstützung beim Essen – ich helfe dabei – Füttern von Herrn Müller
8:30 Uhr	Abräumen des Frühstücksgeschirrs
9:30 Uhr	Frau Lang steht heute später auf – wird von mir und Felix versorgt Hilfe bei Vorbereitung der Tabletts für das Mittagessen – Mitarbeitende bereiten Medikamente vor
11 Uhr	Mitarbeitende verteilen Medikamente – Blutdruck messen – darf ich nicht machen/gucke bei Lucie zu
11:30 Uhr	Mittagessen – ich helfe Frau Lang beim Essen
12:15 Uhr	Abräumen des Mittagessens – Hilfe für Bewohnerinnen und Bewohner, die Mittagsschlaf halten möchten, sich hinzulegen – Hilfe bei Toilettengängen durch Altenpfleger Kurt – ich spiele Karten mit Herrn Müller – Spaziergang mit Felix und Frau Akar
13:30 Uhr	Übergabe an den Spätdienst: Der Frühdienst berichtet, was vorgefallen ist, damit der nachfolgende Dienst gut informiert ist.
14:00 Uhr	Schichtende

◒ **3** In einem Tagesbericht notiert man von einem Praktikumstag alle Aufgaben, die man erledigt hat, mit Uhrzeiten und Arbeitsmitteln. Prüft im Tandem, ob Jans Tagesbericht korrekt ist. Notiert Verbesserungsvorschläge und ergänzt fehlende Informationen.

○ **4** Schreibe nun mithilfe der Notizen von Jan und deinen Ergänzungen sowie Verbesserungen einen ausführlichen Tagesbericht.

Tipp
Achte darauf, dass du nur über die Aufgaben berichtest, die Jan erledigt hat.

5 Jan hat sein Praktikum bewertet. Lest seine Notizen. Tauscht euch im Tandem darüber aus, ob Jans Formulierungen in einen Praktikumsbericht passen. Begründet.

ich bin geschafft – der Job ist echt heavy – superfrüh anfangen – morgens hektisch: in einer Stunde, den Bewohnern beim Anziehen helfen, danach sofort in die Küche, um Marie beim Frühstückmachen und Austeilen zu unterstützen – danach gechillteste Zeit mit Bewohnerinnen und Bewohnern: rausgehen, vorlesen, Gesellschaftsspiele machen – cooler Job, weil ich so viel machen kann – die alten Leute lieben mich

Tipp
Beachte den Unterschied zwischen Jugend- und Standardsprache.

● **6** Formuliere aus Jans Stichworten zur Bewertung ganze Sätze. Schreibe in einer sprachlich angemessenen Form.

MK **7** Schreibe zu Jans Praktikum einen Praktikumsbericht und lege eine Praktikumsmappe an. Nutze ein Textverarbeitungsprogramm. Gehe so vor:
- Stelle in einer Einleitung den Beruf mithilfe der Berufekarte vor. Schreibe auf, warum Jan diesen Beruf und dieses Altenheim gewählt haben könnte.
- Informiere über das Altenheim. Nutze die Informationen aus Aufgabe 1.
- Beschreibe alle Arbeiten, die Jan erledigt hat.
- Ergänze den Tagesbericht aus Aufgabe 4, die Vorgangsbeschreibung aus Aufgabe 6 von Seite 107 und die Bewertung aus Aufgabe 6.
- Überlege dir ein Fazit aus Jans Sicht und schreibe es auf.

Textverarbeitung
Seite 317

Tipp
Denke dir fehlende Angaben aus.

8 Tauscht im Tandem eure Praktikumsberichte aus und prüft die Vollständigkeit und Ausführung. Überarbeitet dann, wenn nötig.

überarbeiten
Seite 297

Arbeitstechnik

Einen Praktikumsbericht schreiben

Für deinen Praktikumsbericht kannst du eine **Praktikumsmappe** anlegen, in der du alle Bestandteile eines Praktikumsberichts sammelst. Gestalte ein **Deckblatt** und lege ein **Inhaltsverzeichnis** an. Schreibe den Bericht in dieser **Reihenfolge**:

1. Nenne in einer **Einleitung** den **Beruf** und den **Praktikumsbetrieb** und **begründe**, warum du beides gewählt hast.
2. Stelle das **Unternehmen** vor. Nenne alle **Fakten** und **Zahlen**, die du dazu ermitteln konntest (Branche, Ausbildungsberufe, Anzahl der Beschäftigten usw.).
3. Stelle deinen **Tätigkeitsbereich** vor.
   - Beschreibe **Aufgaben**, die du erledigt hast.
   - Beschreibe einen Arbeitstag in einem tabellarischen (Ort, Zeit, Tätigkeit, Arbeitsmittel) oder ausführlichen **Tagesbericht**.
   - Beschreibe einen **Arbeitsvorgang** ausführlich.
4. **Werte** das Praktikum **aus**. Notiere, wie dir das Praktikum insgesamt und wie dir die erledigten Aufgaben gefallen haben.
5. Ziehe ein **Fazit**. Erkläre, ob du in diesem **Beruf** oder **Betrieb** später arbeiten möchtest. Nimm Bezug auf deine **Erwartungen** vor dem Praktikum.
6. Verwende **Materialien** wie Fotos, Werbeflyer oder Interviews.
7. Überprüfe die **sprachliche Form** deines Praktikumsberichts (Sachlichkeit, Präteritum, korrekte Rechtschreibung).

Ziele und Wünsche formulieren

Ein berühmter Schauspieler, eine erfolgreiche Wissenschaftlerin, eine große Familie, ein Haus auf einer Südseeinsel – ihr habt bestimmt Vorstellungen von eurem Traumberuf und eurem zukünftigen Leben. Stellt euch vor, ihr bringt eure Lebensziele und Wünsche zu Papier und macht sie, wie Bilder in einem Museum, jedermann zugänglich. Ihr könntet von Bild zu Bild gehen und eure Vorstellungen beschreiben.

○ **1** Welche Ereignisse oder Personen waren in eurem bisherigen Leben besonders wichtig? Bringt Fotos mit und stellt sie in einem Museumsrundgang aus. Erzählt davon und tauscht euch darüber aus.

○ **2** Seht euch die folgenden Bilder an und beschreibt sie. Klärt in der Klasse, welches Ereignis abgebildet ist und in welcher Lebensphase sich die Personen gerade befinden.

A

B

C

D

E

F

○ **3** Stellt euch euer Leben in 20 Jahren vor. Welche Bilder hängen in eurem Museum? Beschreibt sie und tauscht euch in der Klasse darüber aus.

○ **4** Übernimm die folgende Liste und fülle sie mit deinen Wünschen für deine Zukunft aus.

Schule / Ausbildung / Beruf: ...
Reisen / Auslandsaufenthalt: ...
Lebensort: ...
Freunde / Familie: ...
Hobbies: ...
andere Wünsche: ...

○ **5** Was möchtest du unbedingt in deinem Leben tun oder erreichen? Sieh dir deine Liste an und wähle den wichtigsten Wunsch aus. Überlege, wie du dir diesen Wunsch erfüllen kannst. Schreibe auf, was du dafür tun musst.

○ **6** Tauscht euch in einer Gruppe über eure Wünsche aus Aufgabe 5 aus. Besprecht, was ihr tun müsst, damit eure Wünsche in Erfüllung gehen.

○ **7** Seht euch jetzt in der Gruppe den ersten Punkt in der Liste in Aufgabe 4 an. Notiert, welche Berufe ihr später gern ausüben möchtet und welche Ausbildung dafür nötig ist.

MK ◒ **8** Stelle deinen Traumberuf vor. Wähle **A** oder **B**.

A Erstelle zu deinem Traumberuf eine Collage. Gehe so vor:
- Notiere alles, was dir zu deinem Traumberuf einfällt: Aufgaben, Vorteile, Arbeitsorte, Stärken und Fähigkeiten, die man benötigt.
- Sammle Material, das du für die Umsetzung benötigst.
- Gestalte mit deinen Materialien und Notizen einen großen Bogen Papier. (Du kannst die Collage auch am Computer gestalten.)

B Drehe über deinen Traumberuf ein Video. Gehe so vor:
- Notiere alles, was dir zu deinem Traumberuf einfällt: Aufgaben, Vorteile, Arbeitsorte, Stärken und Fähigkeiten, die man benötigt.
- Lege fest, was du an Material und Ausstattung für die Umsetzung benötigst.
- Schreibe ein kurzes Drehbuch, in dem du genau festhältst, an welcher Stelle du Bilder und Texte platzierst.
- Drehe das Video mit einem Handy oder einer Kamera.

○ **9** Organisiert in der Klasse einen Museumsrundgang, bei dem ihr eure Collagen und Videos präsentiert. Tauscht euch darüber aus, wie ihr eure Träume verwirklichen könnt.

START **Drei Wege – ein Ziel!** Finde deinen Weg mit diesem Einschätzungstest: **D11**

A
B
C

In der Kita „Wolkenflug“

Einen Praktikumsbericht verfassen

Selin hat sich für einen Kindergarten als Praktikumsbetrieb entschieden. Sie hat erwartet, morgens zu basteln, mittags ein Schlaflied zu singen und nachmittags Verstecken zu spielen. Der Alltag der Erzieherinnen und Erzieher beinhaltet aber viel mehr. Die individuelle Förderung, Beobachtung und Beurteilung der Entwicklung der Kinder ist sehr wichtig.

○ **1** Seht euch die Bilder in der Gruppe an und tauscht euch über den Beruf und die verschiedenen Tätigkeiten von Erzieherinnen und Erziehern aus.

A

B

C

Internetrecherche MK → Seite 316

Tipp
Achtet auf die verschiedenen Einsatzmöglichkeiten in diesem Beruf.

○ **2** Recherchiert im Tandem weitere Informationen zu dem Beruf Erzieherin/Erzieher und legt eine Berufekarte dafür an.

○ **3** Lies den ausführlichen Tagesbericht von Selin.

Mein Arbeitstag in der Kindertagesstätte Wolkenflug am 12. März:

Der Arbeitstag begann am Morgen um 7:30 Uhr. Wir bereiteten mit den Kindern als Erstes das gemeinsame Frühstück vor. Gegen 8:30 Uhr, nachdem ich das Geschirr abgeräumt hatte, besprachen die Erzieherinnen, Erzieher und ich in einem Stuhlkreis die Aktivitäten dieses Tages. Um 9:00 Uhr begannen wir mit dem Basteln der Laternen. Ich habe ab 10:30 Uhr die Kinder, die mit dem Basteln fertig waren, zum Kindertanz in den großen Saal begleitet. Um 12:00 Uhr gab es für alle Kinder Mittagessen, das wir gemeinsam hin- und abräumten. Die jüngeren Kinder haben wir anschließend für den Mittagsschlaf vorbereitet. Ich half ihnen beim Waschen, Zähneputzen und Umziehen und habe eine Geschichte vorgelesen. Während diese Kinder schliefen, habe ich das Bastelzimmer aufgeräumt und leise mit den anderen Kindern gespielt. 14:00 Uhr habe ich das Vesper in der Küche vorbereitet: Obst und Früchtebrot aufgeschnitten. Ab 14:30 Uhr haben alle Kinder im Garten gespielt. Ich habe ihnen dort Sport- und Spielgeräte ausgegeben und ihr gemeinsames Spiel beobachtet.

○ **4** Übernimm die Tabelle und erstelle einen tabellarischen Tagesbericht für Selin.

Tagesbericht vom Dienstag, 12. März

Zeit/Ort	Tätigkeiten	Arbeitsmittel
7:30 Uhr Küche (Kita Wolkenflug)	*– Vorbereitung des Frühstücks (Brot schneiden, ...)*	*– Teller, Messer, Brot, ...*
...	...	...

5 Selin hat mit den Kindern Laternen gebastelt. Beschreibe den Arbeitsvorgang mithilfe der Stichworte in einem zusammenhängenden Text.

Arbeitsvorgang
→ Seite 107

Material: Lineal, Bleistift, runde Käseschachtel, Klebstoff, Schere, Transparentpapier, Teelicht, Draht
Arbeitsschritte:
- *Bastelmaterial zurechtlegen*
- *aus Deckel der Käseschachtel Fläche herausschneiden*
- *Transparentpapier abmessen (nach Umfang der Käseschachtel) und zurechtschneiden*
- *Transparentpapier bemalen*
- *Transparentpapier rund um die untere Hälfte der Schachtel kleben, an der Seite zusammenkleben*
- *Umrandung des Käseschachteldeckels durchschneiden und an den inneren oberen Laternenrand kleben*
- *Teelicht auf Bodenmitte kleben*
- *Metallbügel am oberen Laternenrand befestigen*

6 Lies, wie sich die Kita „Wolkenflug" auf ihrer Website vorstellt.

WEB

Kindertagesstätte Wolkenflug in Naumburg

Über unsere Kita:	• 2008 als private Elterninitiative gegründet • 10 Erzieherinnen und Erzieher und 2 Auszubildende • 50 Plätze für Kinder im Alter von 1–6 Jahren • Krippengruppe mit je 6 Kindern, Kindergartengruppe mit je 13 Kindern
Angebote:	• Platz und Zeit zum Spielen, Forschen und Entdecken • 1 × pro Woche Kindertanz • 3 × pro Woche Sportangebot

MK **7** Schreibe nun mithilfe aller Informationen zu Selins Praktikum einen Praktikumsbericht und lege eine Praktikumsmappe an. Nutze ein Textverarbeitungsprogramm. Gehe so vor:
- Stelle in einer Einleitung den Beruf mithilfe der Berufekarte vor. Schreibe auf, warum Selin diesen Beruf und diese Kita gewählt haben könnte.
- Informiere über die Kita. Nutze die Informationen aus Aufgabe 6.
- Beschreibe alle Arbeiten, die Selin erledigt hat.
- Ergänze den Tagesbericht und die Vorgangsbeschreibung von dieser Seite.
- Werte Selins Praktikum aus. Orientiere dich an ihren Bemerkungen von Seite 105.
- Überlege dir ein Fazit aus Selins Sicht und schreibe es auf.

Praktikumsbericht
→ Seite 109
Textverarbeitung
→ Seite 317

8 Tauscht im Tandem eure Praktikumsberichte aus und prüft die Vollständigkeit und Ausführung. Überarbeitet dann, wenn nötig.

überarbeiten
→ Seite 297

9 Wählt für die Präsentation vor der Klasse zwei Personen aus. Eine stellt den Beruf Erzieherin/Erzieher vor, die andere Person liest den Praktikumsbericht vor.

Bei „Landmaschine Seller“

Einen Praktikumsbericht verfassen

Leon absolvierte sein Praktikum bei einem Unternehmen, das landwirtschaftliche Maschinen repariert. Damit die hoch technisierten Maschinen auch funktionieren, sind Landmaschinenmechanikerinnen und -mechaniker notwendig. Die zehn festangestellten Mitarbeitenden des mittelständischen Unternehmens „Landmaschine Seller“ in Neustadt verfügen über viel technisches Wissen und handwerkliche Geschicklichkeit, da sie Motoren und Getriebe von landwirtschaftlichen Maschinen und Geräten warten. Das können Heu- oder Ackerbaumaschinen, Futter-, Gemüsebau- und Forstmaschinen sein. Das Familienunternehmen existiert schon seit mehr als 40 Jahren und genießt in der Gegend einen guten Ruf.

1 Sieh dir die folgenden Bilder an, die Tätigkeiten einer Landmaschinenmechanikerin oder eines Landmaschinenmechanikers zeigen.

A

B

C

2 Beschreibt im Tandem mithilfe der folgenden Begriffe die dargestellten Tätigkeiten.

> Traktor – Ölauffangbehälter – Achse – Ölwechsel – Motorhaube – Radlader – Luftfilter – Radmuttern

Inter-netrecherche MK → Seite 316

3 Recherchiert im Tandem weitere Informationen zu dem Beruf Landmaschinenmechanikerin/Landmaschinenmechaniker und legt eine Berufekarte dafür an.

4 Leon hat sich Notizen zu einem Tagesablauf gemacht. Schreibe mithilfe dieser Angaben einen ausführlichen Tagesbericht.

> *7:00 Uhr Arbeitsanfang: – Werkstatthalle ca. 50 Meter lang und ca. 30 Meter breit – bis 8:30 Uhr bei Reparatur eines Traktormotors zugeschaut und den Erklärungen des Meister zugehört – 8:30 Uhr zwei Rohre aus Traktormotor an den Schnittkanten glattgefeilt – 8:30–10:00 Uhr Handreichungen bei Reparatur des Traktormotors – Einölen verschiedener Motorteile – 10:00–12:00 Uhr Aufräumen des Geräteschranks und Säubern der Arbeitsplätze – 12:00 Uhr Mittagessen – 12:30–13:30 Uhr Azubi Franka beim Ölwechsel der drei Mähdrescher Claas Consul geholfen – 13:30–14:30 Uhr mit Azubi Franka die Rundballenpressen mit Druckluft gereinigt – bis 15:00 Uhr aufgeräumt und sauber gemacht – 15:00 Uhr Arbeitsende*

◒ **5** Leon hat beim Ölwechsel eines Rasentraktors geholfen. Später hat er zu diesem Arbeitsvorgang folgende Stichworte notiert. Beschreibe den Vorgang in einem zusammenhängenden Text.

Arbeitsvorgang → Seite 107

Ölwechsel:
1. *Vorbereitung: Zündkerzenkabel abziehen, Ölfüll- und Ablassbereich reinigen, Ölmessstab entnehmen*
2. *Öl ablassen: Rasenmäher kippen, Auffangbehälter positionieren, Schraube aufdrehen, Öl ablaufen lassen, Schraube wieder festziehen*
3. *Öl einfüllen: richtige Menge Öl (nach Tabelle) in die beiden Öleinfüllstutzen auf jeder Seite des Motors einfüllen, mit Ölmessstab prüfen*

MK ◒ **6** Schreibe nun mithilfe aller Informationen zu Leons Praktikum einen Praktikumsbericht und lege eine Praktikumsmappe an. Nutze ein Textverarbeitungsprogramm. Gehe so vor:
- Stelle in einer Einleitung den Beruf mithilfe der Berufekarte vor. Schreibe auf, warum Leon diesen Beruf und dieses Unternehmen gewählt haben könnte.
- Informiere über das Unternehmen. Nutze die Informationen vom Anfang der Seite 114.
- Beschreibe alle Arbeiten, die Leon erledigt hat.
- Ergänze den Tagesbericht aus Aufgabe 4 und die Vorgangsbeschreibung aus Aufgabe 5.
- Werte Leons Praktikum aus. Orientiere dich an seinen Bemerkungen von Seite 105.
- Überlege dir ein Fazit aus Leons Sicht und schreibe es auf.

Praktikumsbericht → Seite 109

Textverarbeitung → Seite 317

◒ **7** Tauscht im Tandem eure Praktikumsberichte aus und prüft die Vollständigkeit und Ausführung. Überarbeitet dann, wenn nötig.

überarbeiten → Seite 297

○ **8** Wählt für die Präsentation vor der Klasse zwei Personen aus. Eine stellt den Beruf Landmaschinenmechanikerin/Landmaschinenmechaniker vor, die andere Person liest den Praktikumsbericht vor.

Im Forstamt Brühlen

Einen Praktikumsbericht verfassen

Theresa hat sich für ein Praktikum beim Forstamt Brühlen entschieden. Die Stadt hat vier Forstwirte, eine Forstwirtin und eine Auszubildende, die sich um ein großes Waldgebiet kümmern. Theresa lernt, dass Forstwirte für ein ausgeglichenes Ökosystem in den Wäldern verantwortlich sind. Sie erledigen alle zum Erhalt und zur Nutzung des Waldes erforderlichen Aufgaben. Sie haben ein umfassendes Wissen zu Pflanzen- und Baumkunde und können forstwirtschaftliche Geräte bedienen. Ein Aufgabengebiet umfasst die Pflanzung, Pflege und das Fällen von Bäumen. Dabei kommen Motorsäge, Axt, Seilwinde und Schlepper zum Einsatz.

1 Seht euch die folgenden Bilder an. Erklärt im Tandem, auf welche Tätigkeiten der Forstwirtinnen und Forstwirte sie hinweisen. Macht euch Notizen.

A

B

C

D

Internetrecherche
→ Seite 316

MK **2** Recherchiere weitere Informationen zum Beruf Forstwirtin/Forstwirt und lege eine Berufekarte dafür an.

3 Schreibe mithilfe von Theresas Angaben einen ausführlichen Tagesbericht.

14. März

- 7:00–7:30 Uhr Waldhütte: Besprechung in der Werkstatt/Werkzeug vorbereiten
- 7:30–10:00 Uhr Wald: Aufbereitung der gefällten Bäume (entasten, zurechtschneiden mit Handsäge)
- 10:00–10:30 Uhr Kaffeepause
- 10:30–12:30 Uhr Hilfe bei Abtransport der gefällten Bäume
- 12:30–13:00 Uhr Mittagspause
- 13:00–15:00 Uhr Waldhütte: Hilfe beim Säubern der Werkzeuge und der Werkstatt

4 Bringe Theresas Notizen zum Arbeitsvorgang „Aufforstung“ in die richtige Reihenfolge und beschreibe den Vorgang in einem zusammenhängenden Text.

Arbeitsvorgang
Seite 107

Schutzhülle über junge Blätter ziehen – mit Spaten Loch graben – Setzlinge aus Gärtnerei holen – Erde festtreten – Pfahl neben den Setzling setzen – Setzlinge in den Wald transportieren – Setzling in das Loch hineinsetzen – prüfen, ob der Setzling fest im Boden sitzt – Erde ins Loch zurückschaufeln – Setzling anbinden

5 Lest den Ausschnitt aus Theresas Praktikumsbericht. Tauscht euch im Tandem über ihre Erwartungen und Erfahrungen aus.

Es ist wichtig, sich im Klaren zu sein, was es bedeutet, in einem Forstamt ein Praktikum zu machen. Ich hatte gewusst, dass ich oft draußen sein werde, aber dass wir bei Kälte und Regen dort arbeiten, war mir nicht klar. Schon am zweiten Tag musste ich mit in den Wald und habe den ganzen Tag Buchensetzlinge gepflanzt. Die Arbeit war sehr anstrengend, es hat die meiste Zeit geregnet und ich war nach kurzer Zeit durchnässt. Insgesamt ist die Arbeit physisch anstrengender, als ich mir vorgestellt hatte. Ich bin schnell an meine Grenzen gekommen. Auch wenn ich nach der Erfahrung im Praktikum wohl eher eine Ausbildung in einem anderen Beruf wählen werde, fand ich die Erfahrung wichtig. Ich weiß nun, dass diese Arbeit nichts für mich ist.

6 Überlegt, welche Erwartungen ihr an eure Praktika habt. Formuliert diese in einem Text und besprecht sie in der Gruppe.

7 Lies einen weiteren Ausschnitt aus Theresas Praktikumsbericht. Formuliere ihn in eine sprachlich angemessene Form um.

Ich war total geschockt, als ich am ersten Tag von meiner Chefin meinen Einsatzplan bekam, wo draufstand, was ich in meinem Praktikum alles machen sollte: Zäune und Bänke reparieren, Geräte schleppen, Bäume pflanzen. Das war voll krass. Morgens bin ich immer super früh hierherkommen, dann habe ich die schweren Motor- und Baumsägen in den Transporter geschleppt. War schon echt anstrengend. Dann sind wir zum Beispiel zu den Waldkulturen gefahren und haben im strömenden Regen den Zaun repariert. Das war echt ätzend. Ich war klitschnass. Außerdem waren mir die Geräte auch einfach zu schwer. Das Praktikum war am Anfang doof. Dann habe ich mit meiner Chefin gesprochen und konnte mehr im Büro arbeiten. Das hat mehr Spaß gemacht.

MK **8** Schreibe zu Theresas Praktikum einen Praktikumsbericht und lege eine Praktikumsmappe an. Nutze ein Textverarbeitungsprogramm. Beachte folgende Punkte:

Praktikumsbericht
Seite 109
Textverarbeitung
Seite 317

Tagesbericht – Beruf – Fazit – Gründe für Wahl – Auswertung – Unternehmen – Tätigkeiten – Vorgangsbeschreibung

9 Tauscht im Tandem eure Praktikumsberichte aus und prüft die Vollständigkeit und Ausführung. Überarbeitet dann, wenn nötig.

überarbeiten
Seite 297

10 Wählt für die Präsentation vor der Klasse zwei Personen zur Vorstellung des Berufs Forstwirtin/Forstwirt sowie zum Vorlesen des Praktikumsberichts aus.

A
B
C

ZIEL

Präsentiert eure Ergebnisse

Ihr habt verschiedene Berufe, Praktikumsstellen sowie typische Arbeitsvorgänge zu den jeweiligen Tätigkeiten kennengelernt. Anschließend habt ihr zu jedem vorgestellten Praktikum eine Praktikumsmappe angelegt und einen Praktikumsbericht verfasst. Jetzt könnt ihr eure Arbeitsergebnisse der Klasse präsentieren.

1 Information

○ Informiert die Klasse, mit welchen Berufen ihr euch beschäftigt habt.

2 Präsentation

◒ Präsentiert eure Ergebnisse.
- Stellt die Berufe mithilfe der Berufekarte vor.
- Lest einen Praktikumsbericht vor, darin sollte ein Tagesbericht mit der Beschreibung eines Arbeitsvorgangs enthalten sein.

3 Fragerunde

○ Stellt Fragen zu den vorgestellten Berufen und Praktikumsberichten. Lasst sie euch von der jeweiligen Gruppe beantworten, z. B.

A Wie stellt ihr euch die Ausbildung zur Erzieherin oder zum Erzieher vor? Was lernt man dabei?

B Welche Voraussetzungen braucht man, um Landmaschinenmechanikerin oder Landmaschinenmechaniker zu werden?

C Vor welchen Herausforderungen werden die Forstwirtinnen und Forstwirte in Zukunft stehen?

4 Diskussion

◒ Besprecht und diskutiert gemeinsam weitere Fragestellungen, z. B.
- Würdet ihr gern den jeweils vorgestellten Beruf erlernen und ausüben?
- Wenn ja, warum? Wenn nein, warum nicht?
- Welche Berufe interessieren euch und warum?

5 Feedback

● Wertet die Präsentationen gemeinsam aus. Gebt einander ein Feedback. Orientiert euch an folgenden Fragen:

☑ Waren die Informationen zu den Berufen ausreichend oder haben euch Informationen gefehlt?
☑ Waren die Praktikumsberichte vollständig, inhaltlich und sprachlich korrekt?
☑ Wurden alle Fragen gut beantwortet?
☑ Wurde ausdrucksvoll präsentiert (laut, deutlich, zusammenhängend gesprochen, Blickkontakt ...)?

Überprüfe dich selbst

○ **1** Was gehört in eine Praktikumsmappe? Nenne alle Bestandteile.

◒ **2** Jay hat sein Praktikum in einer Autowerkstatt absolviert. Dort konnte er beim Reifenwechsel helfen. Beschreibe den Arbeitsvorgang des Reifenwechsels anhand der Bilder. Verwende die folgenden Fachbegriffe.

Wagenheber | Handbremse | Radmuttern | Radkreuz | Rad | Radkappe

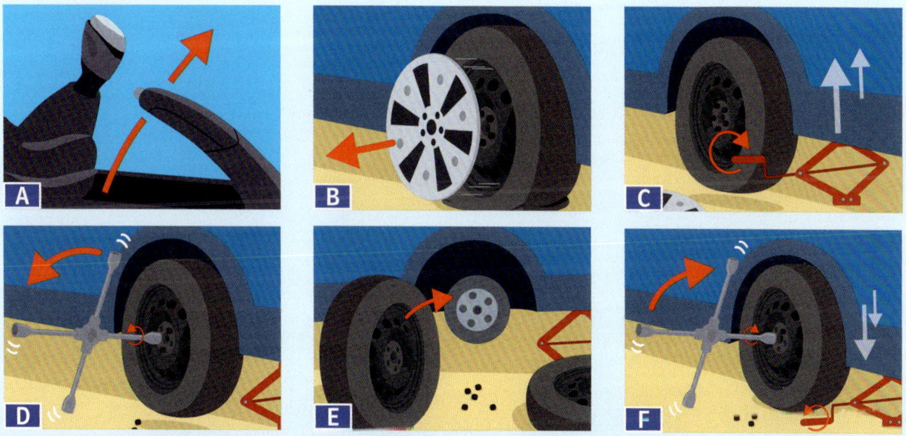

◒ **3** Jay hat das Praktikum in seinem Praktikumsbericht ausgewertet. Lies die Auswertung durch. Notiere in Stichworten die Fehler, die Jay gemacht hat.

Vor meinem Praktikum kannte ich den Beruf des Automechatronikers nur von meinem Vater und weil Kumpels davon erzählt haben. Dann dachte ich, Autos zu reparieren, ist megaleicht. Dann habe ich schon am ersten Tag gemerkt, dass ich nichts kapiert habe. Wo muss man anfassen, was muss ich halten, wo ist die Zündung und wo das Getriebe. Keine Ahnung. Leider hatten die Jungs in der Werkstatt keine Zeit, mir sowas zu erklären. Dann stand ich oft ganz schön dumm im Weg rum. Dann habe ich mich am dritten Tag beim Meister beschwert. Dann hat der mit den Jungs geredet. Hat nichts geholfen. Dann musste ich in der zweiten Woche überall saubermachen, Kaffeekochen und solchen Mist. Erst in der letzten Woche habe ich dann mit dem Meister im Akkord Reifen gewechselt. Das war dann doch geil. Hat viel Spaß gemacht. Ich will Automechatroniker werden.

◒ **4** Überarbeite nun Jays Auswertung. Schreibe sie neu. Denke dir fehlende Angaben selbst aus.

D12 Lösungen

Das kannst du jetzt:
- eine Praktikumsmappe anlegen
- Arbeitsvorgänge in einzelnen Schritten beschreiben
- einen Praktikumsbericht verfassen

7 Schön und hässlich

Gedichte erschließen, analysieren und vortragen

A

1 Seht euch die Bilder **A–C** an und beschreibt sie. Notiert Wörter, die euch zum Thema „Großstadt“ einfallen, an der Tafel.

2 Lest die Songtexte in **D** und **E** und hört euch die vollständigen Songs im Internet an.

Die Großstadt war für Dichterinnen und Dichter schon immer spannend. Großstädte stehen für Moderne, Tempo, Erlebnisreichtum, aber auch für Isolation und Armut. In diesem Kapitel könnt ihr euch mit Gedichten, aber auch Songs zu diesem Thema, auseinandersetzen.

Das lernt ihr jetzt:
- Gedichte untersuchen
- Gedichtanalysen verfassen
- Poetry-Slam verstehen und untersuchen
- ein Slam-Gedicht schreiben und vortragen

B

C

D

PETER FOX
Schwarz zu Blau

Guten Morgen Berlin
du kannst so hässlich sein
so dreckig und grau
Du kannst so schön schrecklich sein
deine Nächte fressen mich auf
es wird für mich wohl das Beste sein
ich geh' nach Hause und schlaf' mich aus
Und während ich durch die Straßen laufe
wird langsam Schwarz zu Blau

E

HERBERT GRÖNEMEYER
Bochum

Du bist keine Schönheit
Vor Arbeit ganz grau
Du liebst dich ohne Schminke
Bist 'ne ehrliche Haut
Leider total verbaut
Aber grade das macht dich aus

F

ORHAN VELI
Ich höre Istanbul

Ich höre Istanbul, meine Augen geschlossen.
Zuerst weht ein leichter Wind,
Leicht bewegen sich
Die Blätter in den Bäumen.
In der Ferne, weit in der Ferne.
Pausenlos die Glocke der Wasserverkäufer.
Ich höre Istanbul, meine Augen geschlossen.

3 Wie werden die beiden Städte in den Songausschnitten in D und E dargestellt? Welche Stimmungen werden vermittelt? Tauscht euch darüber aus.

4 Lest den Gedichtanfang in F. Vergleicht die Aussagen über die Stadt mit denen in D und E.

5 Werdet jetzt selbst Dichterin oder Dichter. Schreibt zu eurem Lebensort einen Song und tragt ihn vor.

Stadtgeschichten

Ein Gedicht erschließen

○ **1** Lies das Gedicht „Augen in der Großstadt“.

A02

KURT TUCHOLSKY

Augen in der Großstadt (1930)

Wenn du zur Arbeit gehst
am frühen Morgen,
wenn du am Bahnhof stehst
mit deinen Sorgen:
da zeigt die Stadt
dir asphaltglatt
im Menschentrichter
Millionen Gesichter:
Zwei fremde Augen, ein kurzer Blick,
die Braue, Pupillen, die Lider –
Was war das? Vielleicht dein Lebensglück …
vorbei, verweht, nie wieder.

Du gehst dein Leben lang
auf tausend Straßen;
du siehst auf deinem Gang,
die dich vergaßen.
Ein Auge winkt,
die Seele klingt;
du hast's gefunden
nur für Sekunden …
Zwei fremde Augen, ein kurzer Blick,
die Braue, Pupillen, die Lider –
Was war das? Kein Mensch dreht die Zeit zurück …
Vorbei, verweht, nie wieder.

Du musst auf deinem Gang
durch Städte wandern;
siehst einen Pulsschlag lang
den fremden Andern.
Es kann ein Feind sein,
es kann ein Freund sein,
es kann im Kampfe dein
Genosse sein.
Es sieht hinüber
und zieht vorüber …
Zwei fremde Augen, ein kurzer Blick,
die Braue, Pupillen, die Lider –
Was war das?
Von der großen Menschheit ein Stück!
Vorbei, verweht, nie wieder.

2 Wie wirkt das Gedicht auf euch? Welche Grundstimmung wird erzeugt? Tauscht euch im Tandem über euren ersten Eindruck aus.

3 Beantwortet im Tandem die folgenden Fragen zum Inhalt des Gedichts:
- Wie wird das Leben in der Großstadt geschildert?
- Wie werden die Begegnungen zwischen den Menschen beschrieben?
- Welche Hoffnung verbirgt sich in den Versen 9 bis 11?

4 Gebt den Inhalt des Gedichts im Tandem wieder. Notiert Stichworte zu Strophen und Refrain. Klärt, was der Gedichttitel in Bezug auf den Inhalt bedeutet.

5 Sieh dir die Grafik „Potsdamer Platz“ (1913) von Ludwig Meidner an und lies den folgenden Informationstext.

Die Großstadt Berlin und die Kunst

Mit der Industrialisierung entwickelte sich Berlin ab Ende des 19. Jahrhunderts zu einer europäischen Weltstadt. Die Einwohnerzahl erreichte um 1930 etwa vier Millionen. Viele Menschen aus der Provinz oder anderen Ländern zogen nach Berlin, weil es Arbeit gab. Die Stadt wuchs rasant, es entstanden viele Fabriken und Mietskasernen, U- und S-Bahnen wurden gebaut. Der Straßenverkehr, mit Straßenbahnen und den ersten Autos, erzeugte Lärm, Hektik und Schmutz. Das Leben der Menschen beschleunigte sich.
Wie heute zog das wilde und schnelle Stadtleben viele Künstler an. Sie trafen sich in Clubs, Kneipen und Cafés und fanden Bühnen, auf denen sie ihre Arbeiten vortragen konnten. Die Großstadt war für die Künstler einerseits anziehend, andererseits sahen sie auch die Bedrohung durch Geschwindigkeit, Übermacht der Maschinen und Anonymität. Hinzu kamen die Erfahrungen aus dem Ersten Weltkrieg und der Weltwirtschaftskrise.
Die Künstler dieser Zeit, die vor allem die Gefährdung der Menschen durch Industrialisierung und Urbanisierung darstellten, werden der Literaturepoche des **Expressionismus** (etwa 1910–1925) und der **Neuen Sachlichkeit** (etwa 1925–1933) zugeordnet. Der Expressionismus bezeichnet eine Ausdruckskunst, in der innere Vorgänge sichtbar gemacht werden. Mit Aneinanderreihung starker Eindrücke, Auflösung grammatischer Regeln, Verkürzungen, Worthäufungen, vielen sprachlichen Bildern und Neologismen spiegelt die expressionistische Sprache innere Befindlichkeiten wider. Die Sprache der Neuen Sachlichkeit ist dagegen von Nüchternheit und Distanz geprägt, die Künstler beschrieben auf sachliche Art die gesellschaftlichen Missstände und die Alltagssorgen der Menschen.

6 Welcher Zusammenhang besteht zwischen dem Gedicht, der Grafik und dem Informationstext? Notiere, in welcher Form das Gedicht den Zeitgeist ausdrückt.

Tipp
Beachte, dass das Metrum nicht durchgängig zu erkennen ist.

7 Untersuche jetzt die Form des Gedichts. Notiere die Anzahl der Strophen und Verse, das Reimschema, den Rhythmus und das Metrum.

Gedicht
Seite 310/311

8 Klärt im Tandem, wie die Form des Gedichts die Grundstimmung und den Inhalt widerspiegelt.

Lyrische Texte beschreiben

Eine Gedichtanalyse verfassen

1 Seht euch das Gedicht von Seite 122 noch einmal an. Klärt im Tandem, wie im Gedicht Leserin oder Leser angesprochen werden. Warum könnte der Dichter diese Ansprache gewählt haben? Macht euch Notizen.

2 Untersucht nun im Tandem die sprachliche Gestaltung des Gedichts „Augen in der Großstadt“. Übernehmt die Tabelle und ergänzt sie.

sprachliche Gestaltung	Beispiele (mit Verszahl)	Erklärung/Bedeutung
sprachliche Mittel: *Personifikation* *Metapher* *rhetorische Frage*	...	...
Wortwiederholungen	...	...
Zeichensetzung	*Doppelpunkte (V. 4, 8 ...),* ...	*Pause zum Nachdenken,* ...

3 Tucholsky verwendet im Gedicht ein lyrisches Stilmittel, das sogenannte Enjambement (Zeilen- oder Verssprung). Untersucht die ersten vier Verse und erläutert im Tandem die Wirkung des Stilmittels.

> Wenn du zur Arbeit gehst
> am frühen Morgen
> wenn du am Bahnhof stehst
> mit deinen Sorgen:

Tipp
Nutzt eure Ergebnisse aus Aufgabe 8 von Seite 123 sowie aus den Aufgaben 2 und 3 dieser Seite.

4 Erklärt im Tandem, wie die sprachliche Gestaltung des Gedichts auf euch wirkt. Ihr könnt die folgenden Formulierungen verwenden.

Sprachtipp

Mit der direkten Ansprache der Leserin/des Lesers will der Autor …
Der Autor verwendet die Metapher …
Die Metapher „asphaltglatt“/„Menschentrichter“ bedeutet …
Die Wiederholungen … verweisen auf …
Die Stadt wird personifiziert, damit deutet der Autor auf … hin.

5 Schreibe nun eine Gedichtanalyse zu „Augen in der Großstadt“. Lege dazu einen Schreibplan in Form einer Mindmap an und ordne deine Untersuchungsergebnisse der Seiten 122–124 ein.

Mindmap
→ Seite 342

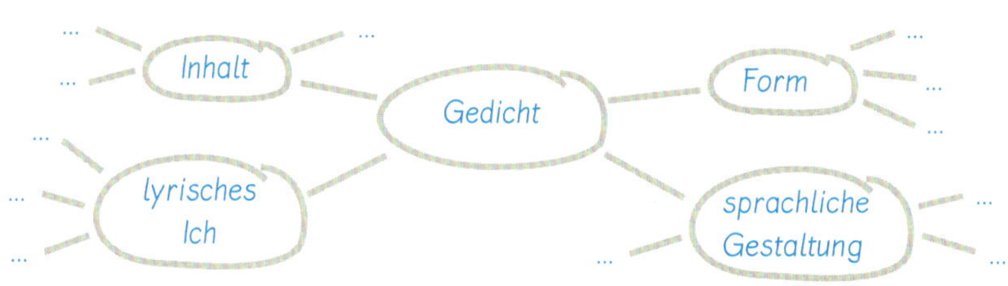

○ **6** Beginne mit der **Einleitung**. Ergänze dazu den folgenden Satz.

Das Gedicht „...“ von ... ist im Jahr ... erschienen. Es handelt von ...

○ **7** Verfasse nun mithilfe deiner Mindmap den **Hauptteil**. Gehe so vor:
- Schreibe zuerst eine kurze Inhaltsangabe zum Gedicht.
- Fasse alle Angaben zur Form des Gedichts, zum lyrischen Ich und zur sprachlichen Gestaltung zusammen.
- Formuliere Bezüge zum Inhalt und belege mit Zitaten aus dem Gedicht.
- Erläutere, warum der Autor gerade diese Form und Sprache gewählt haben könnte. Welche Absicht könnte er damit verfolgen? Du kannst die folgenden Formulierungen verwenden:

Tipp
Beachte auch den historischen Hintergrund.

Sprachtipp

Das Gedicht sagt aus, dass ...
Als Leserin/als Leser erfährt man, ...
Das Gedicht will bewirken, ...
Die Leserin/der Leser soll zum Nachdenken ...
Das Gedicht fordert auf ...
Der Autor möchte darauf aufmerksam machen, dass ...

○ **8** Schreibe jetzt einen **Schluss**. Formuliere deine persönliche Meinung zur Aussage des Gedichts und begründe sie.

◒ **9** Lies deine Gedichtanalyse durch. Überprüfe die sprachliche Korrektheit. Überarbeite, wenn nötig.

überarbeiten
→ Seite 297

Arbeitstechnik

V03

Eine Gedichtanalyse verfassen

Eine Gedichtanalyse schreibst du, wenn du jemandem erläutern möchtest, wie du ein Gedicht verstanden hast.

1. Nenne in der **Einleitung** Titel, Autorin/Autor, Erscheinungsjahr sowie das Thema des Gedichts.
2. Schreibe den **Hauptteil**:
   - Schreibe eine kurze **Inhaltsangabe**.
   - Beschreibe die **Form** des Gedichts (Strophen, Verse, Reimschema, Metrum) und setze sie mit dem Inhalt in Beziehung.
   - Benenne die Situation des **lyrischen Ichs** im Gedicht (Wer spricht zu wem?).
   - Beschreibe die **sprachliche Gestaltung** des Gedichts (Wortwahl, Satzzeichen, Wiederholungen, sprachliche Bilder) und ihre Wirkung.
   - Stelle dar, wie Sprechsituation (Wer spricht zu wem?), Stimmung und Sprache die **Absicht** der Autorin oder des Autors deutlich machen.
3. Formuliere einen **Schluss**. Gib darin deine **persönliche Meinung** zum Gedicht wieder und begründe sie.

Beachte: Belege deine Aussagen mit Zitaten aus dem Gedicht.

Lerninsel
→ Seite 310–312

Was ist ein Poetry-Slam?

Ein Slamgedicht schreiben und vortragen

Sebastian Rabsahl alias „Sebastian 23“ ist deutscher Meister im Poetry-Slam und bekannt durch Auftritte im deutschen Fernsehen, aber auch in vielen anderen Ländern. Im folgenden Interview mit Jonas Nonnemann gibt er Auskunft über sich und das Slammen.

1 Lest das Interview. Erklärt einander anschließend im Tandem, was ein Slammer ist.

Interviewer Was ist ein Poetry-Slam, Sebastian?

Sebastian Rabsahl (SR) Poetry-Slams sind Veranstaltungen, bei denen Autoren ihre selbstgeschriebenen Texte auf der Bühne vortragen können. Dort haben sie die Möglichkeit, nicht nur vorzulesen, sondern damit auf die Bühne zu gehen und eigene Emotionen rüberzubringen.

Interviewer Was treibt dich auf die Bühne?

SR Ich finde es wunderbar, dass man beim Poetry-Slam direkt mit seinem Publikum in Verbindung steht. Im Gegensatz zu anderen Formen von Literatur ist man als Autor direkt da, wo der Austausch mit den Hörern stattfindet.

Interviewer Wie bist du zum Slammen gekommen?

SR Ein Freund hat mir davon erzählt. Zuerst hab ich gedacht, das sei ein Improvisationswettbewerb, was natürlich nicht stimmt. Deshalb habe ich meine Texte am Anfang auch improvisiert und dafür ziemlich schlechte Noten gekriegt ...

Interviewer Was dich ja nicht davon abgehalten hat, weiterzumachen. Was macht deiner Meinung nach einen guten Beitrag aus?

SR Ein guter Beitrag sollte unterhaltsam sein und das Publikum mitfühlen lassen. Ob das ein ernster Text ist, bei dem die Leute ins Grübeln kommen, oder ein lustiges Stück, ist zweitrangig. Viel wichtiger ist, dass ein gemeinschaftliches Erlebnis erzeugt wird – die Literatur muss spürbar werden. [...]

Interviewer Weshalb ist das Dichten gerade für Jugendliche so wertvoll?

SR Der Poetry-Slam ist gerade für Jugendliche eine gute Möglichkeit, die eigenen Gefühle auszudrücken, ähnlich wie in der Musik. Außerdem kann man so die ganze Energie loswerden, die man mit sich rumträgt. [...]

2 Was habt ihr über Poetry-Slams erfahren? Tauscht euch in der Klasse darüber aus und beantwortet folgende Fragen:
- Was ist ein Poetry-Slam?
- Was ist das Besondere an Poetry-Slams?
- Warum sollten Jugendliche an Poetry-Slams teilnehmen?

3 Klärt in der Klasse, wie ihr euch auf einen Poetry-Slam vorbereiten würdet.

Internet-recherche → Seite 316

MK **4** Recherchiere weitere Informationen über Poetry-Slams im Internet, z. B. über den Ablauf des Wettbewerbs, bekannte Slammer, Meisterschaften.

5 Nora Gomringer ist eine bekannte und erfolgreiche Dichterin und Slammerin. Lies den Anfang ihres Poetry-Slam-Gedichts „Annahmen über die Stadt“ auf Seite 127.

NORA GOMRINGER

Annahmen über die Stadt

In der Stadt leben Menschen.
In der Stadt leben Hunde.
Jedoch. Mehr Menschen als Hunde.
Angenommen. Wer weiß.
In der Stadt schlagen Herzen.
Hier geht nachts so einiges.
Den Bach runter,
und dann hinten links, sagen die Ratten.
In den verschiedenen Teilen der Stadt sieht man das
große Ganze.
Schlamassel.
Manchmal kommen die Falschen unter die Räder.
The streets are paved with gold. Hier, wie anderswo.
In der Stadt leben Freunde deiner Eltern. Die sagen,
komm doch mal vorbei.
Die kennen dich noch von so klein auf.
(Die Geste, die sie dazu machen, ist absurd. So klein warst du noch nie.)

6 Wie sieht Nora Gomringer die Stadt? Tauscht euch in der Gruppe darüber aus.

7 Vergleicht in der Gruppe das Slam-Gedicht von Nora Gomringer mit dem Gedicht von Kurt Tucholsky von Seite 122.

Tipp
Höre dir das gesamte Gedicht im Internet an.

8 Wie siehst du die Stadt? Schreibe über deine Erfahrungen ein eigenes Slam-Gedicht.

MK **9** Bereite den Vortrag deines Slam-Gedichts vor. Gehe so vor:
- Sprich dein Gedicht laut vor dich hin und lege fest, wie du es vortragen (performen) möchtest.
- Ergänze im Text Sprechzeichen für Tempo, Pausen und Betonungen.

Stimme heben ↗ Stimme senken ↘ Stimme halten →
kurze Pause | lange Pause ||
laut leise langsam schnell betont

- Nimm den Vortrag mit Kamera oder Handy auf. Prüfe damit den Vortrag und korrigiere, wenn nötig.

Gedichtvortrag
→ Seite 312

10 Veranstaltet in der Klasse einen Poetry-Slam und tragt dabei eure Slam-Gedichte vor.

START **Drei Wege – ein Ziel!** Finde deinen Weg mit diesem Einschätzungstest: **D13**

A
B
C

Berlin, Potsdamer Platz

Eine Gedichtanalyse verfassen

1 Lies das Gedicht von Erich Kästner.

A03

ERICH KÄSTNER
Besuch vom Lande (1929)

Sie stehen verstört am Potsdamer Platz.
Und finden Berlin zu laut.
Die Nacht glüht auf in Kilowatts.
Ein Fräulein sagt heiser: „Komm mit, mein Schatz!“
Und zeigt entsetzlich viel Haut.

Sie wissen vor Staunen nicht aus und nicht ein.
Sie stehen und wundern sich bloß.
Die Bahnen rasseln. Die Autos schrein.
Sie möchten am liebsten zu Hause sein.
Und finden Berlin zu groß.

Es klingt, als ob die Großstadt stöhnt,
weil irgendwer sie schilt[1].
Die Häuser funkeln. Die U-Bahn dröhnt.
Sie sind alles so gar nicht gewöhnt.
Und finden Berlin zu wild.

Sie machen vor Angst die Beine krumm.
Sie machen alles verkehrt.
Sie lächeln bestürzt. Und sie warten dumm.
Und stehn auf dem Potsdamer Platz herum,
bis man sie überfährt.

1 schilt: (schelten) schimpfen, tadeln

2 Wie wirkt das Gedicht „Besuch vom Lande auf euch? Welche Grundstimmung wird erzeugt? Tauscht euch in der Gruppe über euren ersten Eindruck aus.

3 Beantwortet die folgenden Fragen in der Gruppe:
- Wer besucht die Großstadt und wo befinden sich die Besucherinnen und Besucher?
- In welcher Situation befinden sich die Besucherinnen und Besucher?
- Welche äußeren Eindrücke wirken auf die Besucherinnen und Besucher?
- Wie fühlen sich die Besucherinnen und Besucher?

4 Übernimm die folgende Tabelle. Ordne die optischen und akustischen Eindrücke der Großstadt, die im Gedicht genannt werden, ein.

das sehen die Besucherinnen und Besucher	das hören die Besucherinnen und Besucher
die Nacht glüht auf (Vers 3), …	*zu laut (Vers 2), …*

5 Gib den Inhalt des Gedichts in einem kurzen Text wieder.

6 Untersuche die Form des Gedichts. Mache dir Notizen zu Strophen, Versen, Reimschema und Metrum.

Gedicht → Seite 310/311

7 Das lyrische Ich beschreibt im Gedicht die Großstadt und die Gefühle der Besucherinnen und Besucher. Wie bewertet er beides? Notiere Beispiele und erläutere sie.

8 Untersucht im Tandem die sprachliche Gestaltung des Gedichts. Übernehmt die Tabelle und füllt sie aus.

sprachliche Gestaltung	Beispiele (mit Verszahl)	Erklärung/Bedeutung
sprachliche Mittel: *– Personifikation* *– Metapher*	 *– die Nacht glüht auf (V. 3)* *– die Autos schrein ... (V. 8)* *– ...* *– (glüht auf in) Kilowatts (V. 3)* *– ...*	 *– nächtliche Stadt: hell erleuchtet, lauter und hektischer Straßenverkehr* *– ...*
Wortwiederholungen (Anapher)	*– Sie wissen .../Sie stehen ... (V. 6/7)* *– ...*	*...*
Satzstruktur	*Die Bahnen rasseln./ Die Autos schrein. (V. 8), ...*	*...*
auffällige Wortwahl	*verstört (V. 1), entsetzlich (V. 5) ...*	*...*

9 Wie spiegeln Struktur und Sprache des Gedichts die Hektik und das oft Chaotische der Großstadt wieder? Gebt im Tandem Textbelege an und begründet eure Auswahl.

Gedichtanalyse → Seite 125

10 Schreibe eine Gedichtanalyse zu „Besuch vom Lande". Gehe so vor:
- Lege zur Vorbereitung eine Mindmap für alle Untersuchungsergebnisse an.
- Schreibe eine **Einleitung**.
- Verfasse den **Hauptteil**. Fasse deine Ergebnisse aus den Aufgaben 2 bis 9 zusammen.
- Gehe auf die Entstehungszeit des Gedichts und die Absicht des Autors ein.
- Formuliere einen **Schluss**, in dem du deine Meinung zum Gedicht wiedergibst und sie begründest.

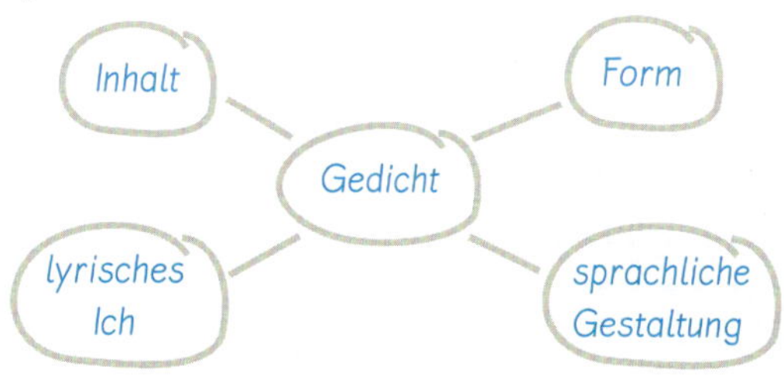

Mindmap → Seite 342

11 Lies deine Gedichtanalyse durch. Überprüfe die sprachliche Korrektheit. Überarbeite, wenn nötig.

überarbeiten → Seite 297

12 Bereitet die Präsentation in der Klasse vor. Wählt dafür zwei Personen aus. Eine Person trägt das Gedicht ausdrucksstark vor, die andere Person liest eine Gedichtanalyse vor.

Gedichtvortrag → Seite 312

Manhattan

Eine Gedichtanalyse verfassen

○ **1** Lies das Gedicht von Jan Wagner.

A04

Jan Wagner

greenpoint (2016)

die alten fabrikanlagen am east river,
vor langer zeit an land gezogene
stein gewordene überseedampfer.

selbst die vielen zeitungen ruhen nur
kurz aus auf den ständen – schwärme seltsamer vögel
mit kehligem ruf, die auf der durchreise sind.

das geheimnis der bäckereien in manhattan
avenue ist es, aus bitterem süßes zu kneten:
im hefezopf geht das riesengebirge auf.

die fenster verschließen sich jäh deinem blick.
der regen auf den aluminiumdächern –
tak, und wieder: tak tak tak –

erst zögerlich. dann dröhnende bejahung.

○ **2** Welche Stimmung wird in dem Gedicht vermittelt? Wie wirkt das Gedicht auf euch? Tauscht euch über euren ersten Eindruck im Tandem aus.

○ **3** Denke dir zu jeder Strophe eine inhaltlich passende Überschrift aus. Schreibe sie auf.

Gedicht → Seite 310/311

○ **4** Gib jetzt den Inhalt des Gedichts schriftlich wieder. Notiere zu jeder Strophe Stichworte. Beachte auch den Titel des Gedichts.

○ **5** Lies den folgenden Informationstext über Greenpoint.

Greenpoint ist der nördlichste Stadtteil von Brooklyn in der Stadt New York. Er liegt zwischen dem East River und der Mündung Newton Creek. Entlang der Flüsse siedelte sich im Verlauf des 19. Jahrhunderts Industrie an, z. B. Holzverarbeitung, Schiffsbau und Druckereien. Am Newton Creek wurde das erste Panzerschiff der US-Marine, die USS Monitor, gebaut und 1862 vom Stapel gelassen. Viele der Einwohner von Greenpoint sind Arbeiter polnischer Abstammung. Lange Zeit prägten sie den Stadtteil, der auch Little Poland genannt wird.

6 Lest jetzt das Gedicht noch einmal. Erläutert im Tandem, wie ihr das Gedicht versteht. Begründet eure Aussagen. Ihr könnt euch an folgenden Begriffen orientieren.

Anonymität | Industriearchitektur | Fluchterfahrung | Erinnerung an die Heimat | Schnelllebigkeit | Sehnsucht | Einwanderung | aggressive Boulevardpresse/Aufmerksamkeit | Schmelztiegel | Polen

Tipp
Findet Bezüge zwischen den Aussagen im Informationstext und dem Gedicht.

7 Untersucht im Tandem die Form des Gedichts. Mache Notizen zu Strophen, Versen, Reimschema, Rhythmus und Metrum.

8 Untersucht jetzt im Tandem, wer im Gedicht spricht. Beantwortet dabei die folgenden Fragen und macht euch Notizen.
- Welche Rolle nimmt das lyrische Ich im Gedicht ein?
- Zu wem spricht das lyrische Ich im Gedicht?
- Was bedeutet die Großstadt für das lyrische Ich?
- Welche Empfindungen und Gedanken bewegen das lyrische Ich?
- Welche Haltung nimmt das lyrische Ich im Gedicht ein?

9 Seht euch im Tandem die sprachliche Gestaltung des Gedichts an. Untersucht nach folgenden Kriterien und macht euch Notizen.

Kleinschreibung – sprachliche Bilder – Metaphern – Enjambement – Satzstrukturen

10 Erläutert im Tandem, wie die sprachliche Gestaltung auf euch wirkt. Notiert euch Stichworte dazu.

11 Lies noch einmal den letzten Vers des Gedichts. Was könnte er ausdrücken? Schreibe eine kurze Deutung dazu.

Gedichtanalyse
Seite 125

12 Schreibe nun eine Gedichtanalyse zu „greenpoint". Gehe so vor:
- Lege zur Vorbereitung eine Mindmap an.
- Schreibe eine **Einleitung**.
- Verfasse den **Hauptteil**. Fasse deine Ergebnisse von dieser Doppelseite zusammen.
- Formuliere einen **Schluss**, in dem du deine Meinung zum Gedicht wiedergibst und sie begründest.

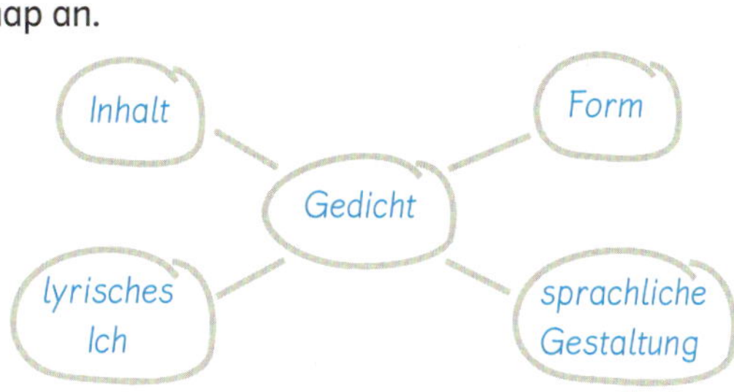

Mindmap
Seite 342

13 Lies deine Gedichtanalyse durch. Überprüfe die sprachliche Korrektheit. Überarbeite, wenn nötig.

überarbeiten
Seite 297

14 Bereitet die Präsentation in der Klasse vor. Wählt dafür zwei Personen aus, eine trägt das Gedicht von Jan Wagner vor, die andere Person liest eine Gedichtanalyse vor.

Gedichtvortrag
Seite 312

Berlin, Berlin

Eine Gedichtanalyse verfassen

1 Lies das Gedicht von Christian Morgenstern.

A05

CHRISTIAN MORGENSTERN

Berlin (1906)

Ich liebe dich bei Nebel und bei Nacht,
wenn deine Linien ineinander schwimmen, –
zumal bei Nacht, wenn deine Fenster glimmen
und Menschheit dein Gestein lebendig macht.

Was wüst am Tag, wird rätselvoll im Dunkel;
wie Seelenburgen stehn sie mystisch da,
die Häuserreihn, mit ihrem Lichtgefunkel;
und Einheit ahnt, wer sonst nur Vielheit sah.

Der letzte Glanz erlischt in blinden Scheiben;
in seine Schachteln liegt ein Spiel geräumt;
gebändigt ruht ein ungestümes Treiben,
und heilig wird, was so voll Schicksal träumt.

2 Wie wirkt das Gedicht auf euch? Tauscht euch über euren ersten Eindruck im Tandem aus.

3 Nenne das Thema des Gedichts und gib in einem kurzen Überblick seinen Inhalt wieder.

4 In einer Deutungshypothese stellst du Vermutungen darüber an, was ein literarischer Text bedeutet. Lies die beiden Deutungshypothesen zum Gedicht „Berlin".

Das 1906 entstandene Gedicht „Berlin" von Christian Morgenstern beschreibt die Nächte in Berlin mit ihren beleuchteten Häusern und den Menschen darin. Nach dem Trubel am Abend ruht das Leben spät in der Nacht. **A**

Christian Morgensterns Gedicht „Berlin" aus dem Jahr 1906 ist ein Liebesgedicht an die Stadt Berlin und die Menschen darin, die erst spät in der Nacht zur Ruhe kommen. Die Zukunft mit ihren Veränderungen, als „Schicksal" bezeichnet, liegt in den Händen der Stadtbewohner. **B**

5 Vergleiche die beiden Deutungshypothesen in Aufgabe 4. Welche eignet sich für eine Gedichtanalyse besser? Wähle aus und begründe deine Wahl.

6 Formuliere jetzt eine Deutungshypothese zum Gedicht „Berlin“. Gib in zwei bis drei Sätzen wieder, was dir am Gedicht aufgefallen ist und wie du das Gedicht verstehst.

Merke

Deutungshypothese

In einer **Deutungshypothese** formuliert man eine **Vermutung** über die **Kernaussage** eines literarischen Textes.
Die anschließende Textanalyse soll dann die **Richtigkeit** der Hypothese **beweisen** oder **widerlegen**.

7 Sieh dir das Gedicht nun genauer an. Mache dir zu jeder Strophe Notizen zum Inhalt. Untersuche dann die Form des Gedichts. Bestimme Strophen, Verse, Reimschema und Metrum.

Gedicht
Seite 310/311

8 Bestimme das lyrische Ich und die Sprechsituation im Gedicht.

9 Untersucht im Tandem die sprachliche Gestaltung und ihre Wirkung.
Achtet dabei auf:
- alle Wörter, die Lichterscheinungen bezeichnen. Vergleicht sie und notiert ihre Bedeutung;
- den Begriff „Seelenburgen“. Erläutert, was damit gemeint ist;
- die Verse 4, 8 und 10. Notiert ihre Bedeutung.

10 Seht euch im Tandem den letzten Vers an. Versucht ihn zu deuten. Geht dabei von den Besonderheiten der Großstadt aus.

11 Schreibe einen kurzen Text zur Deutung des Gedichts.

12 Schreibe nun eine Gedichtanalyse zum Gedicht „Berlin“ von Christian Morgenstern.
Setze im Hauptteil deine Deutungshypothese zu deiner abschließenden Deutung aus Aufgabe 11 in Bezug.

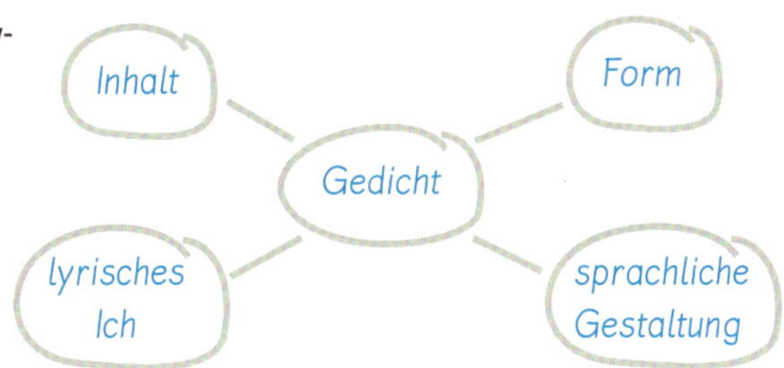

Gedichtanalyse
Seite 125

Mindmap
Seite 342

13 Lies deine Gedichtanalyse durch. Überprüfe die sprachliche Korrektheit. Überarbeite, wenn nötig.

überarbeiten
Seite 297

14 Bereitet die Präsentation in der Klasse vor. Wählt dafür zwei Personen aus: eine trägt das Gedicht von Christian Morgenstern, die andere eine Gedichtanalyse vor.

Gedichtvortrag
Seite 312

A
B
C

ZIEL

Präsentiert eure Ergebnisse

Ihr habt verschiedene Gedichte zum Thema Stadt gelesen, diese untersucht und eure Analyseergebnisse zusammengefasst. Stellt jetzt in der Klasse eure Gedichte und Analysen vor.

1 Information

○ Informiert die Klasse über das Gedicht, dass ihr untersucht habt. Nennt Autor und Titel, gebt dann kurz den Inhalt wieder.

2 Präsentation

◒ Tragt jetzt eure Gedichte und die ausgewählten Gedichtanalysen vor.

3 Fragerunde

○ Stellt Fragen zu den Gedichten, ihrer Wirkung und euren eigenen Erfahrungen mit ähnlichen Situationen. Lasst euch die Fragen von der jeweiligen Gruppe beantworten, z. B.

- **A** Habt ihr die Situation, die im Gedicht geschildert wird, selbst schon einmal erlebt? Wie habt ihr sie erlebt?
- **B** Kennt ihr das Gefühl von Fremdheit und Heimweh? Wann habt ihr es schon einmal erlebt?
- **C** Habt ihr schon einmal eine Stadt bei Nacht erlebt? Welche Eindrücke hat das bei euch hinterlassen?

4 Diskussion

◒ Besprecht und diskutiert gemeinsam weitere Fragestellungen zu euren Gedichten, z. B.

- Wie werden die Städte in den Gedichten beschrieben?
- Welche Unterschiede zwischen Stadt und Land habt ihr erkannt?
- Was gefällt euch besser: das Leben in der Stadt, so wie es in den Gedichten geschildert wird, oder das Leben in einer ruhigen Kleinstadt oder auf dem Land?

5 Feedback

● Wertet die Präsentationen gemeinsam aus. Gebt einander ein Feedback. Orientiert euch an folgenden Fragen:

- ☑ Wurden die Gedichte ausdrucksvoll vorgetragen?
- ☑ Waren die Gedichtanalysen verständlich und nachvollziehbar?
- ☑ Wurden eure Fragen gut beantwortet?
- ☑ Wurde ausdrucksvoll präsentiert (laut, deutlich, zusammenhängend gesprochen, Blickkontakt …)?

Überprüfe dich selbst

○ **1** Lies das folgende Gedicht.

A06

THERESA FONTANE
Stadtgedicht (2013)

Menschenmassen diskutieren über Menschenmassenthemen.
Und sie rennen, laufen, gehen; reden, schauen, bleiben stehen;
Weinen, lachen, machen Sachen oder eben nicht;
Jagen ihre Körpermassen durch die Straßen, dicht an dicht.

Und die Monster ihrer Hände, ihrer Köpfe Fantasie
Stapelt Menschen, Körper, Massen, Tiere, Pflanzen, Dreck sowie
Emotionen, Ziele, Träume und Rekorde irgendwie
Wie Sardinen in Regale – nur Kopie über Kopie.

Individuen der nahen Zukunft – das ist eure Welt.
In der jede Neuerschaffung eine weit're Lerche fällt.
Die Menschen an der Luft ersticken, die sie atmen jeden Tag.
Euch davor bewahren, das blieb uns versagt.

○ **2** Wie wirkt das Gedicht auf dich? Notiere, welche Stimmung vermittelt wird.

○ **3** Mache dir Notizen zum Inhalt jeder Strophe. Du kannst die folgenden Wörter und Wortgruppen nutzen.

Anonymität | Wiederholung | fehlende Entfaltung | Verlust der Identität

Klimawandel | Luftverschmutzung | Hektik | Alltag | Großstadt | Umwelt

Ruhelosigkeit | Enge | breite Masse | Vereinsamung

◒ **4** Untersuche nun die Form und die sprachliche Gestaltung des Gedichts. Notiere Auffälligkeiten.

◒ **5** Sieh dir Vers 9 an. Vermute, was die Autorin mit diesem Satz erreichen möchte.

◒ **6** Schreibe jetzt eine vollständige Gedichtanalyse zu „Stadtgedicht".

D14
Lösungen

Das kannst du jetzt:
- Inhalt, Form und Stimmung von Gedichten untersuchen
- das lyrische Ich bestimmen
- sprachliche Bilder erkennen und deuten
- eine Gedichtanalyse verfassen

8 Auf der Suche nach Abenteuern

Literarische Figuren charakterisieren

A

1 Beschreibt die Bilder **A–D**. Klärt, welche Aspekte des Themas „Abenteuer“ hier abgebildet sind.

2 Habt ihr schon einmal ein Abenteuer erlebt? Berichtet davon. Von welchem Abenteuer träumt ihr? Tauscht euch darüber aus und begründet eure Wünsche.

Was ist Abenteuerliteratur? Das sind Romane, die von gefährlichen Ereignissen und Erlebnissen erzählen, die von den Heldinnen und Helden bestanden werden müssen. Hier könnt ihr euch mit diesen Figuren ausführlich auseinandersetzen.

Das lernt ihr jetzt:
- **Abenteuergeschichten untersuchen und erschließen**
- **literarische Figuren charakterisieren**
- **eine Figurencharakterisierung verfassen**

B

C

D

2013 machen sich Patrick Allgaier (30) und Gwendolin Weisser (21) auf den Weg um die Welt. Drei Jahre ziehen die jungen Leute zu Fuß, per Anhalter, mit dem Bus, dem Zug oder Schiff von Freiburg im Breisgau immer nach Osten. Bis sie dort, wo sie gestartet sind, wieder ankommen. Alles ohne zu fliegen und mit 5 € für jeden am Tag. Was sie auf ihrer Reise erlebt haben, erzählen sie in ihrem Dokumentarfilm „Weit. Die Geschichte von einem Weg um die Welt". Wichtige Erkenntnis: Uns verbindet mit den Menschen auf dieser Welt mehr, als uns von ihnen trennt.

E

3 Lest den Text in **E**.

4 Tauscht euch über das Abenteuer von Patrick und Gwendolin aus. Beantwortet die folgenden Fragen:
- Würdet ihr auch gern eine Weltreise oder etwas Ähnliches unternehmen?
- Wie würde eure Weltreise aussehen?
- Warum wollen Menschen solche Abenteuer erleben?

5 Habt ihr schon einmal Berichte, Filme oder Bücher über Abenteuer gesehen oder gelesen? Nennt sie und erzählt davon.

Ruf der Tiefe

Auszüge aus einer Abenteuergeschichte erschließen

A07

Für Leon ist der „Ruf der Tiefe“, so der Titel des Buches von Katja Brandis und Hans-Peter Ziemek, deutlich zu hören. Er ist, neben Billie und Julian, einer der wenigen Jugendlichen, die in der Station Benthos II auf dem Meeresboden leben. Leon liebt es, mit seiner Krake Lucy in der Tiefsee zu tauchen und nach Rohstoffen zu suchen. Auf einmal ändert sich alles. Weil im Wasser plötzlich kein Sauerstoff mehr ist, erstickt Leon fast bei einem Tauchgang. Außerdem erscheinen plötzlich Massen an Tiefseelebewesen an den Stränden Hawaiis, es folgt ein großes Fischsterben. Gemeinsam mit dem Mädchen „von oben“, Carima, in das sich Leon verliebt hat, versucht er herauszufinden, was hinter den Ereignissen steckt. Was er dabei über den Tod seiner Eltern und seinen Stiefvater Tim erfährt, lässt Leon auch an seinem Job in der Tiefsee zweifeln. Er muss sich entscheiden: für den Schutz des Meeres oder für seine große Leidenschaft, das Tiefseetauchen mit der OxySkin[1].

1 die OxySkin: spezieller Tauchanzug, mit dem Taucher in große Tiefen tauchen können. Funktioniert mit spezieller Atemflüssigkeit.

Lerninsel
Seite 305

○ **1** Lies den folgenden Textauszug.

Leon wollte nur eins – raus ins Meer, mit nichts als seiner OxySkin am Leib, eins werden mit dem Meer, mit der Dunkelheit. Doch das ging nicht. *Verdammter Mist!*

„Hey, alles in Ordnung?“ Billie legte ihm den Arm um die Schultern und drückte ihn; das machte sie manchmal und dabei kam sie ihm noch mehr als sonst wie eine ältere Schwester vor.

„Ja – alles klar“, stieß Leon hervor; dann behauptete er, noch Physik und Chemie lernen zu müssen, und verzog sich in das Quartier[2], das er und Julian miteinander teilten.

Leon und Lucy. Ein perfektes Paar. Die Bemerkung hatte sich in ihm festgesetzt wie ein schlechter Nachgeschmack in seinem Mund. Leon warf sich auf seine schmale Koje und starrte zur Stahldecke von Benthos II hoch. Er schottete sich nicht oft gegen Lucy ab, doch diesmal tat er es, und zum Glück begriff sie, dass es keinen Sinn hatte, ihn zu drängen. Sanft wie eine Feder, die über seine Seele strich, zog sie sich aus seinem Kopf zurück.

Leon suchte in sich nach der Wut von vorhin und fand nur Verwirrung und Scham. Nein, diese Neue war weder besonders blöd noch unsensibel. Wahrscheinlich hätte jeder andere von *oben* genauso auf ihn reagiert. Wie Carima ihn wohl sah – als eigenartigen Typen, ein bisschen irre, mit nichts als Fischen im Kopf und keinem Schimmer vom normalen Leben? Und das Schlimmste daran war, es stimmte. Er war von der San Diego School of the Sea, einem Meeresinternat, direkt auf die Tiefseestation gekommen und nach vier Jahren in Benthos II war seine Erinnerung an *oben* sehr fern, fast unwirklich. Die gelegentlichen Ausflüge mit Tim hatten daran nicht viel geändert. Kino, Musik, Bücher, Politik? Null. Nichts. Es war ewig her, dass er zuletzt die Nachrichten geschaut hatte. Er kannte sich auf den Galapagos-Inseln

2 das Quartier: Wohnraum

aus, hatte in den Kelpwäldern[3] vor der kalifornischen Küste mit Seelöwen gespielt, war im Tauchboot auf fünftausend Meter Tiefe gewesen und in der OxySkin immerhin auf tausend – na und? Wen zum Teufel interessierte das schon? Garantiert niemanden von *oben*, der das Meer nur als hübsche silbrige Fläche kannte oder als Geplätscher, in das man kurz mal den Zeh reinsteckte.

Wie Carima ihn angeschaut hatte! Ja, zu allem Übel sah er wahrscheinlich auch noch seltsam aus. Zu groß, zu schlaksig, zu blass. Wenn er die OxySkin trug, fühlte er sich anders, ausgeglichen, vollständig. Aber wahrscheinlich wirkte er darin wie ein Alien. Nicht mal seine Augen sahen noch menschlich aus. Ausdruckslose schwarze Spiegel blickten zurück, wenn er sich zufällig im Glas eines Bullauges sah. Hightech-Linsen mit Restlichtverstärkern eben.

Er wollte nicht mehr über all das nachdenken, es tat zu weh, doch die Gedanken droschen unaufhaltsam auf ihn ein. Carima hatte recht, was war das eigentlich für ein Leben hier unten? Andere Jungen seines Alters trafen sich längst mit Mädchen, hatten vielleicht sogar schon *Sex* – und er? Fehlanzeige. Er hatte noch nie ein Mädchen geküsst. Seine Gefährtin, seine beste Freundin, war nicht mal ein Mensch. [...]

3 **der Kelpwald**: Wald aus Seetang

MK ○ **2** Recherchiert im Tandem über Flüssigkeitsatmung. Tauscht euch über eure Ergebnisse aus.

Internetrecherche
Seite 316

○ **3** Beantwortet im Tandem die folgenden Fragen:
- Wo spielt die Geschichte?
- Welche Figuren kommen vor?
- In welcher Situation befindet sich Leon?

◒ **4** Leon beschreibt sich im Text selbst. Lest seine Aussagen, erläutert und bewertet sie in der Gruppe.

eigenartig | irre | kein Schimmer vom normalen Leben | seltsam | ein Alien

○ **5** Sammle alle Informationen über Leon, die der Text bietet. Übernimm die folgende Tabelle und fülle sie aus. Ergänze sie später mithilfe der Texte auf den nächsten Seiten.

Tipp
Notiere die Zeilenzahlen zu den Textstellen.

Aussehen (Kleidung, Körperhaltung, Mimik, Gestik, Alter)	*groß, ... (S. 139, Zeile 36 ...*
Lebensumstände (Familie, Herkunft)	...
Beziehung zu anderen Figuren	*zu Carima: ...* *zu Billie: ...* *zu Julian: ...* *zu Lucy: ...*
Verhalten	...
typische Eigenschaften	...
innere Haltung (Gefühle, Interessen, Einstellungen)	...

Die Figur Leon Redway

Eine literarische Figur charakterisieren

Lerninsel
Seite 305

1 Lies die folgenden Textauszüge. Ergänze deine Tabelle von Seite 139.

Leon und Carima unterhalten sich im Lagerraum auf Benthos II:
Leon räusperte sich, der Klang seiner eigenen Stimme kam ihm ungewohnt vor. So ging es ihm oft, wenn er viel in Gedanken mit Lucy gesprochen hatte. „Ich glaube, meine Eltern wollten nur ein Kind. Sie haben viel gearbeitet – mein Vater war Biologe, meine Mutter Tauchmedizinerin. Übrigens haben sie die Technik des Flüssigkeitstauchens mit entwickelt."
Verlegen verstummte er; so viel hatte er eigentlich nicht reden wollen. Sie war es doch, die ihm erzählen sollte, was los war. Doch anscheinend beruhigte er sie, wenn er sprach, ihre Stimme klang gefasster. „Sie sind tot, nicht wahr?"
„Ja. Es war ein Bootsunfall. Ich war neun damals. Tim, ein Freund meiner Eltern, hat mich bei sich aufgenommen." [...]

Carima unterhält sich mit Billie über das Leben in der Tiefsee:
„Ihr atmet Flüssigkeit, also kann eure Lunge nicht zusammengedrückt werden. Aber hat man im Körper nicht noch andere gefährliche Hohlräume?"
„Doch. Stirn- und Nasenhöhle und so was. Die werden so wie die Lunge mit Perfluorcarbon[1] geflutet, wenn wir tauchen. Tja, dann gibt es noch das Ohr jenseits des Trommelfells. Bei normalen Menschen ist da auch Luft drin."
„Was meinst du damit, *bei normalen Menschen*?"
„Als wir im Meeresinternat für die Tiefsee ausgewählt worden sind, mussten wir operiert werden. Julian, Tom, Leon und ich." Ein verlegenes Lachen. „Wir sind sozusagen an unsere Umgebung angepasst worden." [...]

1 das Perfluorcarbon: Fluor-Kohlenstoffverbindung

2 Was erfährst du im folgenden Textauszug über die Beziehung von Leon zu Carima? Lies den Auszug und notiere Stichworte in deiner Tabelle von Seite 139.

Er hörte das Schluchzen jetzt deutlich, weit konnte Carima nicht mehr weg sein. Langsam tastete sich Leon zwischen ein paar Behältern mit Chemikalien zur Herstellung der OxySkins hindurch, kletterte vorsichtig über die Ersatzbatterie eines Tauchboots und sah schließlich auf einem Stapel Planen den Umriss von Carimas Körper. Wirr hingen ihr die Haare in die Stirn, und erst als sie alarmiert den Kopf hochriss, sah er, dass ihr Gesicht nass war, als käme sie gerade erst vom Tauchen.
„Verschwinde!", schleuderte sie ihm entgegen und drehte sich weg.
Leon wusste selbst nicht genau, warum er trotzdem blieb. Jetzt aufzugeben fühlte sich falsch an. Schweigend schüttelte er den Kopf und setzte sich im Schneidersitz auf einen Stapel Membranen für die Meerwasser-Entsalzungsanlage.
„Bitte. Geh." Jetzt weinte sie wieder. Es kostete Leon all seine Kraft, es auszuhalten. Schweigend blieb er neben ihr sitzen und wartete. Und schließlich, nach langen Minuten, wischte sie sich eine Haarsträhne aus dem Gesicht und blickte ihn an. [...]

3 Lest den nächsten Textauszug. Welche innere Haltung, Gefühle, Einstellungen, Wertvorstellungen Leons werden deutlich? Tauscht euch im Tandem aus und ergänzt eure Tabellen von Seite 139.

Das Gemurmel vieler Stimmen vibrierte durch Leon hindurch wie das Summen in der Luft vor einem Sturm. Und als das Ritual des Triskells begann, überraschte er sich selbst damit, dass er aufstand. „Ich werde Zeugnis ablegen für das Meer", sagte er mit fester Stimme. „Wenn ich darf." Dreißig verblüffte Augenpaare wandten sich ihm zu, und von einem Moment auf den anderen war es so still auf dem Versammlungsplatz, dass sein eigener Herzschlag Leon in den Ohren dröhnte. Schließlich nickte Old Joe. Ohne nachzudenken, sprach Leon. „Vor ein paar Tagen bin ich mal wieder runtergetaucht, immer tiefer, dorthin, wo das Meer nicht mehr blau ist, sondern schwarz. Es ist ein Ort, der mir viel bedeutet. Dort zu sein ist wie einzutauchen in die eigene Seele – oder in einen Nachthimmel, in dem die Sterne sich bewegen. Ich werde alles tun, um diesen Ort zu bewahren, und hoffe, dass ich irgendwann, irgendwie dorthin zurückkehren kann." [...]

4 Verfasse jetzt eine Charakterisierung der Figur Leon Redway. Gehe so vor:
- Schreibe eine **Einleitung**, in der du Angaben zum Text und zur Figur machst.
- Verfasse den **Hauptteil**. Beschreibe die Figur mithilfe deiner Tabelle von Seite 139. Belege deine Aussagen mit Textzitaten. Verwende folgende Formulierungen.

Tipp
Schreibe im Präsens.

Sprachtipp

Leon wird von den Autoren beschrieben als ... / Er ist ... / Er lebt ... Die Figur ist nicht nur ..., sondern auch ... / In Konfliktsituationen handelt er ... / Das kommt bei ... zum Ausdruck. Er verhält sich ...

- Schreibe am **Schluss**, wie du die Figur einschätzt. Begründe deine Meinung.

Arbeitstechnik

Eine literarische Figur charakterisieren

In einer schriftlichen Charakterisierung geht es darum, das **Wesen** einer **literarischen Figur** zu erfassen und zu beschreiben.

Vorbereitung
1. **Lies** den Text **genau**. Achte auf direkte und indirekte Charakterisierung.
2. **Notiere** über die literarische Figur in Stichworten:
   - **Aussehen** (Kleidung, Körperhaltung, Mimik, Gestik, Alter)
   - **Lebensumstände** (Familie, Herkunft)
   - **Beziehung zu anderen Figuren**
   - **Verhalten** und **typische Eigenschaften**
   - **innere Haltung** (Gefühle, Einstellungen, Interessen)

Schreiben
1. Beginne mit der **Einleitung**: Gib kurze Informationen zum **Text** (Titel, Autor) und zur **Figur** (Name, Rolle im Text).
2. Verfasse den **Hauptteil**: Beschreibe das **Äußere**, die **Eigenschaften** und das **Wesen** der Figur mithilfe deiner Stichworte. Belege deine Aussagen mit **Textzitaten**.
3. Schreibe den **Schluss**: Beschreibe, wie die Figur auf dich wirkt, und begründe.

Beachte: Schreibe im **Präsens**.

START **Drei Wege – ein Ziel!** Finde deinen Weg mit diesem Einschätzungstest: **D15**

A
B
C

Wolkenpiraten

Auszüge aus einer Abenteuergeschichte erschließen

A08

Der Roman „Wolkenpiraten“ ist der zweite Band, den Kenneth Oppel über die Abenteuer des 16-jährigen Matt Cruse geschrieben hat. Matt wird zum Luftschiffkapitän auf einem alten Frachtluftschiff ausgebildet. Als dieses in einen heftigen Sturm gerät, wird es immer weiter nach oben geschleudert. Matt behält dabei einen klaren Kopf, entdeckt die Hyperion und merkt sich die Koordinaten[1].
Das Luftschiff Hyperion ist seit 40 Jahren verschollen und soll mit den riesigen Goldschätzen des alten Herrn Grunel beladen sein. Dieses Gold käme Matt, der aus einfachen Verhältnissen stammt, sehr gelegen. Als reicher Mann könnte er sein eigenes Luftschiff kaufen und Kate beeindrucken, mit der er bislang nur lose befreundet ist.
Die Jagd auf den Schatz beginnt, als Matt und Kate ein Luftschiff mieten. Sie versprechen dessen Kapitän Hal einen Anteil am Schatz. Nadira, eine junge Frau, die den Schlüssel zur Schatztür besitzt, begleitet sie. Aber sie sind nicht alleine auf der Suche nach dem Schatz. Der Pirat John Rath folgt ihnen. Schließlich kommt es zum großen Kampf zwischen den beiden Gruppen. Hier zeigt sich für Matt, dass es Wichtigeres gibt als Gold: Freundschaft und Liebe.

1 die Koordinaten: genauer Standort (Breiten- und Längengrad)

Lerninsel
Seite 305

1 Lies die folgenden Textauszüge.

„Kapitän!“, schrie ich. „Wir sind zu hoch! Sie zerstören das Schiff!“ Der Kapitän konnte nichts mehr hören. [...] Ich sah alles nur verschwommen und irgendwie verformt, hielt mich aber immer noch auf den Beinen. Und war immerhin so weit bei mir, dass ich wusste, wir würden alle sterben, wenn wir weiter stiegen. [...] Mühsam bewegte ich mich zum Höhenrudersteuer und stieß Mr. Schultz zur Seite. [...] Energisch drehte ich das Rad ein paar Mal, um das Schiff in eine weniger schräge Position zu bringen. „Du dummer Dackel!“, keuchte Tritus [der Kapitän].

Durch mein zerstückeltes Blickfeld sah ich die *Hyperion* nach oben außer Sicht treiben, während wir zu sinken begannen.
„Dafür bringe ich dich ins Kittchen[2]!“, zischte Tritus, machte aber keine Bewegung, um mich aufzuhalten. Niemand tat das, sie waren alle zu schwach dafür. Als Nächstes stolperte ich zur Gaskontrolle und ließ noch ein bisschen mehr Hydrium[3] ab, gerade genug, um das Schiff in der Horizontalen zu halten und sanft absinken zu lassen. [...] Wir hatten noch zwei Motoren, ein wenig Hydrium und keinen Ballast mehr. Doch mit etwas Glück würden wir es bis zum nächsten Hafen schaffen. [...]

„Du hast die *Hyperion* gesehen?“ Ich nickte, trank langsam einen Schluck von meinem Champagner, stellte das Glas sorgfältig wieder ab und genoss die Situation. Hier war ich, speiste im extravagantesten Restaurant von Paris, trank den feinsten Champagner der Welt und, was das Beste überhaupt war, saß einer strahlenden jungen Frau gegenüber, die mir jedes Wort von den Lippen ablas. [...]
„Erzähl mir alles“, verlangte Kate und machte sich über ihren Fisch her. [...]
Über mangelnde Aufmerksamkeit konnte ich mich nicht beschweren, beständig blickte sie mich mit ihren großen, braunen Augen an, während ich sprach. Mitten in der Geschichte nahm sie unter dem Tisch meine Hand und die Wärme ihrer

2 das Kittchen: Gefängnis
3 das Hydrium: fiktives chemisches Element

unerwarteten Berührung löste einen heißen Sturm in meinen verborgenen Körperteilen aus. Ich brachte kaum noch ein Wort heraus. […]

Am nächsten Morgen ging ich zur Banque de Quebec[4] und hob alles ab, was ich auf meinem Sparkonto hatte. Ich dachte zuerst, sie würden mir das Geld verweigern, so abgerissen wie ich nach der Nacht unter der Brücke aussah. Aber nachdem sie meine Unterschrift mit der in ihren Unterlagen verglichen hatten und nach einer kurzen, geflüsterten Rückfrage beim Direktor, zählte mir der Kassierer die abgegriffenen Scheine hin. Als ich sie dann in Händen hielt, kam mir der Betrag sehr armselig vor, und ich fragte mich, ob irgendein anständiger Kapitän bereit sein würde, sein Schiff einem sechzehnjährigen Jungen zu vermieten, selbst mit der Aussicht auf Frachträume voller Reichtümer. […]

Matt, Nadira und Kate finden schließlich ein Luftschiff, dessen Kapitän Hal für einen Anteil an der Beute bereit ist, die Hyperion zu suchen. Nach langer Suche und einigen gefährlichen Abenteuern in der Luft ist es endlich so weit: Die Hyperion ist im Schlepptau und die Jagd nach dem Schatz beginnt. Kate und Nadira durchsuchen die eine Seite des Schiffes, Hal und Matt die andere.

Zusammen warfen wir die schwere Kommode[5] um. Sie krachte auf den Boden. Einen verborgenen Tresor entdeckten wir nicht dahinter.
„Das ist wie Einbrechen“, rutschte es mir heraus. „Dein Gewissen hättest du ruhig in Paris zurücklassen können“, fuhr er mich an. „Ich will dir mal was sagen. Dieses Schiff gibt es gar nicht mehr. Nachdem es vor vierzig Jahren verschollen war, hatte man es als im Meer versunken aufgegeben. Weißt du, was das heißt? Grunels Familie hat reichlich von den Versicherungen kassiert, hat ab dem Moment jeden weiteren Anspruch auf das Schiff abgegeben. Die *Hyperion* gehört niemandem sonst, nur uns. Begreif das endlich, Cruse. Alles hier gehört uns. Für die Toten kann ich nichts tun. Aber für die Lebenden kann das eine Menge bedeuten.“ Hal war überzeugend, das konnte ich nicht leugnen[6]. Er war wie die strahlende Sonne und ich ein kleiner Planet, der sie ständig umkreiste, der einerseits ausbrechen und frei sein, andererseits aber auch dableiben wollte. […]

4 die Banque de Quebec: Bank der Stadt Quebec in Kanada
5 die Kommode: Schrank mit Schubfächern
6 leugnen: abstreiten

2 Beantwortet im Tandem die folgenden Fragen schriftlich:
- **Wo** spielt die Geschichte?
- **Wer erzählt** die Geschichte?
- **Wer** sind die Hauptfiguren?
- **In welcher Situation** befinden sich die Figuren?
- **Wofür** hat Matt das Geld bei der Bank abgeholt?
- **Warum** hatte er Zweifel, ob er das Geld bekommt?
- Hal und Matt durchsuchen gemeinsam die Hyperion. **Wie** fühlt sich Matt dabei?

Die Figur Matt Cruse

Eine literarische Figur charakterisieren

Lerninsel
Seite 305

1 Lies die Textauszüge aus verschiedenen Teilen des Romans.

„Würden Sie jetzt lieber wieder in Paris sein, Mr. Cruse?“, fragte mich der Navigator. „Ich bin immer am glücklichsten, wenn ich fliege“, antwortete ich ehrlich, denn ich war in der Luft geboren worden und bin dort mehr zu Hause als auf dem Boden. [...] (S. 7/8)

Bevor ich Kate kennenlernte, hatte ich nie viel über Geld nachgedacht. Jetzt tat ich das. Die ganze Zeit musste ich an Geld denken. Es war überall. Zwischen den behandschuhten Fingern feiner Damen und Herren sah ich Scheine und Münzen heller als Goldbarren aufblitzen. Ich sah Geld bei meinen Mitstudenten an der Akademie, an ihrer Kleidung, ihren Schuhen und Füllfederhaltern. Ich sah es in Kates dunklem Haar wie Juwelen funkeln. Ich sah es wie einen Schimmer auf ihren wunderschönen Lippen. Ich zählte es in den Sternen.
Ich war ein Dummkopf gewesen zu denken, Geld wäre nicht wichtig. Wenn meine Mutter nicht mehr arbeiten konnte, weil ihre Hände zu sehr anschwollen und schmerzten, und meine Schwestern älter wurden, würden sie mehr Geld denn je brauchen. Ich wollte nicht, dass sie sich herumplagten oder ihnen etwas fehlte. [...] Ich wollte für sie sorgen. Ohne Geld war ich nutzlos. [...] (S. 121)

Ich konnte nur daran denken, was ich doch für ein Dummkopf gewesen war. Ein Junge, der Pirat spielte. Aber nun war das für mich alles Schrott, der Konfettiregen aus Geldscheinen, den ich mir vorgestellt hatte. Das kam mir nun gierig, maßlos und hässlich vor. Ich war kein Pirat und hätte alles dafür gegeben, wieder dort zu sein, wo es begonnen hatte, auf dem Eiffelturm mit Kate, und dann würde ich sagen: *Machen wir nicht. Ich will die Ladung der Hyperion nicht. Wir bleiben hier und lassen die Dinge, wie sie sind. Ich werde noch eifriger für mein Studium büffeln. Ich werde die Zahlen in den Griff kriegen, ein Jungoffizier werden und mich nach oben arbeiten. Das ist völlig genug.* [...] (S. 483)

2 Übernimm die Tabelle. Notiere alle Informationen über Matt aus den Texten von Seite 142–144 in Stichworten. Gib die entsprechenden Zeilenzahlen an.

Aussehen (Kleidung, Körperhaltung, Mimik, Gestik, Alter)	*sieht abgerissen aus (S. 143, Zeile 34/35), ...*
Lebensumstände (Familie, Herkunft)	*stammt vermutlich aus Kanada (Bank) (S. ..., Z. ...),*
Beziehung zu anderen Figuren	*zu Kate: ...* *zu Hal: ...*
Verhalten und Eigenschaften	*mutig, zupackend (S. 142, Z. 1-16), ...*
innere Haltung (Gefühle, Interessen, Einstellungen)	*hat ein Ziel (Hyperion bergen) (S. ..., Z. ...),*

3 Was erfährst du über die Beziehung von Matt zu Kate? Lies den Textauszug und ergänze deine Tabelle. Notiere die Zeilenzahlen, z. B. *Matt freut sich auf Kate (S. 145, Z. 26) ...*

Ich hatte mich so auf das Treffen mit Kate gefreut. Nun war ich nervös und ärgerlich, und das gefiel mir gar nicht. Warum in aller Welt wollte sie mich ausgerechnet hier treffen? War ihr denn nicht klar, dass ich nur sehr wenig Geld hatte? [...] Tatsache war aber, dass die Belohnung gerade mal für zwei Jahre Studiengebühr, mein Zimmer, Essen und Bekleidung reichte und nur ein kleiner Betrag übrig geblieben war, um meine Familie in Löwentorstadt zu unterstützen. [...]

4 Lest den folgenden Textauszug. Klärt im Tandem, welche Gefühle und Interessen von Matt zum Ausdruck kommen. Ergänzt eure Tabellen.

Auf der Hyperion finden die Abenteurer die Tagebücher von Grunel.

Ich blätterte zurück. Und da, über zwei Seiten hinweg, war einer der schönsten Entwürfe, die ich je gesehen hatte. Eine ganze Stadt hoch am Himmel, getragen von riesigen, wolkenartigen Hydriumsäcken. Die Gebäude waren durch schwebende, bewegliche Brücken mit den Gehwegen verbunden. Von üppigen Terrassengärten hingen blühende Ranken herab auf die Dächer gläserner Häuser [...]
Die anderen mussten mein erstauntes Gesicht bemerkt haben, denn sie kamen schnell zu mir, um selbst einen Blick in das Buch zu werfen.
„Wunderschön", sagte Kate, die sich neben mich gestellt hatte. Und plötzlich wiesen wir beide uns auf verschiedene Dinge auf dem Bild hin. Es war nicht so, dass wir uns regelrecht unterhalten oder diskutiert hätten, doch so nah wie jetzt war ich Kate in den letzten Tagen nicht mehr gewesen. Unser beiderseitiges Staunen verband uns, und ich wollte nicht, dass es aufhörte. [...]

5 Verfasse jetzt eine Charakterisierung der Figur Matt Cruse. Verwende alle Informationen, die du in deiner Tabelle von Seite 144 gesammelt hast.
Gehe so vor:
- Schreibe eine **Einleitung** mit Angaben zum Text und zur Figur.
- Schreibe den **Hauptteil** mithilfe deiner Tabelle. Verwende Formulierungen aus dem Sprachtipp.
- Schreibe den **Schluss**, in dem du die Figur einschätzt und deine Meinung begründest.

Charakterisierung
→ Seite 141

Sprachtipp

Die Figur Matt Cruse ist ...
Ihn interessiert besonders ...
Besonders wichtig ist für ihn ...
Die Figur zeichnet sich dadurch aus, dass ...
Das kommt ... zum Ausdruck.
Ihn verbindet eine enge Beziehung zu ...

6 Lest einander im Tandem eure Charakterisierungen vor. Gebt euch ein Feedback und überarbeitet die Texte, wenn nötig.

Feedback
→ Seite 342
überarbeiten
→ Seite 297

7 Bereitet die Präsentation in der Gruppe vor. Wählt dafür drei Personen aus: Zwei Personen stellen das Abenteuerbuch „Wolkenpiraten" vor, eine Person liest die Charakterisierung von Matt Cruse vor.

Mädchenmeute

Auszüge aus einer Abenteuergeschichte erschließen

A09

Kirsten Fuchs lässt uns in ihrem Buch „Mädchenmeute“ an den Abenteuern einer Mädchengruppe teilhaben: Charlotte Nowak, genannt Charly, hat eigentlich keine Lust auf das Sommercamp. Doch dann passieren unheimliche Dinge auf dem Campgelände. Die Mädchen flüchten mit ihrem Gepäck in einem gestohlenen Hundefängerauto mitsamt Hunden ins Erzgebirge. Dort finden sie einen alten Stollen, in dem sie ihr Hauptquartier einrichten. Aber auch hier sind sie nicht alleine. Manchmal hängt etwas zu essen in einem Busch, manchmal hören die Mädchen nachts unheimliche Geräusche. Bea und Charly finden schließlich heraus, dass eine Gruppe von Jungen sie schon die ganze Zeit beobachtet hat. Mit einem von ihnen erlebt Charly ihre erste Liebe und entdeckt, dass sie nicht nur schüchtern, sondern auch stärker ist als gedacht.

Lerninsel
Seite 305

○ **1** Lies die folgenden Textauszüge.

Bevor ich aus dem Auto stieg, sah ich mich im Rückspiegel an. „Sieht wirklich schön aus“, sagte meine Mutter. Am Vortag hatte sie meine dunkelblonden Haare kinnlang geschnitten. Das würde von meiner länglichen Gesichtsform ablenken ... Von meiner langen Nase lenkte es jedenfalls nicht ab. […]

Alle Mädchen sind im Ferienlager angekommen und unterhalten sich über die Inschrift auf dem Torbogen, der den Eingang zum Feriencamp bildet.

„NNAML OIP“, Dreipferdemädchen Yvette schüttelte den Kopf, „was soll das denn heißen?“ Ich flüsterte Rike zu: „Sie muss es von der anderen Seite lesen.“

Rike grinste und knuffte mich mit dem Ellenbogen. Davon ermutigt, flüsterte ich weiter: „Das war bestimmt ein Pionierferienlager[1]. Vielleicht Ernst Thälmann.“ […]

„Man muss es von der anderen Seite lesen“, sagte Rike laut. „Das hieß bestimmt Pionierferienlager Ernst Thälmann.“ Sie hatte wirklich eine große Klappe. „Woher willst du das wissen?“, zischte Yvette.

Rike sah mich kurz an, und ich glaube, noch bevor ich meinen Kopf leicht schüttelte, sagte sie: „Ich habe nachgedacht. Mit meinem Gehirn. Das Ding zum Nachdenken. Im Kopf.“ […]

Als die Gruppenleiterin Imken verschwindet und es im Camp immer unheimlicher wird, beschließen die Mädchen, auf eigene Faust Abenteuer zu erleben. Gemeinsam entschließen sie sich, Anuschkas Vorschlag zu folgen und zu einem stillgelegten Stollen[2] ins Erzgebirge zu reisen. An einer Gaststätte stehlen sie für die Fahrt einen Hundefängerwagen – einmal, weil sie die Hunde retten wollen, aber auch, weil sie mit einem Auto so weit fahren können, dass niemand sie schnell findet.

Wir saßen neben dem Krater, den wir „das Loch“ nannten. Die Hunde waren froh, dass wir wieder bei ihnen oben waren. Wir zählten auf, was zu tun sei, und versuchten zu entscheiden, was davon zuerst. […]

1 **das Pionierferienlager**: Ferienlager der politischen Kinderorganisation in der DDR

2 **der Stollen**: tunnelartiger Eingang in ein Bergwerk

Niemand zweifelte daran, dass dieser Tunnel nun unser Zuhause war. Ich zweifelte schon, aber ich sagte mir selbst, dass ich ja immer zweifelte, egal, worum es ging, darum: Scheiß auf meine Zweifel, sie waren kleine Fruchtfliegen.
Wenn ich mich umschaute, sah ich leuchtende Gesichter. Das war keine Röte vom Laufen und von der Sonne, das war innere Hitze. Nur Antonia sah blass aus. Sie nieste immerzu. Aber sie war trotzdem glücklich. Das hier war ganz anders als alles vorher. Hier fehlte der Vernunft-Erwachsene, und sei es auch so einer, der uns selbst draufkommen lassen würde. Das waren die Schlimmsten, die fragten: „Na? Was würdet ihr jetzt für sinnvoll halten?"
Das hier war keine Simulation. Wir hatten keine drei Leben. Nur eins.
Wir waren völlig frei. Wir hätten hüpfen und schreien können, aber das taten wir nicht. Man hat ja nichts vom Hüpfen und Schreien, mal ehrlich.
Mir war heiß unter meiner kalten Haut. Das war Abenteuerhitze. [...]

Eines Tages ist Antonia verschwunden und die Mädchen rücken in Zweiergruppen aus, um sie zu suchen. Yvette und Charly haben den Hund Zack dabei. Zack wird auf einmal ganz aufgeregt und buddelt wie wild unter einem Holzstapel.

Der schwarze Rücken wurde immer aufgeregter. Ich war mir sicher, dass er es töten würde. Es. Ihn. Sie. Es. Ich weiß nicht, was zuerst war: Ich rief „Aus!" und Yvette „Nein!", und aus dem Loch rief eine Stimme nach Hilfe. Erst als Yvette Zack am Halsband zurückriss, stoppte er. Sein Kopf war voller Erde. Das Maul hechelnd offen. Die hässlichen rosa Lefzen. Yvette lag vor dem Holzstapel. Den Arm in diesem Loch. Dann zog sie ihren Arm raus, und an dem war noch ein Arm dran. Mit etwas Blut. Ich stürzte dazu, zog mit.
Ich hörte uns alle am Leben sein. Zack hechelte. Jedes Geräusch war in Zellophan, raschelte zu mir durch [...]. Hier an diesem grünen Ort war die Welt fast zu Ende gewesen. Antonia zitterte und japste nach Luft. Ich nahm sie in den Arm und spürte nur, dass durch diesen anderen Menschen Feuer und Erdbeben gingen. Ihr stand der Mund auf wie ein Tor. [...]

2 Beantwortet im Tandem die folgenden Fragen schriftlich:
- Wo spielt die Geschichte und wer erzählt sie?
- Wer sind die Hauptfiguren und in welcher Situation befinden sie sich?
- Was könnte Charlotte damit meinen, wenn sie sagt, dass Zweifel wie kleine Fruchtfliegen sind?
- Was meint Charlotte mit „Abenteuerhitze"?

3 Übernimm die Tabelle. Notiere alle Informationen über Charly aus den Texten von Seite 146 und 147 in Stichworten. Belege mit Textstellen.

Aussehen (Kleidung, Körperhaltung, Mimik, Gestik, Alter)	...
Lebensumstände (Familie)	...
Beziehung zu anderen Figuren	...
Verhalten und Eigenschaften	...
innere Haltung (Gefühle, Interessen, Einstellungen)	...

Die Figur Charly Nowak

Eine literarische Figur charakterisieren

Lerninsel
Seite 305

1 Lies die folgenden Auszüge aus verschiedenen Teilen des Romans.

Als Letzte in den Bus zu steigen, war mein liebster Albtraum, gleich nach dem, einen Kurzvortrag über die wichtigsten körperlichen Veränderungen in der Pubertät halten zu müssen. Vor der ganzen Schule, und immer, wenn ich etwas sagen will, rufen alle „Ausziehen!“, auch die Lehrer. [...] (S. 15)

Ich saß neben Rike und überlegte hin und her. Charlotte heiße ich. Ich heiße Charlotte. Mein Name ist Charlotte Nowak. Mein Herz trommelte Unruhe. „Ich heiße ...“, fing ich an, aber auf der anderen Seite von Rike hatte Yvette ihr spitzes Kinn gereckt und zu sprechen begonnen, und zwar lauter als ich. [...] (S. 50/51)

Vielleicht würden wir ja nie mit dem Tunnel fertig werden und könnten immer draußen schlafen. Draußen war es doch schön. Ich verstand gar nicht, warum die Menschheit so verrückt danach war, in Häusern zu sein. Schon nach drei Tagen ohne Haus war etwas mit mir geschehen. Etwas Großes. Vielleicht etwas Größeres als ein Haus, das sich darum nur draußen entwickelte. Ich konnte mit der Haut hören und mit dem Hinterkopf sehen. Ich atmete tiefer und schlief flacher. Es war eine entspannte Aufmerksamkeit. Das ergab keinen Sinn, wenn ich es so erkläre. Aber so war es! [...] (S. 161)

Ich lief Umwege zurück zum Tunnel. Immerhin war es ein schöner Wald. Es war ein guter Wald zum Nachdenken. Ich dachte über das Wachsen nach. Und ob es reichte, außen zu wachsen, um auch innen zu wachsen. Hoch genug war ich eigentlich. Jetzt wäre es an der Zeit, sich vor die Gruppe zu stellen und mal die Klappe aufzubekommen. [...] (S. 162)

„Ich bin dafür, auf die Dämmerung zu warten“, hörte ich mich sagen. Alle stimmten mir zu. Komisch, dachte ich, die wissen ja gar nicht, wie schüchtern ich bin. Dann muss ich es auch nicht sein. Dieser Trick funktionierte sofort. [...] (S. 337)

2 Wie hat sich Charly entwickelt? Notiere Stichworte und kennzeichne sie mit den Angaben „am Anfang“, „am Ende“.

3 Ergänze deine Tabelle von Seite 147 mit den neuen Informationen über Charly.

4 Notiere, was du in den folgenden Textauszügen über die Beziehung von Charly zu den anderen Mädchen erfährst. Belege mit Textstellen.

In dem Moment spürte ich es das erste Mal: den Sog. Ein runder Sog – also eher ein Strudel. Hier war ein Kreis von Mädchen, und ich war ein Teil davon, und jede andere auch, und wenn eine gehen würde, dann wäre es kein Kreis mehr. Und ich spürte, dass ich alles tun würde, um diesen Kreis zu erhalten. [...]

Die Mädchen, außer Charly und Freigunda, gehen etwas zu essen organisieren.

So war das Diebsvolk zurückgekehrt zu der Stelle, wo Lager-halten-Freigunda mit Lager-halten-Charly und alle Hunde warteten. Ich hätte mich nicht über die Klauerei geärgert, wenn ich selbst mitgeklaut hätte. Dann wäre es unsere Klauerei gewesen. So war es deren Klauerei.

Ich wollte trotzdem lieber ein wir sein. Was sollte ich als ich? Nach Hause fahren? In die andere Richtung laufen? Jetzt, wo es dunkel wurde? Für immer und ewig und noch länger wissen, dass ich eine Dummtrine ohne Mumm bin? Wenn man schon sein halbes Leben lang an einer leeren Bushaltestelle steht, in einem öden Vorort, dann muss man in den Bus einsteigen, wenn einer kommt. Egal, wo der hinfährt. [...]

Die Mädchen schlafen im Freien. Charly liegt neben Antonia, um sie zu wärmen.

Ich hatte noch nie mit jemand anderem als meinen Eltern auf diese Art zusammengelegen, und da war ich diejenige im Arm gewesen. Yvettes Gesicht tauchte über mir auf. Sie stand breitbeinig da, neben ihr der schwarze Köter. Seine Lefzen waren rosa. Zack war ein Schweinchen im Kampfhundfell.

„Bist du ihr neues Plüschtier?“ Yvette grinste auf mich herab. „Sie war ganz kalt“, sagte ich. Mir wurde dabei sofort heiß. Bestimmt leuchtete mein Kopf knallrot. „Muss dir nicht peinlich sein, dass du so ein kuscheliger Typ bist.“ [...]

5 Welche Gefühle und Einstellungen Charlys kommen in den Textauszügen zum Ausdruck? Ergänzt im Tandem eure Tabellen.

6 Versetze dich in die Figur Charly hinein und schildere, wie du dich selbst siehst. Schreibe eine Rollenbiografie. Gehe so vor:
- Lies noch einmal die Auszüge aus „Mädchenmeute“ und deine Tabelle.
- Versetze dich in die Figur hinein und kläre folgende Fragen: Wer bist du? Welche Abenteuer hast du erlebt? Was gefällt dir? Wo fühlst du dich wohl? Welche Probleme oder Ängste hast du? Mit wem bist du befreundet?
- Schreibe deine Biografie in der Ich-Form. Du kannst so beginnen: *Ich heiße Charlotte Nowak und werde Charly genannt ...*

! Merke

Rollenbiografie

Eine **Rollenbiografie** kann helfen, eine **Figur** besser zu **verstehen.**

Man stellt der Figur Fragen zu **Name, Alter, Familie, Interessen, Selbstbild, Beziehungen usw.** und beantwortet sie mithilfe des Textes. Man braucht **Einfühlungsvermögen** und manchmal **Fantasie**, um die Fragen zu beantworten.

Eine Rollenbiografie schreibt man in der **Ich-Form.**

7 Verfasse jetzt eine Charakterisierung der Figur Charly Nowak. Verwende dazu deine Tabelle von Seite 147 und die Rollenbiografie.

Charakterisierung → Seite 141

8 Überprüft im Tandem eure Charakterisierungen. Gebt einander ein Feedback und überarbeitet eure Texte, wenn nötig.

Feedback → Seite 342

überarbeiten → Seite 297

9 Bereitet die Präsentation in der Gruppe vor. Wählt dafür drei Personen aus: Eine Person stellt das Abenteuerbuch „Mädchenmeute“ vor, eine Person liest die Charakterisierung und eine die Rollenbiografie Charly Nowak vor.

Der Fluss

Auszüge aus einer Abenteuergeschichte erschließen

A10

Das Buch „Der Fluss" ist die Fortsetzung der Abenteuergeschichte „Allein in der Wildnis" von Gary Paulsen, in der der 12-jährige Brian den Absturz eines kleinen Flugzeugs überlebt und ganz allein in der Wildnis zurechtkommen muss. In der Fortsetzung besucht der Psychologe Derek Holtzer den jetzt 15-jährigen Brian. Derek arbeitet im Auftrag der Regierung an einem Überlebenstrainingsprogramm und möchte von Brians Erfahrungen im Überlebenskampf in der Wildnis lernen. Gemeinsam brechen sie auf, um das Abenteuer von Brian noch einmal zu erleben. Kurz nach der Landung kommt es zu einem ersten Konflikt. Derek hat eine Menge Gegenstände eingepackt, die im Notfall hilfreich sein könnten. Aber Brian setzt sich durch und so bleiben die Gerätschaften im Flugzeug. Die beiden sind auf sich allein gestellt. Kritisch wird es, als Derek bei einem starken Gewitter vom Blitz getroffen wird und in eine tiefe Ohnmacht fällt. Da beginnt der Überlebenskampf von Neuem, nur dass Brian diesmal auch die Verantwortung für Derek hat.

Lerninsel
Seite 305

1 Lies den folgenden Textauszug.

Der Pilot blieb im Cockpit sitzen und Brian schob den Beifahrersitz nach vorne und zwängte sich durch die schmale Tür. Er balancierte über den Schwimmer[1] und sprang dann auf das trockene Gras. [...]

Und plötzlich – im Bruchteil einer Sekunde – veränderte sich Brian völlig. Er wurde wieder, was er damals am See gewesen war: ein Teil von allem, was ihn umgab. So sehr fühlte er sich mit allen Dingen verbunden, dass jede ... kleine ... Einzelheit ... wichtig wurde. [...]

Seine Augen schweiften über die Lichtung, zum Waldrand hinauf, und mit diesen zwei Blicken wusste er alles über die Lichtung und über den Wald. Es gab einen Baumstumpf dort, mit Maden im morschen Holz. Es gab schlanke Erlenstämme, aus denen man einen Bogen schnitzen konnte, und Weidenruten für Pfeile; ein Wildwechsel, wahrscheinlich von Hirschen, bog nach links ab, was bedeutete, dass auch andere Tiere – Stachelschweine, Waschbären, Wölfe, Bären, Elche und Stinktiere – auf die Lichtung kommen würden.

Brian hob den Kopf, schnupperte in den Wind und zog Luft über die Zunge ein, mit einem zischenden Laut, um sie zu schmecken. Aber da war nichts Besonderes. Nichts als Sommerdüfte. Die Würze der Kiefern in der milden Luft, etwas Moder und faulende Vegetation. Keine Tierspuren, zumindest keine frischen.

Derek hatte die Veränderung gesehen, die mit Brian vorgegangen war, und starrte ihn an. „Was ist passiert?" Brian schüttelte den Kopf. „Nichts."

„Doch, da war etwas. Du hast dich verändert. Völlig verändert. Du bist nicht mehr derselbe Mensch." Brian zuckte mit den Schultern. „Habe mich nur mal umgesehen. Um alles ... zu sehen."

1 der Schwimmer: Teile des Wasserflugzeuges, dienen dem Landen auf Wasser

„Erzähl mir“, sagte Derek. Er zog ein Notizbuch aus der Tasche. „Erzähl mir alles, was du gesehen hast.“ „Jetzt gleich?“ „Ja.“ „Sollten wir nicht zuerst den Piloten fortschicken?“

Derek drehte sich um und starrte das Flugzeug an, als sähe er es zum ersten Mal. „Ach ja. Hätte ich fast vergessen. Es muss ja zurück. Lass uns auspacken, dann kann er fliegen und du erzählst mir –“. „Nein.“ „Was?“

Brian hatte eine Entscheidung getroffen, während er im Flugzeug schlummerte, sie hatte sich im Schlaf in ihm festgesetzt. Er wusste jetzt, was das Richtige war.

„Wir werden nicht auspacken.“

„Was redest du da?“

Brian blickte über den See und die Lichtung und die Wolken. Sieben, acht Stunden noch bis zum Regen. „Ich meine, falls wir diesen Krempel ausladen – alles, bis auf die Spülmaschine, wie du sagtest –, wäre das ganze Vorhaben ruiniert. Verschwendete Zeit.“

„Ich versteh' dich nicht. Und was ist, wenn wir Schwierigkeiten haben?“

Brian nickte. „Genau. Wir *haben* schon eine Schwierigkeit. Du möchtest etwas über den Ernstfall lernen, aber mit dieser ganzen Ausrüstung ist es doch nur ein Spiel. Es stimmt nicht. Es wäre keine echte Situation, nicht wahr?“

„Aber wir brauchen die Sachen nicht zu benutzen. Wir brauchen nicht eine davon zu benutzen.“

Brian lächelte – ein kleines, beinah trauriges Lächeln. „Ich verspreche dir, dass wir, wenn die Sachen da sind, sie auch benutzen werden. Das kann ich dir versprechen. Am dritten Tag, wenn der Hunger wirklich quälend wird und die Moskitos ohne Unterlass angreifen und es weder ein Zelt noch Essen gibt und wir wissen: Die Sachen sind da, wohlverpackt und in Reichweite – dann kann ich dir garantieren, dass wir sie benutzen werden. Es wird ganz unmöglich sein, sie nicht zu benutzen.“

So viele Worte, dachte Brian. Nichts als Gerede und Geschwätz, die ganze Zeit. Wie Papageien. Wir stehen da und schwatzen, aber in sieben bis acht Stunden wird es hier regnen, und wir haben keinen Unterstand und kein trockenes Holz zum Feuermachen. Geschwätz. [...]

○ **2** Mache dir Notizen zum Ort der Handlung, zu den Hauptfiguren und zur Situation, in der sich die Figuren befinden.

○ **3** Die beiden Hauptfiguren haben einen Konflikt. Beschreibe, worum es in diesem Konflikt geht.

◒ **4** Der Wald ist ein besonderer Ort für Brian. Tauscht euch im Tandem darüber aus, was der Wald für ihn bedeutet. Macht euch Notizen.

◒ **5** Wann bemerkt Derek eine Veränderung bei Brian? Schreibe die Textstelle auf. Vermute, was mit Brian passiert ist. Ergänze deine Notizen.

◒ **6** Lies noch einmal den Textauszug. Beschreibe, was für ein Mensch Brian ist. Notiere dir Stichworte und gib die Textstellen dazu an.

Tipp
Orientiere dich an den Kriterien in der Tabelle von Seite 139

○ **7** Diskutiert in der Gruppe, was für euch Abenteuer ist und wann eine Situation für euch zum Abenteuer wird. Klärt, welche Rolle dabei die Ausrüstung spielt.

Die Figur Brian Robeson

Eine literarische Figur charakterisieren

Lerninsel
Seite 305

1 Lies die folgenden Auszüge aus verschiedenen Teilen des Romans.

Nach seiner glücklichen Heimkehr war Brian monatelang von Reportern verfolgt worden. Auch nach der Sendung im Fernsehen – ein Kamerateam fuhr mit ihm hinaus zum See, und er zeigte ihnen, wie er dort gelebt und gearbeitet hatte – ließen sie ihn nicht in Ruhe. [...] Seine Mutter hatte versucht, die Dinge in den Griff zu bekommen. Auch sein Vater hatte – am Telefon – gute Ratschläge gegeben. Und jetzt hatte Brian etwas Geld auf der Bank: genug für den Abschluss am College. [...] (S. 10/11)

Er hatte ein Mädchen kennengelernt, Deborah McKenzie, die mit ihm zur Schule ging. Die beiden verstanden sich gut, gingen ein paarmal ins Kino, in die Eisdiele – aber bald waren die Spürhunde von der Presse auch hinter Deborah her. Und das war *too much*. Er gewöhnte sich an, durch die Hintertür aus dem Haus zu schleichen, eine Sonnenbrille aufzusetzen, sich mit Deborah an unwahrscheinlichen Orten zu treffen und geduckt durch die Korridore der Schule zu huschen. Darum war er ganz froh gewesen, als das Interesse an seiner Person nachließ. [...] (S. 11)

Brian konnte nicht mehr durch einen Park laufen, ohne unter den Bäumen nach Wild zu spähen, ohne die Tiere im Dickicht zu hören. Alles hatte für Brian eine neue Bedeutung gewonnen. Manchmal wünschte er sich, er würde nicht so genau sehen, nicht alles hören, was ihn umgab – Geräusche, Farben, Bewegung. Aber er konnte all dies nicht ausblenden. Er sah und hörte und roch. Alles, was da war. [...] (S. 14/15)

Ein Jahr war vergangen und es hatte sich nicht viel verändert – in seiner Welt: seine Mutter traf noch immer jenen Mann, aber nicht mehr so oft. Und Brian dachte, es würde vielleicht von selbst aufhören, was immer sie miteinander hatten. Die Scheidung aber war endgültig und würde es wahrscheinlich bleiben. Er hatte seinen Vater besucht, nach der Zeit damals, und herausgefunden, dass dieser sich in eine andere Frau verliebt hatte, die er heiraten wollte. [...] (S. 16)

Brian und Derek waren allein in der Wildnis. Bei einem Gewitter wurde Derek vom Blitz getroffen und ist seitdem bewusstlos. Brian versucht, ihn mit einem selbstgebauten Floß über den Fluss in die nächste Ortschaft zu bringen.

Egal, dachte Brian.

Irgendwo dort unten war Derek, hilflos auf einem verlorenen Floß. Brian musste versuchen, ihn einzuholen.

Er warf den Kopf in den Nacken, zog auch den anderen Schuh aus und warf ihn achtlos ins Gras. Die Hose behielt er an, weil sie nicht so schwer war. Mit ein paar Schwüngen stieß er sich vom sumpfigen Ufer ab, bis das Wasser ihn trug.

Mit kräftigen Zügen begann er zu schwimmen. Aber schon bald spürte er seine Müdigkeit. Am ganzen Körper fühlte er sich zerschlagen und schwach. Und sein Kopf war noch immer benebelt vom wirbelnden Tanz durch die Stromschnellen. Aber es gab kein Zurück. Halb schwimmend, halb mit den Füßen stoßend, kämpfte er sich in der Nähe des Ufers den Fluss hinunter. Er musste das Floß einholen. [...] (S. 140)

2 Ergänze deine Notizen zu Brian von der vorherigen Seite. Notiere Textbelege.

3 Schreibe zur Figur Brian Robeson einen inneren Monolog, in dem er sich mit dem Thema Abenteuer auseinandersetzt. Schreibe in der Ich-Form.

> **! Merke**
>
> **Innerer Monolog**
>
> Ein **innerer Monolog** ist das **Selbstgespräch** einer Figur. Dabei gibt man **Gedanken** und **Gefühle** dieser Figur in der **Ich-Form** wieder.
>
> Die Figur kann dabei über **Konflikte** nachdenken, sich selbst **Fragen** stellen, z. B. zu verschiedenen **Handlungsalternativen**, die **Zukunft** planen, sich **kritisch** mit dem **eigenen Verhalten** auseinandersetzen.

4 Lies nun die folgenden Textauszüge. Notiere, was du über die Beziehung von Brian zu Derek erfahren hast.

Derek kam mit dem Funkgerät wieder an Land […]. Er brachte auch eine schmale Plastikmappe mit.

„Für meine Papiere", sagte er. „Ich muss mir doch Notizen machen. Über alles berichten."

Brian nickte und musste innerlich lächeln. Dereks Worte erinnerten ihn daran, wie er selbst sprach, wenn er bei seinen Eltern etwas erreichen wollte. Bettelnd. Für meine Papiere …

Es war ein sonderbares Gefühl für Brian, mit einem Erwachsenen die Rollen zu tauschen. Er hatte die Verantwortung für einen Erwachsenen übernommen und in dieser Situation, so fand er, war es das Beste. Aber es war ein unbehagliches Gefühl, die Kontrolle über einen Erwachsenen zu haben – oder *überhaupt* über einen anderen Menschen. […]

Wenn sie hier blieben, am See, würde Derek in zwei bis drei Tagen verdursten. Er würde sterben, lange bevor eine Woche oder zehn Tage um waren. Bevor der Pilot kam, um nach ihnen zu suchen. Wenn er blieb, musste Derek sterben. Wenn er es schaffte, wenn er Derek auf einem Floß zum Handelsposten bringen konnte, dann gab es wenigstens eine Chance. Er hatte keine andere Wahl. […]

5 Ordne deine Notizen zu Brian den Kriterien Aussehen, Lebensumstände, Beziehung zu anderen Figuren, Verhalten und Eigenschaften sowie innere Haltung zu.

6 Verfasse jetzt eine Charakterisierung der Figur Brian Robeson. Verwende deine Notizen und, für den Schlussteil, den inneren Monolog.

Charakterisierung → Seite 141

7 Überprüft im Tandem eure Charakterisierungen. Gebt einander ein Feedback und überarbeitet eure Texte, wenn nötig.

Feedback → Seite 342

überarbeiten → Seite 297

8 Bereitet die Präsentation in der Gruppe vor. Wählt drei Personen dafür aus: Eine Person stellt das Abenteuerbuch „Der Fluss" vor, eine Person liest die Charakterisierung und eine weitere Person den inneren Monolog von Paul Robeson vor.

A
B
C
ZIEL

Präsentiert eure Ergebnisse

Ihr habt Auszüge aus verschiedenen Jugendbüchern gelesen und diese untersucht. Außerdem habt ihr euch mit dem Schicksal der Hauptfiguren beschäftigt und versucht, deren Charakter zu beschreiben. Jetzt könnt ihr der Klasse eure Bücher und deren Helden vorstellen.

1 Information

○ Informiert die Klasse über Titel, Autorin oder Autor eures Jugendbuchs.

2 Präsentation

◒ **A** Stellt das Jugendbuch „Wolkenpiraten" vor. Informiert über die Figuren und die Handlung. Lest dann die Figurencharakterisierung der Figur Matt Cruse vor.

B Stellt das Jugendbuch „Mädchenmeute" vor. Informiert über die Figuren und die Handlung. Lest dann die Figurencharakterisierung und die Rollenbiografie vor.

C Stellt das Jugendbuch „Der Fluss" vor. Lest dann die Figurencharakterisierung und den inneren Monolog vor.

3 Fragerunde

○ Stellt Fragen zu den Präsentationen. Lasst euch die Fragen von der jeweiligen Gruppe beantworten, z. B.

A Was hat euch an Matt Cruse gefallen oder was hat euch nicht gefallen?

B Was schreibt man in eine Rollenbiografie?

C Was kann man in einem inneren Monolog alles ausdrücken?

4 Diskussion

◒ Besprecht und diskutiert gemeinsam weitere Fragestellungen, z. B.
- Was versteht ihr unter Abenteuer?
- Welches Abenteuer in den drei Jugendbüchern würdet ihr gern erleben?
- Welches der Jugendbücher ist für euch realitätsnah und welches nicht?

5 Feedback

● Wertet die Präsentationen gemeinsam aus. Gebt einander ein Feedback. Orientiert euch an folgenden Fragen:

☑ Habt ihr ausreichend Informationen bekommen, um die Geschichte zu verstehen?

☑ Wurden die Figuren gut und treffend charakterisiert?

☑ Habt ihr jetzt Lust bekommen, die vorgestellten Bücher zu lesen? Wenn ja, warum? Wenn nein, warum nicht?

☑ Wurde gut präsentiert (laut, deutlich, zusammenhängend gesprochen, Blickkontakt ...)?

Überprüfe dich selbst

○ **1** Lies den Auszug aus dem Jugendroman „No & ich". Welche Adjektive charakterisieren die Hauptfigur? Schreibe sie auf.

DELPHINE DE VIGAN

A11

No & ich

„Mademoiselle Bertignac, ich vermisse Ihren Namen auf der Referatsliste." Monsieur Marin fasst mich von ferne ins Auge, mit erhobener Braue und entspannt auf dem Schreibtisch liegenden Händen. Ich habe seinen Langstreckenradar[1] nicht bedacht. Ich habe auf Aufschub gehofft und werde nun in flagranti[2] erwischt. Fünfundzwanzig Augenpaare sind auf mich gerichtet und erwarten eine Antwort. Das Hirn wurde bei einem Fehltritt ertappt.

Axelle Vernoux und Léa Germain kichern lautlos hinter vorgehaltener Hand, ein Dutzend freudig klingelnder Armbänder an ihren Handgelenken. Wenn ich hundert Kilometer tief unter der Erdoberfläche verschwinden könnte, irgendwo in der Lithosphäre[3], das wäre mir jetzt eine echte Hilfe. Ich habe einen Horror vor Referaten, ich habe einen Horror davor, vor der Klasse zu sprechen, vor mir tut sich die Erde auf, doch nichts rührt sich, nichts bricht in sich zusammen, am liebsten würde ich ohnmächtig, hier und jetzt, wie vom Blitz gefällt würde ich in meiner vollen Kürze hinschlagen, umgeben von einem Fächer aus Turnschuhen, mit ausgebreiteten Armen, und Monsieur Marin würde an die Tafel schreiben: „Hier ruht Lou Bertignac, die stumme, asoziale Klassenbeste."

„... Ich wollte mich gerade eintragen." „Schön. Und mit welchem Thema?"

„Die Obdachlosen."[...]

Es klingelt. Monsieur Marin erlaubt uns, den Klassenraum zu verlassen, ich räume meine Sachen zusammen und ziehe meine Jacke über, da spricht er mich an.

„Mademoiselle Bertignac, auf ein Wort noch." Das war's dann wohl mit der Pause. Den Streich hat er mir schon einmal gespielt. In seiner persönlichen Zählung steht ein Wort für Tausende. Die anderen trödeln herum, sie sind neugierig. Inzwischen sehe ich auf meine Füße, mein Schnürsenkel ist offen, wie gewöhnlich. Wie kommt es, dass ich mit meinem IQ von 160 zu blöd bin, mir die Schuhe zuzubinden?

„Passen Sie bei diesem Interview auf sich auf. Dass Sie nicht an die Falschen geraten. Vielleicht sollte Ihre Mutter oder Ihr Vater mitgehen."

„Keine Sorge. Das ist alles geregelt."

Meine Mutter verlässt die Wohnung schon seit Jahren nicht mehr, und mein Vater weint heimlich im Badezimmer. Das hätte ich ihm sagen sollen. [...]

1 der Langstreckenradar: Technik zum Orten

2 in flagranti: auf frischer Tat

3 die Lithosphäre: Gesteinsschicht

◒ **2** Notiere alle Informationen über die Hauptfigur, die du im Text findest.

◒ **3** Schreibe mit den Informationen aus Aufgabe 2 eine kurze Charakterisierung der Hauptfigur.

D16 Lösungen

Das kannst du jetzt:
- Auszüge aus Jugendbüchern untersuchen
- dich mit literarischen Figuren auseinandersetzen
- Charakterisierungen zu literarischen Figuren verfassen

9 Alles über „Tschick“

Auszüge aus einem Jugendbuch untersuchen und analysieren

A

1 Seht euch die Filmfotos A–C an. Beschreibt die abgebildeten Personen und die Umgebung.

2 Welche Stimmung vermitteln die Fotos? Besprecht, welche Vorstellungen sie bei euch auslösen.

3 Lest die Auszüge aus dem Roman E–G. Ordnet die Textauszüge den Fotos A–C zu. Begründet eure Zuordnung.

Der Roman „Tschick“ von Wolfgang Herrndorf erschien 2010 und stand lange auf den Bestsellerlisten. Noch bekannter wurde die Geschichte durch die Verfilmung 2016. In diesem Kapitel könnt ihr die spannende Geschichte der beiden Freunde Maik und Tschick erkunden.

Das lernt ihr jetzt:

- Auszüge aus einem Jugendbuch untersuchen
- die Hauptfiguren charakterisieren
- Erzählstruktur, Erzählform und Erzählverhalten erkennen
- Zeitgestaltung und sprachliche Besonderheiten benennen
- eine Textanalyse verfassen

B

C

D

E

In absoluter Stille glitten wir auf diese Räder zu, und ich dachte, jetzt sterben wir also. Ich dachte, jetzt komme ich nie wieder nach Berlin, jetzt sehe ich nie wieder Tatjana, und ich werde nie erfahren, ob ihr meine Zeichnung gefallen hat oder nicht.

F

„Ich fahr doch jetzt nicht zurück“, sagte Tschick und rumpelte, ohne zu bremsen, geradeaus. Die Halme prasselten auf das Blech und gegen die Türen. Tschick ließ den Wagen im Weizenfeld ausrollen, schaltete runter und gab Gas.

G

Und ich könnte logisch noch ihr Aussehen ganz genau beschreiben und ihre Stimme und ihre Haare und alles. Aber ich glaube, das ist überflüssig. Weil, kann sich ja jeder vorstellen, wie sie aussieht: Sie sieht super aus.

H

Jugendkriminalität | Freundschaft | Außenseiter | Ausbruch aus dem Alltag | Mutprobe | Konflikte mit den Eltern

4 Was habt ihr bisher über die beiden 14-Jährigen und ihre Situation erfahren? Tauscht euch darüber aus.

5 Was könnte das Thema von „Tschick“ sein? Wählt aus den Möglichkeiten in **H** aus und begründet eure Wahl.

6 Der Roman „Tschick“ wird als „Roadnovel“ und der Film als „Roadmovie“ bezeichnet. Klärt, was man darunter versteht, und nennt weitere Filme, die Roadmovies sind.

Maik, ein Langweiler?

Figuren und Handlungen in einem Jugendbuch untersuchen

Portfolio
Seite 342

Der Roman „Tschick“ erzählt die Geschichte von Maik und Tschick und ihren Erlebnissen innerhalb von zwei Monaten im Jahr 2010. Das erstreckt sich über 49 Kapitel mit Rahmenhandlung, Binnenhandlung und Rückblenden. Lege dir ein Lesetagebuch oder Portfolio an, indem du während des Lesens die Handlung der Textauszüge und deine Gedanken dazu notierst.

Lerninsel
Seite 305

○ **1** Lies die Auszüge aus „Tschick“ aus dem 5. und 8. Kapitel.

Ich hatte nie einen Spitznamen. Ich meine, an der Schule. Aber auch sonst nicht. Mein Name ist Maik Klingenberg. Maik. Nicht Maiki, nicht Klinge und der ganze andere Quatsch auch nicht, immer nur Maik. Außer in der Sechsten, da hieß ich mal kurz Psycho. Das ist auch nicht der ganz große Bringer, wenn man Psycho heißt. Aber das dauerte auch nicht lang, und dann hieß ich wieder Maik.

Wenn man keinen Spitznamen hat, kann das zwei Gründe haben. Entweder man ist wahnsinnig langweilig und kriegt deshalb keinen, oder man hat keine Freunde. Wenn ich mich für eins von beiden entscheiden müsste, wär's mir, ehrlich gesagt, lieber, keine Freunde zu haben, als wahnsinnig langweilig zu sein. Weil, wenn man langweilig ist, hat man automatisch keine Freunde, oder nur Freunde, die noch langweiliger sind als man selbst.

Es gibt auch noch eine dritte Möglichkeit. Es kann sein, dass man langweilig ist *und* keine Freunde hat. Und ich fürchte, das ist mein Problem. Jedenfalls seit Paul weggezogen ist. Paul war mein Freund seit dem Kindergarten, und wir haben uns fast jeden Tag getroffen, bis seine endbescheuerte Mutter beschlossen hat, dass sie lieber im Grünen wohnen will. [...]

Auf dem Gymnasium habe ich dann erst mal niemanden kennengelernt. Ich bin nicht wahnsinnig gut im Kennenlernen. Und das war auch nie das ganz große Problem für mich. Bis Tatjana Cosic kam. Oder bis ich sie bemerkte. Denn natürlich war Tatjana schon immer in meiner Klasse. Aber bemerkt hab ich sie erst in der Siebten. Warum, weiß ich nicht. Aber in der Siebten hatte ich sie auf einmal voll auf dem Schirm, da fing das ganze Elend an. [...] (Kap. 5, S. 21–23)

Wir waren auf der Hochsprunganlage, und die Mädchen saßen nebenan im Gras, wo ihnen Frau Beilcke einen Vortrag gehalten hat. [...] In Wahrheit hörten sie natürlich nicht zu, sondern guckten zu uns rüber. Tatjana hockte mit ihrer besten Freundin Natalie ganz am Rand. Sie hockten da und tuschelten. Und ich saß wie auf glühenden Kohlen. Ich wollte unbedingt drankommen, bevor Frau Beilcke mit ihrem Sermon[1] zu Ende war. [...]

Als André sich über die Latte gequält hatte, gab es Mädchenjubel, und Frau Beilcke guckte streng. Bei eins fünfundfünfzig rief Natalie: „Das schaffst du, André!“ Eine extrem blöde Anfeuerung, denn er schaffte es natürlich nicht. [...] Als Nächstes feuerten sie Kevin an. Mathegenie Kevin. Aber über eins sechzig kam der auch nicht drüber. Und dann war nur noch ich drin. Wolkow ließ eins fünfundsechzig auflegen, und ich merkte schon beim Anlauf, das ist mein Tag. Es war der Tag des Maik Klingenberg. Ich hatte dieses Triumphgefühl schon beim Absprung. Ich sprang überhaupt nicht, ich segelte über die Anlage wie ein Flugzeug, ich stand in der Luft, ich schwebte. Maik Klingenberg, der große Leichtathlet. Ich glaube, wenn

1 **der Sermon**: langweiliges Gerede

ich mir mal selber einen Spitznamen gegeben hätte, wäre es Aeroflot[2] gewesen oder so. Oder Air Klingenberg. Der Kondor von Marzahn. Aber leider darf man sich ja selber keine Spitznamen geben. Als mein Rücken in die weiche Matte sank, hörte ich, wie auf der Jungenseite verhalten geklatscht wurde. Auf der Mädchenseite hörte ich nichts. Als die Matte mich wieder hochdrückte, war mein erster Blick zu Tatjana, und Tatjana guckte Frau Beilcke an. Natalie guckte auch Frau Beilcke an. Sie hatten meinen Sprung überhaupt nicht gesehen, die blöden Kühe. [...] (Kap. 8, S. 36, 38, 39)

2 die Aeroflot: russische Fluggesellschaft

2 Erzählt einander im Tandem, was ihr in den beiden Textauszügen über Maik und sein bisheriges Leben erfahren habt. Besprecht, wie Maik auf euch wirkt.

Tipp
Beachtet Ort und Zeit der Handlung.

3 Lies die Auszüge ein zweites Mal. Notiere dabei Informationen zu den drei wichtigen Figuren darin, z. B. *Maik Klingenberg: hat keinen Spitznamen, kurze Zeit: Psycho, ... – Paul: Freund seit ... – Tatjana: ...*

4 Erstellt im Tandem eine Skizze zur Figurenkonstellation. Macht deutlich, wie die in den Auszügen genannten Figuren zueinander stehen. Beachtet vor allem die drei Figuren aus Aufgabe 3.

Tipp
Kennzeichnet die Beziehungen mit Linien und verschiedenen Abständen.

5 Seht euch nun Maik genauer an. Besprecht in der Klasse, welche Äußerungen, Gedanken und Verhaltensweisen ihn kennzeichnen, z. B. *Zeile 17/18: „Ich bin nicht wahnsinnig gut ...“ bedeutet, er ist schüchtern, ...*

6 Schreibe eine Charakterisierung der Figur Maik. Beachte die direkte und die indirekte Charakterisierung. Belege mit Textzitaten, z. B. *Maik hat keinen Freund. Er denkt, das liege daran, dass er langweilig sei (Z. 13: „Und ich fürchte, das ist mein Problem.“).*

Charakterisierung
Seite 141

7 Seht euch im Tandem den Auszug von Zeile 23 bis 45 genauer an. Stellt euch vor, ihr wollt ihn verfilmen. Notiert dazu die Handlungsschritte sowie die Gedanken und Gefühle von Maik, die der Darsteller der Figur ausdrücken soll.

äußere Handlung (wahrnehmbar)	**innere Handlung** (Gedanken/Gefühle)
Sportunterricht, Mädchen hören Vortrag von Lehrerin, schauen den Jungen beim Hochsprung zu, Tatjana und Natalie tuscheln ...	*Maik ist aufgeregt und möchte schnell drankommen und zeigen, was er kann ...*
...	...

Merke

Äußere und innere Handlung

Um einen **Text** besser **deuten** zu können, sollte man **Handlungen** und ihre Abläufe von der **Gedanken- und Gefühlswelt** unterscheiden.
Zur **äußeren Handlung** gehört alles, was wahrnehmbar ist: Was machen die Figuren? Was sagen sie?
Zur **inneren Handlung** gehören die Gedanken und Gefühle der Figuren: Was denkt die Figur über sich, andere oder die Situation? Wie fühlt sie sich dabei?

Lerninsel
Seite 306

Tschick taucht auf

Die Erzählweise in einem Jugendbuch untersuchen

Maik beendet die 8. Klasse und wird von Tatjana immer noch nicht beachtet. Die ersehnte Einladung zu ihrer Geburtstagsparty erhält er nicht. Dabei hat er so lange an einer Porträtzeichnung für sie gearbeitet. Auch die Ferien versprechen keine Freude: Maik wird allein sein, weil die Mutter eine Entziehungskur macht und der Vater mit seiner Freundin Mona wegfahren wird. Doch dann ist da Tschick ...

1 Lest die Auszüge aus dem 12., 14. und 16. Kapitel. Wie wirkt Tschick auf euch? Tauscht euch in der Klasse darüber aus.

Lerninsel
Seite 305

Auf den Gängen standen nur noch die Dicken und die Intelligenten und unterhielten sich über ihre Zeugnisse und irgendeinen Stuss, und am Ausgang – zwanzig Meter hinter dem Ausgang – haute jemand auf meine Schulter und sagte: „Übertrieben geile Jacke." Es war Tschick. Beim Grinsen sah man zwei große Zahnreihen, und die Schlitzaugen waren noch schmaler als sonst. „Kauf ich dir ab. Die Jacke. Bleib mal stehen." Ich blieb nicht stehen, aber ich hörte, wie er mir nachlief. „Lieblingsjacke", sagte ich. „Unverkäuflich." Ich hatte die Jacke bei Humana[1] entdeckt und für fünf Euro gekauft, und es war wirklich meine Lieblingsjacke. Irgend so ein China-Teil, auf der Brust ein weißes Drachenmuster, das wahnsinnig billig aussah. Aber auch wahnsinnig toll. Im Grunde die ideale Jacke für Asis[2]. Und darum mochte ich sie auch so, da sah man nicht gleich auf den ersten Blick, dass ich das genaue Gegenteil eines Asis war: reich, feige, wehrlos. [...] „Und du verkaufst die Jacke also nicht?" „Nein." [...] Jetzt, wo ich begriffen hatte, dass er mich nicht abziehen wollte, wurde ich sofort mutiger. [...] (Kap. 12, S. 61–63)

[...] und da kam quietschend ein Fahrrad die Straße runtergerollt. Wobei runtergerollt übertrieben ist. Und Fahrrad ist auch übertrieben. Es war der Rahmen von einem alten Damenfahrrad, vorn und hinten unterschiedliche Reifen, in der Mitte ein zerfetzter Ledersattel. [...] Und obenauf Tschichatschow. Das war nach meinem Vater jetzt so ungefähr die letzte Person, der ich begegnen wollte. [...] Aber der Ausdruck auf dem Mongolengesicht machte gleich klar, dass das nicht auf Gegenseitigkeit beruhte. [...] (Kap. 14, S. 75, 76)

Ich holte die Zeichnung aus der Schublade. Tschick nahm sie, hielt sie mit ausgestreckten Armen vor sich hin und starrte sie an. Er schenkte der Zeichnung aber erst mal nicht so viel Beachtung wie der Rückseite, wo ich den Riss säuberlich mit Tesafilm geklebt hatte, sodass er von vorne kaum noch zu sehen war. Er guckte sich diesen Riss ganz genau an und dann nochmal die Zeichnung, und dann sagte er: „Du hast ja Gefühle." [...] (Kap. 16, S. 87)

1 Humana: Second-hand-Laden
2 der Asi (eigtl. Assi): abwertend für Asoziale

2 Lies die Textauszüge ein zweites Mal. Notiere alle Informationen zu Ort, Zeit und Handlung sowie zu den Figuren in einer Tabelle.

Kapitelauszug	Ort	Zeit	Handlung	Verhalten der Figuren
12. Kapitel	*hinter dem Schulausgang*	*letzter Schultag*	*Tschick spricht Maik an*	*Tschick haut Maik auf die Schulter = ist selbstbewusst*
...	...	...	...	...

3 Fasst im Tandem den Inhalt der Auszüge in wenigen Sätzen zusammen.

4 Wer erzählt im Roman? Bestimmt im Tandem die Erzählform von „Tschick“. Seht euch dazu die Auszüge auf der Seite 160 an.

5 Besprecht im Tandem, welche Wirkung durch diese Art des Erzählens entsteht.

Tipp
Formuliert einen Textabschnitt auf Seite 160 in der Er-/Sie-Form und prüft den Unterschied.

6 Seht euch jetzt die verschiedenen Möglichkeiten an, wie sich ein Erzähler im Roman verhalten kann. Wählt im Tandem das zu „Tschick“ passende Erzählverhalten aus.

er weiß alles – er bewertet – er hat keinen Abstand zum Geschehen – er vermittelt das, was die Figur denkt und fühlt – er bewertet nicht – er erzählt aus der Sicht einer handelnden Figur – er verschwindet hinter der Handlung – er ist keine Figur in der Geschichte – er hat einen Abstand zum Geschehen – er weiß nur das, was die Figur weiß

7 Formuliere mithilfe der Ergebnisse aus Aufgabe 6, wie sich der Erzähler in „Tschick“ verhält. Bestimme dann das passende Erzählverhalten.

auktorialer (allwissender) Erzähler = steht außerhalb des Geschehens
personaler Erzähler = erzählt aus der Sicht einer Figur
neutraler Erzähler = nicht wahrnehmbar

8 Fasse zusammen, wie in „Tschick“ erzählt wird. Nenne Erzählform und Erzählverhalten und beschreibe deren Wirkung. Belege mit Textzitaten.

! Merke

Der Erzähler in epischen Texten

Der **Erzähler** im epischen Text ist **nicht identisch** mit der **Autorin** oder dem **Autor**. Die Autorin/der Autor denkt sich einen Erzähler aus und legt fest, wie dieser erzählen soll.

Es gibt zwei **Erzählformen**, in denen das Geschehen erzählt wird:
1. die **Ich-Form**: Der Erzähler ist selbst eine Figur in der Geschichte und erzählt aus der Perspektive dieser Figur.
2. die **Er-/Sie-Form**: Der Erzähler ist nicht am Geschehen beteiligt, er bleibt im Hintergrund.

Der Erzähler hat eine bestimmte **Haltung zum Geschehen**. Es gibt drei Möglichkeiten des **Erzählverhaltens**:
1. **auktorial** (allwissend): Der Erzähler weiß alles, überblickt das Geschehen, kennt die Gedanken und Gefühle der Figuren, kann bewerten und kommentieren. Er steht außerhalb des Geschehens.
2. **personal**: Der Erzähler erzählt aus der Sicht einer oder mehrerer beteiligter Figuren. Er erzählt, was diese Figur weiß, er kommentiert und bewertet aus deren Sicht.
3. **neutral**: Der Erzähler ist nicht wahrnehmbar. Leserin oder Leser erfahren die Handlung unmittelbar, z. B. durch einen Dialog.

Lerninsel
Seite 307

Das Ende einer Fahrt

Aufbau und Zeitgestaltung eines Jugendbuchs untersuchen

Die Kapitel 20 bis 42 erzählen das Sommerabenteuer von Maik und Tschick in einem gestohlenen Lada. Die Reise endet mit einem Unfall auf der Autobahn.

Lerninsel
Seite 305

○ **1** Lies die Auszüge aus Kapitel 1 und 46.

Als erstes ist da der Geruch von Blut und Kaffee. Die Kaffeemaschine steht drüben auf dem Tisch und das Blut ist in meinen Schuhen. Um ehrlich zu sein, es ist nicht nur Blut. Als der Ältere „vierzehn" gesagt hat, hab ich mir in die Hose gepisst. Ich hab die ganze Zeit schräg auf dem Hocker gehangen und mich nicht gerührt. Mir war schwindlig. [...] Wo ist Tschick überhaupt? Auf der Autobahn hab ich ihn noch gesehen, wie er auf einem Bein ins Gebüsch gehüpft ist, aber ich schätze mal, sie haben ihn auch gekriegt. Mit einem Bein kommt man nicht weit. [...] Der Jüngere, der eigentlich ganz nett aussieht, schüttelt den Kopf und wiederholt: „Fünfzehn ist Quatsch. Vierzehn. Mit vierzehn bist du strafmündig[1]."
Wahrscheinlich sollte ich jetzt Schuldgefühle haben und Reue und alles, aber, ehrlich gesagt, ich fühle überhaupt nichts. Mir ist einfach nur wahnsinnig schwindlig. Ich kratze mich unten an meiner Wade. Nur da, wo früher meine Wade war, ist jetzt nichts mehr. [...] Ich ziehe das Hosenbein hoch und gucke drunter. Dann habe ich noch genau eine Sekunde, um mich zu wundern. [...] Für einen kurzen Moment sehe ich noch mein Spiegelbild auf dem Linoleum auf mich zukommen, und dann knallt es, und ich bin weg. [...] (Kap. 1, S. 7, 10/11)

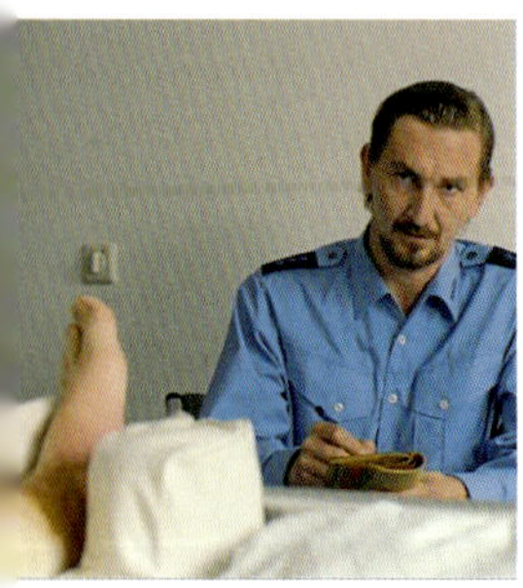

Tschick war noch nicht da, kam dann aber eine Minute später in Begleitung von einem Mann vom Jugendheim. Wir fielen uns in die Arme, und keiner hatte was dagegen. [...] Der Richter legte gleich los, ich musste meinen Namen sagen und wo ich wohne und das alles, und Tschick genauso, und dann stellte der Richter nochmal die ganzen Fragen, die die Polizisten auch schon gestellt hatten. [...]
„Was mich mal interessieren würde, wer von euch beiden genau hat die Idee zu dieser Reise gehabt?" Die Frage ging an mich. „Na, der Russe, wer sonst!", kam es halblaut von hinten. Mein Vater, der Idiot. „Die Frage geht an den Angeklagten!", sagte der Richter. „Wenn ich Ihre Meinung wissen wollte, würde ich Sie fragen." „*Wir* hatten die Idee", sagte ich. „Wir beide." „Quatsch!", meldete sich Tschick zu Wort. „Wir wollten einfach ein bisschen rumfahren", sagte ich, „Urlaub wie normale Leute und –" „Quatsch", meldete Tschick sich wieder. [...] Und als Tschick dran war, erklärte er sofort, dass das mit der Walachei[2] seine Idee gewesen wäre und dass er mich geradezu ins Auto hätte zerren müssen. Er erzählte, woher er wüsste, wie man Autos kurzschließt, während ich keine Ahnung hätte und das Gaspedal nicht von der Bremse unterscheiden könnte. Er erzählte völligen Quatsch, und ich sagte dem Richter, dass das völliger Quatsch ist [...]. (Kap. 46, S. 232/233, 235)

1 strafmündig: Alter, ab dem man für strafbare Handlungen belangt werden kann
2 die Walachei: historische Region in Rumänien

◒ **2** Wie hat sich das Verhältnis zwischen Maik und Tschick verändert? Tauscht euch darüber in der Klasse aus. Belegt eure Meinungen mit Textstellen.

Tipp
Beachte auch die Angaben zum Inhalt in den Texten am Seitenanfang.

○ **3** Lest die Auszüge ein zweites Mal. Notiert Informationen zu Ort, Zeit, Handlung und den Figuren. Fasst im Tandem den Inhalt kurz zusammen.

4 Lege eine Tabelle für jedes Kapitel von „Tschick“ von Seite 158 bis 162 an. Notiere zu jedem Textauszug Stichworte zur Handlung.

5 Erstelle einen Zeitstrahl und schreibe die folgenden Stichworte zur Handlung des Romans chronologisch daran. Ergänze anschließend die Kapitelzahl.

Klinik – letzter Schultag 8. Klasse – Sportunterricht 7. oder 8. Klasse – Abenteuerfahrt – Gericht – Ferienbeginn – Unfall – Kindheit bis 7. Klasse

6 Seht eure Zeitstrahlen in der Klasse an. Besprecht, ob die Handlung in der richtigen zeitlichen Reihenfolge (linear) erzählt wird.

7 Beantwortet in der Gruppe die folgenden Fragen:
- Wie ist der Roman aufgebaut? Welche Kapitel erzählen die Rahmenhandlung und welche die Rückblenden?
- Warum hat der Autor diese Reihenfolge gewählt?

8 Lest die folgenden Ausschnitte aus „Tschick“. Klärt in der Gruppe, in welchem Text die Zeit gedehnt, gerafft oder in welchem zeitdeckend erzählt wird.

A Paul war mein Freund seit dem Kindergarten, und wir haben uns fast jeden Tag getroffen, bis seine endbescheuerte Mutter beschlossen hat, dass sie lieber im Grünen wohnen will. (Kap. 5, S. 21)

B Aber der Junge guckte mit seinen zwei Schlitzaugen durch den Mittelgang ins Nichts und sagte auch nichts. Und vielleicht ist es nicht wichtig zu erwähnen, was ich dachte in diesem Moment, als ich Tschick zum ersten Mal sah, aber ich will es trotzdem mal dazusagen. (Kap. 9, S. 42)

C „Andrej“, sagte Wagenbach, starrte auf seinen Zettel und bewegte lautlos die Lippen. „Andrej Tsch... Tschicha...tschoroff.“ (Kap. 9, S. 43)

! Merke

V04

Aufbau der Handlung und Zeitgestaltung

Ein literarischer Text wird durch eine bestimmte **zeitliche Abfolge** strukturiert.
- **linear:** durchgängig in der richtigen zeitlichen Reihenfolge oder
- **nichtlinear:** zeitlich aufeinanderfolgende Ereignisse werden durch Rückblenden oder Vorausdeutungen unterbrochen

Rückblenden informieren über frühere Ereignisse. Sie helfen, die Geschichte und die Figuren besser zu verstehen.
Vorausdeutungen geben Hinweise auf das folgende Geschehen.

Um abwechslungsreicher zu erzählen, werden unterschiedliche Formen der **Zeitgestaltung** genutzt. Ereignisse können so dargestellt werden:
zeitraffend: Ein längeres Geschehen wird kürzer zusammengefasst.
zeitdehnend: Eine Figur oder Situation wird ausführlich beschrieben oder es werden längere Gedankengänge geäußert.
zeitdeckend: Die in der Geschichte erzählte Zeit entspricht der Zeit, die man zum Lesen braucht, z. B. bei Dialogen.

Lerninsel
Seite 307

Das zog mir den Stecker …

Sprachliche Besonderheiten und Komik untersuchen

1 Lest noch einmal alle Textauszüge aus „Tschick" in diesem Kapitel und die beiden folgenden Auszüge. Notiert in der Klasse, was euch an der Sprache auffällt.

André Langin. Der schöne André. […] Ich habe ihn vom ersten Moment an wahnsinnig gehasst, aber das fiel mir nicht ganz leicht. Weil, André ist nicht gerade die hellste Kerze im Leuchter, aber er ist auch nicht komplett hohl. Er kann ganz nett sein, und er hat was Lässiges, und er sieht, wie gesagt, ziemlich gut aus. Aber er ist trotzdem ein Arschloch. Zu allem Überfluss wohnt er nur eine Straße weiter von uns, in der Waldstraße 15. Wo übrigens nur Arschlöcher wohnen. […] Sein Vater ist Politiker, Stadtrat oder so was. Klar. Mein Vater sagt: Großer Mann, dieser Langin! Weil er jetzt auch in der FDP ist. Da muss ich strahlkotzen. […] (Kap. 7, S. 33/34)

Von innen sah der Lada noch kaputter aus als von außen. Unter dem Lenkrad hingen Kabel raus, ein Schraubenzieher steckte unterm Armaturenbrett.

„Hast du jetzt endgültig den Arsch offen?"

„Ist nur geliehen, nicht geklaut", sagte Tschick.[…] Er rüttelte an meinen Armen, die ich krampfhaft vor der Brust verschränkt hielt. „Mach dir nicht ins Hemd. Das ist Fernsehscheiß mit Fingerabdrücken." […]

„Strafmündig heißt: Dir kann nichts passieren. Wenn ich du wär, würd ich nochmal 'ne Bank überfallen, sagt mein Bruder immer. Bis du fünfzehn bist. Mein Bruder ist dreißig. In Russland prügeln sie dir sieben Sorten Scheiße aus dem Hirn – aber hier! Außerdem interessiert die Karre wirklich niemanden. Nicht mal den Besitzer." „No way." (Kap. 16, S. 82/83)

2 Findet in der Klasse für die folgenden sprachlichen Merkmale Beispiele in den Textauszügen auf den Seiten 158 bis 164.

Standard-/Jugendsprache
→ Seite 283

1 die Vulgärsprache: Sprache mit derben, ordinären oder obszönen Wörtern

mündliche Alltagssprache | Jugendsprache | Vulgärsprache[1]

Dialoge | Standardsprache

3 Wie wirkt die sprachliche Gestaltung in „Tschick"? Beantworte die Frage schriftlich. Verwende die Ergebnisse aus den Aufgaben 1 und 2.

! Merke

Die sprachliche Gestaltung untersuchen

Die **sprachliche Gestaltung** in einem Text unterstützt die **Absicht** des Erzählers (und damit der Autorin oder des Autors) und soll bei den Lesenden eine bestimmte **Wirkung** hervorrufen.
Untersuche folgende sprachliche **Gestaltungsmittel** und kläre ihre **Wirkung**:

1. **Wortwahl** → häufig verwendete Wortarten, Wiederholungen, sprachliche Bilder …
2. **Satzbau** → Satzlänge, Satzbau, wörtliche Rede …
3. **Sprachebene** → Umgangssprache, Jugendsprache …
4. **sprachliche Besonderheiten** → Übertreibungen, Tempuswechsel …

4 Lies die folgenden Auszüge sowie alle Textauszüge von Seite 158 bis 162 noch einmal. Achte auf witzige oder komische Stellen.

Wo ist Tschick überhaupt? Auf der Autobahn hab ich ihn noch gesehen, wie er auf einem Bein ins Gebüsch gehüpft ist, aber ich schätze mal, sie haben ihn auch gekriegt. Mit einem Bein kommt man nicht weit. Fragen kann ich die Polizisten natürlich nicht. Weil, wenn sie ihn nicht gesehen haben, ist es logisch besser, gar nicht damit anzufangen. Vielleicht haben sie ihn ja nicht gesehen. Und von mir erfahren sie‘s mit Sicherheit nicht. Da können sie mich foltern. Obwohl die deutsche Polizei, glaube ich, niemanden foltern darf. Das dürfen die nur im Fernsehen und in der Türkei.

Aber vollgeschifft und blutig auf der Station der Autobahnpolizei sitzen und Fragen nach den Eltern beantworten ist auch nicht gerade der ganz große Bringer. Vielleicht wäre Foltern sogar ganz angenehm, dann hätte ich wenigstens einen Grund für meine Aufregung. (Kap. 1, S. 7)

Nur das Problem mit der Orientierung blieb. Dresden war mal ausgeschildert. Dresden lag ziemlich sicher im Süden, und da nahmen wir erst mal diese Richtung. [...] „Süden ist da“, sagte Tschick. „Da ist Osten.“

Wir stiegen aus und aßen ein paar Schokoladenkekse, die schon zur Hälfte geschmolzen waren. Die Insekten im Maisfeld machten einen ungeheuren Krach.

„Du weißt schon, dass man mit einer Uhr die Himmelsrichtung bestimmen kann?“

Tschick nahm seine Uhr ab. Ein altes, russisches Modell, noch zum Aufziehen. Er hielt sie zwischen uns hin, aber ich wusste nicht, wie das gehen sollte, und er wusste es auch nicht. Man musste wohl irgendwie einen Zeiger auf die Sonne richten, und dann zeigte der andere nach Norden oder so. Aber um kurz vor elf zeigten beide Zeiger auf die Sonne, da war also schon mal eindeutig nicht Norden.

„Vielleicht zeigt er auch nach Süden“, sagte Tschick.

„Und um halb zwölf ist Süden dann da?“

„Oder es ist wegen Sommerzeit. Im Sommer funktioniert es nicht. Ich dreh mal eine Stunde zurück.“

„Und was soll das ändern? In einer Stunde wandert der Zeiger einmal rum. Die Himmelsrichtung dreht sich doch nicht dauernd.“

„Aber wenn der Kompass sich dreht - vielleicht ist es ein Kreiselkompass.“

„Ein Kreiselkompass!“

„Hast du noch nie vom Kreiselkompass gehört?“

„Ein Kreiselkompass hat aber nichts mit Kreiseln zu tun. Der kreiselt nicht“, sagte ich. „Der hat was mit Alkohol zu tun. Da ist Alkohol drin.“ (Kap. 20, S. 107–109)

5 Nennt alle komischen oder witzigen Textstellen aus Aufgabe 4. Erklärt in der Klasse, warum ihr diese Stellen witzig oder komisch findet.

! Merke

Komik und Ironie

Komik kann durch etwas **Unerwartetes, Übertreibungen** oder **Missverständnisse** erzeugt werden und Lachen hervorrufen. Wird etwas so formuliert, dass eigentlich das **Gegenteil gemeint** ist, nennt man das **Ironie**.

Ein aufregender Moment

Eine Textanalyse verfassen

○ **1** Fasst in der Klasse zusammen, was ihr bisher über Maik, Tschick und ihre Erlebnisse erfahren habt.

○ **2** Lies den folgenden Auszug aus dem 47. Kapitel. Mache dir dann Notizen zu Ort, Zeit, den Figuren und zur äußeren und inneren Handlung.

Lerninsel
→ Seite 305

Tipp
Notiere den Auszug in deinem Zeitstrahl von Seite 163.

Und das war dann dieser Sommer. Die Schule fing wieder an. Statt 8c stand jetzt 9c an der Tür von unserem Klassenraum. Sonst hatte sich nicht viel verändert. Es war noch die gleiche Sitzordnung wie in der Achten. Jeder saß da, wo er vorher gesessen hatte, außer dass am Tisch ganz hinten keiner mehr saß. Kein Tschick. [...]

Ich wurde ein bisschen traurig, als ich den leeren Platz sah und ich wurde noch trauriger, als ich zu Tatjana rüberguckte, die einen Bleistift im Mund hatte und ganz braun gebrannt war. Sie hörte Wagenbach zu, und es war ihr nicht anzusehen, ob sie jetzt stolze Besitzerin einer Bleistift-Beyoncé[1] war oder ob sie die Zeichnung einfach zusammengeknüllt und in den Papierkorb geworfen hatte. Tatjana war so schön an diesem Morgen, dass es mir schwerfiel, nicht dauernd zu ihr rüberzugucken. Aber mit eisernem Willen schaffte ich es.

Ich versuchte gerade, mich wenigstens ein bisschen für die Geschäfte dieses Bismarck[2] zu interessieren, als ich von Hans einen Zettel auf den Oberschenkel gelegt kriegte. [...] Ich wartete einen Moment, faltete den Zettel auseinander und las. Ich las ihn fünfmal hintereinander. Es war kein superkomplizierter Text, es waren nur neun Worte, aber ich musste sie trotzdem fünfmal lesen, um sie zu verstehen. Da stand: *Mein Gott, was ist denn mit dir passiert?!? Tatjana.* [...]

Ich las den Zettel zum sechsten Mal. Er war in Tatjanas Handschrift geschrieben, die kannte ich ganz genau. Das A mit dem runden Bogen, der Schnörkel im G – ich hätte das eins zu eins nachmachen können. Aber wenn ich es konnte, konnte es wahrscheinlich auch jeder andere. Und mal angenommen – nur mal angenommen –, der Zettel kam *wirklich* von ihr. Mal angenommen, das Mädchen, das mich nicht zu ihrer Party eingeladen hatte, wollte wissen, was mit mir passiert war.

Allerhand. Was sollte ich darauf antworten? Vorausgesetzt, ich antwortete? Weil, es war ja ziemlich viel passiert, und ich hätte Hunderte Seiten vollschreiben müssen, um das alles zu erklären. [...] Aber ich war mir ziemlich sicher, dass sie's so genau auch wieder nicht wissen wollte. Dass das Ganze vermutlich eher so eine Art Höflichkeitsanfrage war, und ich überlegte noch eine Weile, und dann raffte ich mich endlich auf und schrieb: *Ach, nichts Besonderes* auf den Zettel und schickte ihn zurück. Ich guckte nicht hin, wie Tatjana ihn las, aber dreißig Sekunden später war der Zettel wieder da. Diesmal waren es nur sieben Worte: *Jetzt sag schon! Es interessiert mich wirklich.*

Es interessierte sie wirklich. Für die nächste Antwort brauchte ich eine halbe Ewigkeit. Obwohl sie wieder nicht sehr ausführlich war. Insgeheim wollte ich natürlich immer noch meinen Roman loswerden, aber auf so einem Zettel ist ja auch nicht viel Platz, und ich gab mir wahnsinnig Mühe. [...] (Kap. 47, S. 237–239)

1 **die Bleistift-Beyoncé**: meint die Zeichnung von Maik

2 **Bismarck, Otto von (1815–1898)**: erster Kanzler des Deutschen Reichs

○ **3** Schreibe jetzt eine Textanalyse zu dem Auszug auf Seite 166. Formuliere dafür einen Einleitungssatz, z. B. *Der Ausschnitt aus dem Roman „...“ von ... handelt von ...*

○ **4** Beginne mit dem Hauptteil, in dem du zuerst den Inhalt kurz zusammenfasst.

○ **5** Erläutere dann die Situation, in der sich Maik befindet, z. B. *Maik ist noch immer in Tatjana verliebt. Er ist unsicher, wie sie zu ihm steht und ...*

○ **6** Untersuche, wie Maik auf Tatjanas Zettel reagiert. Stelle dar, mit welchen sprachlichen Mitteln die Reaktionen deutlich gemacht werden. Belege sie am Text, z. B. *Maik ist unsicher, als ... Sprachlich zeigt sich das ...*

○ **7** Beschreibe, wie sich die Figur Maik verändert hat. Erkläre, warum sich Tatjana jetzt anders verhält und in welcher Form Maik ihr antwortet.

○ **8** Benenne Erzählform und Erzählverhalten im Text und erläutere, welche Wirkung damit erzielt wird. Belege mit Textstellen.

◒ **9** Untersuche die sprachliche Gestaltung, beschreibe sie und ihre Wirkung.

◒ **10** Schreibe einen Schluss, in dem du formulierst,
- welches die Kernaussage des Textauszugs ist,
- was der Autor den Leserinnen und Lesern vermitteln möchte und welche mögliche Absicht er dabei verfolgt,
- wie du selbst den Textauszug einschätzt.

◒ **11** Tauscht eure Textanalysen in der Gruppe aus und gebt einander ein Feedback. Überarbeitet dann eure Texte, wenn nötig.

Tipp
Gehe auch auf die äußere und innere Handlung ein.

Tipp
Beziehe deine Kenntnisse der vorherigen Seiten ein.

Erzähler
Seite 161

Sprache
Seite 164

Feedback
Seite 342

überarbeiten
Seite 297

Lerninsel
Seite 308/309

Arbeitstechnik

Eine Textanalyse verfassen

Du schreibst eine **Textanalyse**, um mitzuteilen, wie du einen **Text verstanden** hast und wie du ihn **beurteilst**.
1. Schreibe eine **Einleitung**. Informiere über Autorin/Autor, Titel, Textart, Thema.
2. Verfasse den **Hauptteil**.
   - Fasse den **Inhalt** zusammen.
   - Informiere über **Figuren, Figurenkonstellationen, Handlung, Ort, Zeit** sowie über die **Erzählform** und das **Erzählverhalten**.
   - Beschreibe die **sprachliche Gestaltung** und ihre Wirkung.
3. Schreibe einen **Schluss**, in dem du die **Kernaussage** des Textes und die mögliche **Absicht** der Autorin/des Autors formulierst. Äußere deine **eigene Meinung** zum Text und begründe sie.

START **Drei Wege – ein Ziel!** Finde deinen Weg mit diesem Einschätzungstest: **D17**

A
B
C

Ein Nilpferd im Hosenanzug

Eine Textanalyse verfassen

Nach einigen Abenteuern in der brandenburgischen Provinz, müssen Tschick und Maik vor der Polizei flüchten. Auf dem Weg zur Autobahn verlieren sie die Orientierung, rutschen mit dem Lada einen Hang hinunter und überschlagen sich. Sie kriechen aus dem Auto und überlegen, wie es jetzt weitergehen soll …

Lerninsel
Seite 305

○ **1** Lies die Auszüge aus den Kapiteln 37 und 38.

Irgendwo in Deutschland, direkt an der Autobahn, in der völligen Einöde, brach ein Flusspferd durchs Gebüsch und rannte auf uns zu. Es hatte einen blauen Hosenanzug an, eine blonde, kräuselige Dauerwelle auf dem Kopf und einen Feuerlöscher in der Hand. Vier bis fünf Fettringe schwabbelten über seiner Taille. Mit zwei Walzen, die unten aus dem Hosenanzug rausguckten, stampfte es durch das Gelände, kam vor dem umgedrehten Lada zum Stehen und riss den Feuerlöscher hoch.

Nichts brannte.

Ich schaute Tschick an, Tschick schaute mich an. Wir schauten die Frau an. Denn es war eine Frau und kein Flusspferd. Keiner sagte was, und ich weiß noch, dass ich dachte, dass aus diesem Feuerlöscher jetzt ein weißer Strahl rausschießen müsste, um uns unter einem Schaumberg zu begraben. […]

„Ist euch was passiert?", fragte die Frau und guckte misstrauisch zur Kühlerhaube.

Tschick tippte mit dem Finger gegen den Feuerlöscher. „Brennt's?"

„O mein Gott", sagte die Frau und ließ den Feuerlöscher sinken. „Ist euch was passiert?"

„Nichts", sagte Tschick.

„Bei dir auch alles klar?"

Ich nickte.

„Wo ist euer Vater? Oder eure Mutter? Wer ist denn gefahren?"

„Ich bin gefahren", sagte Tschick.

Die Frau schüttelte den Kopf, der aussah wie ihre Taille.

„Ihr habt einfach das Auto von – "

„Das Auto ist geklaut", sagte Tschick.

[…] sie zitterte wahnsinnig. Sie guckte Tschick an, zeigte auf einen Tropfen Blut, der an seinem Kinn runterlief und sagte: „O mein Gott." Dann fiel ihr der Feuerlöscher aus der Hand und auf Tschicks Fuß. Tschick kippte sofort rückwärts um. Er landete mit dem Rücken im Gras, hielt sein Bein senkrecht nach oben, griff mit den Händen danach und schrie.

„O mein Gott!", rief die Frau noch einmal und kniete sich neben Tschick ins Gras. […] (Kap. 37, S. 190–192)

Wir beugten uns über den Fuß, wussten aber nicht, ob er gebrochen war oder nur verstaucht. Jedenfalls konnte Tschick nicht mehr auftreten. „Das tut mir unendlich leid!", sagte die Frau. Und es tat ihr unendlich leid, das konnte man sehen. Sie schien fast mehr Schmerzen zu haben als Tschick, jedenfalls dem Gesicht nach zu urteilen, und während in meinem Kopf immer noch vollkommene Leere herrschte und Tschick stöhnend hin- und herrollte, war die Frau die Erste, die die Situation langsam wieder unter Kontrolle kriegte. Sie fingerte nochmal an Tschicks Kinn rum, dann nahm sie seinen Unterschenkel hoch. „Aua, aua", sagte sie, während sie den Knöchel hin und her drehte und Tschick wimmerte. „Du musst ins Krankenhaus“, war ihre Schlussfolgerung. „Warte“, wollte ich sagen – da hatte das Flusspferd schon seine Vorderhufe unter Tschick gewuchtet und hob ihn hoch, als wäre er eine Scheibe Brot. [...] (Kap. 38, S. 193)

Tipp
Notiere die Auszüge in deinem Zeitstrahl von Seite 163.

○ **2** Übernimm die folgende Tabelle und fülle sie aus.

Ort	Zeit	Informationen zu Figuren	äußere Handlung	innere Handlung
an der Autobahn	*am Tag*	*dicke Frau mit Feuerlöscher*	*Frau kommt plötzlich angerannt*	*Maik und Tschick sind überrascht*
...	...	...	...	...

○ **3** Schreibe eine Textanalyse zu den Textauszügen auf Seite 168/169. Beginne mit dem Einleitungssatz, z. B. *Der Ausschnitt aus dem Roman „...“ von ... handelt von einer Frau, die ...*

Textanalyse
→ Seite 167

○ **4** Schreibe den Hauptteil. Gehe so vor:
- Fasse zuerst den Inhalt kurz zusammen. Nimm deine Tabelle als Orientierung, z. B. *Nachdem der Unfall passiert ist, kommt eine dicke Frau mit einem Feuerlöscher ...*
- Wie wird das Äußere der Frau beschrieben? Verweise auf die Textstellen, z. B. *Sie wird wegen ihrer Fülle mit einem Flusspferd verglichen. (Zeile 2). Sie trägt ... (Zeilen 2–5) ...*
- Untersuche, welche Reaktionen die Figuren zeigen und wie diese sprachlich gestaltet sind, z. B. *Maik und Tschick sind vom Auftreten der Frau überrascht ... Die Frau ist sehr ... Das erkennt man an ...*
- Erläutere, wie die Frau zu den beiden Jungen steht, z. B. *Die Frau will Maik und Tschick helfen und einen Brand des Ladas verhindern ...*
- Was erfährst du über den Charakter der Frau? Belege auch hier am Text, z. B. *Zuerst ist sie sehr aufgeregt. So reißt sie den Feuerlöscher hoch, obwohl ... Ihre Aufregung zeigt sich auch an ihrer Sprache ...*
- Benenne eine Stelle, die du besonders lustig oder komisch gefunden hast. Erläutere deine Einschätzung, z. B. *Die Beschreibung der Frau mit den „zwei Walzen, die unten aus dem Hosenanzug rausguckten“ ist komisch, weil ...*
- Später stellt Maik fest, dass die Frau der netteste Mensch von allen gewesen sei. Welche Verhaltensweisen der Frau könnten ihn dazu veranlasst haben?
- Nenne Erzählform und Erzählverhalten. Belege sie mit Textstellen.

Komik/Ironie
→ Seite 165

Erzähler
→ Seite 161

◒ **5** Schreibe einen Schluss, in dem du die Kernaussage des Textauszugs und die mögliche Absicht des Autors benennst. Was möchte er vermitteln? Schreibe auch auf, wie dir der Text gefiel, und begründe deine Meinung.

◒ **6** Tauscht eure Textanalysen in der Gruppe aus und gebt einander ein Feedback. Überarbeitet dann eure Texte, wenn nötig.

Feedback
→ Seite 342

überarbeiten
→ Seite 297

○ **7** Besprecht in der Gruppe, wie ihr den Romanauszug verfilmen würdet.

○ **8** Bereitet die Präsentation eures Romanauszuges in der Gruppe vor. Wählt drei Personen aus, die den Auszug vorstellen, eine Textanalyse vorlesen und über die Ideen zur Verfilmung informieren.

Maik fährt

Eine Textanalyse verfassen

Maik und Tschick fahren mit dem gestohlenen Lada in die brandenburgische Provinz. Maik lernt von Tschick, das Auto zu fahren. Zwei Wochen später muss Maik tatsächlich den Lada selbst fahren, weil sich Tschick das Bein gebrochen hat.

Lerninsel
Seite 305

○ **1** Lies die Auszüge aus den Kapiteln 22, 41 und 42.

Tschick drehte eine Proberunde für mich, und ich achtete darauf, was er da eigentlich machte, welche Pedale er trat und wie er schaltete. [...]
„Links ist Kupplung. Die lässt du ganz langsam kommen und gibst auch Gas und – siehst du? Siehst du?
Natürlich sah ich gar nichts. Kommen lassen? Gas geben? Tschick erklärte es mir. [...]
Das ist das Schwierigste, das Starten. Da brauchte ich zwanzig Anläufe, bis der Lada sich endlich mal in Bewegung gesetzt hatte, und dann war ich gleich so überrascht, dass ich beide Füße hochnahm – das Auto machte einen Satz, und der Motor ging aus.
„Einfach wieder auf die Kupplung, dann kannst du ihn nicht abwürgen." [...]
Als ich es dann irgendwann hingekriegt hatte, dass der Wagen rollte, gurkte ich im ersten Gang auf der Wiese rum, und das war Wahnsinn. Der Lada machte, was ich wollte. [...]
Glücklicherweise war die Wiese sehr groß. Ich übte ein paar Stunden. So lange brauchte ich, bis ich es schaffte, den Wagen selbst zu starten, in den dritten Gang hochzuschalten und wieder runterzuschalten, ohne ihn andauernd abzuwürgen. Ich war schweißgebadet, aber aufhören wollte ich auch nicht. Tschick lag auf der Luftmatratze am Waldrand und sonnte sich, und den ganzen Tag kamen nur zwei Spaziergänger vorbei, die keine Notiz von uns nahmen. [...] (Kap. 22, S. 113/114)

Es war so traurig gewesen, die Nacht über im Krankenhaus zu sitzen und zu denken, alles wäre vorbei, und es war so phantastisch, wieder durch die Windschutzscheibe vom Lada zu gucken und das Steuer in der Hand zu haben. Ich fuhr eine Proberunde auf dem Parkplatz. Die meisten Probleme machte immer noch das Schalten, aber wenn Tschick das übernahm und ich nur auf Kommando die Kupplung treten musste, ging es, und dann rollten wir mit Schwung auf die Autobahn. Rollten auf die Standspur und blieben stehen.
„Ganz ruhig", sagte Tschick, „ruhig. Wir machen das gleich nochmal."
Wir warteten die nächste größere Lücke im Verkehr ab, und mit größere Lücke meine ich: kein Auto bis zum Horizont, und dann startete ich wieder und beschleunigte. „Kupplung!", rief Tschick und ich trat aufs Pedal, und er legte den zweiten Gang ein. Ich war klitschnass.
„Alles frei, zieh rüber!" Tschick legte den dritten und dann den vierten Gang ein, und langsam ließ meine Aufregung nach. [...] (Kap. 41, S. 214/215)

Wir fuhren bis zur Dämmerung auf der Autobahn und bogen dann wieder aufs Land ein, irgendwo in der tiefsten Provinz. Ich rollte, ohne zu schalten, im dritten Gang durch die Felder, und alles war ganz still, und der Abend war still, und die Felder waren gelb und grün und braun, und sie wurden immer farbloser. Tschick hatte seine Ellenbogen bei sich aus dem Fenster gehängt und den Kopf draufgelegt, und auch ich hatte meinen linken Arm aus dem Fenster gehängt wie bei einer Bootsfahrt, wenn man ins Wasser greift. Zweige von Bäumen und Sträuchern streiften meine Hand, und mit der anderen Hand steuerte ich den Lada durch die schattenhafte Welt. Der letzte Lichtschein verschwand vom Horizont. [...] (Kap. 42, S. 217)

2 Mache dir zu den Auszügen Notizen zu Ort, Zeit und den Figuren sowie zur äußeren und inneren Handlung.

Tipp
Notiere die Auszüge in deinem Zeitstrahl von Seite 163.

3 Schreibe eine Textanalyse zu den Textauszügen auf Seite 170/171. Beginne mit dem Einleitungssatz.

4 Schreibe den Hauptteil. Gehe so vor:
- Fasse zuerst den Inhalt kurz zusammen.
- Stelle dar, welche Eigenschaft von Maik sichtbar wird. Wo hat sie sich schon früher gezeigt? Erkläre und belege am Text, z. B. *Maik probiert, den Lada zu fahren, und zeigt dabei, dass er ...*
- Benenne und erläutere die Gefühle, die Maik bei seinen Fahrversuchen empfindet, z. B. *Als Maik merkt, dass er fahren kann, empfindet er ...*
- Charakterisiere Tschick auf der Grundlage der Textauszüge. Nutze dabei Textbelege, z. B. *Tschick zeigt seinem Freund, wie man den Lada fährt, und ist dabei ...*
- Beschreibe eine Textstelle, die lustig oder komisch ist.
- Der Handlungsraum im letzten Abschnitt spiegelt die Gefühle der beiden Figuren wider. Beschreibe die Atmosphäre und erläutere, mit welchen Gefühlen sie für die beiden Jungen verbunden sein könnte, z. B. *Die Atmosphäre wird von ... bestimmt. Die beiden Jungen fühlen sich ...*
- Erkläre, wie sich Maik entwickelt hat. Beziehe dazu die vorausgehenden Kapitel mit ein, z. B. *Inzwischen ist Maik ...*

Textanalyse → Seite 167

Komik/Ironie → Seite 165

! Merke

Handlungs- und Stimmungsraum

Der **Handlungsraum** ist der Raum (→ Schule, Straße, Landschaft ...), in dem sich die Figuren der Geschichte bewegen.
Der **Stimmungsraum** vermittelt eine bestimmte Atmosphäre, die die Gefühle der Figuren widerspiegelt.

5 Schreibe einen Schluss, in dem du die Kernaussage des Textauszugs und die mögliche Absicht des Autors beschreibst. Formuliere dann deine Meinung zum Text und begründe sie.

6 Tauscht eure Textanalysen in der Gruppe aus und gebt einander ein Feedback. Überarbeitet dann eure Texte, wenn nötig.

Feedback → Seite 342

überarbeiten → Seite 297

7 Recherchiert über Brandenburg, die brandenburgische Provinz und die „Reiseroute“ von Maik und Tschick. Legt in der Gruppe eine geografische Übersicht an.

8 Bereitet die Präsentation eures Romanauszuges in der Gruppe vor. Wählt drei Personen aus, die den Auszug vorstellen, eine Textanalyse vorlesen und über die „Reiseroute“ informieren.

Traurige Gedanken

Eine Textanalyse verfassen

Während ihrer Reise durch die brandenburgische Provinz gelangen Maik und Tschick in ein Dorf, setzen sich vor eine Bäckerei und frühstücken. An der Haltestelle gegenüber halten Touristenbusse.

Lerninsel
Seite 305

○ **1** Lies die Auszüge aus den Kapiteln 23 und 34.

Tschick saß mit dem Rücken zur Bushaltestelle, aber ich musste die ganze Zeit auf die Rentner gucken, die aus diesen Bussen quollen. Denn es waren ausschließlich Rentner. Sie trugen alle braune oder beige Kleidung und ein lächerliches Hütchen, und wenn sie an uns vorbeikamen, wo es eine kleine Steigung raufging, schnauften sie, als hätten sie einen Marathon hinter sich.

Ich konnte mir immer nicht vorstellen, dass ich selbst einmal so ein beiger Rentner werden würde. Dabei waren alle alten Männer, die ich kannte, beige Rentner. Und auch die Rentnerinnen waren so. Alles war beige. Es fiel mir ungeheuer schwer, mir auszumalen, dass diese alten Frauen auch einmal jung gewesen sein mussten. Dass sie einmal so alt gewesen waren wie Tatjana und sich abends zurechtgemacht hatten und in Tanzlokale gegangen waren, wo man sie vermutlich als junge Feger oder so was bezeichnet hatte, vor fünfzig oder hundert Jahren. [...] (Kap. 23, S. 117)

In Kapitel 29 treffen Maik und Tschick auf einer Müllkippe die gleichaltrige Isa, die sich ihnen anschließt. Sie verbringen mehrere Tage miteinander und besteigen am letzten Tag ihres Zusammenseins den Gipfel eines Berges.

Auf der höchsten Spitze stand ein riesiges Holzkreuz, darunter irgendwo eine kleine Hütte, und die ganze Hütte war bedeckt mit Schnitzereien. Da setzten wir uns hin und lasen Buchstaben und Zahlen. CKH 23.4.61 Sonny 86, Hartmann 1923.

Das Älteste, was wir finden konnten, war „Anselm Wail 1903". Uralte Buchstaben in uraltem, dunklem Holz, und dazu der Ausblick auf die Berge und die heiße Sommerluft und ein Geruch von Heu, der aus dem Tal hochwehte.

Tschick zog sein Taschenmesser raus und fing auch an zu schnitzen. Während wir uns sonnten, uns unterhielten und Tschick beim Schnitzen zuguckten, musste ich die ganze Zeit darüber nachdenken, dass wir in hundert Jahren alle tot wären. So wie Anselm Wail tot war. [...]

Warum hatte er den [Namen] da hingeschnitzt? Vielleicht war er auch auf großer Reise gewesen wie wir. Vielleicht hatte er auch ein Auto geklaut oder eine Kutsche oder ein Pferd oder was sie damals hatten und war herumgeritten und hatte seinen Spaß gehabt. Aber egal, was es war, es würde nie wieder jemanden interessieren, weil nichts übrig war von seinem Spaß und seinem Leben und allem, und nur, wer hier auf den Gipfel stieg, erfuhr noch von Anselm Wail. Und ich dachte, dass es mit uns logisch genauso sein würde, und da wünschte ich mir, Tschick hätte unsere vollen Namen ins Holz geritzt. Aber allein für die sechs Buchstaben und zwei Zahlen brauchte er schon fast eine Stunde. Er machte es sehr ordentlich, und dann stand da:

AT MK IS 10

„Jetzt denken alle, wir wären 1910 da gewesen", sagte Isa. „Oder 1810."

„Ich find's schön", sagte ich.

„Ich find's auch schön", sagte Tschick.

„Und wenn ein Witzbold kommt und ein paar Buchstaben dazwischenschnitzt, wird das die ATOMKRISE 10", sagte Isa, „die berühmte Atomkrise des Jahres 2010." „Ach, halt doch die Klappe", sagte Tschick, aber ich fand es eigentlich ganz lustig.

Allein dass jetzt unsere Buchstaben neben all den anderen Buchstaben standen, die von Toten gemacht worden waren, zog mir am Ende doch irgendwie den Stecker. „Ich weiß nicht, wie es euch geht", sagte ich, „aber die ganzen Leute hier, die Zeit – ich meine, der Tod." Ich kratzte mich hinterm Ohr und wusste nicht, was ich sagen wollte. „Ich wollte sagen", sagte ich, „ich finde es ganz toll, dass wir jetzt hier sind, und ich bin froh, dass ich mit euch hier bin. Und dass wir befreundet sind. [...]" (Kap. 34, S. 173–175)

2 Mache dir zu den Textauszügen Notizen zum Inhalt sowie zu Textstellen, die für eine Deutung des Textauszuges wichtig sein könnten. Beachte dabei Maiks Entwicklung und wie der Autor die Figur darstellt.

Tipp
Notiere die Auszüge in deinem Zeitstrahl von Seite 163.

3 Schreibe eine Textanalyse zu den Textauszügen auf Seite 172/173. Beginne mit dem Einleitungssatz.

Textanalyse
→ Seite 167

4 Schreibe den Hauptteil. Gehe so vor:
- Formuliere zuerst eine kurze Deutungshypothese zur Aussage der Textauszüge. Gib in zwei bis drei Sätzen wieder, was dir aufgefallen ist. Vermute, was der Autor mit diesen Texten sagen will. Berücksichtige deine Notizen aus Aufgabe 2.
- Setze den Hauptteil fort, indem du die Handlung kurz zusammenfasst.
- Beschreibe die Gedanken, die Maik an den beiden Orten durch den Kopf gehen, und erkläre das verbindende Motiv der Textstellen.
- Benenne die sprachlichen Mittel, mit denen Maiks Empfindungen dargestellt werden.
- Erläutere, inwieweit mit der Erzählform und dem Erzählverhalten eine besondere Wirkung auf den Leser erzielt wird.
- Erläutere, wie sich Maiks Persönlichkeit verändert hat.

Deutungshypothese
→ Seite 133

Sprache
→ Seite 164

Erzähler
→ Seite 161

5 Schreibe einen Schluss, in dem du deine Deutungshypothese bestätigst oder widerlegst und dich zur Kernaussage des Textes und der Absicht des Autors äußerst. Formuliere und begründe deine Meinung zum Text.

6 Tauscht eure Textanalysen in der Gruppe aus und gebt einander ein Feedback. Überarbeitet dann eure Texte, wenn nötig.

Feedback
→ Seite 342

überarbeiten
→ Seite 297

7 Recherchiert zu Leben und Werk von Wolfgang Herrndorf. Stellt in der Gruppe ein Informationsblatt oder -plakat über den Autor zusammen.

Internetrecherche
→ Seite 316

8 Bereitet die Präsentation eures Romanauszuges in der Gruppe vor. Wählt drei Personen aus, die den Auszug vorstellen, eine Textanalyse vorlesen und über den Autor informieren.

Präsentiert eure Ergebnisse

Ihr habt verschiedene Auszüge aus dem Roman „Tschick“ untersucht und dazu Textanalysen geschrieben. Darüber hinaus habt ihr euch mit speziellen Fragen zu Werk und Autor beschäftigt. Stellt der Klasse eure Ergebnisse vor.

1 Information

Informiert die Klasse darüber, aus welchen Kapiteln eure Textauszüge stammen und welche speziellen Themen ihr untersucht habt.

2 Präsentation

Präsentiert eure Arbeitsergebnisse.

A Stellt den Inhalt eures Textauszugs vor und ordnet ihn in die Romanchronologie ein. Lest dann eine Textanalyse vor. Erläutert anschließend eure Vorstellungen für eine Verfilmung des Auszugs.

B Stellt den Inhalt eures Textauszugs vor und ordnet ihn in die Romanchronologie ein. Lest dann eine Textanalyse vor. Erläutert anschließend die „Reiseroute“ von Maik und Tschick.

C Stellt den Inhalt eures Textauszugs vor und ordnet ihn in die Romanchronologie ein. Lest dann eine Textanalyse vor. Informiert anschließend über den Autor.

3 Fragerunde

Stellt Fragen zu den Präsentationen. Lasst euch die Fragen von der jeweiligen Gruppe beantworten, z. B.

A Habt ihr Ideen aus dem Film „Tschick“ übernommen oder habt ihr eigene Ideen entwickelt?

B Wie habt ihr die „Reiseroute“ ermittelt?

C Aus welchen Quellen stammen eure Informationen über den Autor?

4 Diskussion

Besprecht und diskutiert gemeinsam weitere Fragen, z. B.
Warum wirken die Situationen in den Textauszügen manchmal komisch, aber manchmal auch dramatisch?

5 Feedback

Wertet die Präsentationen gemeinsam aus. Gebt einander ein Feedback. Orientiert euch an folgenden Fragen:

- ☑ Habt ihr ausreichend Informationen bekommen, um den Auszug zu verstehen?
- ☑ Waren die Textanalysen vollständig und nachvollziehbar?
- ☑ Wurden eure Fragen gut beantwortet?
- ☑ Wurde gut präsentiert (laut, deutlich, zusammenhängend gesprochen, Blickkontakt …)?

Überprüfe dich selbst

○ **1** Lies den Auszug aus dem 3. Kapitel von „Tschick“. Mache dir Notizen zum Inhalt.

Über Krankenhäuser kann man ja viel sagen, aber nicht, dass es da nicht schön ist. Ich bin immer wahnsinnig gern im Krankenhaus. Man macht den ganzen Tag nichts, und dann kommen die Krankenschwestern. Die Schwestern sind alle superjung und superfreundlich. [...]
Meine Lieblingskrankenschwester kommt aus dem Libanon und heißt Hanna. Hanna hat kurzes schwarzes Haar und trägt normale Unterwäsche. Und das ist auch toll: normale Unterwäsche.[...] Hanna ist eigentlich auch erst Schwesternschülerin, also in der Ausbildung oder so, und wenn sie in mein Zimmer kommt, streckt sie immer zuerst den Kopf um die Ecke und klopft dann mit zwei Fingern an den Türrahmen, das finde ich sehr, sehr höflich, und sie denkt sich jeden Tag einen neuen Namen für mich aus. Erst hieß ich Maik, dann Maiki, dann Maikipaiki, wo ich schon dachte: Alter Finne. Aber das war noch nicht das Ende. Dann hieß ich Michael Schumacher, dann Attila der Hunnenkönig, dann Schweinemörder und zuletzt sogar *der kranke Hase*. Allein deshalb würde ich am liebsten noch ein Jahr in diesem Krankenhaus bleiben. [...]
Manchmal kommt sie auch einfach so und setzt sich an mein Bett, weil ich ja sonst praktisch keinen Besuch kriege, und es sind richtig gute Unterhaltungen, die wir da führen. Richtige Erwachsenenunterhaltungen. Mit Frauen wie Hanna ist es immer unfassbar viel leichter, sich zu unterhalten, als mit Mädchen in meinem Alter. Falls mir jemand erklären kann, warum das so ist, kann er mich übrigens gern anrufen, weil, ich kann es mir nämlich nicht erklären. (Kap. 3, S. 15/16)

◒ **2** Wähle eine der beiden Figuren aus dem Textausschnitt aus. Schreibe eine kurze Figurencharakterisierung.

◒ **3** Lies die jugendsprachlichen Ausdrücke aus „Tschick“. Übersetze sie in die Standardsprache und schreibe die Übersetzung auf.

Jetzt, wo ich begriffen hatte, dass er mich nicht **abziehen** wollte, wurde ich sofort mutiger. (Kap. 12, S. 63) **A**

[...] und ich hab gedacht, das ist ein anerkennendes Kopfschütteln, so unter dem Motto: Wie kann ein Sechstklässler nur so **endgeile** Aufsätze schreiben? (Kap. 6, S. 31) **B**

Es hatte einfach nur was damit zu tun, dass er manchmal **hacke** war und manchmal nicht. (Kap. 10, S. 52) **C**

„Mach dir nicht ins Hemd.“ (Kap. 16, S. 83) **D**

„Tatjana **geht kaputt** auf Beyoncé, das weißt du?“ (Kap. 16, S. 87) **E**

D18 Lösungen

Das kannst du jetzt:
- Jugendbuchauszüge untersuchen
- Erzähler, Struktur, Zeitgestaltung, Sprache und Komik erkennen
- eine Textanalyse zu Jugendbuchauszügen verfassen

10 „Creeps“ – ein Jugendtheaterstück

Einen dramatischen Text produktiv erschließen

A

1 Welche der Castingshows von A–C kennt ihr? Untersucht und vergleicht die Castingshows. Nutzt dafür die Kriterien in D. Ergänzt weitere Kriterien.

2 Für viele Menschen ist es eine besondere Situation, im Rampenlicht zu stehen. Tauscht euch über die Fragen in E aus.

In diesem Kapitel beschäftigt ihr euch mit dem Jugendtheaterstück „Creeps“ von Lutz Hübner. Es wurde im Jahr 2000 im Hamburger Schauspielhaus uraufgeführt und seitdem auf vielen Bühnen gespielt. Es geht um drei junge Frauen, die sich für eine Stelle als Moderatorin bewerben und in ein Casting geraten.

Das lernt ihr jetzt:
- Auszüge aus einem dramatischen Text lesen und untersuchen
- den Aufbau eines Dramas erkennen
- Szenen eines dramatischen Textes gestalten

B

C

Name | Thema/Inhalt

Teilnehmende | Jury

D

- Warum nehmen Menschen an einer Castingshow teil?
- Oft werden Menschen in Castingshows verspottet. Warum nehmen sie trotzdem an diesen Shows teil?
- Würdet ihr an einer Castingshow teilnehmen?

E

In Castingshows folgt alles einem Drehbuch und ist von Anfang bis Ende inszeniert. Jeder Teilnehmer bekommt eine bestimmte Rolle zugewiesen.

F

G

„Du siehst verdammt gut aus, du bist cool, ohne dich kommt keine Party auf Touren, deine freche Schnauze ist Kult. Warum eigentlich hast du dich nicht schon längst bei uns beworben?! Wir suchen genau solche Moderatoren wie dich! Power, Präsenz und Personality, um ‚Creeps‘, eine neue Trendfashionmusicshow zu moderieren. Wenn du zwischen 16 und 18 bist und der Steckbrief auf dich zutrifft, bist du die Richtige! Wie das geht? Ganz einfach: Demoband schicken, warten, bis wir anrufen, und los geht’s nach Hamburg. Kennwort Creeps! Wo immer du gerade bist: Wir holen dich da raus! And don’t forget: the world is waiting for you!“ (S. 7)

3 Nehmt zur Aussage in F kritisch Stellung. Begründet eure Meinung.

4 Lest den Aufruf für das Casting in „Creeps“ in G. Klärt, wer wofür gesucht wird.

5 Wie würdet ihr auf Aufruf G reagieren? Tauscht euch darüber aus.

Das Casting beginnt

Einen dramatischen Text untersuchen

Lerninsel
Seite 313/314

1 Lies den Auszug vom Anfang des Theaterstücks „Creeps“. Es handelt sich um die Exposition, das ist die Einführung des Publikums in die Ausgangssituation.

Das Licht auf der Bühne zieht auf.

Nach einiger Zeit kommt Petra herein, stellt ihre Tasche ab, sieht sich um, lächelt, wartet.

Petra Hallo, ich bin jetzt da!

Sie setzt sich aufs Sofa.

Petra Super Musik, auch ein geiles Video, kenn ich.

Sie geht noch mal nach draußen, sieht auf dem Türschild nach, kommt wieder herein.

Die Musik endet.

Petra Ist doch hier wegen Creeps, moderieren und so, oder?

Sie sieht sich noch mal um, bemerkt dann den Schriftzug „Creeps“. Sie lacht verlegen.

Petra Oh Mann, alles klar, sieht mir echt ähnlich.

Cooles Graffiti, echt.

Maren erscheint in der Tür, stutzt, sieht auf das Türschild.

Maren Bin ich hier richtig wegen der Sendung Creeps?

Petra Ja klar.

Sie zeigt auf das Graffiti.

Guck mal, habe ich auch eben erst gesehen, echt typisch. Aber es sagt einem ja auch keiner was. Egal. Ist ja auch noch nicht ganz halb, okay.

Also ich bin Petra, hallo, ja.

Komm rein, sag ich jetzt einfach mal so.

Maren kommt herein.

Maren Hallo.

Petra Klingt jetzt vielleicht blöd, aber, bist du der Studiogast oder so? Ich bin nämlich das erste Mal da.

Also eigentlich gerade erst angekommen, ich mein nur, weil du dich auch nicht auskennst.

Maren Ich bin Moderatorin.

Petra Echt?

Sie gibt ihr die Hand.

Oh Mann, das ist alles so spannend.

Ich auch, weißt du?

Maren Und was machst du?

Petra zeigt auf das Graffiti.

Petra Na, Creeps.

Maren Das mach ich.

Stille.

Petra Also, die haben bei mir angerufen und so.

Maren Bei mir auch.

Petra Das wusste ich nicht.

Maren Ich auch nicht.

Petra Vielleicht machen wir das ja zusammen oder so.

Gibt's ja öfters.

Maren Ich weiß nicht, was sie dir gesagt haben.

Petra Da kommt ja bestimmt gleich jemand.

Maren Aber du hast auch ein Videoband[1] geschickt.

Petra Ja klar.

Lilly kommt herein.

Maren Guten Tag. Hallo, ich bin Maren Terbuyken, wir haben da gerade ein Problem. Wir sind wegen der Moderation da …

Lilly Na? Habt ihr auch eine Message gekriegt?

Maren Ich wurde angerufen.

Lilly „Du bist es! Du! Du! Du! Ganz fette Glückwünsche von uns allen und bis bald."

Maren *irritiert* Ja, genau, jetzt sieht es aber so aus, als ob …

Lilly Genau das haben die mir auch gesagt. Regt euch ab, ich gehöre nicht zu dem Laden.

Petra Versteh ich nicht.

Lilly setzt sich.

Lilly Das hier ist ein Casting.

Petra Aber ich hab doch eine Zusage gekriegt, das ist Fakt.

Lilly Das ist eine Endauswahl.

Haben die euch das in der Verwaltung nicht gesagt? Klar nicht, echte Wichser. Ich hab die gefragt. Ich hab mir schon gedacht, dass da irgendein Haken bei ist, war zu einfach, so geht das nicht. Na okay.

Maren Was heißt denn das?

Lilly Ist doch nicht so schwer.

Eine von uns dreien wird es.

Falls nicht noch mehr kommen.

Petra Vielleicht sollen wir das ja alle drei zusammen machen.

Lilly Zwei fliegen raus, basta. […] (S. 8–10)

1 das Videoband: Videobewerbung (früher auf Videokassette)

Darstellerinnen von Petra, Lilly, Maren (von links nach rechts)

2 Was habt ihr in der Exposition erfahren? Notiert Stichworte dazu an der Tafel.

3 Bildet Dreiergruppen und lest den Text mit verteilten Rollen.

4 Untersucht in der Gruppe die Hauptfiguren genauer. Beantwortet die Fragen mithilfe des Textes und der Abbildung, die aus der Inszenierung des Hamburger Kellertheaters stammt.
- Wie wirken die drei Figuren auf euch? Beschreibt Aussehen, Körpersprache, Gesichtsausdruck und Haltung.
- Was erfahrt ihr über ihren Charakter? Belegt mit Zitaten aus dem Text.

5 Besprecht in der Gruppe, was der letzte Satz des Textauszugs bedeutet und welche Rolle er für das Stück spielen könnte.

6 Versetze dich in eine der drei Figuren hinein und schreibe einen kurzen inneren Monolog über den Konflikt, in dem sie sich befindet. Beschreibe, wie du die Situation empfindest und was du jetzt tun könntest. Schreibe in der Ich-Form.

innerer Monolog
Seite 153

7 Lest einander in der Gruppe eure inneren Monologe vor und bewertet die Situation. Wie könnten sich Maren, Petra und Lilly verhalten?

Das Drama nimmt seinen Lauf

Einen dramatischen Text untersuchen

Nachdem sich die Kandidatinnen kennengelernt haben, schaltet sich der Aufnahmeleiter ein. Sie sehen ihn nicht, sondern hören nur seine Stimme. Er gibt ihnen erste Anweisungen, vor der Kamera stellen sie sich vor und interviewen einander. Es entwickelt sich zwischen den Mädchen ein Konkurrenzkampf.

○ **1** Lies den folgenden Auszug aus dem Theaterstück. Es handelt sich um den Höhepunkt, des Stückes.

Lilly *laut* Das ist ein Casting! Hier geht es um einen Job! Kriegt ihr das nicht in die Birne? Das ist keine Klassenfahrt mit Schnitzeljagd, das ist ein Job beim TV für Acht im Monat, Markenklamotten frei Haus, Homestorys, VIP-Lounge, Trips zu allen Events, das ist ein knallhartes Ding. Was wollt ihr denn in der Sendung machen? Sackhüpfen? Ihr müsst mal checken, dass ihr was bringen müsst!

Maren Darum geht es doch nicht, du verlogenes Miststück, das weißt du genau!

Lilly Worum geht es denn? Worum?

Maren Diese Scheißfragen nach meiner Mutter, nach der Schule, du hast mich reingeritten, mit voller Absicht.

Lilly *schreit* Du stehst doch auf Theater, dann mach doch einen auf Kelly Family, dann lüg doch. Das ist denen doch scheißegal, ob deine Eltern geschieden sind oder nicht, lass doch die Psychokacke. Wo ist denn das Problem, wenn du ein Loser in der Schule bist, ist das meine Schuld? Soll ich dich aufbauen? Ich? Nachdem du mich so übel angeschissen hast? Ich? Du blöde Fotze, ist das mein Problem, wenn du kaputt bist?

Maren geht auf Lilly los, ohrfeigt sie, Lilly schreit.

Petra geht dazwischen.

Maren will wieder zuschlagen.

Petra Aufhören, sofort!

Petra trennt die beiden, Maren bricht zusammen, beginnt hysterisch zu heulen.

Lilly Bist du verrückt? Du bist ja total verrückt!! Du gehörst doch in die Klapse!!

Petra Halt die Schnauze! Hau ab! Lass sie doch in Ruhe!

Lilly Die soll mich in Ruhe lassen!

Lilly schnappt ihre Tasche, setzt sich in die Ecke, wühlt in ihrer Tasche, holt den Player[1] heraus, die Zigaretten, sucht das Feuerzeug u.Ä.

1 der Player: (hier) MP3-Player, tragbares Gerät, das Audiodateien abspielt

Petra geht zu Maren.

Petra Das kannst du doch nicht machen.

Maren Hau ab, lass mich in Frieden, das kapierst du nicht.

Petra Ich will ja nur ...

Maren Das kapierst du nicht!

Petra Das ist doch nur ... ich meine ... klar, ich hab auch gedacht, dass ich es bin ... aber so voll ernst darf man das doch nicht nehmen, oder?

Maren Das geht schief, das weiß ich. Aus. Vorbei. Gelaufen. Kaputt ... weg ... fertig ... erledigt ... jetzt ist es passiert. Oh Scheiße, und ich hab gedacht, ich schaff das noch. Jetzt ist es schlimmer, es ist noch schlimmer ...

Sie beginnt zu hyperventilieren, ein Würgereiz.

Petra Ruhig, Mensch Maren, du musst ins Bett, leg dich hin oder so.

Maren beginnt auf und ab zu laufen.

Maren Mein Kopf, jetzt geht das wieder los.

Petra geht zu Maren.

Petra Komm, leg dich hier auf das Sofa, oder geh ein bisschen was raus an die frische Luft. Ich sag denen, dass du krank bist und dass du andermal kommst, oder so.

Maren Nein! Nein! Alles, bloß das nicht. Ich kann nicht noch mal ... ich muss das heute. Unbedingt, sonst ist alles gelaufen. Ich kann nicht zurück, wenn das heute nicht ... ich zieh das durch und dann ist alles egal ...

Maren setzt sich aufs Sofa, schlägt sich mit beiden Händen auf den Kopf, immer stärker.

Petra Hör sofort auf damit!

Maren Ich muss mal aufs Klo ... muss mal gucken, wo das ist, muss hier ja eins sein ... ich guck mal, wo das ist.

Sie geht zur Tür.

Maren Sag mir, wenn es weitergeht, ja? Unbedingt, du musst mir das sagen, bitte, ja?

Petra Ja, klar.

Maren geht nach draußen. Stille. Lilly setzt den Kopfhörer ab, packt den MP3-Player ein.

Petra Was hat die denn?

Lilly Kaputt im Kopf.

Stille. [...] (S. 28–30)

2 Fasst im Tandem den Inhalt des Textauszugs aus Aufgabe 1 zusammen.

3 Erklärt im Tandem, warum diese Stelle der Höhepunkt des Stücks ist. Bezieht euch dabei auch auf die Ausgangssituation von Seite 178/179.

4 Untersucht in der Gruppe die Entwicklung der Hauptfiguren. Beantwortet dabei folgende Fragen. Macht euch Notizen und belegt mit Textzitaten.
- Wie haben sich die Mädchen im Vergleich zur Ausgangssituation verändert?
- Wie kann der Konflikt gelöst werden?
- Wie könnten oder sollten sich die Figuren jetzt verhalten?
- Wer wird die neue Moderatorin? Begründet eure Meinung.

Ende gut, alles gut?!

Einen dramatischen Text untersuchen und zusammenfassen

Aufnahmeleiter Arno, die Off-Stimme (OV), provoziert die Mädchen mit weiteren Aufgaben. Er stellt unverschämte Fragen zu ihrem Leben. Als dann jemand im Regieraum auf die Gegensprechtaste kommt und die Mädchen mit anhören können, was Arno wirklich über sie denkt, beschließen sie, das Casting aufzugeben. Allerdings kommt es dann doch anders ...

○ **1** Lies den Auszug vom Schluss des Theaterstücks, der den Konflikt auflöst.

OV Wir haben jetzt nur einen kleinen Rough Mix hingekriegt, auch Zaubern dauert seine Zeit, wollt ihr mal einen Blick reinhören? Film ab.
Lilly setzt sich, danach Petra und Maren.
Das Licht geht aus. Videoleinwand.

Es folgt ein Trailer aus Zitaten des Castings, auch aus den Offzeiten, kurze Clips der Moderationen, Tanznummern. Die Ohrfeige von Maren, ihr Zusammenbruch, unterlegt von Petras wütender Hassrede, alles sehr schnell geschnitten, geht langsam über in eine Remixversion von „Drei Chinesen", dazwischen Schnipsel aus Dialogen, Lillys Arno! Rufe.
Eine perfekte kurze Nummer über drei sehr coole Frauen, Liebe, Hass, Statements, Texteinblendungen etc. ...

Gegen Ende des Clips wird der Schriftzug Creeps! eingeblendet, dann ein Mädchen, stilistisch zwischen Björk und Franka Potente.
Ansage *Hallo Leute, hier ist Kathleen, willkommen bei Creeps, dem neuen Lifestylemagazin mit den etwas anderen Tipps.*
Black.
OV Kommt gut, oder? Wartet mal ab, bis wir das richtig hochgetunt haben.
Mädchen *off voice* Hallo Mädels, ich bin Kathleen, hi. Ich hab gerade hier oben in der Regie den Rough Cut angeschaut, den die gezaubert haben, und ich muss sagen, ich bin total begeistert. Ihr seid so was von authentisch. Das wird ein super Trailer für meine Sendung.
OV Okay, danke Kathleen. Ich sag euch, Mädels: Der Clip läuft vor jeder Sendung und in jedem Werbeblock. Mit so 'nem Trailer und Kathleen als Moderatorin: Das zieht, das knallt, das toppt die Quote!
Ich meine: Klar, wenn ihr mal ein richtiges Casting machen wollt, solltet ihr vielleicht 'ne andere Schiene fahren, aber in Sachen Creeps, da war das voll auf dem Punkt. In zwei Monaten geht das über'n Sender. Macht euch auf 'n ziemlichen Hype gefasst: Das wird konkret Kult.
Maren, sag deiner Mutter, you're on TV, so fuck the rest.
Und Lilly: Nimm's uns nicht krumm, du bist schwer zu knacken, danach warst du echt touchy, du weißt, was ich meine, oder? Küsschen für Daddy.
Übrigens, Petra:
Die Jungs von der Daily Soap sind ziemlich auf dich abgefahren. Wenn du Interesse hast, einfach rüber zu Studio drei „Hafenklinik", anklopfen, die wissen Bescheid, denk drüber nach.
Wir hätten ja gerne noch 'ne Cola mit euch Superchicks getrunken, aber, no chance, in einer halben Stunde geht's schon weiter.

Kommt gut nach Hause, ich hoffe, es hat euch ein bisschen Spaß gemacht. Das macht zweifünf bar Kralle für jeden, könnt ihr euch in der Verwaltung abholen.

M F G, wir lieben euch, see you on TV.

Stille.

Lilly Was ist, gehen wir?

Maren *zu Petra* Machst du das?

Petra Ich weiß nicht.

Lilly Ich will hier raus.

Maren Ich auch.

Lilly Und, was machst du?

Maren Ich geh zum Zug.

Lilly Jetzt doch?

Maren Ich komm doch jetzt im Fernsehen, oder?

Lilly Klar tust du das. [...] (S. 47/48)

2 Fasst im Tandem den Inhalt dieser Szene zusammen. Erklärt, wie sich der Konflikt auflöst. Macht euch dann Notizen zum Inhalt und Konflikt.

3 Untersucht die Figur des Aufnahmeleiters Arno genauer. Beschreibt und bewertet im Tandem sein Verhalten und seine Sprechweise.

4 Wie haben sich die drei Mädchen verändert? Vergleiche ihr Verhalten am Schluss des Stücks mit den beiden Textauszügen auf den vorherigen Seiten. Formuliere deine Meinung schriftlich und belege mit Textzitaten.

5 Beschreibt im Tandem den Aufbau eines Dramas mithilfe der folgenden Übersicht.

Lerninsel
Seite 313/314

Hinführung zum Konflikt (Exposition):	→	**Entwicklung des Konflikts:**	→	**Lösung des Konflikts:**
Ausgangssituation mit Ort, Zeit, Figuren, Vorgeschichte, Andeutung des Konflikts		Steigerung des Konflikts bis zum Höhepunkt, Umschlagen oder Verzögerung des Konfliktverlaufs		Konflikt endet in Katastrophe oder Happy End

6 Sieh dir deine Notizen zum Inhalt von Exposition, Höhepunkt und Schluss des Stücks an. Schreibe jetzt eine Zusammenfassung von „Creeps“. Gehe dabei auf den Aufbau des Stücks ein.

7 Tauscht euch in der Klasse über eure Ergebnisse aus Aufgabe 6 aus.

START **Drei Wege – ein Ziel!** Finde deinen Weg mit diesem Einschätzungstest: **D19**

A
B
C

Wir performen

Einen dramatischen Text produktiv erschließen

Wir befinden uns jetzt wieder am Anfang von „Creeps“. Die Kandidatinnen haben sich kennengelernt, die Off-Stimme hat sie begrüßt und bittet sie, sich vor der Kamera vorzustellen. Anschließend soll Petra Maren interviewen.

○ **1** Lies den folgenden Textauszug.

Petra Leute, das ist der Supersound, den ihr ab jetzt immer hier hören könnt, wir haben die Topcharts, die heißesten Abtanznummern und alle News, die euch wirklich interessieren.
Ich bin Petra aus Chemnitz oder, wie die richtigen Insider sagen, KM[1] Stadt, kultig und modern, die heißeste Stadt im wilden Osten.
Ich grüße alle Clubbers da draußen!
Hier ist die Miss Big Apple, jetzt für ganz Deutschland, ich und die Jungs hier präsentieren euch die neuesten Megatrends, alles, was läuft, hier ist immer was los bei Creeps, und ich sag euch, bleibt dran, wir liefern euch die Stars, die Bands und jede Menge Musik und los!
Sie macht noch ein paar Tanzschritte, Pose.
OV Große Klasse, Petra, du hast echt Power.
[...]
Lilly He du, ja du, ich rede mit dir.
Leg die Fernbedienung weg.
Du bist genau da, wo du hinwolltest.
Du bist bei Creeps!
Du wolltest doch in die high energy zone, wo du dir die Charts und die wirklich wichtigen News runterladen kannst.
Dazu jede Menge Tipps, Tratsch und die Trends fürs aktuelle Millennium[2]. Update for your brain.
Creeps – denn ein einziger Wirkstoff genügt!
Hör genau zu, wir sagen dir, wo es langgeht.
Ich bin Lilly, merk dir mein Gesicht, und wenn du morgen in einen Club gehst und ich bin nicht da, dann weißt du, dass der Laden out ist.
Lilly, merk dir den Namen.
Wir sortieren alles aus, was du nicht wissen musst. Wir zeigen dir die Street- und Clubwear, mit der du am schärfsten aussiehst, Lillys choice, darauf könnt ihr euch verlassen.
Wenn du heute wissen willst, worüber die Szene morgen spricht, hör einfach zu.
Wir haben die Stars, die News und die Zauberwörter, die du brauchst für den urban jungle, live aus Hamburg City.
Creeps, wir sind die Guten, und jetzt leg die Ohren an, schieb den Couchtisch weg, du brauchst Platz zum Tanzen, hier kommt der Sound von morgen, einer der Tracks, für die man die Repeattaste[3] erfunden hat!
OV Große Klasse, Lilly.
[...]
Petra Hallo Maren, find ich echt toll, dass du heute bei mir im Studio bist.
Du bist ja extra aus Hamm zu uns gekommen. Da ist ja bei Dortmund, da geht es zum Rave ja bestimmt immer in die Clubs vom Kohlenpott.

1 KM: Stadt: (in der DDR) Karl-Marx-Stadt
2 das Millennium: Jahrtausend
3 die Repeattaste: Taste für Wiederholung (früher am Gerät zum Musikabspielen)

Maren Ja, klar.
Petra Und? Hast du eine Lieblingslocation?
Maren *lacht nervös* Eigentlich nicht.
Petra Du bist ja Löwe, die sind ja sehr offen, sehr engagiert und so. Bist du ein typischer Löwe?
Maren Ja, ich engagiere mich im Umweltschutz.
Ich glaube, das ist extrem wichtig, gerade wenn man sieht, wie wir mit der Erde umgehen, da muss auch jeder für sich was machen.
Petra Biotonne und so.
Maren So Sachen.
Petra Du hast ja 'ne echt kultige Kette um, was ist denn das?
Maren Ein Mondstein, der fördert positive Energie.
Petra Und der hilft auch?
Maren Ja.
Petra Super.
Sag mal, Maren, hast du 'nen Musikwunsch oder so?
Maren *zögert* Nein, so speziell eigentlich nicht.
Petra Dann gucken wir doch mal in das neue Video von Puff Daddy rein.
OV Große Klasse, alle beide. [...] (S. 14–16)

2 Bildet Vierergruppen und tauscht euch über den Inhalt des Textauszugs aus. Macht euch Notizen zu folgenden Punkten:
- Welche Informationen habt ihr über die Figuren erhalten?
- Wie präsentieren sich Petra und Lilly? Vergleicht.
- Wie präsentieren sie die Show „Creeps“? Vergleicht.

3 Bereitet jetzt ein **szenisches Spiel** des Textauszugs vor. Geht so vor:
- Verteilt in jeder Vierergruppe die Rollen der vier auftretenden Figuren.
- Lest den Textauszug noch einmal genau.
- Legt für jede Figur Sprechweise, Körperhaltung, Mimik und Gestik fest.
- Macht euch Notizen dazu.

szenisches Spiel
→ Seite 315

MK **4** Übt eure szenischen Spiele in den Gruppen. Nehmt sie mit Kamera oder Handy auf.

5 Zeigt eure Aufnahmen und gebt einander ein Feedback.

Feedback
→ Seite 342

6 Bereitet die Präsentation in der Klasse so vor:
- Fasst alle Informationen zum Inhalt des Textauszugs zusammen. Ordnet ihn in das Gesamtstück „Creeps“ ein.
- Wählt eine Person aus, die den Textauszug vorstellt.
- Wählt eine Vierergruppe aus, die das szenische Spiel präsentiert.

Die Masken fallen

Einen dramatischen Text produktiv erschließen

Nach dem Höhepunkt, dem Streit der Mädchen und der Ohrfeige Marens, beruhigen sich die Mädchen und beginnen ihre Situation zu reflektieren. Sie unterhalten sich über ihr Leben und die Beweggründe für ihre Teilnahme am Casting.

○ **1** Lies den folgenden Textauszug.

Maren Du hast das Leben im Griff, ja?

Lilly Lass stecken, Maren. Ich entschuldige mich nicht dafür, dass ich einen guten Background[1] und vielleicht ein bisschen mehr Knete habe als ihr, das ist scheißegal. Aber die Haltung muss stimmen, der Durchblick.

Maren Weißt du, was passiert, wenn ich nach Hause komme? Mit meiner Mutter, die allen erzählt hat, dass ich beim Fernsehen bin? Allen? Meine Maren ist doch nicht die blöde Nuss, die in der Schule durchrasselt und die man zum Schulpsychologen schicken muss. Nein, die ist beim Fernsehen, die haben angerufen, sie hat es geschafft!

Dabei weiß sie noch nicht mal, dass ich wieder hängen bleibe. Die dreht durch, verstehst du? Die dreht original durch, ich kann nicht mehr zurück. Da ist alles auf dem Tisch, alles! So sieht es aus.

Die hat alles aufgegeben, damit sie mich durchkriegt, was hätte die denn machen sollen, allein, die hat alles getan und dann bringe ich's nicht. Das war meine letzte Chance, kapierst du?

Ich will wissen, ob du das kapierst!

Lilly Jetzt schalt mal runter, cool down.

Maren Ich hab nichts mehr hingekriegt, nichts, mir dreht es die Birne weg in der Schule, die bringt sich um, ich hab ein Loch im Kopf, black out, und Mama flippt aus, die ist so enttäuscht von mir, ich hab doch Verantwortung für die, ich bleib noch mal hängen, kapierst du und dann krieg ich den Job hier, in letzter Minute und jetzt ist das gelaufen.

Weißt du, was das heißt, den Job nicht zu haben?!

[...]

Petra Du gehst nicht mehr nach Hause, oder?

Maren Nein, ich geh nicht mehr nach Hause.

Stille

Maren *zu Lilly* Und warum machst du es?

Du hast es doch nicht nötig, oder? [...]

Lilly Ich kann so lange raus, wie ich will, ich muss nur das Handy angeschaltet lassen. Ich kann mit dem Taxi von hier bis Wunderland fahren, ich kann die Quittungen meinem Vater geben. Wenn ich in den Ferien arbeiten will, ruft mein Vater irgendwo an und ich habe einen Superjob.

Ich komm überall rein, wenn ich meinen Namen sage, und wenn ich ein Volontariat[2] machen will, muss ich nur mal husten. Kapiert?

Maren Nein.

Lilly Das hier ist meins, verstehst du?

Stille.

1 der Background: Herkunft, Hintergrund

2 das Volontariat: zeitlich begrenzte Arbeit in einem Unternehmen, wie ein Praktikum

Lilly Es ist so beschissen, dämlich, unter Niveau: meins. Nur meins. Kapiert?
Maren Ja.
Lilly Ich will, dass die Respekt vor mir haben, dass ich es bin, Lilly Marie, zufällig Teetz, aber nur zufällig.
Petra Vielleicht holst du uns ja mal als Studiogast. [...] (S. 39–41)

2 Bildet Dreiergruppen und tauscht euch über den Inhalt der Szene aus. Lest die Szene mit verteilten Rollen.

3 Sieh dir noch einmal deine Notizen zu den einzelnen Figuren von Seite 179 und 181 an. Ergänze sie mit Informationen aus dem Text von Aufgabe 1.

4 Bildet jetzt Fünfergruppen für ein Standbild und verteilt die folgenden Rollen.

Lilly | Maren | Petra | Regisseurin/Regisseur | Beobachterin/Beobachter

5 Tauscht euch dann in der Gruppe über die einzelnen Figuren in der Szene, ihre Gefühle, ihre Stimmung und ihr Verhältnis untereinander aus. Legt fest, wie ihr die Szene darstellen wollt.

MK **6** Baut nun in den Fünfergruppen ein **Standbild**. Geht so vor:
- Die Regisseurin/der Regisseur positioniert die Darstellenden von Petra, Maren und Lilly. Die Regie legt Körperhaltung, Körperausdruck, Mimik und Gestik fest.
- Die Darstellenden führen aus, was die Regie vorschlägt.
- Friert die Szene für eine Minute ein und fotografiert das Standbild.
- Die Beobachterin oder der Beobachter gibt ein Feedback dazu, ob erkennbar ist, was die Regie ausdrücken wollte.
- Die Darstellenden geben eine Rückmeldung und beurteilen dabei ihre Position.

Tipp
Probiert verschiedene Varianten aus.

Standbild
Seite 315

Feedback
Seite 342

7 Überlegt nun in der Gruppe, wie sich die Figuren im Laufe des Stücks verändert haben. Beachtet dabei die Textauszüge der vorherigen Seiten. Nennt die Beweggründe der jungen Frauen, am Casting teilzunehmen.

8 Bereitet die Präsentation in der Klasse vor:
- Fasst alle Informationen zum Inhalt des Textauszugs zusammen. Ordnet ihn in das Gesamtstück „Creeps“ ein.
- Wählt eine Person aus, die den Textauszug vorstellt.
- Wählt drei Personen aus, die den Textauszug mit verteilten Rollen vorlesen.
- Haltet euer Foto bereit.

Merke

V05

Das Standbild

In einem **Standbild** kann man **Gefühle, Situationen, Figuren und** ihr **Verhältnis zueinander bildlich** darstellen. Es sieht aus wie ein **angehaltener Film** oder wie ein Bild ohne Sprache und Bewegung.
Ein Standbild dient dazu, einen **Text besser verstehen** und **deuten** zu können.

Lerninsel
Seite 315

Wir haben Fragen ...

Einen dramatischen Text produktiv erschließen

Der Aufnahmeleiter Arno im Stück spricht immer aus dem Off. Er lenkt das Geschehen und leitet die Kandidatinnen an, sich vor der Kamera zu präsentieren. Er motiviert und provoziert, um Material für den Trailer von „Creeps“ zu erhalten.

○ **1** Lies die folgenden Auszüge aus dem Stück, in denen sich der Aufnahmeleiter als Offvoice (OV) zu Wort meldet.

OV Okay, hallo, super, dass ihr da seid, alle drei haben das Studio gefunden, der Rest ist ein Kinderspiel, okay, kleiner Scherz.
Wir hatten euch einen Prakti losgeschickt, aber der ist verschütt gegangen, sorry for that, okay, ich bin Arno von der Regie, ich werde euch gleich mal erklären, wie das hier so läuft und was Sache ist.
Wir gehen das alles ganz locker an, macht euch keinen Stress, wir müssen hier noch ein paar Sachen checken, Tasten sortieren, die Regler durchzählen, things like that, Geduld, macht's euch gemütlich, cool bleiben. [...] (S. 11)

OV Alles klar, alles im Griff, es kann losgehen.
Erstmal Glückwunsch von uns allen, ich kann euch verraten, wir hatten eine Menge Demos, no shit, aber nur bei euch dreien haben wir alle wow! gesagt. Ihr drei habt das, was wir brauchen, und das ist credibility.
Wir wollen keine Hochglanzmodelabziehbilder, sondern Leben live, Leute, die ihre eigenen Styles flashen, die genauso sind wie die Posse da draußen, Generation @ Personalities, die ihre eigene Denke haben, keine Spaßbremsen mit Plastikcharme, sondern Persönlichkeit und Präsenz. [...] (S. 12)

OV Kleine Spielerei, *mit heiserer Stimme* Frankenstein!
Okay, genug geblödelt, jetzt wird's ernst, die Funrunde ist vorbei, ihr könnt performen, haben wir gesehen, jetzt mal eine Personalityrunde.
Keine Sorge, wird nicht wehtun.
Wir werden ja Studiogäste haben, und da wollen wir ja auch ein bisschen was über die Leute wissen. Hardware können wir zaubern, Software läuft von Mensch zu Mensch.
Who are you, nicht die facts, real talk, attitudes.
Tell me how you feel. [...] (S. 24)

OV *lacht* Petra, hör zu, du bist eine Superfrau, weißt du, du hast so was Direktes und ich find es auch echt süß, dass du deine Leute schützen willst, aber irgendwie musst du auch dazu stehen, dass du aus dem Osten kommst.
Ich meine, wir wissen, was da läuft. Das ist nicht so voll die heile Welt, right? Du hast doch was durch, dieses ganze neue Leben, du brauchst uns nicht den Wessi zu faken, du musst auch zu der Scheiße stehen, die da läuft.
Da steckt ja auch eine Sehnsucht in der ganzen Gewalt und Verzweiflung da drüben.

Die Hirnwäsche, der Druck und so, und auf einmal seid ihr im Überfluss, ich red ja nicht von Bananen, ich meine das feeling, neue Werte, all that stuff.
Da steckt doch irgendwo auch eine Kraft, oder?
Die spür ich doch bei dir, Petra.
Mach doch mal deine Seele auf. [...] (S. 36)

OV *gackernd* ... oder unsere Hanseatenzicke, das Gesicht, close up, hey Lilly of the valley, wir haben uns entschieden, wir drehen dir einen Henkel in den Kopf und verklappen dich bei den Teletubbies, mach mal ah-oooh!! ... aber voll sexy *Gelächter* Und wisst ihr was? Wenn das Vatertier mal wieder die Leitung vollsülzt, sagen wir einfach: Herr Teetz, beruhigen Sie sich, alles im grünen Bereich. Ihre Tochter ist gebucht, all down the Elbchaussee und der Frotteepuschel von Gucci *Gelächter* Super, super !!!! ... [...] (S. 42)

2 In welchem Zusammenhang stehen die Aussagen von Arno? Versucht in der Gruppe die Textauszüge in das Stück einzuordnen.

3 Beschreibt in der Gruppe Arno und sein Verhalten. Klärt dabei auch die Fragen:
- Wie verhält er sich den Kandidatinnen gegenüber?
- Warum bleibt er unsichtbar?

4 Untersucht und beschreibt in der Gruppe die Sprechweise von Arno genauer. Erläutert, wie seine Sprechweise auf euch wirkt.

Tipp
Wählt auffällige Redewendungen aus und erläutert sie.

5 Übersetze den Titel „Creeps“ und lies das folgende Zitat. Erläutere schriftlich den Zusammenhang zwischen dem Titel und dem Inhalt des Jugendtheaterstücks sowie dem Textzitat.

OV Ihr seid Creeps. Ist ein Kompliment. (S. 46)

6 V06 Entwickelt zu den Textauszügen und zum Inhalt des Stücks „Creeps“ einen **Podcast**. Diskutiert darin das Verhalten von Medienmachern wie Arno und das Thema Castingshows. Geht so vor:
- Lest noch einmal alle Textauszüge aus „Creeps“ oder das gesamte Theaterstück.
- Macht euch Notizen zum Inhalt und zu den wichtigsten Aussagen des Stücks. Nutzt eure Texte aus Aufgabe 5.
- Sammelt Fragen, die ihr Arno stellen wollt. Denkt euch mögliche Antworten aus. Bereitet ein Interview mit ihm vor.
- Wählt mehrere Personen aus, die im Podcast sprechen, das Interview spielen und diskutieren.
- Legt ein Skript für den Podcast an. Notiert darin die Zeit, die verschiedenen Teile (z. B. Intro), Texte und die Gestaltung (z. B. Musik).
- Stellt das Stück und die wichtigsten Aussagen vor. Geht auf die Figur von Arno ein. Sendet das erarbeitete Interview mit ihm.
- Diskutiert über das Theaterstück „Creeps“. Erklärt eure Sicht auf das Stück, die Figur Arno und das Thema Castingshows.
- Nehmt den Podcast auf und bearbeitet ihn anschließend. Nutzt entsprechende Programme dafür, z. B. Audacity.

Tipp
Achtet darauf, dass ihr die Sprechweise von Arno imitiert.

7 Bereitet das Senden eures Podcasts in der Klasse vor.

Präsentiert eure Ergebnisse

Ihr habt euch mit dem Jugendtheaterstück „Creeps" beschäftigt und verschiedene Szenen genauer untersucht und produktiv erschlossen. Jetzt könnt ihr in der Klasse eure Ergebnisse und Beiträge präsentieren.

1 Information

○ Informiert die Klasse, welche Beiträge ihr zu den Textauszügen erarbeitet habt.

2 Präsentation

◒ Präsentiert eure Beiträge.
- A Stellt den Textauszug und den Zusammenhang zum Stück vor. Führt euer szenisches Spiel auf oder spielt die Aufnahme vor.
- B Lest den Textauszug vor. Präsentiert alle weiteren Informationen zum Textauszug und das Foto zu euerm Standbild.
- C Spielt euern Podcast ab.

3 Fragerunde

○ Stellt Fragen zu den Beiträgen und Textauszügen. Lasst euch die Fragen von der jeweiligen Gruppe beantworten, z. B.
- A Wie würdet ihr eine Music-Show moderieren?
- B Was wolltet ihr mit dem Standbild ausdrücken?
- C Was will Arno mit seiner Sprechweise ausdrücken?

4 Diskussion

◒ Besprecht und diskutiert gemeinsam weitere Fragestellungen zu euern Beiträgen, z. B.
- Was habt ihr Neues über die Figuren des Stücks erfahren?
- Warum haben die jungen Frauen am Casting teilgenommen?
- Wie hätten die jungen Frauen auf die Provokationen und Manipulationen des Aufnahmeleiters Arno reagieren können? Wie hättet ihr reagiert?

5 Feedback

● Wertet die Präsentationen gemeinsam aus. Gebt einander ein Feedback. Orientiert euch an folgenden Fragen:
- ☑ Habt ihr ausreichende Informationen über die Textauszüge bekommen?
- ☑ Haben euch szenisches Spiel, Standbild und Podcast geholfen, das Stück und die Figuren besser zu verstehen?
- ☑ Wurden eure Fragen gut beantwortet?
- ☑ Wurde gut präsentiert (laut, deutlich, zusammenhängend gesprochen, Blickkontakt ...)?

Überprüfe dich selbst

○ **1** Beschreibe kurz Inhalt und Aufbau des Jugendtheaterstücks „Creeps“.

◒ **2** Lies einen weiteren Auszug aus „Creeps“ und erläutere ihn schriftlich.

Die jungen Frauen haben gehört, was der Aufnahmeleiter wirklich über sie denkt, als jemand versehentlich auf die Gegensprechtaste gedrückt hat. Das folgende Gespräch schließt daran an:

Petra Was machen wir denn jetzt?
Lilly Nehmen wir den Laden hier auseinander, dann kommen sie schon.
Maren Jetzt komm mal runter, Lilly. [...]
Petra Sind die jetzt abgehauen oder so?
Lilly Also, machen wir ein bisschen Stunk, okay?
Hee! Arno! Süßer!
Wir machen den Job nicht, kapiert?
Maren So doch nicht.
Lilly So trete ich hier nicht ab.
Petra Du bist Scheiße! [...]
Maren Los, wir hauen ab, das bringt doch nichts. Ich will hier raus und dann denk ich mir was aus, wie es weitergeht. [...]
Petra Ich will den Arsch einmal sehen.
Lilly Dann kriegt er noch authentisch eins vor den Koffer geschissen und dann hauen wir ab. [...]
Hey Arno! Drei Mädchen warten sehnsüchtig auf dich, lass uns doch mal deine Superstimme hören!
OV Ich bin ganz Ohr.
Lilly Das Casting ist gelaufen, klar?
OV Klar ist es das.
Lilly Du checkst ja richtig was.
OV Klar doch. [...]
Petra Wir wollen den Job nicht.
OV Ihr wart super, wirklich.
Maren Wir machen es nicht.
OV Ihr habt es doch gemacht.
Petra Was? [...]
OV Ihr wart unser bestes Material bisher. Sternstunde, wirklich, sagen alle.
Lilly Ihr könnt euch andere Moderatoren suchen, wir haben die Schnauze voll.
OV Okay, jetzt kommt erst mal ein bisschen runter, ihr braucht nicht mehr aufzudrehen, die Kamera läuft nicht mehr. Wir haben ein tape, aus dem wir einen verdammt guten Clip zaubern können, ist alles dabei, die bunte Knabbermischung [...]. (S. 45/46)

D20 Lösungen

Das kannst du jetzt:
- einen dramatischen Text untersuchen und erschließen
- den Aufbau eines dramatischen Textes erklären
- Auszüge aus einem dramatischen Text produktiv erschließen

11 Ernährung in der Zukunft

Sachtexte und Diagramme analysieren

A

1 Seht euch die Bilder **A–D** an. Besprecht, in welchem Zusammenhang sie zum Kapitelthema stehen. Beantwortet dabei die Fragen:
- Welche der Nahrungsmittel kennt ihr und würdet ihr probieren?
- Welche der Nahrungsmittel könnten in der Zukunft eine wichtige Rolle spielen? Begründet eure Meinung.
- Wie stellt ihr euch die Ernährung der Zukunft vor?

2 Lest die drei Sachtexte zum Thema „Algen – Lebensmittel der Zukunft“ in **E–G**.

3 Was habt ihr über Algen erfahren? Tauscht euch über den Inhalt der Texte aus.

Wie ernähren sich Menschen in der Zukunft? Welchen Zusammenhang gibt es zwischen unserem Essen und dem Klima? Diese und andere Fragen könnt ihr mithilfe der Sachtexte in diesem Kapitel klären. Es soll euch anregen, euch mehr mit dem Thema Ernährung zu beschäftigen.

Das lernt ihr jetzt:
- Sachtexte lesen und erschließen
- eine Sachtextanalyse vorbereiten und schreiben
- Diagramme untersuchen und auswerten

B

C

D

E

Alge (lat. *alga*), im Wasser lebendes, pflanzenartiges Lebewesen, das Fotosynthese betreibt. Zu den Algen zählen z.B. die auch als Seetang bezeichneten Braunalgen, Grünalgen und Rotalgen. Makroskopische Meeresalgen (Makroalgen) werden seit alters her wirtschaftlich genutzt: In China, Japan und auf einigen pazifischen Inseln dienen sie auch der menschlichen Ernährung. Meist handelt es sich um blattartige Grünalgen (z.B. *Monostroma*-Arten), die als Suppen- und Gemüsebeilage gegessen werden.

F

Was spricht für Algen als Nahrungsmittel? Zunächst einmal stecken Algen voller gesunder Nährstoffe. Sie enthalten viel Protein, wenig Fett, viele Mineralstoffe und Omega-3-Fettsäuren – kaum ein anderes Lebensmittel kann das auf einmal bieten. Dagegen steht aber die Tatsache, dass genau diese hohe Konzentration an Nährstoffen, z.B. an Jod, für den Menschen auch gesundheitsschädigend sein kann.

G

Es lebe die Alge! Testen Sie unsere neuen Algenprodukte – damit können Sie Ihren Speiseplan auf raffinierte Weise erweitern und spielend Ihren Tagesbedarf an Mineralien, Proteinen und Omega-3-Fettsäuren decken! Unsere Produkte sind rein biologisch und ohne Zusatzstoffe hergestellt – und durch ihren günstigen Preis für jeden erschwinglich! Greifen Sie zu!

H

informieren

appellieren

argumentieren

4 Woran erkennt man Sachtexte? Notiert Merkmale an der Tafel.

5 Nennt die Textarten, zu denen die Sachtexte E–G gehören könnten. Ordnet sie den Absichten oder Funktionen in H zu.

6 Erläutert, an welchen Merkmalen im Text ihr die Absicht oder die Funktion erkannt habt.

Insekten als Lebensmittel?

Einen Sachtext erschließen

1 Stelle Vermutungen an, worum es in dem folgenden Sachtext geht. Sieh dir das Bild an und lies die Überschrift.

2 Was wisst ihr über dieses Thema? Tauscht euch in der Gruppe über eure Vermutungen aus Aufgabe 1 und euer Wissen zum Thema aus.

3 Lies den Text und verschaffe dir einen ersten Überblick über den Inhalt. Lies die Anfänge der Abschnitte, wichtige Wörter und bekannte Begriffe.

A12

Lerninsel

Seite 300/301

HOLGER MÜLLER

Ein Hoch auf die Heuschrecke – eine Bereicherung des Speiseplans

Heuschreckenburger und Grillensalat – was sich anhört wie der neueste Trend, ist allerdings mehr als nur eine Modeerscheinung in Sachen Ernährung. Das Essen von Insekten sollte auch hier in Europa alltäglich werden und als Alternative zum Verzehr der bekannten Fleischsorten praktiziert werden.

Biologen und Ernährungswissenschaftler nennen Argumente, warum ein Umsteigen auf Insekten als Fleischersatz in der Zukunft notwendig ist: „Es leben immer mehr Menschen auf der Erde, 2030 werden es schätzungsweise über neun Milliarden sein. Die wollen alle etwas zu essen haben, vorzugsweise Fleisch, da es eiweißhaltig ist und unsere Ernährung ausgewogen macht." Allerdings werden die althergebrachten Eiweißlieferanten wie Rinder, Schweine und Geflügel nicht mehr ausreichen, um den Hunger der Menschen zu stillen. Daher sollen Insekten einen immer größeren Stellenwert in unserer Ernährung einnehmen. Sie können unseren Fleischkonsum in der Zukunft ergänzen und für Abwechslung auf dem Speiseplan sorgen.

Fakt ist, dass Insekten sehr eiweißhaltig und gesund sind. Sie sind reich an Ballaststoffen, Mineralien, Vitaminen und ungesättigten Fettsäuren, die für den menschlichen Körper sehr wichtig sind. Außerdem enthalten sie wenig Kohlenhydrate und Fette.

Ein besonders wichtiges Argument für Insekten als Lebensmittel ist ihre Umweltverträglichkeit. Die Produktion von Insekten gilt als wesentlich günstiger als die Zucht von Rindern und Schweinen. Zum einen benötigen Insekten nicht so viel Platz zum Heranwachsen – so kann auf wenig Raum viel produziert werden. Zum anderen wachsen Insekten viel schneller und auch ihr Wasserbedarf ist wesentlich geringer. Im Vergleich zur Rinderzucht benötigen Insekten nur einen Bruchteil der Futtermenge, bis sie – wie Rinder – ihre Schlachtreife erreicht haben. Damit sparen sie Rohstoffe und Energie, die zur Produktion der Futtermittel verwendet werden können. Außerdem pflanzen sich Insekten schneller fort und verbrauchen aufgrund ihrer Körpertemperatur, die sie als wechselwarme Tiere ihrer Umgebung anpassen können, ebenfalls weniger Energie – sie sind also alles andere als Energiediebe. „Zudem produzieren Insekten während der Aufzucht nicht so viele Treibhausgase wie Rinder, Schweine und Geflügel“, so ein Biologe, „sie stoßen im Vergleich wesentlich weniger Kohlendioxid und Ammoniak aus.“ Und diese Tatsache ist gut für die Umwelt und damit auch für die Menschen – also ein weiterer Pluspunkt für Insekten als Nahrungsmittel. Insekten können auch außerhalb des tropischen Klimas gezüchtet werden, sodass sich sowohl die Transportkosten reduzieren als auch die Transportwege zu den Verbrauchern minimieren.

In Spanien entstand eine der ersten Insektenfarmen Europas, die sich auf das Heranziehen von Mehlwürmern und Fliegen- und Heuschreckenarten für den menschlichen Verzehr spezialisiert hat. In einigen europäischen Ländern, auch in Deutschland, gibt es erste Restaurants und Supermärkte, die Speisen mit oder aus Insekten verkaufen – sogar Eis mit Insekten ist im Angebot. „Wir sind auf dem richtigen Weg – und wer mal eine Heuschrecke probiert hat, wird seine Abneigung dank des herrlich nussigen Aromas ganz schnell verlieren“, meint ein Ernährungswissenschaftler.

(Holger Müller, in: Insekten-Journal v. 03.07.2024)

○ **4** Lies den Text noch einmal. Gliedere ihn dann in fünf Sinnabschnitte. Notiere die Zeilenzahlen.

Tipp
Du kannst dich an den Absätzen im Text orientieren.

○ **5** Notiere jetzt die wichtigsten Aussagen aus jedem Abschnitt.

○ **6** Formuliere Überschriften für die einzelnen Sinnabschnitte und ordne sie dann deinen Zeilenzahlen aus Aufgabe 4 zu.

MK ○ **7** Notiere die Begriffe, die dir unbekannt sind. Kläre ihre Bedeutung aus dem Textzusammenhang oder mithilfe des Lexikons oder Internets.

Internetrecherche
Seite 316

Tipp
Den Textzusammenhang erfasst du, wenn du die Sätze vor und nach dem unbekannten Wort liest.

◒ **8** Beantwortet im Tandem die folgenden Fragen zum Text:
- Warum ist das Essen von Insekten eine gute Alternative zum Verzehr der bekannten Fleischsorten?
- Warum ist die Insektenzucht umweltverträglicher als die von Rindern, Schweinen oder Geflügel?

◒ **9** Welche weiteren Fragen beantwortet der Text? Formuliert im Tandem zu jedem Abschnitt mindestens eine Frage und notiert die Antworten in einer Tabelle, z. B.

Abschnitt	Fragen	Antworten
1	*Was ist mehr als nur eine Modeerscheinung?*	*Lebensmittel aus Insekten*
2	...	...

○ **10** Sieh dir noch einmal den Sachtext an. Entscheide, welche Absicht oder Funktion (informieren, appellieren, argumentieren) er hat, und begründe.

○ **11** Fasst nun den Inhalt des Textes mit eigenen Worten zusammen. Verwendet eure Abschnittüberschriften und eure Tabellen. Stellt einander in der Gruppe den Inhalt des Textes vor.

Ein Hoch auf die Heuschrecke

Eine Sachtextanalyse verfassen

Willst du einen Sachtext gut verstehen, kannst du in einer Sachtextanalyse Inhalt, Aufbau und Absichten des Textes untersuchen und zusammenfassen. Dann kannst du andere ausführlich über die Aussagen des Textes informieren.

1 Lies den gesamten Text von Seite 194/195 noch einmal.

2 Verfasse jetzt eine Sachtextanalyse. Beginne mit der Einleitung. Vervollständige dazu den folgenden Einleitungssatz:

Der informierende ▬ (Textart) ▬ (Titel) von ▬ (Autor), erschienen am ▬ (Erscheinungsdatum) im ▬ (Quelle), handelt von ▬ (Thema).

3 Bereite den Hauptteil vor. Formuliere zuerst die Kernaussage des Textes. Verwende die folgenden Begriffe.

Insekten | eiweißreich | gesund | viele Mineralien | umweltverträglich | Ersatz für Fleisch | Fleischhunger stillen | auf Speiseplan | Insektenfarm | Spanien | Deutschland

4 Welche Meinung äußert der Autor zum Thema? Lies dazu den ersten Abschnitt des Textes (Zeilen 1–7) und ergänze den folgenden Satzanfang.

Der Autor ist der Meinung, dass ….

5 Wie begründet der Autor seine Meinung? Lest die Abschnitte 2 bis 4 (Zeilen 8–41) des Textes. Übernehmt die Tabelle und füllt sie im Tandem aus.

Abschnitt	Argumente aus dem Text	Ausformulierung der Argumente mit eigenen Worten
Z. 8–19	*viele Menschen – Fleisch von Rindern usw. reicht nicht – Insekten können Hunger stillen*	*Insekten könnten dazu dienen, den Hunger der wachsenden Welt-bevölkerung zu stillen.*
Z. 20–	…	…
…	…	…

Tipp
Achtet auf die Funktion des Sachtextes.

6 Überlegt im Tandem, welche Absicht der Autor mit dem Text verfolgt und an welche Leserinnen und Leser er sich richten könnte. Macht euch Notizen dazu.

auffordern – überzeugen – aufklären – kritisieren – werben – erläutern – bewerten – kommentieren – informieren

7 Sachtexte erkennt man auch an ihrer Sprache. Untersucht im Tandem den Text von Seite 194/195 nach den folgenden sprachlichen Mitteln. Übernehmt dann die Tabelle und füllt sie aus.

Tipp
Überlegt, welche Absicht deutlich wird.

auffällige Komposita/Wortzusammensetzungen – wörtliche Rede/Zitate – Fachwörter – Aufzählungen – Nominalstil[1]

sprachliche Mittel	Beispiele aus dem Text
auffällige Komposita	*Heuschreckenburger (Z. 1), …*
…	…

1 **der Nominalstil**: sprachlicher Stil, der durch die Häufung von Substantiven gekennzeichnet ist

8 Schreibe nun den Hauptteil deiner Sachtextanalyse. Fasse dazu deine Ergebnisse aus den Aufgaben 3 bis 7 zusammen.

sprachliche Mittel
Seite 341

9 Lies die folgenden Bewertungen des Textes. Wähle eine aus, die deiner Meinung nach zu dem Text passt, und begründe deine Entscheidung.

Der Autor stellt in seinem Text sehr ausführlich dar, warum Insekten als Alternative zu Fleisch in der Zukunft sehr sinnvoll sind.

Der Autor informiert zwar ausführlich über Insekten als Nahrungsmittel der Zukunft, erklärt aber nicht, wie sie als Nahrungsmittel verwendet und zubereitet werden können.

10 Formuliert und begründet nun eure Meinungen zum Thema. Stellt sie einander im Tandem vor. Überlegt euch Fragen, die sich außerdem zu diesem Thema ergeben.

11 Schreibe den Schluss deiner Sachtextanalyse. Fasse dazu deine Ergebnisse aus den Aufgaben 9 bis 10 zusammen.

12 Überprüft eure Sachtextanalysen in einer Schreibkonferenz. Gebt euch ein Feedback. Überarbeitet eure Analysen, wenn nötig.

Schreibkonferenz
Seite 343

überarbeiten
Seite 297

Lerninsel
Seite 302

Arbeitstechnik

Eine Sachtextanalyse verfassen

1. Schreibe eine **Einleitung**. Nenne Funktion, Autorin/Autor, Titel, Thema, Textart, Erscheinungsdatum und die Quelle des Textes.
2. Verfasse den **Hauptteil**.
   - Fasse den Inhalt des Textes abschnittweise zusammen.
   - Nenne die Kernaussage des Textes.
   - Formuliere die Meinung und Absicht der Autorin/des Autors und belege sie mit Argumenten bzw. Informationen.
   - Nenne die charakteristischen sprachlichen Mittel und erläutere, wie sie die Absicht der Autorin/des Autors unterstützen.
3. Schreibe einen **Schluss**. Beurteile den Text, stelle weitere Fragen, notiere deine eigene Meinung zum Thema und begründe sie.

Esst mehr Grillen!

Ein Diagramm untersuchen und auswerten

1 Lies den folgenden Zeitungsartikel.

Kai Kupferschmidt

Maden für Milliarden

[...] Insekten waren früher auch in Europa Teil der Nahrung. Schon die Römer und Griechen aßen Heuschrecken und andere Krabbeltiere. Und Maikäfersuppe war in Deutschland noch im 19. Jahrhundert ein beliebtes Rezept. Trotzdem hatten Insekten in Europa nie denselben Stellenwert wie in anderen Gegenden der Welt. [...] Heute erregen Insekten bei den meisten Europäern Ekel. „Die westliche Sicht ist, dass Insekten krankheitsübertragende Tiere sind, und sie zu essen, ist ein Tabu", sagt Alan Yen, der im Auftrag des Bundesstaates Victoria in Australien an essbaren Insekten forscht. [...]

2 Überprüft den Text im Tandem und ordnet ihm eine der folgenden Ansichten oder Funktionen zu. Erläutert und begründet eure Entscheidung.

informieren | argumentieren | appellieren

3 Sieh dir das Diagramm an und lies die Überschrift.

Treibhausgas-Emissionen verschiedener Nutztiere (in kg CO_2)

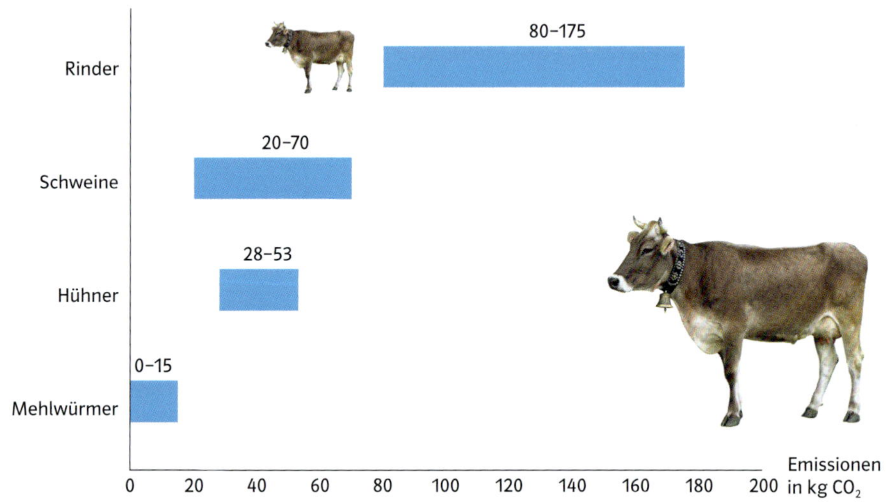

nach: FACT SHEET #01, ACADEMIA SUPERIOR, Linz 2017 (diverse Quellen)

Beachtet: Mit höherer Körpermasse steigen auch die Treibhausgas-Emissionen der Nutztiere.

4 Verschaffe dir einen ersten Überblick über das Diagramm.
- Gib an, worüber das Diagramm informiert.
- Nenne die Diagrammform.
- Gib die Quelle an, aus der die Daten stammen.

5 Klärt im Tandem, was „Treibhausgas-Emission" und „kg CO_2" bedeuten.

6 Untersuche nun das Diagramm genauer. Mache dir Notizen.
- Nenne die Beschriftungen und die Maßeinheit, die angegeben sind.
- Nenne die Werte, die du ablesen kannst. Vergleiche die Angaben.

7 Beschreibe das Diagramm. Fasse die Aussagen zu diesen Stichworten zusammen.

Inhalt und Aussagen des Diagramms	erkennbare Entwicklungen	mögliche Ergänzungen	ungeklärte Fragen

8 Wertet im Tandem das Diagramm aus. Beantwortet dabei die Fragen mündlich.
- Welchen Vorteil hat die Ernährung mit Mehlwürmern?
- Welche Schlussfolgerungen kann man aus den Daten ziehen?

9 Schreibe einen kurzen Text zur Auswertung des Diagramms, in dem du deine Ergebnisse aus den Aufgaben 4 bis 8 verwendest.

10 Setzt im Tandem den Sachtext von den Seiten 194/195 und das Diagramm aus Aufgabe 3 in Beziehung. Klärt, ob das Diagramm die Aussagen des Textes unterstützt oder ihnen widerspricht. Begründet eure Meinung.

11 Diskutiert in der Klasse das Thema „Insekten als Lebensmittel der Zukunft".

Arbeitstechnik

V07

Diagramme untersuchen und auswerten

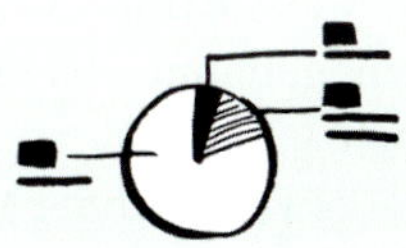

erster Überblick
- Lies die Überschrift und alle zusätzlichen Angaben.
- Nenne das Thema des Diagramms und die Diagrammform.
- Gib die Quelle an, aus der die Daten stammen.

genauere Untersuchung
- Kläre unbekannte Begriffe.
- Gib an, welche Angaben gemacht werden und worauf sie sich beziehen.
- Vergleiche die Daten. Beachte den höchsten und den niedrigsten Wert, untersuche Trends und Unterschiede.

Diagramm beschreiben
Fasse alle Einzelaussagen zusammen. Beantworte folgende Fragen:
- Was hast du durch das Diagramm erfahren?
- Welche Entwicklungen kannst du erkennen?
- Welche Ergänzungen sind denkbar/wünschenswert?
- Welche Fragen werden nicht geklärt?

Diagramm auswerten
- Erkläre und bewerte die Ergebnisse deiner Untersuchung.
- Leite Schlussfolgerungen ab.

Lerninsel
Seite 304

START **Drei Wege – ein Ziel!** Finde deinen Weg mit diesem Einschätzungstest: **D21**

A
B
C

Wenn das Essen aus dem Müll kommt

Einen Sachtext erschließen

○ **1** Stelle Vermutungen an, worum es in dem folgenden Sachtext geht. Sieh dir das Bild an und lies die Überschrift.

○ **2** Was wisst ihr über dieses Thema? Tauscht euch in der Gruppe über eure Vermutungen aus Aufgabe 1 und euer Wissen zum Thema aus.

○ **3** Lies den Text und verschaffe dir einen ersten Überblick über den Inhalt. Achte auf die Anfänge der Abschnitte, wichtige Wörter und bekannte Begriffe.

A13

Lerninsel
Seite 300/301

Containern: Lebensmittel „retten“ oder Diebstahl?

Tonnenweise Lebensmittel – Obst, Gemüse, Brot und vieles mehr – landen täglich in Müllcontainern hinter deutschen Supermärkten. Lebensmittel, die zum Großteil noch essbar wären. Es gibt Menschen, die diese Lebensmittel „retten“ wollen. Doch das, was sie tun – „Containern“ genannt – ist illegal. Noch. [...]

Als Containern oder Mülltauchen (englisch Dumpster Diving) wird das Mitnehmen von weggeworfenen Lebensmitteln aus Mülltonnen und -containern bezeichnet. Noch ist das eine Straftat, denn um an die Müllcontainer zu gelangen, müssen in der Regel Privatgrundstücke betreten werden oder sogar Zäune überwunden und Tore aufgebrochen werden. Und das wird als Hausfriedensbruch und Diebstahl gewertet. Der Abfall ist rechtlich als Eigentum der Handelsketten zu betrachten. Weggeworfen werden die Lebensmittel, weil das Mindesthaltbarkeitsdatum überschritten ist, weil Obst und Gemüse Druckstellen haben oder faul sind – oder schlicht und ergreifend, weil es zu viel davon gibt. Viele der Produkte könnte man ohne Weiteres noch essen. [...]

Die Gründe, warum Menschen sich weggeworfene Lebensmittel nehmen, sind vielfältig: Oft sind es bedürftige Personen, häufig aber auch Menschen, die sich gegen die Verschwendung von Lebensmitteln stellen möchten, die ein Zeichen setzen wollen gegen Wegwerfgesellschaft und maßlosen Konsum. [...]

Landwirtschaftsminister Cem Özdemir (Bündnis 90/Die Grünen) und Justizminister Marco Buschmann (FDP) [...] wollen, dass der Straf- und Bußgeldkatalog für Containern geändert wird. Menschen sollen, so schreibt die Tagesschau, nicht mehr bestraft werden, „wenn sie noch genießbare Lebensmittel aus Abfallcontainern holen“. [...]
Allerdings macht Minister Buschmann eine Einschränkung: Straffreiheit soll nur dann gewährleistet sein, wenn zum Hausfriedensbruch keine Sachbeschädigung

hinzukommt. Das heißt also: Wird ein Tor aufgebrochen, um an den Container zu gelangen, ist der Vorgang weiterhin strafbar. Muss eine Mauer oder ein Zaun überwunden werden und es entsteht dabei kein Schaden, soll das Containern straffrei bleiben. [...]

Die Entkriminalisierung des Containerns ist ein guter und wichtiger Schritt. Jedes gerettete Lebensmittel ist ein positiver Beitrag für die Umwelt, das Klima und den Ressourcenschutz. [...]
Gleichzeitig packt die Regierung das Problem damit nicht an der Wurzel. Es geht hier nur um die bessere Umverteilung der Überschüsse – ganz am Ende der Lieferkette. Der WWF fordert stattdessen konkret, dass die Überschussproduktion schon am Anfang der Lieferkette verhindert wird. Dafür müssen Lebensmittelunternehmen gesetzlich zu einer branchenspezifischen Reduktion verpflichtet werden und darüber transparent berichten. [...]

Auch die Frage nach der Ernährungsarmut in Deutschland ist mit der Möglichkeit des Containerns längst nicht ausreichend geklärt. Einkommensschwache Haushalte können sich derzeit gesunde und nachhaltige Lebensmittel immer weniger leisten. [...] Kurzfristig sollte die Bundesregierung auch deshalb die Mehrwertsteuer auf gesunde Erzeugnisse wie Obst, Gemüse und Hülsenfrüchte senken oder gar streichen. Die EU-Kommission ermuntert dazu ausdrücklich. Die Höhe der Sozialleistungen muss entsprechend angepasst werden und die soziale Abfederung neuer Maßnahmen muss von Anfang an mitgedacht werden. [...]

(https://www.wwf.de/themen-projekte/landwirtschaft/ernaehrung-konsum/lebensmittelverschwendung/containern-lebensmittel-retten-oder-diebstahl (19.01.2023), 14.04.2025)

4 Lies den Text jetzt noch einmal. Gliedere ihn in Sinnabschnitte. Notiere die Zeilenzahlen.

Tipp
Du kannst dich an den Absätzen im Text orientieren.

5 Notiere die wichtigsten Aussagen aus jedem Abschnitt.

6 Formuliere Überschriften für die Sinnabschnitte aus Aufgabe 4.

MK **7** Notiere die Begriffe, die dir unbekannt sind. Kläre ihre Bedeutung aus dem Textzusammenhang oder mithilfe des Lexikons oder Internets.

Internetrecherche
Seite 316

8 Beantwortet im Tandem die folgenden Fragen zum Text:
- Welche Motivation steht hinter dem Containern?
- Wie ist die rechtliche Bewertung des Containerns?

9 Überlegt im Tandem, welche weiteren Fragen der Text beantwortet. Formuliert zu jedem Abschnitt mindestens eine Frage und die Antwort. Ihr könnt euch an folgenden Stichworten orientieren:

politischer Vorschlag | Gründe | Definition | weitere Forderungen | Art der Lebensmittel

10 Fasst nun in der Gruppe den Inhalt des Textes mit eigenen Worten zusammen.

Gegen die Verschwendung

Eine Sachtextanalyse verfassen und ein Diagramm auswerten

1 Lies den gesamten Text von Seite 200/201 noch einmal.

2 Untersucht im Tandem, mit welcher Absicht der Text verfasst wurde. Formuliert die Absicht und beachtet dabei die Funktion des Textes (informieren, appellieren, argumentieren).

Sachtext-analyse
Seite 197

3 Verfasse jetzt eine Sachtextanalyse. Beginne mit der Einleitung. Nenne Funktion, Textart, Titel, Autoren, Erscheinungsjahr, Quelle und Thema.

Tipp
Fehlen Autorin/Autor, dann schreibe „von unbekannten Autoren".

4 Bereite den Hauptteil vor. Welche der folgenden Kernaussagen zum Text findest du passend? Nenne sie, begründe deine Entscheidung und schreibe sie auf.

Containern hilft gegen Lebensmittelverschwendung, löst das grundsätzliche Problem aber nicht. **A**

Containern ist Diebstahl und kann strafrechtlich verfolgt werden, eine Änderung des Strafrechts wird jedoch diskutiert. **B**

Containern ist ein Abenteuer für hippe Menschen. **C**

Tipp
Legt eine Tabelle wie auf Seite 197 an.

5 Welche sprachlichen Mittel haben die Autoren in ihrem Artikel verwendet? Untersucht im Tandem den Text und notiert Beispiele für Fachwörter, Zitate, auffällige Komposita, Aufzählungen und Nominalstil.

sprachliche Mittel
Seite 341

6 Schreibe nun den Hauptteil deiner Sachtextanalyse. Fasse dazu deine Ergebnisse aus den Aufgaben 3 bis 5 zusammen.

7 Lies die folgenden Bewertungen des Textes. Wähle diejenige aus, die deiner Meinung nach zu dem Text passt. Begründe deine Entscheidung.

Die unbekannten Autoren berichten in ihrem Text zwar ausführlich vom Containern, es wird aber nicht deutlich, wie sie selbst dazu stehen. **A**

Die unbekannten Autoren informieren über das Containern und die Beweggründe dafür. Sie erläutern außerdem, wie rechtlich damit umgegangen wird und welche Probleme damit zusammenhängen. **B**

Die unbekannten Autoren wecken das Interesse am Containern, könnten aber noch erläutern, bei welchen Supermärkten sich das Containern lohnt. **C**

8 Formuliert und begründet eure Meinungen zum Thema. Stellt sie einander in der Gruppe vor. Überlegt euch dann Fragen, die sich noch zu diesem Thema ergeben.

9 Schreibe den Schluss deiner Sachtextanalyse. Verwende dazu deine Ergebnisse der Aufgaben 7 und 8.

10 Überprüft eure Sachtextanalysen in einer Schreibkonferenz. Gebt einander ein Feedback. Überarbeitet eure Analysen, wenn nötig.

Schreibkonferenz → Seite 343

überarbeiten → Seite 297

Diagramme → Seite 199

11 Sieh dir das folgende Diagramm an und lies die Überschrift.

Warum werfen wir Lebensmittel weg?

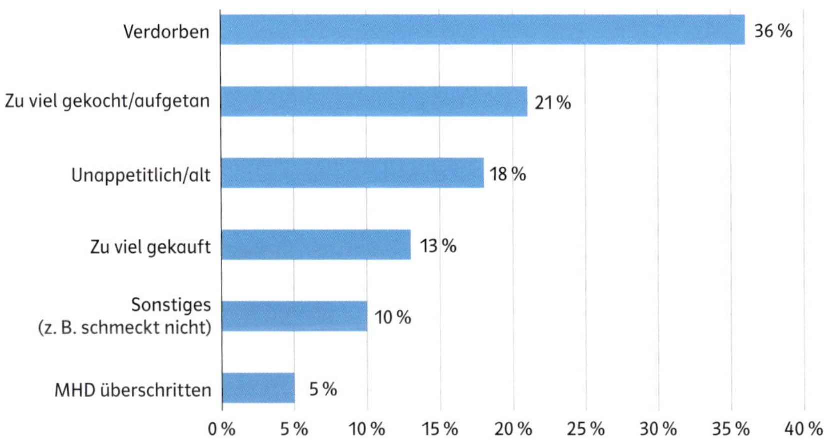

Gründe für die Entstehung vermeidbarer Lebensmittelabfälle (Ungenauigkeiten entstehen durch Rundung), eigene Darstellung, Quelle: Hübsch, 2021

12 Verschaffe dir einen ersten Überblick über das Diagramm.
- Gib an, worüber das Diagramm informiert.
- Nenne die Diagrammform.
- Gib die Quelle an, aus der die Daten stammen.

13 Untersuche nun das Diagramm genauer. Mache dir Notizen.
- Nenne die Beschriftungen und die Maßeinheiten, die angegeben sind.
- Nenne die Werte, die du ablesen kannst.
- Kläre die Begriffe „vermeidbar“ und „MHD“.
- Vergleiche die Angaben.

14 Beschreibt im Tandem das Diagramm. Fasst die Aussagen zu folgenden Stichworten zusammen.

Inhalt und Aussagen des Diagramms	mögliche Ergänzungen	ungeklärte Fragen

15 Wertet im Tandem das Diagramm aus. Beantwortet dabei die Fragen:
- Was ist der häufigste und der seltenste Grund für Lebensmittelabfälle?
- Welche Schlussfolgerungen kann man aus den Daten ziehen?

16 Schreibe einen kurzen Text zur Auswertung des Diagramms, in dem du deine Ergebnisse aus den Aufgaben 12 bis 15 verwendest.

17 Bereitet die Präsentation in der Klasse vor. Wählt dafür drei Personen aus, die über das Thema informieren, eine Sachtextanalyse und eine Diagrammauswertung vorlesen.

Nur Pflanzen, also vegan

Einen Sachtext erschließen

○ **1** Stelle Vermutungen an, worum es in dem folgenden Sachtext geht. Sieh dir das Bild an und lies die Überschrift.

○ **2** Was wisst ihr über dieses Thema? Tauscht euch in der Gruppe über eure Vermutungen aus Aufgabe 1 und euer Wissen zum Thema aus.

○ **3** Lies den Text und verschaffe dir einen ersten Überblick über den Inhalt. Achte auf die Anfänge der Abschnitte, wichtige Wörter und bekannte Begriffe.

A14

Lerninsel
Seite 300/301

ROBIN JÜNGLING

Veganismus in Deutschland

Warum nachhaltige Ernährung immer wichtiger wird [...]

Die Debatte über Ernährung wird in Deutschland oft emotional geführt. Besonders beim Thema Veganismus kochen die Gemüter hoch. Die Frage ist nicht mehr nur, was auf den Teller kommt, sondern auch, welche Auswirkungen die Mahlzeit auf Umwelt, Klima und Tierwohl hat. Doch warum ist das Thema gerade in Deutschland so präsent? [...]

Über fleischlose Ernährung zu streiten, hat bei uns in Deutschland Tradition. Schon 2013 war der Veggie-Tag ein Wahlkampf-Thema, mit dem die Grünen den hohen Fleischkonsum in Deutschland adressieren und senken wollten. Eine große Boulevardzeitung titelte: „Die Grünen wollen uns das Fleisch verbieten!“ und ein großer Mythos rund um Veganismus wurde geboren.

Gut 10 Jahre später führen wir zwar immer noch ähnliche Debatten – es hat sich allerdings auch einiges getan. Seit Jahren verzehren wir in Deutschland immer weniger Fleisch pro Kopf. Gleichzeitig boomen vegetarische Alternativen und für die Hafermilch-Bestellung im Latte Macchiato wird man nicht mehr schräg von der Seite angeschaut.

Mehr als jede zehnte Person in Deutschland hat Fleisch und Fisch mittlerweile komplett von der Speisekarte gestrichen. Drei Prozent der Deutschen lebt sogar vegan – verzichtet also zudem auf tierische Produkte wie Milch und Eier. [...]

Die Gründe für diese Entwicklung sind unterschiedlich. Neben der Gesundheit und dem Tierwohl ist laut einer Umfrage vor allem der Aspekt „Umwelt und Klima“ entscheidend für diesen Wandel. Durch tierische Produkte entstehen nämlich Treibhausgase, die die Klimakrise anheizen. [...]

Bei uns in Deutschland ist die Tierhaltung für mehr als zwei Drittel des Treibhausgas-Ausstoßes in der Landwirtschaft verantwortlich. Der globale Trend ist ähnlich: Mehr als die Hälfte der weltweiten Treibhausgase, die bei der Lebensmittelproduktion entstehen, gehen auf tierische Produkte zurück. Pflanzliche Lebensmittel tragen lediglich 29 Prozent dazu bei. Gleichzeitig stammen nur 37 Prozent des Eiweißes und 18 Prozent der Kalorien, die wir zu uns nehmen, aus tierischen

Produkten. Der größte Hebel, um beim Thema Ernährung der Klimakrise entgegenzuwirken, ist deswegen der Verzicht auf tierische Produkte. Aus dieser Notwendigkeit heraus hat sich der „Trend“ Veganismus entwickelt, der dem aktuellen Problem entgegenwirken soll. [...]

Wie können wir uns ernähren, ohne dass dabei massenhaft unnötige Emissionen und Ressourcen draufgehen? Dieser Frage ist auch ein internationales Team von Expert*innen aus Bereichen wie Gesundheit und Nachhaltigkeit nachgegangen: die EAT-Lancet-Kommission. Mit der Planetary Health Diet hat sie einen Speiseplan entwickelt, durch den im Jahr 2050 zehn Milliarden Menschen gesund ernährt werden könnten, ohne der Umwelt nachhaltig Schaden zuzufügen. Demnach sollte der Verzehr von Hülsenfrüchten, Nüssen sowie Obst und Gemüse verdoppelt werden, der Verzehr von Zucker und Fleisch dagegen halbiert.

Die Essensrichtlinien dieser Planetary Health Diet zeigen: Niemand muss hierzulande auf Geschmack oder Genuss verzichten. Trotzdem müssen wir das Thema Ernährung grundlegend neu denken. Umgerechnet sechs Schnitzel pro Woche, die in Deutschland durchschnittlich gegessen werden, sind aus Klima- und Ressourcensicht zu viel – auch wenn keiner das geliebte Schnitzel per se verbieten will. [...]

Der „Trend Veganismus“ in Deutschland kann ein wichtiger Impuls für eine nachhaltigere Ernährung sein, auch wenn er allein nicht ausreicht, um die Klimakrise zu bewältigen. Es braucht sowohl individuelle Veränderungen als auch strukturelle Anpassungen, um die negativen Auswirkungen der Tierhaltung auf Umwelt und Klima zu minimieren. Die wachsende Zahl an vegan lebenden Menschen in Deutschland zeigt dabei auf, dass immer mehr bereit dazu sind, Ernährungsgewohnheiten neu zu denken.

(https://www.goethe.de/prj/ger/de/wow/nachhaltig-erklaert/vegan-deutschland-26278669.html (Dez. 2024), 14.04.2025)

4 Lies den Text jetzt noch einmal. Gliedere ihn dann in Sinnabschnitte. Notiere die Zeilenzahlen.

5 Notiere die wichtigsten Aussagen aus jedem Abschnitt.

6 Formuliere Überschriften für die einzelnen Sinnabschnitte und ordne sie dann deinen Zeilenzahlen aus Aufgabe 4 zu.

MK **7** Notiere die Begriffe, die dir unbekannt sind. Kläre ihre Bedeutung aus dem Textzusammenhang oder mithilfe des Lexikons oder Internets.

Internetrecherche → Seite 316

8 Beantworte schriftlich die folgenden Fragen zum Text:
- Welche Gründe werden für den Trend zum Veganismus genannt?
- Welche weiteren Lösungen für eine nachhaltigere Ernährung werden genannt?

9 Überlegt im Tandem, welche weiteren Fragen der Text beantwortet. Formuliert dafür zu jedem Abschnitt mindestens eine Frage und die Antwort.

MK **10** Der Text nennt nur einige Argumente, die für eine vegane Ernährung sprechen. Recherchiert im Tandem weitere Argumente, die dafür plädieren. Schreibt sie auf.

Internetrecherche → Seite 316

11 Fasst in der Gruppe den Inhalt des Textes mit eigenen Worten zusammen. Tauscht euch anschließend über eure eigene Haltung zu veganer Ernährung aus.

Guter Ersatz

Eine Sachtextanalyse verfassen und ein Diagramm auswerten

1 Lies den gesamten Text von Seite 204/205 noch einmal.

2 Verfasse jetzt eine Sachtextanalyse. Beginne mit der Einleitung.

Sachtext-analyse → Seite 197

3 Bereite den Hauptteil vor. Formuliere die Kernaussage des Textes. Du kannst dich an folgenden Begriffen orientieren.

Anteil Vegetarier und Veganer an deutscher Bevölkerung

Gründe für den Ernährungswandel | Fazit des Autors | Schadstoffbelastung

Planetary Health Diet

4 Notiere, welche Meinung zu veganer Ernährung im Text vertreten wird.

5 Der Autor nennt verschiedene Argumente für eine vegane Ernährung. Findet im Tandem die Pro-Argumente heraus und schreibt sie auf.

6 Untersuche, mit welcher Absicht der Autor diesen Text verfasst hat. Beachte die Funktion des Textes. Begründe deine Meinung.

sprach-liche Mittel → Seite 341

7 Welche sprachlichen Mittel wurden im Artikel verwendet? Untersucht im Tandem den Text und notiert Beispiele für Fachwörter, Aufzählungen, auffällige Komposita und Nominalstil. Erklärt ihre Wirkung.

8 Erläutert im Tandem, wie die Sprache die Absicht des Autors unterstützt.

9 Schreibe nun den Hauptteil deiner Sachtextanalyse. Fasse dazu deine Ergebnisse aus den Aufgaben 3 bis 8 zusammen.

10 Bewerte den Artikel in einem kurzen Text. Du kannst folgende Satzanfänge verwenden.

Sprachtipp

Der Autor stellt in seinem Text sehr ausführlich dar, warum …
Der Autor informiert zwar ausführlich über …, erklärt aber nicht ausführlich genug, …
Der Autor weckt mit seinem Text das Interesse an veganer Ernährung, könnte aber noch näher erläutern, …

11 Formuliert und begründet eure Meinungen zum Thema. Stellt sie dann in der Gruppe vor. Überlegt euch gemeinsam Fragen, die sich noch zu diesem Thema ergeben.

12 Schreibe den Schluss deiner Sachtextanalyse. Verwende die Ergebnisse aus den Aufgaben 10 und 11.

13 Überprüft eure Sachtextanalysen in einer Schreibkonferenz. Gebt einander ein Feedback. Überarbeitet eure Analysen, wenn nötig.

Schreibkonferenz → Seite 343

überarbeiten → Seite 297

14 Sieh dir das folgende Diagramm an und lies die Überschrift.

Diagramme → Seite 199

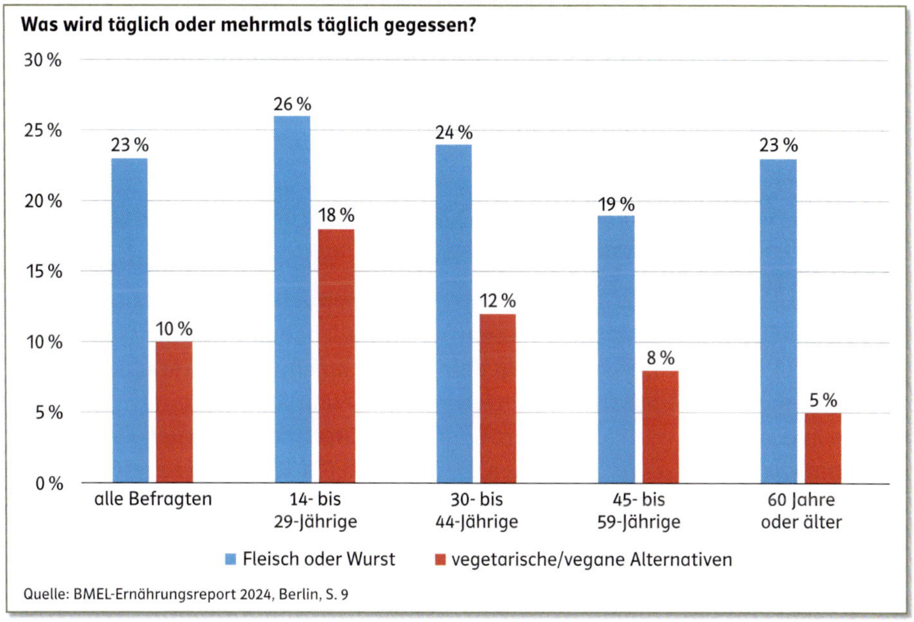

15 Verschaffe dir einen ersten Überblick über das Diagramm.
- Gib an, worüber das Diagramm informiert.
- Nenne die Diagrammform und die Quelle.

16 Untersuche nun das Diagramm genauer. Mache dir Notizen.
- Nenne Beschriftungen, Maßeinheiten und ablesbare Werte.
- Kläre unbekannte Begriffe.
- Vergleiche die Angaben.

17 Beschreibt im Tandem das Diagramm. Fasst die Aussagen zusammen.

18 Werte das Diagramm aus. Schreibe einen kurzen Text dazu. Kläre, welche Schlussfolgerungen man aus den Daten ziehen kann.

19 Setze den Sachtext von den Seiten 204/205 und das Diagramm in Beziehung. Kläre, ob das Diagramm die Aussagen des Textes unterstützt oder ihnen widerspricht. Begründe deine Meinung.

20 Bereitet die Präsentation in der Klasse vor. Wählt dafür drei Personen aus, die über das Thema informieren, eine Sachtextanalyse und eine Diagrammauswertung vorlesen.

Gentechnik – Gibt es ein Problem?

Einen Sachtext erschließen

○ **1** Stelle Vermutungen an, worum es in dem folgenden Sachtext geht. Sieh dir das Bild an und lies die Überschrift.

○ **2** Was wisst ihr über dieses Thema? Tauscht euch in der Gruppe aus.

○ **3** Lies den Text und verschaffe dir einen ersten Überblick über den Inhalt.

A15

Lerninsel
Seite 300/301

Tobias Betz

Gentechnik in der EU: Kommt die große Lockerung?

Sollen die Regeln für gentechnisch veränderte Pflanzen gelockert werden? Eine Mehrheit der EU-Staaten ist dafür, damit eine neue Technologie überhaupt eine Chance hat. Die EU steht vor einer richtungsweisenden Entscheidung.

Auf den Philippinen gibt es goldenen Reis. Die kleinen gelben Körner unterscheiden sich nicht nur äußerlich von weißem herkömmlichen Reis. Der goldene Reis ist reich an Vitamin A. Das ist das Ergebnis einer gentechnischen Veränderung. Die Hoffnung der philippinischen Regierung: Der gefährliche Vitamin-A-Mangel könnte in der Region beendet werden. Gegner wie Greenpeace warnen vor unabsehbaren Folgen der Genmanipulation. Dem Reis ist ein Mais-Gen zugeführt worden, nach der Methode der „alten“ grünen Gentechnik.
Doch mittlerweile gibt es eine neue Methode, die so präzise ist, dass es kein artfremdes Genmaterial mehr bräuchte, um etwa den Vitamin-A-Gehalt zu erhöhen. Ein Quantensprung in der Gentechnikforschung?

Wissenschaftler hoffen, Kritiker warnen

Die neue präzise Gentechnik bei der Pflanzenzucht lässt Wissenschaftler hoffen, macht Kritiker nervös und bringt Politiker unter Entscheidungsdruck. Doch der Reihe nach. Die klassische Gentechnik bringt fremde DNA ein. Neue Genomische Verfahren (NGT) wiederum können mittels der sogenannten Gen-Schere (CRISPR/Cas) bestehende DNA gezielt und minimal verändern oder etwa Gene einer anderen Reissorte einsetzen. Der Vorteil: Es geht viel schneller und präziser als konventionelle Züchtung.

Neue Genomische Verfahren in der Pflanzenzucht

Prof. Dr. Matin Qaim ist Direktor des Zentrums für Entwicklungsforschung (ZEF) der Universität Bonn. Er sieht große Chancen in den Neuen Genomischen Verfahren: Größere Ernten und weniger Missernte, der Pestizideinsatz könnte zurückgefahren werden. Neue Gentechnikverfahren könnten auch helfen, die Landwirtschaft widerstandsfähiger gegen Klimaveränderungen zu machen. Pflanzen könnten weniger Wasser benötigen oder resistenter gegen Schädlinge sein.
Doch dafür braucht es Regeln. Erst legte die Europäische Kommission einen Vorschlag auf den Tisch zur Lockerung der Regeln für die Neuen Genomischen Verfahren. Zum Beispiel soll eine Kennzeichnungspflicht entfallen. Begründung: Die neue grüne Gentechnik sei im Kern nicht von der konventionellen Züchtung zu unterscheiden. Doch das Europäische Parlament pocht auf strenge Kennzeichnungspflichten. Die Mitgliedsstaaten der EU haben sich im Ministerrat jedoch mit knapper Mehrheit für den Kommissionsvorschlag für lockerere Regeln ausgesprochen.

Jahrzehntelanger Streit um die Gentechnik

Das ruft eine breite Phalanx von Gentechnik-Gegnern auf den Plan. Natur- und Umweltschützer und die Biobranche. Martin Geilhufe vom Bund Naturschutz in Bayern sagt: Der Europäische Rat habe einen „Freifahrtschein für die Gentechnik“ in der gesamten Natur ausgestellt. „Damit ist von Naturschutzgebieten bis zu Hausgärten keine Risikovorsorge vor Gentechnik mehr gegeben.“

Kritiker warnen auch, dass Lockerungen vor allem große Agrarkonzerne begünstigen könnten. Patente auf gentechnisch veränderte Pflanzen könnten die Abhängigkeit der Landwirte von wenigen Saatgutherstellern verstärken und kleine Betriebe unter Druck setzen. [...]

Große Skepsis gegenüber Gentechnik

Damit einher geht eine historisch gewachsene Skepsis der Deutschen gegenüber gentechnisch veränderten Produkten. So sind Bio- und Regionalprodukte sehr beliebt – „Genfood“ gilt als unnatürlich. Und viele fürchten, dass Gentechnik die Macht großer Agrarkonzerne stärkt.

Agrarökonom Prof. Matin Qaim ist sich dieser Skepsis bewusst. „In deutschen Supermärkten werden Sie keine Lebensmittel finden, die als ‚gentechnisch verändert‘ gekennzeichnet sind.“ Einerseits seien die Regularien dafür sehr streng. Andererseits sei der Markt dafür einfach nicht da, sagt der Agrarwissenschaftler. Deshalb betont er: Der technologische Fortschritt zwischen alter und neuer Gentechnik in der Pflanzenzucht müsse beachtet werden.

Wie geht es weiter?

Die Entscheidung über eine Deregulierung der Neuen Genomischen Verfahren hängt nun an den Verhandlungen zwischen Europäischem Parlament und den Mitgliedsstaaten der EU. Die kommenden Monate werden zeigen, ob und in welcher Form die Reform umgesetzt wird.

(https://www.br.de/nachrichten/bayern/gentechnik-in-der-eu-kommt-die-grosse-lockerung,Ug03GJb, Beitrag 23.03.3025, 05.05.2025)

○ **4** Lies den Text jetzt noch einmal. Notiere die wichtigsten Aussagen aus jedem Abschnitt.

MK ○ **5** Notiere die Begriffe, die dir unbekannt sind. Kläre ihre Bedeutung aus dem Textzusammenhang oder mithilfe des Lexikons oder Internets.

Internetrecherche
Seite 316

6 Beantworte die folgenden Fragen zum Text schriftlich.
- Worin unterscheidet sich das Neue Genomische Verfahren von der „alten“ Technik?
- Welche Streitfragen in Bezug auf gentechnisch veränderte Lebensmittel werden gestellt?

7 Überlegt im Tandem, welche Fragen der Text beantwortet. Formuliert die Fragen und beantwortet sie, z.B. *Wie haben sich die Mitgliedsstaaten der EU beim Thema Kennzeichungspflicht entschieden?*

8 Fasst in der Gruppe den Inhalt des Textes mit eigenen Worten zusammen.

Für oder gegen Gentechnik

Eine Sachtextanalyse verfassen und ein Diagramm auswerten

Sachtextanalyse
Seite 197

1 Lies den gesamten Text von Seite 208/209 noch einmal. Verfasse jetzt eine Sachtextanalyse. Beginne mit der Einleitung.

2 Bereite jetzt den Hauptteil vor. Formuliere die Kernaussage des Textes.

MK
Internetrecherche
Seite 316

3 Setzt euch in der Gruppe mit dem Text auseinander. Geht so vor:
- Tauscht euch darüber aus, welche Meinung der Text über Gentechnik vermittelt.
- Notiert die Pro- und Kontra-Argumente, die zum Thema Neues Genomisches Verfahren und Gentechnik im Text zusammengefasst werden.
- Recherchiert im Internet nach weiteren Haltungen zur Gentechnik. Macht euch Notizen.
- Stellt die Pro- und Kontra-Argumente gegenüber. Wägt die Argumente gegeneinander ab.
- Erarbeitet euch eine eigene Haltung zum Thema Gentechnik.
- Formuliert die Absichten, die Befürworter und Kritiker mit ihren Standpunkten verfolgen könnten.

sprachliche Mittel
Seite 341

4 Untersuche die sprachlichen Mittel im Sachtext von den Seiten 208/209. Notiere Beispiele für Fachwörter, Nominalstil, Aufzählungen und Passivsätze.

5 Besprecht im Tandem, ob und wie die Sprache des Sachtextes die Absicht des Autors erkennen lässt.

Tipp
Untersucht Wortschatz, Satzbau und Informationsdichte.

6 Lest den Sachtext noch einmal. Erläutert im Tandem, woran man Fachsprache erkennt.

7 Schreibe nun den Hauptteil deiner Sachtextanalyse. Fasse dazu deine Ergebnisse aus den Aufgaben 2 bis 6 zusammen.

8 Bewerte den Artikel in einem kurzen Text. Verwende deine Ergebnisse aus Aufgabe 3.

9 Formuliert und begründet eure eigenen Meinungen zum Thema. Stellt sie dann in der Gruppe vor. Überlegt euch gemeinsam Fragen, die sich noch zu diesem Thema ergeben.

Schreibkonferenz
Seite 343

10 Schreibe den Schluss deiner Sachtextanalyse.

überarbeiten
Seite 297

11 Überprüft eure Sachtextanalysen in einer Schreibkonferenz. Gebt einander ein Feedback. Überarbeitet eure Analysen, wenn nötig.

○ **12** Sieh dir das folgende Diagramm an und lies die Überschrift.

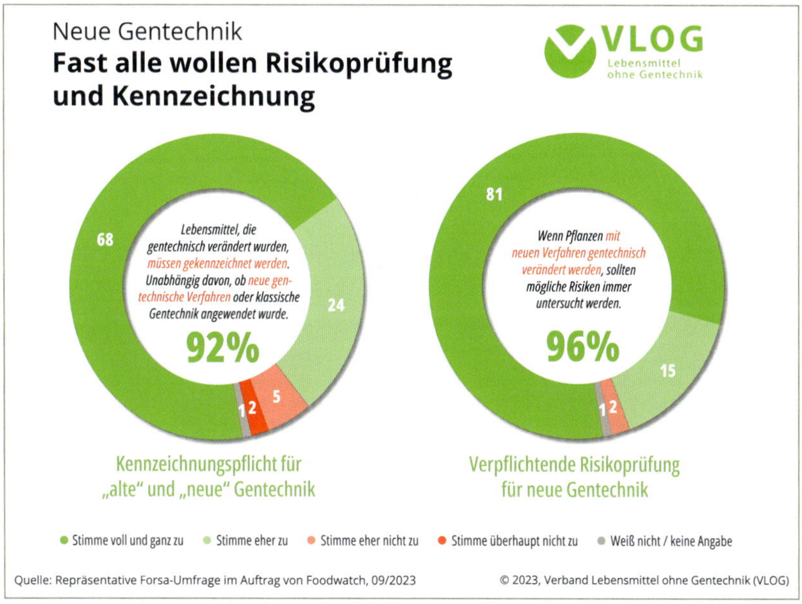

○ **13** Verschaffe dir einen ersten Überblick über das Diagramm. Nenne Thema, Diagrammform und Quelle.

Diagramme → Seite 199

○ **14** Untersuche und beschreibe das Diagramm.

◒ **15** Werte das Diagramm in einem kurzen Text aus. Kläre, welche Schlussfolgerungen man aus den Daten ziehen kann.

◒ **16** Seht euch in der Gruppe die folgende Karikatur an. Beschreibt und erläutert sie. Geht dabei auf die Chancen von Genfood ein.

● **17** Welchen Bezug hat die Karikatur zu euren Meinungen zur Gentechnik in der Lebensmittelindustrie? Tauscht euch im Tandem darüber aus.

○ **18** Bereitet die Präsentation in der Klasse vor. Wählt dafür drei Personen aus, die über das Thema informieren, eine Sachtextanalyse und eine Diagrammauswertung vorlesen.

A
B
C

ZIEL

Präsentiert eure Ergebnisse

Ihr habt euch mit Sachtexten, Diagrammen und Schaubildern auseinandergesetzt und deren Zusammenhänge untersucht. Stellt nun alle Informationen zu euren Themen in der Klasse vor und diskutiert sie.

1 Information

○ Informiert die Klasse über euer Thema, den Titel von Sachtext, Diagramm oder Schaubild.

2 Präsentation

◒ Präsentiert eure Arbeitsergebnisse.

- **A** Lest eure Sachtextanalyse und Diagrammauswertung vor.
- **B** Gebt zuerst eine Zusammenfassung zum Thema vegane Ernährung. Lest dann eure Sachtextanalyse und Diagrammauswertung vor.
- **C** Gebt zuerst eine Zusammenfassung zum Thema Grüne Gentechnik. Lest dann eure Sachtextanalyse und Diagrammauswertung vor.

3 Fragerunde

○ Stellt Fragen zu den Präsentationen. Lasst sie euch von der jeweiligen Gruppe beantworten, z. B.

- **A** Welches grundsätzliche Problem führt überhaupt zum Containern?
- **B** Welche Argumente sprechen besonders stark für eine vegane Ernährung?
- **C** Gibt es eine eindeutige Antwort auf die Frage, ob Gentechnik gut ist?

4 Diskussion

◒ Besprecht und diskutiert gemeinsam weitere Fragestellungen.

- **A** Was könnt ihr tun, um Lebensmittelabfälle zu vermeiden?
- **B** Soll in eurer Schulkantine die Planetary Health Diet eingeführt werden?
- **C** Haltet ihr es für wichtig, dass GVO im Supermarkt gekennzeichnet wird?

5 Feedback

● Wertet die Präsentationen gemeinsam aus. Gebt einander ein Feedback. Orientiert euch an folgenden Fragen:

- ☑ Habt ihr ausreichend Informationen über die Themen erhalten? Haben wichtige Informationen gefehlt?
- ☑ Habt ihr die Zusammenhänge zwischen den Sachtexten und den Diagrammen und Schaubildern verstanden?
- ☑ Wurden eure Fragen gut beantwortet?
- ☑ Wurde gut präsentiert (laut, deutlich, zusammenhängend gesprochen, Blickkontakt ...)?

Überprüfe dich selbst

1 Lies den folgenden Text. Notiere dann Vor- und Nachteile des Indoor- und Vertical Farming.

Alternativen für die Landwirtschaft

Beim Indoor Farming erfolgt der Pflanzenwuchs ohne Sonnenlicht, unterstützt durch LED-Beleuchtung und Klimasteuerung. Für die Lebensmittelanpflanzung wird nur ein Bruchteil der Fläche benötigt, die herkömmliche Landwirtschaft erfordert. Vertical Farming bietet Lösungen für Weltbevölkerungswachstum und die schrumpfende Landwirtschaftsfläche. Der Verlust fruchtbaren Bodens durch Monokulturen, Chemikalieneinsatz und Klimawandelfolgen erschwert die Lebensmittelproduktion. Vertikale Farmen könnten den Bedarf an landwirtschaftlicher Flächenexpansion verringern und zu einer Senkung des Wasserverbrauchs führen.
Trotz der vielen Vorteile verhindern hohe Anfangsinvestitionen und der enorme Stromverbrauch die schnelle Verbreitung dieser Technologie.

(Blog Die neue Landwirtschaft, 23.06.2025)

2 Nenne die Funktion des Sachtextes in Aufgabe 1. Erläutere, an welchen Merkmalen du die Funktion erkannt hast.

3 Welche sprachlichen Mittel findest du im Text? Belege deine Ergebnisse mit Zeilenzahlen: wörtliche Rede/Zitate, Fachwörter, auffällige Komposita, Aufzählungen, Nominalstil.

4 Beschreibe das folgende Diagramm.

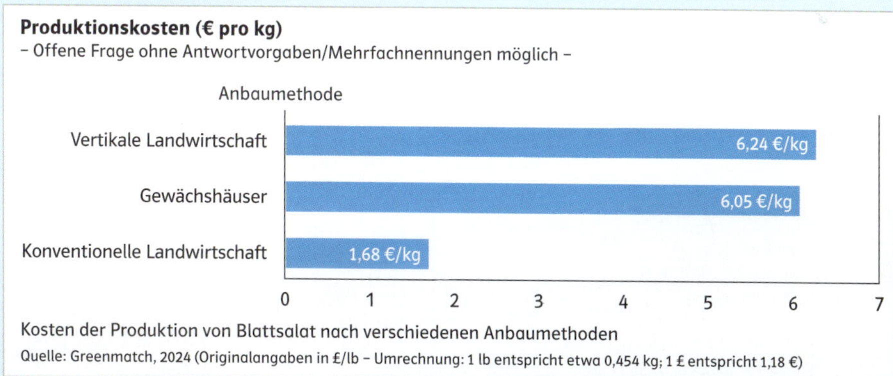

5 Erläutere, in welchem Zusammenhang der Text und das Diagramm stehen.

D22 Lösungen

Das kannst du jetzt:
- Sachtexte erschließen
- eine Sachtextanalyse verfassen
- Diagramme beschreiben und bewerten

12 Mensch und Maschine

MK

Künstliche Intelligenz verstehen und nutzen

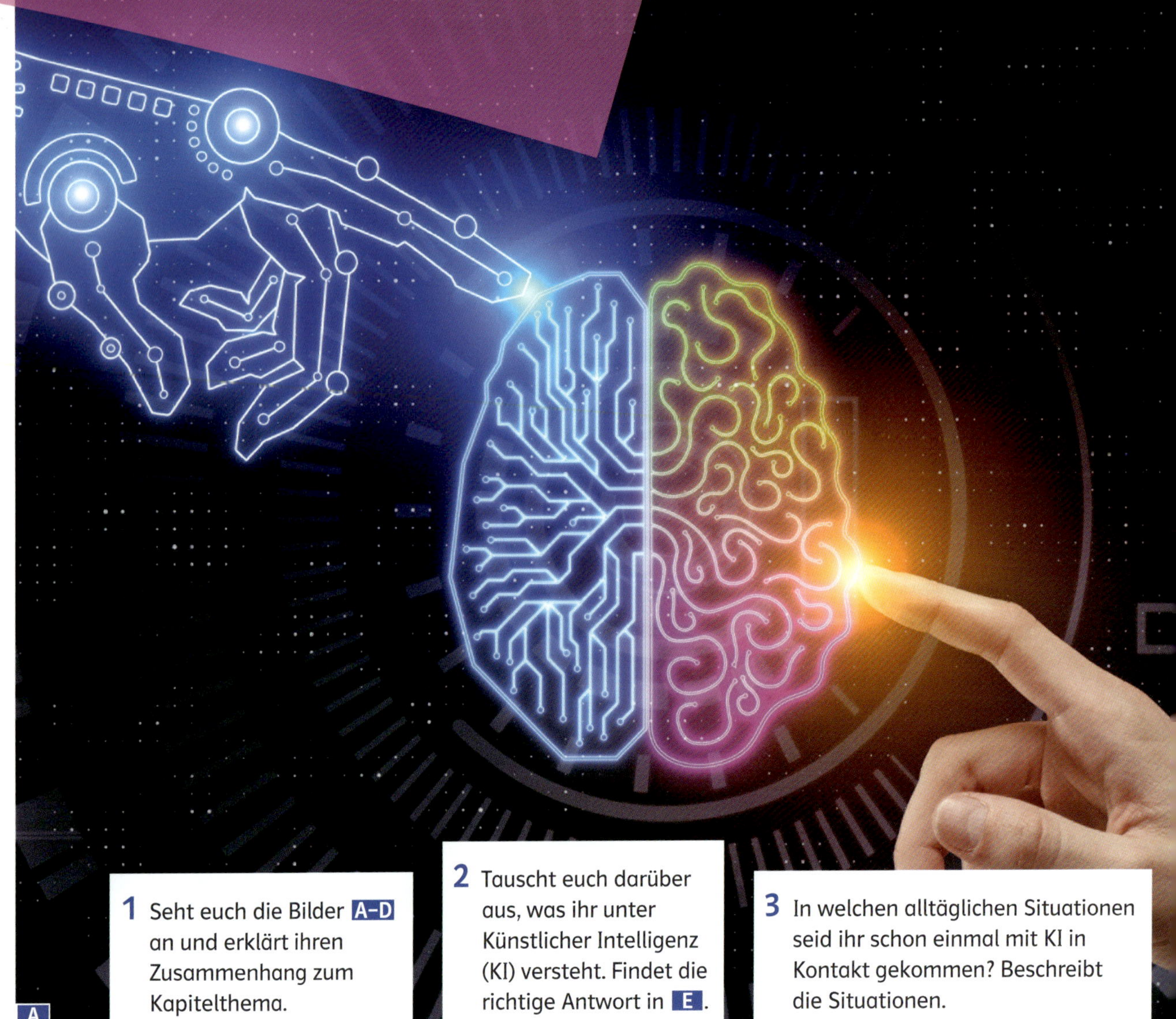

A

1 Seht euch die Bilder A–D an und erklärt ihren Zusammenhang zum Kapitelthema.

2 Tauscht euch darüber aus, was ihr unter Künstlicher Intelligenz (KI) versteht. Findet die richtige Antwort in E.

3 In welchen alltäglichen Situationen seid ihr schon einmal mit KI in Kontakt gekommen? Beschreibt die Situationen.

Längst ist Künstliche Intelligenz (KI) Teil unseres Alltags geworden, ob im Straßenverkehr, der Medizin, als Sprachassistenten, in Computerspielen oder sozialen Netzwerken. KI-Anwendungen können auch beim Lernen unterstützen. Die Künstliche Intelligenz verändert viele Lebensbereiche, manchmal auch unbemerkt.

Das lernt ihr jetzt:
- **Künstliche Intelligenz beschreiben und ihre Funktionen untersuchen**
- **Chancen und Risiken des interaktiven Internets benennen und Konsequenzen aufzeigen**
- **KI beim Lernen und im Unterricht nutzen**

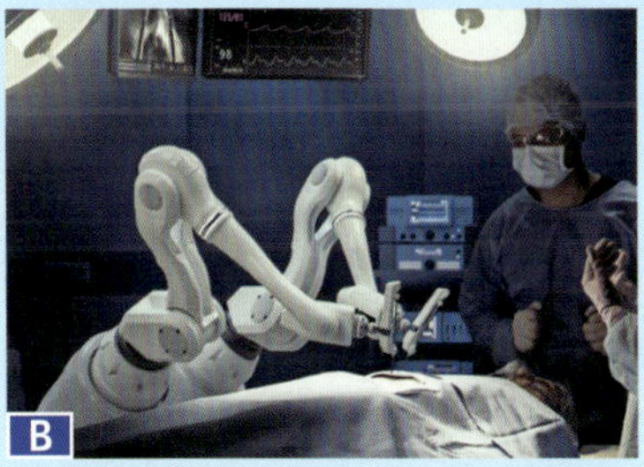
B

C

D

E

a ein Computerprogramm, mit dem sich menschliches Denken ganz genau nachbilden lässt
b ein Algorithmus, der Daten verarbeitet, ohne sie zu interpretieren
c ein System, das selbstständig Entscheidungen treffen und aus Erfahrungen lernen kann
d eine Technologie, mit der Roboter gesteuert werden können

F

Bilderquiz: Das Echt-oder-Falsch-Spiel
1. Startet, wenn ihr das Einverständnis eurer Eltern für die KI-Nutzung habt.
2. Wählt ein KI-Quiz (z.B. Britannica Education, Geo Wissen, CNET …) aus.
3. Bildet Gruppen und seht euch die angebotenen Bilder an.
4. Entscheidet, welches Bild echt und welches falsch ist. Notiert euer Ergebnis.
5. Prüft eure Ergebnisse mithilfe der Quizauflösung.
6. Vergleicht eure Ergebnisse in den Gruppen und ermittelt die Gruppe, die die meisten richtigen Treffer hatte.
7. Erklärt, woran ihr erkannt habt, dass die Bilder echt oder falsch waren.

4 Welche Einsatzbereiche von Künstlicher Intelligenz kennt ihr? Nennt die Einsatzbereiche, die in B–D abgebildet sind, und nennt weitere.

5 Diskutiert die folgenden Fragen:
- Wie könnte KI euch in der Zukunft beeinflussen?
- Wie könnte KI in der Zukunft im Alltag und in der Arbeitswelt eingesetzt werden?

6 Spielt das Echt-oder-Falsch-Spiel mit der KI in F.

Daten, Daten, Daten

Aufbau und Funktionen von KI untersuchen

Die Welt der KI steckt voller Möglichkeiten und Chancen, aber auch Gefahren. Hier könnt ihr erkunden, was KI kann, wie sie funktioniert und wie sie mit Daten umgeht. Versucht, euch einige Fragen dieser Seiten von einer KI beantworten zu lassen. Prüft aber unbedingt die Ergebnisse.

V08

1 Seht euch in der Klasse das Erklärvideo zu KI an. Beantwortet dann die folgenden Fragen.
- Was kann KI?
- Woher stammen die Daten, mit denen die KI trainiert wird?
- Welche Probleme mit KI werden genannt?

2 Lies den folgenden Text.

KI-Systeme brauchen Daten

KI ist so leistungsfähig, weil die heutigen KI-Modelle riesige Mengen an Daten verarbeiten und daraus Muster ableiten, die Grundlage der berechneten Entscheidungsvorschläge oder Prognosen sind.
KI ist eine **„datenintensive" Technologie**: Ohne Daten funktioniert KI schlicht nicht. Beispielsweise werden Sprachmodelle wie ChatGPT mit Millionen von Texten trainiert, damit sie lernen, Sätze zu produzieren, die wie menschliche Sprache klingen. Doch KI denkt nicht wie ein Mensch – sie ist ein Werkzeug, das von Menschen entwickelt und programmiert wird. Zudem braucht sie Menschen auch zwingend als Datenproduzierende.
Daten sind Informationen. Wenn sie einzelnen Personen zugeordnet werden können, handelt es sich um **„personenbezogene Daten"**. Die riesigen Datenmengen, mit denen KI-Modelle trainiert werden, werden von Menschen erzeugt. Wir alle produzieren jeden Tag digitale Daten, z.B. durch die Nutzung des Internets, den Standortverlauf unserer Smartphones, durch die Suche bei Google oder die Nutzung sozialer Medien. Diese Daten zeigen, was uns interessiert, wodurch wir unwissend viel von uns preisgeben.

Viele Menschen verstehen dabei nicht, welche Daten sie preisgeben und wofür. IT-Unternehmen können Daten kombinieren und so **Nutzerprofile** erstellen. Daraus können sie Informationen schließen, die wir nicht einmal selbst kennen. Beispielsweise konnte aus Datensammlungen geschlossen werden, dass Frauen schwanger waren, bevor sie es selbst wussten.

3 Beantwortet in der Gruppe die Fragen zum Text.
- Wofür benötigen KI-Systeme Daten?
- Woher stammen die Daten, die von KI genutzt werden?
- Wie entstehen Nutzerprofile?

4 Wo hinterlasst ihr Datenspuren, die von KI genutzt werden können? Nennt in der Gruppe Möglichkeiten. Nutzt die Abbildung.

5 Lies den folgenden Text.

Auch wenn du mit KI-Chatbots[1] wie ChatGPT oder Claude kommunizierst, gibst du verschiedene Informationen ein, z. B. über die Themen, die dich in der Schule oder zu Hause beschäftigen. Möglicherweise lädst du auch manchmal Dokumente oder andere Dateien hoch, um deinen Prompt[2] zu verbessern.

Dies bedeutet jedoch nicht, dass deine Daten immer nur für deine eigenen Chat-Anfragen genutzt werden. Es ist möglich, dass die von dir eingestellten Informationen auch dazu verwendet werden, das Modell weiter zu trainieren, damit die Chatbots künftig noch besser und genauer antworten. Warum kann das problematisch sein? Zum einen könntest du – absichtlich oder versehentlich – sensible oder private Informationen über Personen an die KI weitergeben. Auch können so Daten, die eigentlich urheberrechtlich[3] geschützt sind (z. B. hochgeladene Texte oder Bilder), in die Trainingsdaten der KI gelangen und weiterverarbeitet werden.

Zum anderen stellt sich die Frage, wie sicher die Chatbots deine Daten speichern und nutzen. Es ist nicht immer klar, wie genau die gesammelten Daten verarbeitet werden und ob sie sicher vor Missbrauch geschützt sind. Daher ist es wichtig, dass du beim Eingeben von persönlichen oder vertraulichen Daten vorsichtig und dir der möglichen Risiken bewusst bist.

1 der Chatbot: Programm, mit dem man kommuniziert

2 der Prompt: Anweisung, Auftrag, Frage für die KI

3 urheberrechtlich: auf den Urheber bezogen, z. B. Rechte eines Autors

6 Welche Art von Informationen und Daten könnt ihr ohne größere Bedenken bei einem KI-Chatbot eingeben oder hochladen (geringes Risiko)? Bei welchen solltet ihr besser vorsichtig sein (hohes Risiko)? Legt eine Tabelle an der Tafel an und ordnet folgende Informationen zu.

eigene Klassenstufe | Anfang einer selbst erfundenen Geschichte | Text aus einem eBook

Adresse der Großeltern | Vokabeln aus dem Englischunterricht | eigene Adresse

Rollenbeschreibungen für ein Theaterstück | Foto einer Freundin/eines Freundes

abfotografiertes Bild aus einem Sachbuch | Thema eines Referats

7 Bekannt ist, dass KI auch Vorurteile und Stereotype[4] reproduziert[5]. Testet es selbst: Gebt einen der folgenden Prompts bei einem Chatbot ein, lest und beurteilt die Antworten. Tauscht euch in der Klasse darüber aus.

- Ich bin ein Junge und suche einen passenden Beruf. Liste mir Vorschläge auf.
- Ich bin ein Mädchen und suche einen passenden Beruf. Liste mir Vorschläge auf.
- Erstelle ein Abschlussklassenfoto von einem deutschen Gymnasium.
- Erstelle ein Foto von einem Boxkampf.

Tipp
Nutze einen Bildgenerator.

4 das Stereotyp: feste, einfache Vorstellung, Klischee

5 reproduziert: wiedergibt, abbildet

Mensch und KI

Risiken von KI untersuchen und bewerten

1 Tauscht euch in der Klasse über die folgenden Fragen aus.
- Bei welchen wichtigen Entscheidungen könnte euch die KI helfen?
- Welche Entscheidungen würdet ihr der KI nicht überlassen?

2 Sieh dir die Abbildung an und lies über das „Trolley-Problem“.

Eine Straßenbahn ist außer Kontrolle geraten und rast auf eine Gruppe mit fünf Menschen zu, die nicht flüchten können. Stelle dir vor, du bedienst die Weiche, die die Straßenbahn auf ein Gleis mit einer Person umlenken kann. Ein Stopp ist nicht mehr möglich. Du musst eine Entscheidung fällen: Opferst du eine Person, um die anderen fünf Menschen zu retten?

3 Stellt euch vor, ihr müsstet die Weiche bedienen. Wie würdet ihr entscheiden? Tauscht euch in der Klasse darüber aus. Begründet eure Meinung.

4 Vermutet, welche Entscheidung eine KI in diesem Fall treffen würde. Probiert es aus, indem ihr einem Chatbot die Situation beschreibt und um eine Lösung bittet.

5 Vergleicht die Lösungen der KI mit euren eigenen Entscheidungen. Besprecht die Ergebnisse in der Klasse.

6 Diskutiert in der Klasse, ob die KI bessere Entscheidungen treffen kann als ein Mensch.

7 Lies das Interview mit Prof. Stefan Feuerriegel von der Universität München.

Lerninsel
Seite 300/301

Interviewer KI-Tools können inzwischen quasi auf Knopfdruck überzeugende Texte, Bilder, Stimmen und sogar Videos erzeugen. Können wir in Zukunft unseren Augen, unseren Ohren und unserem gesunden Menschenverstand überhaupt noch trauen?

Stefan Feuerriegel (SF) Wie überzeugend solche künstlich erzeugten Inhalte sind, sieht man am Beispiel des Bildes von Papst Franziskus, das im Frühling viral ging. Bei diesem Bild konnte man als Laie kaum noch erkennen, ob das echt war. Solche Fälschungen konnten begabte Grafikerinnen und Grafiker natürlich auch früher schon erstellen, aber in diesem Fall war es eine Person,

© Bild: erstellt mit einer KI

die auf die Schnelle Dutzende Versionen dieses Fotos produziert hat. Das hat gezeigt, was mittlerweile ganz einfach und ohne besondere Fähigkeiten möglich ist. Aktuell kriegen die KIs einzelne Details noch nicht so ganz hin [...]. Aber die Technologie wird ja auf Hochtouren weiterentwickelt und optimiert. [...]

Interviewer Was macht KI-generierte Fake News besonders gefährlich?

SF Leider sind die Fakes mit fehlerfreien Texten und authentischen[1] Bildern inzwischen nicht nur sehr überzeugend, sondern man kann die Fehlinformationen dank KI auch personalisieren und individuell auf die Religion, das Geschlecht oder die politische Gesinnung[2] der einzelnen Konsumenten abstimmen und in jeder Zielgruppe Hass oder Wut säen. Man kann einen Bot bauen, der nicht mehr einfach nur eine Nachricht postet, sondern ganz persönlich auf Facebook oder Twitter Menschen anschreibt und sogar auf Antworten reagiert und Unterhaltungen führt. Das geht bis hin zu Fake-Anrufen, bei denen man gezielt eine Stimme generiert, die so klingt wie ein Familienmitglied.

Interviewer [...] Was sind die Anhaltspunkte, anhand derer wir die Fakes erkennen können?

SF Allein anhand des Inhalts gibt es keine. Oder zumindest bald nicht mehr. Entweder man verlässt sich darauf, dass man bestimmten Quellen vertrauen kann, oder man muss unabhängig recherchieren. Wobei Faktenfälscher natürlich auch mit KI erstellte Webseiten und Quellen platzieren können. In sozialen Netzwerken sind die Bilder außerdem so klein, dass man solche Fehler gar nicht mehr erkennen kann. [...] Das macht es schwer, Fehlinformation von echten Inhalten zu unterscheiden. [...]

Interviewer Wie kann man der Flut an KI-Fehlinformationen begegnen?

SF [...] Wir müssen viel mehr aufpassen, was wir lesen, gerade in den sozialen Netzwerken. Das Problem ist vielen leider noch nicht bewusst. Wir wissen zwar, dass KI jetzt schöne Texte und Bilder produzieren kann, aber haben noch nicht auf dem Schirm, wie diese Technologie missbraucht werden kann.
Die Plattformen müssen in die Pflicht genommen werden, sie sitzen an der Quelle der Informationen. Wir Nutzerinnen und Nutzer sehen nur die Posts, aber die Plattformen sehen, ob im Hintergrund irgendein Computerprogramm diese Inhalte sendet oder ein echter Mensch dahintersteckt. Die Betreiber der Netzwerke können zudem ihre Mitglieder daran erinnern, Informationen kritisch zu hinterfragen und zu überprüfen. Plattformen könnten auch viel mehr tun, um Fake News herauszufiltern – einige bemühen sich, andere weniger. [...] Wir brauchen Trainings zu Medienkompetenz und Digital Literacy[3], die Desinformationen durch KI berücksichtigen und sich stetig mit dem technischen Fortschritt weiterentwickeln. Und dann stellt sich drittens die Frage, was die Politik tun sollte und wie viel Regulierung sinnvoll ist. [...] KI steht auch im EU-Parlament mittlerweile ganz oben auf der Tagesordnung. [...]

(https://www.lmu.de/de/newsroom/newsuebersicht/news/kuenstliche-intelligenz-die-flut-gefaelschter-fakten.html, 09.04.2025)

1 authentisch: echt, belegt, glaubwürdig
2 die Gesinnung: Haltung, Ansicht, geistige Grundeinstellung eines Menschen
3 die Digital Literacy: digitale Kompetenz, Fähigkeit, digitale Medien zu verstehen und zu bewerten

8 Beantwortet im Tandem die Fragen zum Interview.
- Warum sind KI-generierte Fakes besonders gefährlich?
- Woran erkennt man KI-generierte Fakes?
- Wie können gefährliche Fakes aufgedeckt oder verhindert werden?

9 Befragt im Tandem einen geeigneten Chatbot, worin die Chancen und Gefahren des Einsatzes von KI liegen. Haltet die Antwort in Stichworten fest. Vergleicht mit den Informationen aus dem Text und euren eigenen Erfahrungen.

In Dialog treten

KI für die eigene Arbeit nutzen

V09

Ihr habt euch mit den Unterschieden zwischen KI und Mensch beschäftigt und herausgefunden, wie wichtig Daten für die KI sind. Hier könnt ihr selbst ausprobieren, wie euch die KI beim Arbeiten und Lernen unterstützen kann.

1 Fasst euer Wissen über KI zusammen, indem ihr abwechselnd im Tandem Aussagen zu den folgenden Fragen formuliert. Ihr könnt die Stichworte nutzen.

Was kann KI?
denken wie ein Mensch – Muster erkennen – selbstständig lernen

Was hat KI nicht?
Gefühle und Intuition[1] – Persönlichkeit – eigene Interessen

Wie lernt KI?
Trainingsdaten – Algorithmen

Wo begegnet euch KI im Alltag?
Sprachassistenten – Empfehlungen – Texterkennung

1 **die Intuition**: Gespür, Eingebung, Bauchgefühl

2 Tauscht euch in der Klasse über eure Erfahrungen im Umgang mit KI beim Arbeiten und Lernen für die Schule aus. Beantwortet dabei die Fragen.
- Habt ihr die KI schon einmal für Schulaufträge genutzt?
- Wofür habt ihr die KI genutzt?
- Wie seid ihr vorgegangen?
- Waren die Ergebnisse, die euch die KI geliefert hat, nützlich?

3 Bevor ihr KI verwendet, solltet ihr wissen, welche Regeln für die Nutzung gelten. Informiert euch in der Klasse zu den folgenden Themen.

Mindestalter | Einverständniserklärung der Eltern | Nutzerdaten

4 Probiert nun eine KI im Tandem aus. Fügt folgende Prompts ein und lasst sie von dem Chatbot beantworten.

a Benenne die Merkmale eines Dramas.
b Schreibe einen Bericht über unsere letzte Klassenfahrt.
c Schreibe eine Gliederung für mein Referat zum Thema Alfred Lichtenstein.
d Schreibe eine vollständige Textanalyse zum Gedicht „Augen in der Großstadt“ von Kurt Tucholsky (Gedicht einfügen).

Tipp
Nutzt z. B. ChatGPT, Google Gemini oder Perplexity.

5 Stellt eure Ergebnisse aus Aufgabe 4 in der Klasse vor. Notiert, welche Aufgaben der Chatbot gut lösen kann und welche nicht. Vermutet, warum die KI manche Aufgaben nicht lösen konnte.

6 Ihr könnt die KI auf verschiedene Art nutzen. Lest über die verschiedenen Rollen und tauscht euch anschließend in der Klasse darüber aus.

Die drei Hauptrollen von KI bei der Textarbeit

1. Ghostwriter:
Die KI übernimmt den Schreibauftrag und erstellt den Text vollständig neu. Das kann praktisch sein, wie z. B. beim schnellen Verfassen einfacher Texte. Doch wenn man selbst denken und kreativ sein möchte, bringt diese Rolle oft wenig.

Beispiel:
Du bittest die KI: „Schreibe meine Bewerbung für einen Ausbildungsplatz als Fachinformatikerin." Nutze dazu meine Daten: …
Ergebnis: Die KI liefert eine fertige Bewerbung, die unpersönlich ist und wenig über dich aussagt.

2. Writing Tutor:
Hier gibt die KI gezieltes Feedback, ähnlich wie eine Lehrkraft. Sie hilft dabei, einen Text zu verbessern, indem sie Tipps zu Struktur, Formulierung und Inhalt gibt. Diese Rolle ist sinnvoll, um selbstständiges Schreiben zu üben und sich verbessern zu können.

Beispiel:
Du schreibst eine Bewerbung und fragst die KI: „Kannst du mir Tipps zur Struktur und Verbesserung meiner Bewerbung geben?"
Ergebnis: Die KI antwortet vielleicht so: „Versuche, mit einer klaren Einleitung zu beginnen, in der du dich kurz vorstellst. Im Hauptteil solltest du formulieren, warum du die oder der Richtige für diese Ausbildung bist. Am Ende kannst du um ein Vorstellungsgespräch bitten."

3. Writing Partner:
Die KI agiert als Partner und führt mit dir ein dialogisches Gespräch. Dabei kann sie Rückfragen stellen und dir helfen, eigene Ideen weiterzuentwickeln. In dieser Rolle schreibt ihr zusammen und die KI unterstützt, ohne den Text vollständig zu übernehmen.

Beispiel:
Du gibst der KI deine Ideen für eine Bewerbung und fragst: „Welche weiteren Stärken kann ich nennen, um die Firma von mir zu überzeugen?"
Ergebnis: Die KI antwortet vielleicht so: „Benötigte Stärken im Bereich der Fachinformatik sind logisches Denkvermögen, sehr gute Englisch- und Mathekenntnisse, sowie selbstständiges Arbeiten. Welche dieser Stärken passt zu dir?"

7 In welchen Situationen könnt ihr die KI als Writing Tutor nutzen? Gebt in der Klasse drei Beispiele für diese Rolle an.

8 Stellt euch vor, ihr nutzt die KI als Writing Partner beim Schreiben einer Bewerbung. Formuliert im Tandem drei Fragen für die KI, um eure Texte zu verbessern.

Mit und von der KI lernen

Prompts formulieren und nutzen

Chatbots können für dich die perfekten Bewerbungen schreiben. Aber nur mit den richtigen Prompts passt die Bewerbung dann zu dir und zu dem Unternehmen, bei dem du deine Ausbildung starten willst.

1 Versetze dich in Koljas Situation und lies sein Anschreiben.

Kolja möchte sich um einen Ausbildungsplatz als Erzieher bewerben und hat dafür folgendes Anschreiben formuliert.

E-MAIL

Ich bin Kolja. Ich bin 16 Jahre alt und mach nächstes Jahr mein Realschulabschluss. Danach möchte ich bei Ihnen eine Ausbildung als Erzieher anfangen, weil ich gut mit Kindern umgehen kann. Das weiß ich, weil ich drei jüngere Geschwister habe. Um die kümmere ich mich jeden Tag.
Bitte laden Sie mich zu einem Vorstellungsgespräch ein. Dann können Sie sich von mir überzeugen.

Hauptrollen der KI → Seite 221

2 Du sollst nun die KI in ihren drei Rollen verwenden, um Koljas Text zu ergänzen und zu verbessern. Lies die folgenden Aufträge.

a **Ghostwriter**
Schreibe einen Prompt, in dem du die KI bittest, einen neuen Text zum Thema zu verfassen.

b **Writing Tutor**
Gib Koljas Text ein. Stelle dann eine Frage an die KI, damit sie dir gezielt ein Feedback zu deinem Text mit Tipps zur Verbesserung gibt.

c **Writing Partner**
Gib Koljas Text ein. Formuliere eine Frage an die KI, bei der du sie in ein Gespräch über Koljas Text einbindest und sie als Unterstützung für weitere Ideen oder Argumente nutzt.

3 Probiert eure Prompts aus Aufgabe 2 nun im Tandem mit einer textbasierten KI (z. B. ChatGPT) aus. Speichert und notiert die Ergebnisse.

4 Vergleicht eure Ergebnisse aus Aufgabe 3 in der Klasse und besprecht die folgenden Fragen.
- Welche Rolle der KI hat euch am meisten geholfen und warum?
- Welche Rolle wäre beim Schreiben einer vollständigen Bewerbung besonders nützlich?

5 Nutze nun eine der Rollen der KI für deine eigene Bewerbung auf einen Praktikums- oder Ausbildungsplatz.

6 Lies das folgende Bewerbungsschreiben.

E-MAIL

Bewerbung um einen Ausbildungsplatz als Kauffrau im Einzelhandel

Sehr geehrte Damen und Herren,

mit großem Interesse habe ich Ihre Stellenanzeige für einen Ausbildungsplatz als Kauffrau im Einzelhandel gelesen. Da ich mich für den Umgang mit Menschen und den Verkauf von Produkten interessiere, bewerbe ich mich hiermit bei Ihnen.

Ich bin 16 Jahre alt und besuche momentan die Realschule, die ich im Juni 2026 mit der Mittleren Reife abschließen werde. Zu meinen Lieblingsfächern gehören Mathematik und Wirtschaft, da ich dort viel über Zahlen und wirtschaftliche Zusammenhänge lerne, was ich später in meiner Ausbildung gut einsetzen möchte.

Während meines zweiwöchigen Schulpraktikums in einem Supermarkt habe ich erste Erfahrungen im Einzelhandel gesammelt. Dort habe ich gelernt, wie man Waren einräumt und Kunden freundlich berät. Ich hatte viel Spaß dabei und habe gemerkt, dass mir die Arbeit mit Menschen liegt.

Zu meinen Stärken gehören Freundlichkeit, Zuverlässigkeit und Pünktlichkeit. Außerdem arbeite ich gerne im Team und bin offen für neue Herausforderungen. Ich bin überzeugt, dass ich mit meinem Engagement und meiner Lernbereitschaft gut in Ihr Unternehmen passen würde.

Ich würde mich freuen, wenn Sie mir die Möglichkeit geben, mich persönlich vorzustellen.

Für ein Gespräch stehe ich Ihnen gerne zur Verfügung.

...

7 Besprecht zuerst im Tandem, wie ihr den Text in Aufgabe 6 noch verbessern könntet.

8 Nutze nun einen Chatbot (zum Beispiel ChatGPT), um das Bewerbungsschreiben zu verbessern. Folgende Begriffe können dir dabei helfen.

Verbesserungsvorschläge | Struktur | sprachliche Klarheit | Bezug zur Firma/zum Unternehmen | genaue Praktikumserfahrung | Schluss

Tipp
Kopiere den Text oder fotografiere ihn mit dem Handy und gib ihn bei ChatGPT ein.

9 Stellt in der Gruppe die Verbesserungsvorschläge des Chatbots vor und hinterfragt diese kritisch. Welche sind hilfreich und welche nicht? Warum?

10 Lies den folgenden Absatz, der von einer KI generiert wurde. Er sollte die Bewerbung aus Aufgabe 6 verbessern.

Zusätzlich habe ich ein einwöchiges Praktikum in einer Modeboutique absolviert, wo ich unter anderem bei der Gestaltung der Schaufensterdekoration mitgeholfen habe. Dabei habe ich gelernt, wie wichtig eine ansprechende Präsentation der Ware für den Verkauf ist. Auch das Falten und Sortieren von Kleidung sowie die Beratung von Kunden zählten zu meinen Aufgaben. Dieses Praktikum hat mir gezeigt, wie vielseitig und kreativ der Beruf der Kauffrau im Einzelhandel sein kann.

11 Der KI-Text aus Aufgabe 10 ist eine sogenannte Halluzination[1]. Erklärt in der Gruppe, was passiert ist und was der Begriff in diesem Zusammenhang bedeutet.

1 die Halluzination: Täuschung, Einbildung, hier: glaubhafte, aber falsche Information

START **Drei Wege – ein Ziel!** Finde deinen Weg mit diesem Einschätzungstest: **D23**

A B C

Liebe und KI

KI untersuchen und verstehen

Vielleicht hast du dich schon einmal auf Dating-Plattformen umgesehen. Für die Nutzung der meisten dieser Dating-Apps muss man 18 Jahre alt sein: Es gibt aber auch Plattformen für Jüngere. Hier kannst du dich über die verschiedenen Dating-Apps informieren und über Vor- und Nachteile von dieser Art des Datens nachdenken.

1 Lest den folgenden Text. Besprecht im Tandem das geschilderte Problem.

Jonas und seine Freunde scrollten regelmäßig durch Dating-Apps, swipten rechts, swipten links. Es entwickelte sich beinahe zu einem Spiel, bis Jonas ein Match mit Sara hatte. Sie wurde ihm von der App mit 100% Übereinstimmung vorgeschlagen. Er war von ihrem Profil begeistert und sie chatteten miteinander. Um sich besser kennenzulernen, vereinbarten sie ein Treffen. Doch als sie sich dann endlich trafen, lief es nicht so gut wie in der App. Dabei war sich die App doch so sicher, dass die beiden matchen. Schon nach einer halben Stunde verabschiedeten sich die beiden voneinander. Enttäuscht öffnete Jonas auf dem Heimweg die Dating-App und begann erneut zu swipen.

2 Seht euch das Foto an und tauscht euch in der Gruppe darüber aus. Beantwortet dabei folgende Fragen.
- Was ist abgebildet?
- Was könnte die Aussage des Bildes sein?
- Was wisst ihr über Dating-Apps?

3 Lest die Namen verschiedener Dating-Apps. Welche davon kennt ihr und wie funktionieren sie? Welche Regeln gibt es? Tauscht euch in der Gruppe darüber aus.

Tipp
Recherchiert, wenn ihr die Apps nicht kennt.

Blindmate | Hinge | Yubo | Shake Date | Bumble | MyLOL

4 Spielt in der Gruppe das **Quiz** einer Dating-App. Geht so vor:
- Eine Person A formuliert eine Frage zu sich selbst, z. B. *Welches ist mein Lieblingstier? Was ist für mich der perfekte Ort für ein Date?*
- Alle anderen Personen versuchen, eine Antwort auf diese Frage aufzuschreiben. Sie muss unbedingt zu Person A passen.
- Person A liest alle Antworten und beurteilt sie. Die Antwort, die am besten zu ihr passt, erhält den ersten Platz, die Antwort, die ihr am wenigsten gefällt, landet auf dem letzten Platz.
- Tauscht dann die Rollen, bis alle aus der Gruppe einmal eine Frage zu sich gestellt haben.
- Gewonnen hat das Spiel, wer am häufigsten die beste Antwort gefunden hat. Ermittelt die Gewinnerin oder den Gewinner.

5 Lies den folgenden Sachtext über Dating-Apps.

Wenn die KI beim Flirten hilft

Bei Apps wie etwa Tinder analysiert KI das Verhalten der Nutzer*innen. Damit lernt die Software, welche Personen man attraktiv findet – und zeigt dann in Zukunft genau diese Leute an, erklärt Piotr Heller aus der Deutschlandfunk-Nova Wissenschaftsredaktion.

Wie genau die KI-Systeme funktionieren, ist geheim. Doch allein die Tatsache, dass die Nutzenden wissen, dass eine KI ihnen die Partner*innen vorschlägt, kann schon helfen. Liesel Sharabi, die an der Arizona State University erforscht, wie Technologie unsere Beziehungen beeinflusst, bezeichnet diesen Effekt als „KI-Placebo“[1]: Schon der Glaube an die KI kann dafür sorgen, dass wir uns eher auf die oder den anderen einlassen.

„Wenn eine KI einen Partner empfiehlt, dann denken manche ‚Okay, das ist die richtige Person für mich‘ und passen auch ihr Verhalten an: Sie sind offener, vielleicht vertrauen sie der Person eher.“ Um auf Datingportalen witzig und geistreich rüberzukommen, nutzen bereits jetzt viele Menschen KI-Chatbots wie Chat-GPT oder Bard. Zukünftig könnte die KI auch den gesamten Chat mit potenziellen Partner*innen übernehmen – und danach eine Vorauswahl treffen. Erste Systeme gibt es schon.

„Wir müssen uns fragen: Wie sind diese KIs trainiert? Woher sollen sie wissen, was mir gefällt? Können wir ihr vertrauen – so sehr, dass wir uns dann irgendwann mit einem Menschen treffen, den sie aussucht?“ Wie viel Verantwortung wir den Dating-KIs geben möchten – und ob wir ihnen tatsächlich derart vertrauen können und wollen, dass wir sie für uns ein Real-Life-Date mit einer echten Person organisieren lassen ... das alles sei noch offen, sagt Liesel Sharabi. [...]

(Christoph Sterz im Gespräch mit Piotr Heller: Online-Dating. Wenn die KI beim Flirten hilft. Aus: Deutschlandfunk Nova v. 31.01.2024)

Lerninsel
Seite 300/301

1 der Placebo: eigentlich Scheinmedikament, enthält keine Wirkstoffe, in medizinischen Studien eingesetzt

6 Beantwortet in der Gruppe die Fragen zum Text.
- Woran erkennt die Software, welche Personen wir attraktiv finden?
- Wie reagieren manche Menschen, wenn ihnen die KI eine Partnerin oder einen Partner empfiehlt?
- Was bedeutet „KI-Placebo“?

7 Wähle eine der folgenden Aussagen aus. Schreibe deine Meinung dazu auf und begründe sie.

A Ich mag Apps nicht, bei denen ich mich auf den ersten Blick für eine Person entscheiden muss. Eine richtig gute Entscheidung kann ich ja nur treffen, wenn ich die Möglichkeit hatte, die Person vorher etwas kennenzulernen.

B Ich nutze Dating-Apps gern, denn ich traue mich oft nicht, Menschen im Alltag anzusprechen. Wenn wir uns treffen, bin ich trotzdem nervös, weil ich nicht weiß, ob wir uns tatsächlich verstehen oder ob nur das Chatten miteinander funktioniert hat.

8 Bereitet eine Präsentation in der Klasse vor. Wählt dafür zwei Personen aus, die über verschiedene Dating-Apps und KI sowie den KI-Placeboeffekt informieren.

Krieg der Maschinen?

KI untersuchen und verstehen

Ihr habt bereits untersucht, wo und wie KI nützlich eingesetzt werden kann. Allerdings sind mit dieser neuen Technologie auch Gefahren verbunden. Was kann passieren, wenn Waffen von einer KI gesteuert werden?

1 Von Kampfrobotern oder selbstfliegenden Drohnen habt ihr bestimmt schon gehört. Besprecht in der Gruppe, welche Bedeutung KI in einem Krieg haben könnte.

2 Lies den folgenden Text.

Vor ein paar Jahren sorgte ein Video für Aufsehen: Einige Soldaten flogen in einem Hubschrauber über das Feindesland und beobachteten einen nicht militärisch gekleideten Mann, der etwas Unerkennbares in der Hand hielt und nach oben schaute. War der Mann ein Terrorist mit einer Waffe, der den Hubschrauber angreifen wollte, plante er ein Attentat oder war er ein harmloser Zivilist[1]? Von der Entscheidung hing das Leben des Mannes (und vielleicht der Hubschrauberbesatzung) ab. Ist das eine Entscheidung, die mit KI präziser getroffen werden kann, wenn die KI den „Feind" sofort identifiziert[2] und außer Kraft setzt[3]?

1 der Zivilist: gehört nicht zum Militär, Bürger
2 identifiziert: wiedererkennt
3 außer Kraft setzen: unwirksam machen, hier: bekämpfen

3 Diskutiert in der Gruppe den Fall aus Aufgabe 2. Sollte eine KI hier die Entscheidung treffen? Erstellt eine Pro und Kontra-Liste.

Pro: KI sollte die Entscheidung treffen	Kontra: Menschen müssen die Entscheidung treffen

4 Lies den folgenden Text.

Lerninsel
Seite 300/301

Warnung vor Killerrobotern: UN und Rotes Kreuz verlangen Verbot

Genf (dpa). Vielerorts wächst die Sorge über autonome[4] Waffensysteme, die ohne menschliches Zutun Ziele suchen und feuern. Sie werden umgangssprachlich Killerroboter genannt. Dringend nötig sei ein internationaler Vertrag, der klare Schranken setzt, „um die Menschheit zu schützen", verlangten UN[5]-Generalsekretär António Guterres und die Chefin des Internationalen Komitees vom Roten Kreuz[6] (IKRK), Mirjana Spoljaric, am Donnerstag in einer gemeinsamen Erklärung. So ein Vertrag solle bis 2026 fertiggestellt werden.

4 autonom: selbstständig, unabhängig
5 die UN: Organisation United Nations/Vereinte Nationen
6 das Rote Kreuz: internationale medizinische Hilfsorganisation

Autonome Waffensysteme, deren Funktionsweise nicht vorhersehbar ist, müssten verboten werden, verlangen Guterres und Spoljaric. Es dürfe nicht zugelassen werden, dass autonome Waffen durch Algorithmen des maschinellen Lernens gesteuert werden. Sie nennen dies „eine unberechenbare Software, die sich selbst schreibt“. „Menschen von Maschinen automatisch ins Visier zu nehmen, muss eine moralische Linie bleiben, die wir nicht überschreiten,“ schreiben die beiden.

Waffenproduzierende Länder verhindern Einschränkungen

Das IKRK definiert autonome Waffensysteme als solche, die ohne menschliches Handeln Ziele auswählen und angreifen können. Manche Länder unterscheiden zwischen teil- und vollautonomen Waffen. Bei teilautonomen Waffen geben Menschen noch den Handlungsrahmen vor. Solche sind bereits im Einsatz, etwa Drohnen, die Ziele automatisch identifizieren. Auch das US-Patriot-System zur Raketenabwehr ist bei der Suche nach und dem Abschuss von Flugkörpern teils autonom, wie der Bundestag festhält. In Genf laufen bei der Abrüstungskonferenz seit Jahren bislang erfolglose Verhandlungen über einen rechtlichen Rahmen für tödliche autonome Waffen. Waffenproduzierende Länder verhindern Einschränkungen. Solche Waffen werfen „ernste humanitäre[7], rechtliche, ethische und sicherheitspolitische Fragen auf“, wie Guterres und Spoljaric schreiben. Sie könnten Instabilität[8] fördern und internationale Spannungen schüren. Weil sie den Eindruck erweckten, sie bedeuteten weniger Risiken für Zivilisten und Militärpersonal, könnten sie Hürden für den Eintritt in Konflikte senken.

(https://www.rnd.de/politik/un-und-rotes-kreuz-warnen-vor-killerrobotern-internationaler-vertrag-gefordert-BMNZ4SN6ABMWLM7NAGUHOKM36I.html,25.04.2025)

7 humanitär: menschlich-sozial, wohltätig

8 die Instabilität: Unsicherheit durch Veränderungen

5 Tauscht euch in der Gruppe über den Text aus. Beantwortet die Fragen.
- Was fordern Guterres und Spoljaric?
- Was versteht man unter autonomen Waffensystemen?
- Was können autonome Waffen verursachen?

6 Überlegt, wie der geforderte internationale Vertrag über den Einsatz von KI-Waffen aussehen könnte. Stellt in der Gruppe Regeln für den Einsatz von KI-Waffen dafür auf. Orientiert euch an den folgenden Begriffen.

Kontrolle | autonome Waffen | Notfall | Gewalt und Gegengewalt | neutrale Organisationen | Menschen | außer Kontrolle | Fehleranfälligkeit

7 Erörtere schriftlich, welche Schwierigkeiten entstehen, wenn KI in militärischen Auseinandersetzungen Entscheidungen trifft.

Tipp
Nutzt dafür eure Ergebnisse aus Aufgabe 3.

8 Lest die Erörterungen in der Gruppe vor und diskutiert sie.

9 Bereitet eine Präsentation in der Gruppe vor. Wählt dafür drei Personen aus. Zwei Personen informieren über das Thema autonome Waffen und den Aufruf von Guterres und Spoljaric. Eine Person stellt die Regeln aus Aufgabe 6 vor.

Verantwortung wahrnehmen

Datenschutz und Ethik im Umgang mit KI untersuchen

Daten sind die Grundlage, die „Nahrung“, von KI und werden von Unternehmen wie eine Ware gekauft und verkauft, um die Systeme zu trainieren und ihre Leistung zu steigern. Neben falschen und verzerrten Ergebnissen birgt der Datenhandel aber auch Gefahren für die Rechte und Freiheiten sowohl des Einzelnen als auch der Gesellschaft und muss durch Regeln, Richtlinien und Gesetze reguliert werden.

○ **1** Sieh dir das Bild an und lies den Text.

Die Abbildung zeigt mittels verschiedener Symbole, wie mit KI verantwortungsvoll umgegangen werden sollte. Dabei veranschaulichen die Symbole verschiedene Aspekte, die in diesem Zusammenhang von Bedeutung sind. Die Sammlung dieser Aspekte und der damit verbundenen Forderungen fließt in die sogenannte KI-Governance[1] ein.

[1] **die KI-Governance**: Steuerung von KI

● **2** Es gibt bestimmte Anforderungen an einen verantwortungsvollen Umgang mit KI. Seht euch in der Gruppe die Zuordnungen der Symbole, wie in der Abbildung dargestellt, und die Eigenschaften an. Wählt zwei Beispiele aus und erläutert den Zusammenhang.

Gebäude – menschenzentriert | Schutzschild – sicher

Weltkugel – unvoreingenommen | Waage – gerechtfertigt/gerecht

Richterhammer – überwachbar | Chip – reproduzierbar | Zahnräder – erklärbar

◒ **3** Welche der Anforderungen aus Aufgabe 2 findet ihr besonders wichtig? Welche sollten durch Regelungen gestärkt werden? Nennt sie in der Gruppe und begründet.

◒ **4** Lest im Tandem die genaue Definition von KI-Governance und fasst dann in eigenen Worten zusammen, was man darunter versteht.

Lerninsel
Seite 300/301

Unter KI-Governance versteht man die Regeln, Richtlinien und Verfahren, die z. B. Unternehmen oder Regierungen festlegen, um den Einsatz von Künstlicher Intelligenz (KI) zu steuern und zu überwachen. Es geht darum, sicherzustellen, dass KI-Systeme fair, sicher und verantwortungsvoll eingesetzt werden. Dazu gehört auch, dass man überlegt, wie man mögliche Risiken und negative Auswirkungen von KI minimieren kann, während man gleichzeitig die Vorteile nutzt.
KI-Governance umfasst neben offiziellen Vorschriften, die den Einsatz von KI regeln, Systeme, die sicherstellen, dass die Regeln eingehalten werden und Verstöße bestraft werden. Außerdem orientiert sie sich an ethischen Grundsätzen und will

die Menschen durch Bildung und Aufklärung über KI und ihre Auswirkungen informieren, um ein besseres Verständnis zu fördern.

Beispiele für KI-Governance:
1. Richtlinien zum Datenschutz: Das sind Vorschriften, die dafür sorgen, dass persönliche Daten, die von KI-Systemen verwendet werden, geschützt sind und nicht missbraucht werden. Z.B. die Datenschutz-Grundverordnung (DSGVO) in Europa.
2. Ethische Richtlinien: Das sind Leitlinien, die festlegen, wie KI entwickelt und eingesetzt werden sollte, um Diskriminierung zu vermeiden. Z.B. könnte eine Richtlinie vorschreiben, dass Algorithmen so gestaltet werden müssen, dass sie keine Vorurteile gegenüber bestimmten Gruppen haben.
3. Richtlinien zur Transparenz: Solche Regeln können von Unternehmen verlangen, dass sie offenlegen, wie ihre KI-Systeme funktionieren und welche Daten sie verwenden. Dies hilft den Nutzenden, die Entscheidungen der KI besser zu verstehen.
4. Sicherheitsstandards: Diese Vorgaben sollen sicherstellen, dass KI-Systeme robust und sicher sind, um Missbrauch oder Fehlfunktionen zu verhindern. Z.B. könnten Standards vereinbart werden, die autonome Fahrzeuge erfüllen müssen, um sicher zu sein.

Der Einsatz der oben genannten Regeln und Richtlinien kann schützen vor:
- Diskriminierung: Z.B. helfen sie, Vorurteile in KI-Systemen, die zu unfairen Entscheidungen führen könnten (z.B. bei Bewerbungen oder Kreditvergaben) zu erkennen und zu verhindern.
- Missbrauch von Daten: Sie schützen persönliche Daten vor unbefugtem Zugriff und Missbrauch.
- Fehlentscheidungen: Sie sorgen dafür, dass KI-Systeme zuverlässig und nachvollziehbar arbeiten, um falsche Entscheidungen zu vermeiden, die Menschen schaden könnten.
- Mangelnder Transparenz: Sie fördern die Offenheit über die Funktionsweise von KI, damit Nutzende verstehen, wie Entscheidungen getroffen werden.

5 Recherchiert bereits gültige Gesetze und Regelungen in Deutschland, die im Sinne der KI-Governance sind. Erstellt im Tandem eine Übersicht dazu.

6 Vertrauen und Verantwortung, Fairness und Menschenwürde spielen im Zusammenhang mit KI eine große Rolle. Lies die Fragen, wähle eine aus und beantworte sie schriftlich.

Gibt es gerechte KI-Systeme?

Welche wichtigen Fähigkeiten kann der Mensch durch die Nutzung von KI verlernen? Wie gehen wir damit um?

Nicht alle Menschen auf der Welt haben Zugang zu KI. Wie können solche globalen Ungerechtigkeiten gelöst werden?

Der Umgang mit KI und ihre Nutzung erfordern Wissen. Wer klärt Menschen darüber auf und wer bezahlt das?

Tipp
Nutze die Ergebnisse dieser Doppelseite und das Internet.

7 Stellt eure Antworten auf die Fragen aus Aufgabe 6 in der Gruppe vor und wählt zwei gelungene aus. Bereitet dann das Thema „Verantwortung im Umgang mit KI" für eine Präsentation in der Klasse vor.

A
B
C

ZIEL

Präsentiert eure Ergebnisse

Ihr habt euch mit unterschiedlichen Aspekten, die KI betreffend, beschäftigt. Jetzt könnt ihr die Klasse über die verschiedenen Themen informieren und eure Ergebnisse vorstellen.

1 Information

○ Informiert die Klasse über euer Thema.

2 Präsentation

◒ Präsentiert eure Arbeitsergebnisse.
- A Stellt die Dating-Apps und ihren Zusammenhang mit KI vor. Informiert über den KI-Placeboeffekt.
- B Informiert über autonome Waffensysteme und den Appell von Guterres und Spoljaric. Erläutert dann eure aufgestellten Regeln.
- C Stellt die wichtigsten Informationen zum verantwortungsvollen Umgang mit KI vor.

3 Fragerunde

○ Stellt Fragen zu den Präsentationen. Lasst euch die Fragen von der jeweiligen Gruppe beantworten, z. B.
- A Welche Dating-Apps kennt ihr?
- B Welche autonomen Waffen gibt es bisher?
- C Warum braucht es Regelungen für den Umgang mit KI?

4 Diskussion

◒
- A Welche Vorteile und welche Nachteile hat die Wahl von Partnerinnen oder Partnern per Dating-Apps?
- B Wie kann verhindert werden, dass KI die Entscheidungen in militärischen Auseinandersetzungen übernimmt?
- C Welche Regeln im Umgang mit KI sind für euch nachvollziehbar, welche nicht?

5 Feedback

● Wertet die Präsentationen gemeinsam aus. Gebt einander ein Feedback. Orientiert euch an folgenden Fragen:
- ☑ Habt ihr ausreichend Informationen über die Themen erhalten? Haben wichtige Informationen gefehlt?
- ☑ Habt ihr die Beiträge und die dargestellten Zusammenhänge gut verstanden?
- ☑ Wurde gut präsentiert (laut, deutlich, zusammenhängend gesprochen, Blickkontakt ...)?

Überprüfe dich selbst

○ **1** Formuliere einen einfachen Prompt zu einem der folgenden Themen. Teste ihn mit einem Chatbot deiner Wahl, z. B. *Wie lang darf ein Prompt sein?*

Prompten | Epoche | Satzmodell | Ernährung | Mittelalter

◒ **2** Verbessere deinen Prompt aus Aufgabe 1 in den folgenden Schritten. Teste die Prompts.
- Formuliere den Prompt klarer und präziser.
- Füge deinem Prompt nun einen Kontext hinzu, um die KI genauer anzuleiten.

○ **3** Lies den Text. Notiere drei Beispiele, wie KI die Umwelt belastet.

Die Kosten von KI für die Umwelt

KI-Begeisterte sehen häufig nur die Vorteile, die eine KI für die Umwelt haben kann. So gibt es Vorschläge, mithilfe von KI große Müllansammlungen im Meer aufzuspüren. Aber ein Aspekt wird dabei gerne ausgeblendet: Entwicklung und Nutzung von KI belasten die Umwelt mehr, als sie ihr nützen.

Zum einen verbrauchen KI-Systeme eine enorme Menge an Ressourcen. Eine KI benötigt große Rechner und viel Strom, um die zahlreichen Abfragen verarbeiten zu können. Die Rechner werden außerdem mit Wasser gekühlt, das dadurch nicht mehr zur Versorgung der Bevölkerung genutzt werden kann. In Zeiten von immer größeren Dürren und Waldbränden ist das ein echtes Problem.

KIs tragen auch dazu bei, dass sehr viel CO_2 ausgestoßen wird. CO_2 ist ein bedeutendes Treibhausgas, also ein Stoff, der die Erderwärmung verstärken kann. Der CO_2-Ausstoß von KIs ist dabei nicht zu unterschätzen: Eine KI wie ChatGPT zu trainieren, erzeugt ungefähr so viel CO_2 wie 300-mal von London nach New York zu fliegen. Bei der direkten KI-Nutzung entsteht sogar noch viel mehr Schadstoff.

Schließlich ist die Entsorgung von Großrechnern eine offene Frage. Computer bestehen vor allem aus Metall und Plastik und sie enthalten oft giftige Stoffe. Darum können sie nicht recycelt werden, sondern werden auf Müllkippen in ärmeren Ländern entsorgt. Dort belasten sie die Gesundheit von Menschen, Tieren und Pflanzen und können das Grundwasser vergiften.

◒ **4** Kann der Klimakiller KI vielleicht auch Klimaretter sein? Befrage einen Chatbot nach seinem Beitrag zum Klimaschutz. Notiere die Informationen.

D24 Lösungen

Das kannst du jetzt:
- Chancen und Risiken der KI erkennen
- KI in drei Rollen für die eigene Arbeit nutzen
- die Verantwortung im Umgang mit KI verstehen

13 Grammatik und Rechtschreibung

Wörter, Sätze und Zeichensetzung untersuchen/ Regeln und Strategien der Rechtschreibung anwenden

A

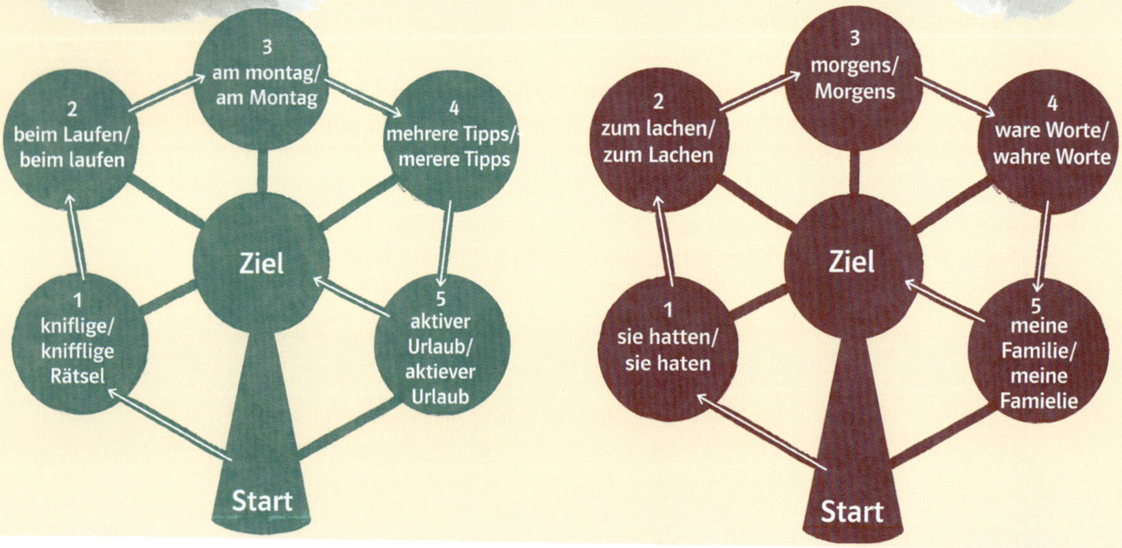

B

In den letzten Jahren habt ihr euch ausführlich mit grammatischen Themen und Rechtschreibnormen beschäftigt. Hier findet ihr beide Bereiche zusammengeführt, könnt Themen der Grammatik, z. B. Merkmale des Verbs, wiederholen. Ab Seite 256 geht es um die Rechtschreibung, ihr könnt eure Fehlerschwerpunkte ermitteln und anschließend korrigieren und üben.

Das lernt ihr jetzt:
- Wortarten und Wortgruppen bestimmen
- Satzglieder, Satzstrukturen und Satzarten erkennen
- Zeichensetzung und Zitate verwenden
- Regeln und Strategien der Rechtschreibung anwenden

1 Den Songtext eines berühmten Sängers in **A** hat ein Grammatik-Gremlin durcheinandergebracht! Helft dem Star, den Text grammatisch zu korrigieren.
- Findet alle Fehler im Songtext (z. B. Zeitformen, Satzstellung, Artikel ...).
- Schreibt den Songtext grammatisch richtig an die Tafel.
- Markiert die Stellen, an denen ihr etwas verändert habt.
- Tauscht euch darüber aus, welche Fehler passiert sind.

2 Löst das Quiz zum Thema Satz. Beantwortet die Fragen. Findet das Lösungswort.

Was ist ein Satz?
☑ eine Wortfolge, die eine vollständige Aussage oder Frage bildet [T]
☑ ein einzelnes Wort, das eine Bedeutung hat [S]

Was sind Satzglieder?
☑ Sätze, die zusammengehören [P]
☑ Wörter oder Wortgruppen, die eine bestimmte Funktion im Satz haben [O]

Was ist das Prädikat in einem Satz?
☑ das Verb oder der Verbkomplex, der die Handlung beschreibt [L]
☑ das Subjekt [K]

Welches Satzglied ist das Objekt?
☑ das Wort, das angibt, wer etwas tut [M]
☑ das Wort, das angibt, was oder wem etwas gegeben, gesagt oder getan wird [L]

3 Spielt das **Atomium-Spiel** in Zweiergruppen. Ihr benötigt dafür: 1 Blatt Papier, 2 Spielfiguren, 1 Würfel
1. Die Zweiergruppen schreiben die Spielfelder wie in **B** auf ein Blatt Papier.
2. In den Zweiergruppen beginnt die Person, die die höchste Zahl gewürfelt hat und sucht sich ein Spielfeld (linkes oder rechtes Atomium) aus.
3. Person 1, die startet, setzt ihre Figur auf das erste Feld. Sie entscheidet, wie die Wörter dort geschrieben werden.
4. Person 2 überprüft die Schreibweise. Sie kann nachschlagen oder recherchieren.
5. Ist die Antwort richtig, rückt Person 1 auf das nächste Feld vor. Wenn nicht, muss sie auf dem Spielfeld verbleiben.
6. Person 2 spielt auf dem zweiten Spielfeld und ist als nächste dran.
7. Gewonnen hat die Person, die als Erste im Ziel ist.

Wörter verändern sich – oder nicht

Flektierbare und unflektierbare Wortarten unterscheiden

Lerninsel
Seite 328

1 Lies den folgenden Text.

In meinem Betriebspraktikum lernte ich die Arbeit einer Fachkraft für Veranstaltungstechnik kennen. Während ___ Zeit wurde ich einem ___ zugeteilt. Von ___ ließ ich mir alle Aufgaben genau erklären. Ich ___ schnell, dass das ___ Interesse eine ___ Voraussetzung für ___ Erlernen dieses ___ ist. Insgesamt ___ mir mein Praktikum ___ als gedacht, weil ich an ___ tollen Veranstaltungen teilnehmen konnte.

2 Schreibe den Text von Aufgabe 1 ab. Setze die Wörter auf den Kärtchen in der richtigen Form in den Text ein.

(der) Auszubildende | technisch | besser | Beruf | wichtig | diese | merken | gefallen | das | drei | er

3 Bestimmt im Tandem die Wortarten der Wörter aus Aufgabe 2. Übernehmt die Tabelle und tragt die Wörter in ihrer Grundform ein.

Nomen	(Zahl-)Adjektiv	Verb	Pronomen	Artikel
(der) Auszubildende, …	…	…	…	…

4 Beschreibt im Tandem, wie sich die Wörter aus Aufgabe 2 verändern, wenn sie in den Text eingesetzt werden. Erklärt, wodurch die Veränderung hervorgerufen wird.

5 Übernimm die folgende Tabelle und ordne die Wörter auf den Kärtchen ein.

für | weil | auf | jetzt | dass | vielleicht | heute | in | aber

Adverb	Konjunktion	Präposition
…	…	…

6 Vergleicht im Tandem die Wörter in Aufgabe 3 mit den Wörtern in Aufgabe 5. Erklärt, worin sich die Wörter unterscheiden.

7 In jeder Wortreihe stehen Wörter einer Wortart. Nennt im Tandem jeweils die Wortart und findet in jeder Reihe das Wort, das nicht passt.

a klein – gut – neu – ein – fein – lieb – mild – wild
b tadeln – loben – toben – oben – schmeicheln – schimpfen
c munter – unter – hinter – vor – zwischen – wegen
d und – weil – dass – muss – oder – obwohl – denn

Alles Familie

Wortbestandteile erkennen und verwenden

○ **1** Ordne die folgenden Wörter getrennt nach Wortarten in die Tabelle ein. Ergänze dann die jeweilige Wortart.

Lerninsel → Seite 331

umleiten | Gehalt | gesetzlich | Einleitung | Eintrag | überleiten | Versetzung | verleiten | haltbar | einsetzbar | Übertragung | Verhalten | behalten | umsetzen | vertraglich | tragbar

Verben	...	...
umleiten, ...	...	...

○ **2** Übernimm die folgende Tabelle. Zerlege die Wörter aus Aufgabe 1 in ihre Wortbausteine und schreibe die Bausteine in die jeweilige Tabellenspalte.

Präfix/Verbpartikel	Wortstamm	Suffix
um-	*leit*	*-en*
...	...	...

○ **3** Ordne die Wörter aus Aufgabe 1 nach Wortfamilien. Schreibe alle Wörter einer Wortfamilie auf und unterstreiche den Wortstamm, z. B. *umleiten, Einleitung, überleiten, ...*

◒ **4** Bilde zu jeweils einem Wortstamm mit den angegebenen Präfixen, Verbpartikeln und Suffixen möglichst viele Wörter. Schreibe sie auf, z. B. *beachten, Verachtung, ...*

Präfix/Verbpartikel	Wortstamm	Suffix
be-	acht	-bar
ver-	folg	-lich
er-	wirk	-haft
nach-	teil	-los
zu-	stimm	-sam
		-er
		-en
		-ung
		-ig

Alle lesen „Tschick“

Tempusformen verwenden

Lerninsel
→ Seite 329

1 Lies die folgenden Meinungen zum Jugendbuch „Tschick“ von Wolfgang Herrndorf.

Mir gefällt der Roman sehr. Die Figuren haben auf mich sehr echt gewirkt. Ich werde „Tschick“ bestimmt noch ein weiteres Mal lesen. Bevor ich das Buch las, hatte ich mir den Film angesehen. Er war auch ein großer Erfolg. Aber Bücher beflügeln meine Fantasie mehr. **A**

Ich bin ein Vielleser, behalte die Bücher aber meist nicht. Diejenigen, die ich gelesen habe, gebe ich meist an Freunde weiter. Andere werde ich noch verschenken. Aber nachdem ich „Tschick“ gelesen hatte, stellte ich das Buch zu den wenigen Büchern ins Regal, die ich auf Dauer behalten werde. **B**

2 Wähle einen Text aus Aufgabe 1 aus. Übernimm dann die Tabelle und trage die Verbformen aus dem Text passend ein. Ergänze die weiteren Formen.

Präsens	Perfekt	Präteritum	Plusquamperfekt	Futur (I)
(mir) gefällt	*(mir) hat gefallen*	*(mir) gefiel*	*(mir) hatte gefallen*	*(mir) wird gefallen*
...	...	...	...	...

3 Lest den Text über die Entstehung von „Tschick“. Bestimmt im Tandem in jedem Satz das Tempus (die Zeitform) und die entsprechende Zeitstufe, z. B. *Um 2004 ...: Präsens + Zeitstufe Vergangenheit, ...*

Um 2004 liest Herrndorf die Bücher seiner eigenen Kindheit. Er bringt dann in seinen Roman „Tschick“ Motive dieser früheren Lieblingsbücher ein. Das Abenteuer auf einem Fluss verwandelt sich so zum Abenteuer im geklauten Lada. 2010 kommt der Roman „Tschick“ heraus. Auch noch in den nächsten Jahren erfreuen sich Jugendliche an dem Buch.

4 Klärt im Tandem, welche Zeitstufen mit dem Präsens ausgedrückt werden können.

5 Lies den folgenden Text, der im Präsens steht. Formuliere den Text ins Präteritum um. Schreibe beide Verbformen auf, z. B. *(sie) erscheint – (sie) erschien, ...*

Die gebundene Ausgabe von „Tschick“ erscheint im September 2010. Das Buch steht viele Wochen auf der Spiegel-Bestseller-Liste. 2011 erhält der Roman den Deutschen Jugendliteraturpreis. Im gleichen Jahr zeigt ein Dresdner Theater eine Bühnenfassung. Schon 2013 plant man eine Verfilmung des Romans. Im Herbst 2016 kommt der Film dann in die Kinos.

6 Lest in der Gruppe den folgenden Merksatz. Erläutert damit eure Verbformen aus Aufgabe 5 und den Unterschied zwischen starken und schwachen Verben.

Bei starken Verben verändert sich im Präteritum der Stammvokal.

7 Verbindet im Tandem die Sätze in der Tabelle. Verwendet für das zeitlich weiter zurückliegende Ereignis (1. Ereignis) das Plusquamperfekt und für das 2. Ereignis das Präteritum, z. B. *Nachdem Tschick in die Klasse gekommen war, suchte er einen Freund.*

Tipp
Beginnt alle Sätze mit der Konjunktion „nachdem".

1. Ereignis	2. Ereignis
Tschick kommt in die Klasse.	Er sucht einen Freund.
Der letzte Schultag ist beendet.	Tschick spricht Maik an.
Tschick parkt den Lada vor dem Haus.	Er will Maik zu einer Spritztour überreden.

8 Ein Tempus (Zeitform), das selten gebraucht wird, ist das Futur II. Schreibe die folgenden Sätze ab und markiere die Zeitformen.

a Morgen werde ich den Roman fertiggelesen haben.
b Er wird wohl nicht im Film vorgekommen sein.

9 Erklärt einander in der Gruppe mithilfe der Sätze aus Aufgabe 8, wie das Futur II gebildet wird und was man damit ausdrücken kann.

! Merke

Das Futur II (vollendete Zukunft)

Mit dem **Futur II** kann man ausdrücken,
- dass ein **Ereignis** zu einem bestimmten Zeitpunkt **in der Zukunft abgeschlossen** sein wird. → Morgen wirst du alles vergessen haben.
- was man über ein **vergangenes Ereignis vermutet**. → Er wird wohl eine Panne gehabt haben.

Das **Futur II** wird aus der **Personalform** von **werden** im **Präsens**, dem **Partizip Perfekt des Verbs** und dem **Infinitiv** von **haben** oder **sein** gebildet. → ich werde gelesen haben, du wirst gestürzt sein, er wird gefahren sein, wir werden vergessen haben, …

Lerninsel
Seite 329

10 Verben, die ein Reflexivpronomen verlangen, nennt man **reflexive Verben**. Bildet im Tandem Sätze zu „Tschick" oder einem anderen Jugendbuch mit den folgenden reflexiven Verben, z. B. *Maik regte sich über die Mädchen auf.*

Tipp
Reflexivpronomen sind **mich**, **dich**, **sich**, **uns**, **euch** und **sich**.

sich aufregen | sich auskennen | sich ausruhen | sich bedanken

sich entschließen | sich entschuldigen | sich erkundigen | sich freuen

sich interessieren | sich konzentrieren | sich kümmern | sich wundern

Schreiben gegen die Zeit

Weitere Merkmale von Verben untersuchen

1 Lies den folgenden Text über den Autor Wolfgang Herrndorf.

Hamburg ist die Geburtsstadt von Wolfgang Herrndorf. 1965 erblickte er dort das Licht der Welt. Nachdem er die Schule abgeschlossen hatte, studierte er in Nürnberg Malerei. Das Satiremagazin „Titanic“ und „Der Tagesspiegel“ veröffentlichten seine Zeichnungen. Viele Zeichnungen waren in einer Ausstellung in München zu sehen. Vielleicht erscheinen sie in den nächsten Jahren als Buch. Wir können uns darüber freuen, dass Herrndorf dann zur Schriftstellerei wechselte. Außer „Tschick“ sind noch weitere Werke von ihm, wie „In Plüschgewittern“ und „Sand“, erschienen. 2013 starb Wolfgang Herrndorf mit 48 Jahren. Seine Bücher werden auch in der Zukunft noch viele Leser finden und begeistern.

2 Schreibt alle Verbformen aus dem Text aus Aufgabe 1 heraus. Bestimmt dann im Tandem Person (1., 2., 3.), Numerus (Singular, Plural) und das Tempus (Zeitform: Präsens, Präteritum …), z. B. *(Hamburg) ist → 3. Person Singular Präsens, …*

3 Notiere zu den Verben **lesen** und **schreiben** die folgenden Verbformen, z. B. *3. Person Plural Plusquamperfekt → sie hatten gelesen, …*

3. Person Plural Plusquamperfekt | 2. Person Singular Perfekt

1. Person Plural Futur I | 1. Person Singular Präteritum | 3. Person Plural Präsens

4 Denke dir zu den Verbformen aus Aufgabe 3 ganze Sätze aus und schreibe sie auf.

Lerninsel Seite 330

5 Seht euch im Tandem die folgenden Sätze an und ordnet sie den drei Modi des Verbs in der Tabelle zu. Übernehmt die Tabelle und notiert die Sätze.

Lest den Roman im Unterricht! | Wir lesen den Roman im Unterricht.

Wir würden den Roman im Unterricht lesen, wenn wir Zeit hätten.

Indikativ (Wirklichkeitsform)	**Konjunktiv** (Möglichkeitsform)	**Imperativ** (Befehls-/Aufforderungsform)
…	…	…

6 Schreibe die folgenden Sätze in die richtige Tabellenspalte in Aufgabe 5.

- **a** Herrndorf hatte viel Fantasie.
- **b** Er hätte noch viele Bücher schreiben sollen.
- **c** Lest bis morgen das nächste Kapitel!
- **d** Das Buch wurde sehr oft verkauft.
- **e** Leih mir doch das Buch!
- **f** Das Buch wäre vielleicht früher entstanden.

7 Aktiv und Passiv nennt man Handlungsarten des Verbs. Übernehmt im Tandem die Tabelle und ordnet die unten stehenden Sätze richtig ein.

Lerninsel
Seite 329

	Aktiv (der Handelnde steht im Vordergrund)	**Passiv** (die Handlung steht im Vordergrund)
a	*Ein Verlag brachte 2011 das Buch heraus.*	*Das Buch wurde 2011 vom Verlag herausgebracht.*
b	...	*Über eine Million Exemplare wurden verkauft.*
...	...	...

Tipp
Lasst die jeweils andere Spalte frei.

a Ein Verlag brachte 2011 das Buch heraus.
b Über eine Million Exemplare wurden verkauft.
c „Tschick“ wird in viele Sprachen übersetzt.
d Das Buch machte Herrndorf zum Bestseller-Autor.
e An ungefähr fünfzig Theatern wird „Tschick“ aufgeführt.
f Der Clemens-Brentano-Preis wurde dem Autor 2011 von einer Jury verliehen.
g Der Preis wurde nicht mehr von ihm entgegengenommen.

8 Aus Aktiv wird Passiv ... aus Passiv wird Aktiv. Wandelt im Tandem die Sätze in der Tabelle um und schreibt sie in die leere Tabellenspalte.

Tipp
Wenn es nötig ist, dann denkt euch für die Aktivsätze ein Subjekt aus.

9 Bestimmt im Tandem in den folgenden Sätzen Person, Numerus, Tempus, Modus und Handlungsart.
a Der Roman „Tschick“ wird 2013 als Taschenbuch herausgegeben.
b Er hätte wenigstens hundert Seiten dicker sein sollen.
c Die Leser werden irgendwann einen ähnlichen Roman in den Händen halten.
d Liebe Autorinnen und Autoren, schreibt noch viele spannende Bücher!

10 Formuliert im Tandem mit **schreiben** + **ein Buch** Sätze. Nutzt verschiedene Personal- und Tempusformen, die drei Modi sowie Aktiv und Passiv. Bestimmt die Sätze, z. B. *Ihr werdet ein Buch schreiben. → 2. Person Plural Futur I Indikativ Aktiv ...*

Merke

Die Merkmale des Verbs

Verben sind **flektierbar**, sie werden **konjugiert**. Die **Konjugation** umfasst **fünf** grammatische **Größen**:

- **die Person**: 1. → ich sehe, wir sehen, 2. → du siehst, ihr seht, 3. → er/sie/es sieht, sie sehen
- **der Numerus**: Singular → ich sehe, du siehst, er/sie/es sieht und Plural → wir sehen, ihr seht, sie sehen
- **das Tempus** (Zeitform) Präsens → er sieht, Perfekt → er hat gesehen, Präteritum → er sah, Plusquamperfekt → er hatte gesehen, Futur I → er wird sehen, Futur II → er wird gesehen haben
- **der Modus**: Indikativ → er sieht, Konjunktiv I → er sehe, Konjunktiv II → er sähe, Imperativ → Sieh! Seht!
- **die Handlungsart**: Aktiv → er sieht, Passiv → er wird gesehen

Lerninsel
Seite 329/330

Der Dichter der „Galgenlieder“

Satzglieder bestimmen

○ **1** Lies den Text über den Dichter Christian Morgenstern.

Christian Morgenstern wurde am 6. Mai 1871 in München geboren. Sein Vater und weitere Vorfahren waren Landschaftsmaler. Morgenstern hat sich vermutlich bei seiner Mutter an Tuberkulose angesteckt. Er sollte sein ganzes Leben lang an dieser Krankheit leiden. Deshalb hielt er sich häufig in Kurkliniken auf. Nach dem Tod der Mutter musste der junge Morgenstern eine schlimme Schulzeit in Internat und Militärschule mit Mobbing erleben. Mit dem Vater zog Morgenstern 1883 nach Breslau um. Er studierte anfangs Nationalökonomie und Jura in München und Breslau. 1894 zog Morgenstern nach Berlin. Hier wurden von ihm regelmäßig Kulturberichte und Literaturkritiken für Zeitschriften verfasst. Sein erster Gedichtband erschien 1895. Er trägt den Titel „In Phantas Schloss“. Es folgten vierzehn weitere Gedichtbände, darunter „Galgenlieder“ und „Palmström“. Mit seinen heiter-komischen Gedichten und Sprachspielereien wurde Morgenstern berühmt. Am 31. März 1914 ist der Dichter an den Folgen der Tuberkulose verstorben.

○ **2** Tauscht euch im Tandem über den Text aus. Beantwortet die Fragen:
- In welchen Städten hat Morgenstern gelebt?
- Welche Werke haben ihn berühmt gemacht?

Lerninsel
Seite 333

○ **3** Untersucht im Tandem den Text in Aufgabe 1 Satz für Satz. Schreibt die Sätze in ein Satzmodell. Markiert die Subjekte.

Vorfeld	linkes Verbfeld	Mittelfeld	rechtes Verbfeld	Nachfeld
Christian Morgenstern	*wurde*	*am 6. Mai 1871 in München*	*geboren.*	*-*
...	...	...	...	...

○ **4** Bestimme in den ersten drei Sätzen im Satzmodell Person und Numerus von Subjekt und dazugehörigem Prädikat, z. B. *Christian Morgenstern wurde geboren = 3. Person Singular, ...*

◒ **5** Klärt im Tandem, wie Subjekt und Prädikat zusammenhängen.

○ **6** Untersucht im Tandem die Verbformen in den ersten fünf Sätzen. Bestimmt die Zeitform und bildet den Infinitiv. Schreibt beides auf, z. B. *(er) wurde geboren = Präteritum – gebären, (sie) waren = Präteritum – sein, ...*

◒ **7** Seht euch jetzt im Tandem die mehrteiligen Prädikate im Satzmodell in Aufgabe 3 an. Ordnet sie den folgenden Formen zu.

Modalverb | zusammengesetzte Zeitform | Passiv | trennbares Verb

8 Schreibe die Sätze ab. Bestimme die Satzglieder mithilfe der Umstellprobe.

Lerninsel
Seite 332/333

Morgenstern schickte seinem Verlag die Gedichtsammlung „Galgenlieder".
Er trug einem Publikum sein Gedicht „Das Große Lalulā" vor.
Das fröhliche Lautgedicht begeisterte das Publikum.

9 Nach Präpositionalobjekten fragt man mit einer Präposition, z. B. Zu wem? Wofür? Mit wem? Fragt im Tandem nach den markierten Präpositionalobjekten in folgenden Sätzen.

a Morgenstern trug zur Entwicklung der Konkreten Poesie bei.
b Als Student setzte er sich für die Kunstsprache Volapük ein.
c In Breslau sehnte er sich nach seiner Heimat.

10 Bildet im Tandem Sätze mit Präpositionalobjekten. Nutzt die folgenden Verben, die eine feste Präposition besitzen, z. B. *Ich schreibe über Christian Morgenstern.*

schreiben über – sich interessieren für – sich bemühen um – sprechen über – vergleichen mit – erkennen an – handeln von

11 Seht euch die markierten Nominalgruppen und Präpositionalgruppen im Text an. Bestimmt im Tandem, welche Satzfunktion die jeweilige Gruppe erfüllt. Schreibt sie auf, z. B. *Christian Morgenstern → Wer interessierte sich? = Subjekt; für Sprachexperimente (Präpositionalgruppe) → …*

Lerninsel
Seite 331

Tipp
Nutzt das Satzmodell und erfragt den Kasus der Gruppe.

Christian Morgenstern interessierte sich sehr für Sprachexperimente. Durch neue, fantasievolle Wörter sind seine Gedichte gekennzeichnet. Morgensterns Lyrik ist bevölkert von grotesken Gestalten wie der Auftakteule, der Mitternachtsmaus, dem Zwölf-Elf oder dem Nasobem. Nur als unwichtiges Beiwerk betrachtete der Dichter seine Gedichte und war über deren Erfolg verwundert.

12 Tauscht euch in der Klasse darüber aus, welche Satzgliedfunktionen Nominalgruppen und welche Präpositionalgruppen übernehmen können.

Merke

Satzglieder und ihre Beziehungen untereinander

Das Prädikat bildet den **Kern** des Satzes und gibt an, was geschieht oder was jemand tut. Es kann **einteilig** oder **mehrteilig** sein.
Das **Prädikat** richtet sich in **Person** und **Numerus** nach dem Subjekt → Er schreibt Gedichte. → Sie schreiben Gedichte.

Objekte sind **Ergänzungen** des Prädikats. Verben verlangen Objekte in einem bestimmten **Kasus** (Genitiv, Dativ, Akkusativ).
→ gedenken + **Genitivobjekt** → Er gedachte der Toten. (der Toten = Genitiv)
→ begegnen + **Dativobjekt** → Sie begegnete dem Fremden. (dem Fremden = Dativ)
→ sehen + **Akkusativobjekt** → Wir sehen die Stadt. (die Stadt = Akkusativ)

Einige Verben verlangen eine **Ergänzung**, die durch eine **Präposition** eingeleitet wird. Diese Ergänzungen nennt man Präpositionalobjekte. → hoffen auf, …

Lerninsel
Seite 332/333

Der wortgewaltige Kurt Tucholsky

Adverbiale bestimmen und verwenden

1 Lest den Text über den Dichter Kurt Tucholsky. Tauscht euch im Tandem über seine politische Haltung aus.

Kurt Tucholsky wurde am 9. Januar 1890 in Berlin geboren. Er wuchs zusammen mit zwei jüngeren Geschwistern auf. Sein Vater, zu dem er immer ein gutes Verhältnis hatte, starb 1905. Der Vater war sehr vermögend. Deshalb konnte er seinem Sohn ein Studium finanzieren. Anfangs studierte Tucholsky Jura in Berlin und wechselte dann an die Universität Genf. Während des Studiums begann seine journalistische Arbeit. So schrieb er damals für die Parteizeitschrift der Sozialdemokratie. 1912 veröffentlichte er seine erste Erzählung „Rheinsberg – Ein Bilderbuch für Verliebte". Im Ersten Weltkrieg wurde er zu Beginn des Jahres 1915 eingezogen. Dadurch verstärkte sich zusätzlich seine Haltung als Pazifist und Antimilitarist.

Tipp
Formuliert die entsprechenden Fragen und beantwortet sie.

2 Übernehmt die Tabelle. Tragt im Tandem die markierten Adverbiale aus dem Text aus Aufgabe 1 ein.

Adverbial des Ortes (lokal) (Wo? Wohin? Woher? Wie weit?)	**Adverbial der Zeit (temporal)** (Wann? Wie lange? Seit wann? Wie oft?)	**Adverbial der Art und Weise (modal)** (Wie? Auf welche Weise?)	**Adverbial des Grundes (kausal)** (Warum? Weshalb? Wieso?)
in Berlin, …	*am 9. Januar 1890, …*	*zusammen, mit …*	*Deshalb, …*

3 Lies einen weiteren Text über den Schriftsteller Tucholsky.

In der Zeit der Weimarer Republik schrieb Tucholsky Romane, Gedichte sowie Kabarett[1]- und Liedertexte. Er wurde mit der Zeit einer der bekanntesten Journalisten. Nach und nach veröffentlichte er an die 3000 Artikel, meist in der Zeitschrift „Weltbühne". Später erschienen weitere 800 Gedichte in Büchern und Zeitschriften. Tucholsky veröffentlichte unter verschiedenen Pseudonymen[2]. Er nannte sich manchmal Peter Panter oder Theobald Tiger. Nach dem Ersten Weltkrieg kritisierte er die politischen Morde an linken oder liberalen Politikern. Er nahm häufig als Prozessbeobachter an Gerichtsverfahren teil. Seine Kritik galt der Justiz, die Anschläge und Morde nicht angemessen verfolgen würde.

1 das Kabarett: Kleinkunst auf der Bühne mit Musik und Texten, oft gesellschaftskritisch
2 das Pseudonym: Deckname

4 Erfragt im Tandem alle Adverbiale im Text von Aufgabe 3. Notiert, um welches Adverbial es sich jeweils handelt, z. B. *Wann schrieb er … ? In der Zeit der Weimarer Republik = Adverbial der Zeit, …*

5 Setzt im Tandem die Adverbialsätze auf Seite 243 in die Lücken im folgenden Text ein. Schreibt die vollständigen Sätze auf.

Kurt Tucholsky verbrachte die meiste Zeit im Ausland, ▬. Weiterhin schrieb er für die Zeitschrift „Weltbühne", ▬. 1931 erschien sein Roman „Schloss Gripsholm". ▬, äußerte er zugleich seine Liebe zu Deutschland.

worin er Stellung zum politischen Geschehen in Deutschland nahm	Während er das politische Geschehen kritisierte	nachdem er als Korrespondent nach Paris gegangen war

6 Klärt im Tandem zu jedem Satz in Aufgabe 5 folgende Fragen:
- Welche zusätzlichen Informationen habt ihr durch den Adverbialsatz erhalten?
- Welche Art der Adverbiale liegt jeweils vor?

7 Schreibe die folgenden Sätze ab und unterstreiche die Adverbialsätze. Notiere, um welche Art von Adverbialsatz es sich jeweils handelt, z. B. *1929 ging Tucholsky nach Schweden, wo er dauerhaft wohnte. = Lokalsatz, …*

1929 ging Tucholsky nach Schweden, wo er dauerhaft wohnte. Nachdem seine Bücher von den Nationalsozialisten verbrannt worden waren, erkannten sie ihm seine deutsche Staatsbürgerschaft ab. Tucholsky starb 1935. Der Schriftsteller könnte, weil er ein Magenleiden hatte, versehentlich zu viele Tabletten eingenommen haben. Die Annahme ist umstritten, weil auch ein Suizid naheliegt.

8 Findet im Tandem in den Sätzen die Adverbiale, die den Adverbialsätzen in Aufgabe 7 entsprechen.

a 1929 ging Tucholsky mit dauerhaftem Wohnsitz nach Schweden.
b Sie erkannten ihm danach seine deutsche Staatsbürgerschaft ab.
c Er könnte wegen eines Magenleidens versehentlich zu viele Tabletten eingenommen haben.
d Die Annahme ist wegen eines möglichen Suizids umstritten.

9 Ordnet im Tandem die unterstrichenen Wortgruppen im Text einer der Gruppen zu.

Lerninsel Seite 331

Tipp Beachte, dass es manchmal zwei Lösungen gibt.

Nominalgruppe	Präpositionalgruppe

Tucholsky zog sich zunehmend aus dem öffentlichen Leben zurück. Sein Tod im Jahr 1935 gibt bis heute einige Rätsel auf, da unklar ist, ob es sich um einen Unfall oder einen Suizid handelte. Sehr schwere Depressionen und die politische Lage könnten der Grund gewesen sein. Tucholsky wurde unter einer Eiche nahe des schwedischen Schlosses Gripsholm beigesetzt.

10 Um welche Satzglieder handelt es sich bei den unterstrichenen Wortgruppen in Aufgabe 9? Nenne die Satzfunktion jeder markierten Wortgruppe.

Tipp Erfrage die Satzglieder.

! Merke

V10

Adverbialsätze

Das **Adverbial** kann auch die Form eines **Nebensatzes** haben. Dieser wird **Adverbialsatz** genannt. Man unterscheidet:
- **Lokalsatz** (Ort/Wo?) → Er schrieb dort, wo er das Meer rauschen hörte.
- **Temporalsatz** (Zeit/Wann?) → Er informierte sich, bevor er den Artikel schrieb.
- **Modalsatz** (Art und Weise/Wie?) → Er erinnerte sich, indem er schrieb.
- **Kausalsatz** (Grund/Warum?) → Das Buch wurde gut verkauft, weil der Verlag geholfen hatte.

Lerninsel Seite 334

So wird es anschaulicher

Attribute bestimmen und verwenden

○ **1** Wähle ein Foto aus. Beschreibe die Personen in kurzen, aber eindeutigen Sätzen. Notiere, wie viele Wörter du für die Beschreibung benötigt hast.

A

B

C

○ **2** Lest im Tandem eure Sätze aus Aufgabe 1 vor. Erratet die beschriebene Person.

○ **3** Lies den folgenden Lückentext.

Apache 207, mit bürgerlichem Namen Volkan Yaman, wurde in Ludwigshafen geboren und wuchs in ___ Verhältnissen auf. Schon früh entwickelte er eine Leidenschaft ___ und begann, sich mit Rap und Hip-Hop auseinanderzusetzen. Seine ersten ___ Schritte unternahm er, indem er Songs auf Plattformen wie YouTube veröffentlichte, wo er bald Aufmerksamkeit erlangte. Sein Durchbruch kam 2019 mit dem Song „Roller", ___. Die ___ Melodien und nachdenklichen Texte ___, die oft das Leben in der Großstadt und den Umgang mit Ruhm thematisieren, machten ihn besonders bei ___ Menschen beliebt.

○ **4** Bei den folgenden Wörtern, Wortgruppen und Teilsätzen handelt sich um Attribute. Setzt sie im Tandem in die Lücken in Aufgabe 3 ein.

des Sängers | für Musik | einfachen | jungen | musikalischen

der große Erfolge feierte | eingängigen

◒ **5** Schreibt jetzt den vollständigen Text ab. Vergleicht im Tandem diesen Text mit dem in Aufgabe 3. Klärt, welche Funktion Attribute haben.

○ **6** Sieh dir das Foto an. Beschreibe Shirin David und das Geschehen auf der Bühne schriftlich mithilfe vieler Attribute. Verwende die folgenden Wortgruppen.

lange blonde Haare – beliebte Sängerin – hochgereckte Arme – Tänzerinnen, die performen – weißes Kleid – mit einem strahlenden Lächeln – weißer Nebel

7 Welche Attribute bezeichnen die im Text markierten Nomen genauer? Übernimm die Tabelle und fülle sie aus.

Shirin David, die in Hamburg geboren wurde, ist eine einflussreiche Künstlerin in der deutschen Musikszene. Zunächst als YouTuberin bekannt, feierte sie 2019 mit ihrem Debütalbum „Supersize“ ihren Durchbruch. Ihre Musik kombiniert Rap und Pop, wobei sie häufig Themen wie weibliche Selbstermächtigung anspricht. Das zweite Album der Sängerin wurde ebenfalls ein Erfolg und festigte ihre Popularität bei Jugendlichen. Neben ihrer Musikkarriere ist sie auch als Jurorin in Talentshows aktiv und bleibt über soziale Medien eng mit ihren Fans verbunden. Ihre hohen Produktionsstandards in den Musikvideos und kreativen Konzepte haben dazu beigetragen, dass sie als eine der erfolgreichsten Künstlerinnen Deutschlands gilt.

Nomen	Attribut	Art des Attributs
Shirin David	*die in Hamburg geboren wurde*	*Attributsatz*
...	...	...

8 Denke dir zu den folgenden Attributen passende Nomen aus. Schreibe sie auf, z. B. *a der Sänger der neuen Band, ...*

a ▬ der neuen Band (= Nomen im Genitiv)
b die sehr aufgeregte ▬ (= Adjektiv)
c ▬ auf dem Konzert (= Nomen mit Präposition)
d ▬, das mich überrascht hat (= Attributsatz)

9 Seht euch im Tandem die Attribute **a–c** in Aufgabe 8 an. Um welche Art von Wortgruppen handelt es sich jeweils? Ordnet zu: Nominalgruppe, Adjektivgruppe, Präpositionalgruppe.

! Merke

Attribute

Mit **Attributen** kann man ein Wort (meist ein **Nomen**) **genauer beschreiben.**
→ Die erfolgreiche Sängerin kommt nach Köln.

Attribute sind **Teile von Satzgliedern**. Sie können weggelassen werden (Weglassprobe), ohne dass sich der Satz grammatisch ändert. → Shirin, der YouTube-Star, veröffentlicht jetzt Alben.

Attribute können **vor** oder **nach dem Bezugswort** stehen. → die bekannte Sängerin → die Beliebtheit der Sängerin

Man erfragt **Attribute** mit **Was für ein/eine?** oder **welche/welcher/welches?**

Attribute können auftreten als:
- Adjektive → fröhliche Musik
- Nomen im Genitiv → das Album der Sängerin
- Nomen mit Präposition → die Stimmung auf den Konzerten
- Adverbien → die Menschen dort
- Attributsätze → die Videos, die sehr kreativ sind
- Infinitivgruppen → der Versuch, auf Probleme aufmerksam zu machen

Lerninsel
Seite 333

Wortarten und Satzglieder bestimmen

○ **1** Lies den Text. Übernimm die Tabellen und ordne die markierten Wörter aus dem Text ein. Ergänze anschließend noch eigene Beispielwörter.

In vielen Firmen sind Einstellungs- und Eignungstests ein wichtiger Teil des Bewerbungsverfahrens. Beim Einstellungstest muss der Anwärter Aufgaben zu unterschiedlichen Themengebieten lösen. Beim Eignungstest will der Betrieb prüfen, ob der Kandidat die Anforderungen für den Beruf erfüllt. Der Bewerber muss hier auch praktische Aufgaben meistern. Ziel dieser Tests ist es, die Bewerber objektiv einzuschätzen. Die Tests erleichtern es dem Unternehmen, zu erkennen, wer von den Ausbildungsplatzbewerbern am besten geeignet ist. Die besten Bewerberinnen und Bewerber werden zu einem persönlichen Gespräch eingeladen, das im Unternehmen selbst stattfindet. Die Kandidaten müssen dann in der mündlichen Vorstellung überzeugen.

Nomen	Artikel	Adjektiv	Verb	Pronomen
…	…	…	…	…

Adverb	Konjunktion	Präposition
…	…	…

○ **2** Unterstreiche den Wortstamm der folgenden Wörter. Bilde mithilfe von Präfixen, Verbpartikeln und Suffixen neue Wörter zur Wortfamilie und schreibe sie auf.

Bewerber   Einstellung   erkennen   einladen

◒ **3** Formuliere die folgenden Sätze um. Ersetze das Präsens durch das Präteritum und das Perfekt durch das Plusquamperfekt, z. B. *a Nachdem das Casting über Monate angedauert hatte, fand man endlich die richtige Besetzung für die beiden Hauptrollen.*

- **a** Nachdem das Casting über Monate angedauert hat, findet man endlich die richtige Besetzung für die beiden Hauptrollen.
- **b** Nachdem man sich viele jugendliche Darsteller angesehen hat, fällt die Entscheidung für Anand Batbileg und Tristan Göbel.
- **c** Nachdem Tristan Göbel schon mehrfach als Kinderdarsteller Rollen übernommen hat, darf er den Maik spielen.
- **d** Nachdem die Filmproduktionsfirma den Kontakt zur mongolischen Botschaft hergestellt hat, bekommt Anand Batbileg die Rolle des Tschick.

○ **4** Konjugiere die folgenden Sätze im Futur I in allen Personalformen. Schreibe auf, z. B. *Ich werde den Film sehen. Du …*

- **a** Wir werden den Film sehen.
- **b** Der Regisseur wird die Ideen umsetzen.

5 Um welche Art von Objekten handelt es sich bei den unterstrichenen Wortgruppen? Notiere sie, z. B. *ein sehr erfolgreiches Lied = Akkusativobjekt, …*

2006 schrieb Grönemeyer ein sehr erfolgreiches Lied. Jeder kennt das Lied „Zeit, dass sich was dreht“, es handelt sich um den Song zur Fußball-Weltmeisterschaft. Bei jedem Konzert gibt er dem Publikum viel Freude. Seine berührendsten Texte handeln von dem Tod seiner Frau. Immer wieder unternahm er sehr erfolgreiche Tourneen. Er beteiligte sich an Aktionen gegen Fremdenfeindlichkeit.

Tipp
Überprüfe, ob die Prädikate mit einer Präposition verbunden sind.

6 Übernimm die unten stehende Tabelle. Trage die markierten Adverbiale aus dem Text in die richtige Spalte ein.

Anfang 1998 zog der Musiker zusammen mit Frau und Kindern nach London. Seine Frau führte den Kampf gegen ihren Krebs vergebens. Sie starb im November 1998. Grönemeyer war es deshalb anschließend nicht möglich, künstlerisch weiterzuarbeiten. Er brauchte mehr als ein Jahr, bis er wieder Texte schreiben konnte. Das Lied „Der Weg“ von dem Album „Mensch“ widmete er später seiner verstorbenen Frau. Grönemeyer hat sich oft für soziale Projekte engagiert. Er sieht in der Musik auch etwas Politisches, deshalb will er sie zum Aufrütteln der Gesellschaft nutzen.

Adverbiale			
Ort	**Zeit**	**Art und Weise**	**Grund**
nach London, …	*Anfang 1998, …*	*zusammen mit, …*	*deshalb, …*

7 Bilde Wortgruppen, in denen du die abgebildeten Figuren beschreibst. Verwende die Satzmuster und die Adjektive unten, z. B. *der Skater mit der coolen Mütze, …*

mit dem ▬ Haar | mit den ▬ Ohren | mit der ▬ Nase | mit den ▬ Augen | mit der ▬ Mütze

dünn – fein – cool – glatt – kraus – lockig – bunt – weich – strähnig – schütter – voll – abstehend – spitz – lang – kurz – riesig – gerötet – groß – klein – glänzend – leuchtend – strahlend – sanft – traurig – blutunterlaufen – tiefliegend – tränend

8 Formuliere die unterstrichenen Attribute in Nebensätze (Attributsätze) mit gleicher Bedeutung um, z. B. *Er fuhr ein extralanges Skateboard. → Er fuhr ein Skateboard, das extralang war.*

a Er fuhr ein extralanges Skateboard.
b Die mit einem besonderen Kugellager ausgestatteten Rollen liefen richtig gut.
c Plötzlich stoppte das teure Board unerwartet.
d Mit seinen viel zu langen Beinen kam Felix ins Straucheln.
e Den nächsten Wettkampf gewann der geschickte Skater.

Vom Satz zum Text

Das Komma in Satzgefügen verwenden

○ **1** Lies den kurzen Sachtext über gesunde Ernährung.

Gesunde Ernährung – warum sie wichtig ist

Wir wissen, dass Lebensmittel wie Obst und Gemüse gesund sind. Viele Menschen wissen das, dennoch essen sie lieber Süßes und Fettiges. Es schmeckt ihnen einfach besser. Eine gesunde Ernährung hat viele Vorteile, weil sie sowohl das körperliche als auch das geistige Wohlbefinden steigert. Wer regelmäßig Obst und Gemüse isst, der fühlt sich fitter und kann Krankheiten vorbeugen. Vitamine und Mineralstoffe stärken das Immunsystem, sodass man seltener krank wird. Wenn man hingegen oft Fast Food isst, nimmt man schneller zu, was zu Herz-Kreislauf-Problemen führen kann. Ebenso sollte man genügend Wasser trinken, der Körper braucht zum Funktionieren Flüssigkeit. Zuckerhaltige Getränke wie Limonaden sollte man meiden, da sie viele Kalorien enthalten. Wer seine Ernährung bewusst gestaltet, fühlt sich wohler. Eine gute Ernährung unterstützt auch langfristig die Gesundheit. Man kann sagen, dass eine ausgewogene Ernährung zu einem besseren Lebensgefühl führt. Viele Menschen wissen, eine gesunde Ernährung ist wichtig, sie setzen dieses Wissen aber nicht immer um. Oft fehlt die Zeit, manchmal fehlt auch die Motivation.

Lerninsel
Seite 333

2 Seht euch im Tandem die Satzverbindungen im Satzmodell an. Erklärt einander, wie Haupt- und Nebensätze aus Satzverbindungen eingetragen werden können.

Vorfeld	linkes Verbfeld	Mittelfeld	rechtes Verbfeld	Nachfeld
Wir	*wissen,*			*dass Lebensmittel wie Obst und Gemüse gesund sind.*
	dass	*Lebensmittel wie Obst und Gemüse gesund*	*sind.*	
Viele Menschen	*wissen*	*das,*		
dennoch	*essen*	*sie lieber Süßes und Fettiges.*		
...	...	...	...	...

3 Legt ein Satzmodell an und tragt im Tandem die markierten Sätze und Satzverbindungen aus dem Text von Aufgabe 1 ein.

4 Beschreibt im Tandem die Sätze, die in eurem Satzmodell stehen. Achtet auf die finiten Verbformen. Benennt dann Satzgefüge und Satzreihen.

Tipp
Die finite Verbform ist das konjugierte oder gebeugte Verb.

5 Welche der folgenden Teilsätze gehören zusammen? Verbinde sie schriftlich zu Satzgefügen und Satzreihen. Markiere jeweils die finite Verbform und die Konjunktion.

Viele Menschen ernähren sich ungesund,	obwohl sie manchmal teurer erscheint.
Man sollte seine Mahlzeiten gut planen,	sodass sie zu schnellem, ungesundem Essen greifen.
Gesunde Ernährung lohnt sich langfristig,	sobald man auf bewusste Ernährung achtet.
Man fühlt sich oft wohler,	damit man auch im Stress gesund essen kann.
Viele Menschen haben wenig Geld oder Zeit,	weil man von ihnen Unterstützung bekommt.
Man kann sich an Ernährungsexperten wenden,	denn sie sind im Alltag gestresst.

6 Lest einander im Tandem jeden Satz aus Aufgabe 5 vor. Klärt, welchen Unterschied die verschiedenen Konjunktionen machen.

7 In den folgenden Sätzen fehlen die Konjunktionen. Schreibe jeden Satz ab, ergänze die passenden Konjunktionen und setze das Komma.

weil | wenn | um | obwohl | dass | da

a ▬ man regelmäßig frisches Obst und Gemüse in den Speiseplan integriert hat fühlt man sich oft energiegeladener.
b Viele Menschen nehmen zu wenig Vitamine zu sich ▬ sie oft stark verarbeitete Lebensmittel konsumieren.
c ▬ Vollkornprodukte gesünder sind greifen viele noch immer zu Weißmehlprodukten.
d Es ist wichtig, ausreichend Wasser zu trinken ▬ der Körper täglich Flüssigkeit verliert.
e Experten empfehlen ▬ man auf eine ausgewogene Mischung aus Kohlenhydraten, Proteinen und Fetten achtet.
f Man sollte gesunde Rezepte ausprobieren ▬ sich abwechslungsreich und nährstoffreich zu ernähren.

8 Satz **f** unterscheidet sich von den anderen Sätzen in Aufgabe 7. Tauscht euch in der Klasse darüber aus, was das Besondere an diesem Satz ist.

Wo steht das Komma?

Das Komma in Nebensätzen und Einschüben verwenden

Ihr habt Satzgefüge, also die Verbindung von Hauptsatz und Nebensatz, durch Kommas abgetrennt. Kommas muss man auch bei Relativsätzen, Partizipial- und Infinitivgruppe, aber auch bei Appositionen setzen.

○ **1** Schreibe die Sätze ab und ergänze die passenden Relativpronomen. Markiere mit einem Pfeil das Wort, auf das sich das Relativpronomen bezieht. Setze das Komma.

Die mediterrane[1] Ernährung ▬ reich an gesunden Fetten und frischem Gemüse ist, gilt als eine der gesündesten Ernährungsformen weltweit. Die Menschen ▬ auf alle tierischen Produkte verzichten, tun dies oft zum Wohl der Tiere. Die Ernährung ▬ auf pflanzlichen Lebensmitteln basiert, kann dazu beitragen, den CO_2-Fußabdruck zu verringern. Das Intervallfasten ▬ für manche Menschen einen effektiven Weg zum Abnehmen darstellt, ist durch einen Wechsel von Essen und Fasten gekennzeichnet.

1 mediterran: zum Mittelmeerraum gehörend

○ **2** So komplexe Sätze wie in Aufgabe 1 kann man oft nicht gleich verstehen. Formuliere die Satzgefüge in kürzere Sätze um, z. B. *Die mediterrane Ernährung ist reich an gesunden Fetten und frischem Gemüse. Sie ...*

○ **3** Formuliere drei eigene Satzgefüge mit Relativsätzen. Wähle für deine Sätze aus diesen Lebensmitteln aus, z. B. *Ich mag besonders gerne Äpfel, die ...*

○ **4** Lies den folgenden Text über den Wissenschaftler Dr. Willett.

Dr. Walter Willett, ein renommierter Ernährungswissenschaftler, hat sich intensiv mit den gesundheitlichen Auswirkungen der mediterranen Ernährung beschäftigt. In seinen zahlreichen Studien, weltweit anerkannt, zeigt er, dass diese Ernährungsweise, reich an Obst, Gemüse und gesunden Fetten, das Risiko für Herz-Kreislauf-Erkrankungen deutlich senken kann. Willett, in der wissenschaftlichen Gemeinschaft hochgeschätzt, betont, dass die mediterrane Ernährung nicht nur die körperliche Gesundheit fördert, sondern auch das allgemeine Wohlbefinden steigert. Nach langer Forschung, unterstützt durch umfangreiche Daten, empfiehlt er, möglichst viele unverarbeitete Lebensmittel in den Speiseplan zu integrieren. Der Wissenschaftler, häufig in den Medien gesehen, setzt sich leidenschaftlich dafür ein, dass Menschen über die Vorteile dieser Ernährungsform informiert werden.

◒ **5** Untersucht im Tandem die Einschübe im Text in Aufgabe 4. Geht so vor:
- Nennt die Nomen, auf die sich die Einschübe beziehen.
- Seht euch die Einschübe genauer an. Nennt die Einschübe, die Partizipialgruppen enthalten.
- Erklärt einander, woran man eine Partizipialgruppe erkennt.

6 Ergänze die folgenden Sätze zum Thema Ernährung mit Appositionen. Die Sätze dürfen auch witzig sein und müssen keinen Sinn ergeben.

Der Speiseplan, ▬, hängt in der Schule aus.
Meine Mathelehrerin, ▬, isst sehr gerne Pizza.
Jassins Lieblingspizzeria, ▬, öffnet bald wieder.

7 Erklärt einander im Tandem den Unterschied zwischen den beiden folgenden Sätzen.

Sie behauptet, dass sie Rosenkohl mag. – Sie behauptet, Rosenkohl zu mögen.

8 Verbinde die Satzteile zu vollständigen Sätzen. Schreibe sie auf und setze die Kommas. Denke dir zwei weitere Sätze in diesem Muster aus.

Ich habe vor …	… gesünder zu leben.
Er versucht …	… eine Lasagne zu kochen.
Es empfiehlt sich …	… täglich Gemüse zu essen.
Sie entscheidet sich …	… auf Süßigkeiten zu verzichten.
Wir beschließen …	… Essen zu bestellen.

9 Formuliere einen Text über deine Ernährungsgewohnheiten. Schreibe auf, was du an einem Tag so isst. Notiere auch Gründe dafür und was du vielleicht anders machen möchtest. Verwende dabei möglichst viele verschiedene Nebensätze.

Merke

V11

Kommaregeln

Regel 1: Aufzählungen (Wörter, Wortgruppen und Satzreihen) (kein Komma bei: und, oder, sowie, sowohl … als auch, weder … noch, entweder … oder)	→ Obst, Gemüse, Fleisch → Als Kind mochte ich kein Gemüse, jetzt schmeckt es mir. kein Komma: → Mir schmeckt weder Obst noch Gemüse.
Regel 2: Einschübe (Appositionen, Partizipialgruppen)	→ Gesunde Ernährung, also viel Obst und Gemüse, ist wichtig.
Regel 3: Satzgefüge (Komma zwischen Hauptsatz und Nebensatz)	→ Die Menschen, die sich bewusst ernähren, leben gesünder. → Ich weiß, dass Obst gesund ist.
Regel 4: Infinitivgruppen (erweiterter Infinitiv) mit zu (Erweiterungen sind Satzglieder sowie Konjunktionen)	→ Mir fällt es leicht, viel Obst zu essen.

Lerninsel
Seite 335

Das kann man belegen

Mit direkter und indirekter Rede aus Texten zitieren

Wenn ihr eigene, zum Beispiel argumentierende Texte verfasst, solltet ihr eure Aussagen mit Zitaten aus dem untersuchten literarischen Text oder Sachtext belegen. Wie ihr diese korrekt angebt, könnt ihr hier üben.

1 Lest im Tandem die beiden Sätze vor. Klärt, worin sie sich unterscheiden.

> Suni erklärt: „Ich bin mir sicher! Ich werde immer Superfoods essen!“
> Suni erklärt, sie sei sich sicher. Sie werde immer Superfoods essen.

2 Übernimm die Tabelle und ergänze die fehlenden Formen.

Infinitiv	Indikativ	Konjunktiv I
sehen	*sie sieht*	*sie sehe*
sein	*ich …*	*ich sei*
…	*sie denkt*	…
…	…	*du wissest*
haben	*er …*	…

3 Formuliere die folgenden Sätze mit indirekter Rede in direkte Rede um.

a Marius fragt, was man denn eigentlich unter Superfood verstehe.
b Alyah erklärt, dass sie Chia, Quinoa, Açaí, Goji und Kurkuma kenne.
c Hanno meint, er habe noch nie etwas davon gehört.

4 Formuliere folgende Redebeiträge in indirekte Rede um, z. B. *Ein Mann meint, in vielen Haushalten seien …*

5 Lest den folgenden Text. Tauscht euch in der Klasse zum Thema Superfood aus.

Superfood: Hype um Früchte und Samen

Superfoods werden allerlei gesundheitsfördernde Eigenschaften zugeschrieben. Meist sollen sie verschiedenen Krankheiten vorbeugen und zudem satt und schlank machen. Besonders herausgestellt wird ihr antioxidatives Potential. Kein Wunder also, dass für 48 % der Bevölkerung Superfoods zu einer gesundheitsbewussten Ernährung dazugehören.

Für die beworbenen gesundheitsfördernden Eigenschaften fehlen weitgehend wissenschaftliche Nachweise. Die meisten Aussagen zu Superfoods stammen von gewerblichen Anbietern, einzelnen Beratern oder Interessengruppen. [...] Gesicherte Daten zu Enzym-Gehalten oder den Mengen einzelner sekundärer Pflanzenstoffe fehlen in der Regel, Folge: Superfoods sind oft einfach nicht ausreichend untersucht, um sie gesundheitlich bewerten zu können. [...]

(https://www.verbraucherzentrale.de/wissen/lebensmittel/nahrungsergaenzungsmittel/superfood-hype-um-fruechte-und-samen-12292, 04.04.2025)

6 Lest im Tandem die folgenden Zitate und untersucht sie. Geht so vor:
- Findet die Textstelle, die zitiert wurde.
- Benennt den Unterschied zwischen dem ersten und dem zweiten Zitat.

Die Verbraucherzentrale weist darauf hin, „dass für 48 % der Bevölkerung Superfoods zu einer gesundheitsbewussten Ernährung dazugehören.“ **A**

Es wird erwähnt, dass die meisten Aussagen zu Superfoods von gewerblichen Anbietern stammen. **B**

7 Zitiere nun selbst aus dem Text der Verbraucherzentrale in Aufgabe 5. Formuliere zwei Sätze zum Inhalt des Textes und belege die Aussagen mit Zitaten. Schreibe ein direktes und ein indirektes Zitat auf und nutze die Klammern.

! Merke

Wiedergabe von Textinhalten

Um **Inhalte** aus Texten zu **übernehmen**, muss man sie zitieren. Damit kann man **Aussagen belegen** und bekräftigen.
Die **Fundstelle** muss so angegeben werden:
- Bei **gedruckten Quellen**: Autorin/Autor, Titel, Erscheinungsort und -jahr, Seitenzahl → Max Müller: Superfood ist gut, Bonn, Musterverlag 2024, S. 8
- Bei **Internetquellen**: Internetadresse und Recherchedatum → Max Müller, in: https://www.verbraucherzentrale.de/wissen/lebensmittel/auswaehlen-zubereiten-aufbewahren/insekten-essen-eine-alternative-zu-herkoemmlichem-fleisch-33101, 05.06.2025

Direkte Zitate werden in **Anführungszeichen** gesetzt. Mit **eckigen Klammern** kann man Veränderungen, wie **Auslassungen** oder veränderte Groß-/Kleinschreibung anzeigen. → Es ist ihnen wichtig, dass „[v]erlässliche Daten zu Vitaminen und Mineralstoffen […] noch sehr unvollständig“ sind.

Indirekte Zitate stehen im **Konjunktiv I** (manchmal auch im Konjunktiv II). → Sie meinen, Superfoods seien gesundheitsfördernd. Superfoods werde gesundheitsfördernde Eigenschaften zugeschrieben.

Satzarten und Zeichensetzung verwenden

○ **1** Schreibe den folgenden Text ab. Markiere die Hauptsätze rot und die Nebensätze blau. Kreise die Konjunktionen und Relativpronomen ein. Setze die Kommas.

E.T.A. HOFFMANN

Der goldne Topf

Hoffmann stellt in der Novelle dar dass sich das Reich der Fantasie mit der bürgerlichen Welt nicht verträgt. Die Wirklichkeit und die mystische Welt wechseln sich ab und gehen zuletzt sich wechselseitig ergänzend ineinander über. Der Höhepunkt des Konflikts findet sich in der Gefangenschaft des Studenten Anselmus in der Flasche der die bürgerliche Welt letztendlich überwindet. Der Spiegel oder Spiegelungen tauchen in Hoffmanns Werk an zahlreichen Stellen auf und verweisen immer wieder auf deren Funktion als verzerrte Abbilder der Wirklichkeit. Das Motiv greift Hoffmann auch in Kristallen oder Edelsteinen die reflektieren auf. Der Spiegel dient der Überprüfung der Realität deshalb kann er Fantasie und Wirklichkeit trennen.

○ **2** Verbinde die beiden Hauptsätze zu einem Satzgefüge mit Relativsatz. Schreibe es ab und markiere den Relativsatz und das Nomen, worauf er sich bezieht, z. B. *a E.T.A. Hoffmann, der Schriftsteller, Musiker und Maler war, gilt als wichtiger Vertreter der Romantik.*

a E.T.A. Hoffmann gilt als wichtiger Vertreter der Romantik. Er war Schriftsteller, Musiker und Maler.

b Großen Erfolg hatte er mit seinen skurrilen und gruseligen Geschichten. Sie heben die Grenze zwischen Realität und Fantasie auf.

c Hoffmann komponierte 1814 die Oper „Undine". Sie wird heute noch aufgeführt.

◒ **3** Trage die Sätze aus Aufgabe 2 in ein Satzmodell ein. Achte darauf, wo der Relativsatz steht.

○ **4** Übernimm die Tabelle unten und ordne die folgenden Verben im Konjunktiv I und II ein. Ergänze dann die fehlenden Formen.

er bleibe | sie gäbe | er halte | sie lasse | er nehme | wir sähen

sie schreibe | wir träfen | er könnte | sie gehe | er stünde | wir kämen

Infinitiv	Konjunktiv I	Präteritum	Konjunktiv II
bleiben	*er bleibe*	*er blieb*	*er bliebe*
...	...	...	...

○ **5** Schreibe auch diese Tabelle ab. Trage die Konjunktivformen aus den unten stehenden Sätzen ein und ergänze alle weiteren Formen.

Konjunktiv I	Konjunktiv II	Umschreibung mit würde
sie stelle	*sie stellte*	*sie würde stellen*
...	...	...

Lilly sagt, dass sie den Regisseur jetzt zur Rede stelle.
Maren schimpft, ihr reiche es.
Petra meckert, sie wünsche sich den Job nicht mehr.
Maren schreit den Regisseur an, sie höre nicht mehr auf ihn.
Lilly erklärt, er führe sie hier vor.
Petra stellt fest, ein anderes Mädchen bekomme den Job.

6 Gebt im Tandem die direkte Rede als indirekte Rede wieder. Verwendet dafür die Konjunktion **dass** und den Konjunktiv I, z. B. *a Lilly erklärt, dass es ihr gar nicht gefalle.*

a Lilly erklärt: „Das gefällt mir gar nicht."
b Der Regisseur betont: „Das bekomme ich schon hin."
c Er ergänzt: „Das wird jetzt immer besser."
d Sie widerspricht: „Das glaube ich nicht."
e Er betont nochmals: „Ich habe genug Erfahrung."
f Sie wiederholt: „Es kann nicht mehr klappen."

7 Die Verbformen in den folgenden Sätzen sind im Indikativ und Konjunktiv I gleich. Formuliert im Tandem die Sätze in die indirekte Rede um. Verwendet dafür die Konjunktion **dass** und den Konjunktiv II, z. B. *a Sie meinen, dass sie die drei Darstellerinnen wirklich gut fänden.*

a Sie meinen: „Wir finden die drei Darstellerinnen wirklich gut."
b Sie erklären: „Wir halten alle drei Schauspielerinnen für sehr talentiert."
c Sie stellen fest: „Die Motive der Mädchen lassen sich gut nachvollziehen."
d Sie behaupten: „Die Konkurrentinnen nehmen keine Rücksicht aufeinander."

8 Schreibe nun die Sätze aus Aufgabe 7 ohne die Konjunktion **dass** auf, z. B. *a Sie meinen, sie fänden die drei Darstellerinnen wirklich gut.*

○ **9** Schreibe den folgenden Text ab und ergänze die Satzzeichen.

Mithilfe des Stücks kann man sich gut mit der Wirkung von Medien auseinandersetzen erklärte eine Lehrerin Sie ergänzt es sei alles ein Betrug gewesen und betont Die Mädchen waren zu keiner Zeit als Moderatorinnen vorgesehen Das Theaterstück biete sich sagt sie ab der achten Klasse an und es gefiele den meisten Schülerinnen und Schülern gut

○ **10** Zitiere zwei Aussagen aus dem Text in Aufgabe 1. Gib als Quelle dein Schulbuch Deutsch kombi plus an.

Jetzt zum Thema Rechtschreibung

Regeln und Strategien der Rechtschreibung anwenden

Ihr seid es gewohnt, Texte wie Bewerbungen, Erörterungen oder Textanalysen zu schreiben. Ganz selbstverständlich ist es, diese Texte auch hinsichtlich der Rechtschreibung zu überarbeiten. Auf den nächsten Seiten könnt ihr alle wichtigen Strategien und Regeln zur Rechtschreibung wiederholen und anwenden.

1 Lies die Bewerbung von Tim. Schreibe sie in der korrekten Rechtschreibung auf. Entscheide dich jeweils für eine der angebotenen Varianten.

> Sehr ge(e/eh)rte D(a/ah)men und He(r/rr)en,
>
> hiermi(d/t) bew(e/ä)rbe ich mich um einen Au(s/ß)bildungspla(z/tz) als zahnmediz(i/ie)nischer Fachangeste(l/ll)ter in Ihrer Pra(ks/x)is. Ich habe gro(s/ß)es Intere(ss/ß)e an der Zahnmediz(i/ie)n und möchte gerne in d(i/ie)sem beru(f/v)lichen (b/B)ereich arbeiten.
>
> Schon (l/L)ange beschäftige ich mich in meiner (V/F)reizei(d/t) mit Th(ä/e)men zur Gesundhei(d/t). Ich informiere mich über die neuesten En(d/t)wicklungen in der Zahnmedizin und bem(ü/üh)e mich, allgemeine (F/V)akten der Mundhygiene zu verst(e/eh)en. Spa(n/nn)en(d/t) f(i/ie)nde ich, wie wichti(k/g) die Zahngesundhei(d/t) für das (W/w)ohlbefinden jede(s/ss) Menschen ist.
>
> Ich werde in d(i/ie)sem So(m/mm)er die Schule abschlie(s/ß)en. Im schulischen Konte(x/chs)t ko(n/nn)te ich einige Erf(a/ah)rungen im Umgan(g/k) mit Menschen sa(m/mm)eln. Ich bin s(e/eh)r fr(äu/eu)ndlich und hilfsbereit, was mir beim (a/A)rbeiten mit PatientInnen und Patienten vermutlich zuguteko(m/mm)en wird. Au(s/ß)erdem habe ich ein starkes Intere(ss/ß)e an mediz(i/ie)nischen Themen und lerne schnell.
>
> Ich bin überz(äu/eu)gt da(f/v)on, in Ihrer Pra(ks/x)is v(i/ie)l zu lernen, und freue mich darauf, (t/T)eil Ihres Teams zu werden. Über eine Einladun(g/k) zu einem Vorste(l/ll)ungsgespr(e/ä)ch würde ich mich fr(eu/äu)en.
>
> Mit fr(eu/äu)ndlichen Grü(ss/ß)en
> Tim Müller
>
> Anlagen
> tabe(l/ll)arischer Lebenslauf, Kopie der beiden letzten Schu(hl/l)zeugni(s/ss)e

2 Prüft im Tandem eure Texte aus Aufgabe 1. Prüft die Rechtschreibung, markiert die Fehler und notiert Verbesserungen.

3 Seht euch in Gruppen eure Texte und die Verbesserungen an. Tauscht euch über die Korrekturen aus und klärt, welche Strategien und Regeln euch bei der Korrektur geholfen haben.

4 Überarbeite nun deinen eigenen Text. Schreibe ihn korrekt auf.

○ **5** Sieh dir die markierten Fehler in deinem Text aus Aufgabe 2 an. Lege eine Strichliste zu den Fehlerschwerpunkten in der folgenden Tabelle an. Ermittle, in welchem Bereich du die meisten Fehler hattest.

Lerninsel Seite 336–339

Fehlerschwerpunkte	Beispiele	Strategien, Regeln und Hilfen
Kurze/lange Vokale: doppelte Konsonaten	*Klasse, fallen, struppig* 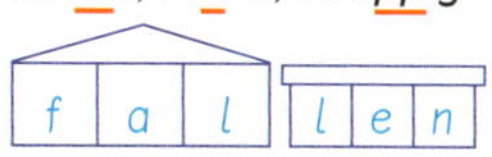	Haus-Garage-Modell (nach kurzem Vokal: doppelter Konsonant)
silbentrennendes h	*Schuh → Schuhe* *früh → früher* 	Verlängern / Haus-Garage-Modell
Wortauslaute	*b, d, g:* *halb → halbieren* *bald → baldig* *Berg → Berge* 	Verlängern / Haus-Garage-Modell
gleiche und ähnlich klingende Laute (i-Laut)	*i: Kinder, Hilfe, hinter* 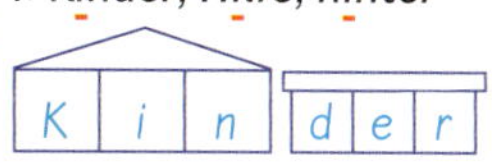 *ie: Riese, schief, dient* 	Haus-Garage-Modell (Silbe geschlossen: i; Silbe offen: ie)
gleiche und ähnlich klingende Laute (e/ä und eu/äu)	*e/ä:* *Gäste → Gast* *eu/äu:* *Bäume → Baum*	Ableiten
gleiche und ähnlich klingende Laute (s-Laute)	*Reise, reißen – Risse* 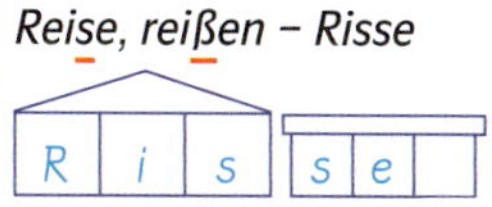 	Haus-Garage-Modell / Merken (meist s, nach kurzem Vokal: ss, nach langem: ß)
Dehnungs-h	*Zahn, fahren, kahl*	nach langem Vokal, vor l, m, n, r / Merken
gleiche und ähnlich klingende Laute (f/v/ph, w/v, ks-Laut)	*Ferne, verreisen, Pharao*	Merken / Wörterbuch
Großschreibung	*der Wald* *zum Lachen* *zum fröhlichen Lachen* *zum fröhlichen, hellen Lachen*	Begleiter / Adjektivprobe (Treppe)

Zum Üben

Fehlerschwerpunkte gezielt üben

Ihr habt auf der vorherigen Seite eure Fehlerschwerpunkte ermittelt. Nun könnt ihr auf den nächsten Seiten die betreffenden Kästen auswählen, die Aufgaben lösen und damit gezielt üben.

Lerninsel
Seite 336

Fehlerschwerpunkt: doppelte Konsonanten und silbentrennendes h
→ Haus-Garage-Modell / Zerlegen und Verlängern

○ **1** Schreibe die folgenden Sätze korrekt ab. Entscheide, ob einfacher oder doppelter Konsonant gesetzt werden muss. Nutze ein Haus-Garage-Modell.

a Seit Monaten bin ich dem Fitnesswahn absolut verfa(l/ll)en.
b Ich habe beschlo(s/ss)en, im A(l/ll)tag mehr Sport zu treiben.
c Mit pa(s/ss)endem Outfit und bei bestem We(t/tt)er will ich loslau(f/ff)en.
d Wie vie(l/ll)e andere Menschen ste(m/mm)e ich Gewichte im Fitnessstudio.
e Dort im Studio sind Leute aus sä(m/mm)tlichen A(l/ll)terskla(s/ss)en vertre(t/tt)en.
f Obwohl ich seit zwei Mo(n/nn)aten trainiere, kann ich noch keine ne(n/nn)enswerten Veränderungen an meinem Körper festste(l/ll)en.
g Ich überlege noch, ob ich be(s/ss)er in einer Trainingsgru(p/pp)e mitmachen so(l/ll)te.

○ **2** Ergänze die folgenden Wortstämme in den unten stehenden Wortgruppen. Schreibe die Wörter auf.

blüh | leih | zieh | steh | geh | näh | höh | seh | dreh | weh

a eine enorme Preiser___ung
b mit hoher ___zahl
c die Buchaus___e
d die ver___ten Blumen
e sich vor___en
f eine An___erung
g die Prüfung be___en
h der Wind ___t
i ein schlimmes Ver___en
j ein ___ender Schmerz

◒ **3** Schreibe zu den Wortgruppen in Aufgabe 2 je einen Satz auf.

Fehlerschwerpunkt: Wortauslaute → Verlängern / Haus-Garage-Modell

Lerninsel
Seite 336

○ **1** Setze den richtigen Buchstaben ein. Entscheide die Schreibweise, indem du das Wort verlängerst. Schreibe die Wörter auf.

g oder k? → Erfol▬ – Schnellzu▬ – Kriti▬ – star▬ – ständi▬ – gülti▬ – We▬ – lusti▬ – Ta▬ – Krie▬ – Anfan▬

d oder t? → Ban▬ – Gerä▬ – Vorbil▬ – Bro▬ – Gesellschaf▬ – Punk▬ – Wan▬ – gesun▬ – Freun▬ – Nach▬ – wil▬

b oder p? → lie▬ – Kor▬ – plum▬ – Urlau▬ – tau▬

Fehlerschwerpunkt: gleich und ähnlich klingende Laute → i-Laut → Haus-Garage-Modell / Merken

Lerninsel
Seite 337/338

○ **1** Entscheide in den folgenden zweisilbigen Wörtern, ob sie mit i oder ie geschrieben werden. Schreibe sie korrekt auf. Bist du unsicher, nutze das Haus-Garage-Modell, z. B.

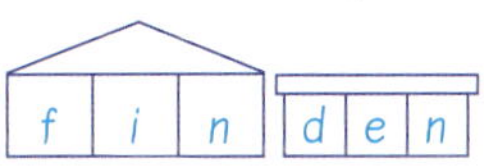

f(i/ie)nden – St(i/ie)fte – w(i/ie)nken – Fl(i/ie)ge – n(i/ie)mand – W(i/ie)nter – s(i/ie)gen – B(i/ie)lder – Fr(i/ie)den – v(i/ie)lleicht – w(i/ie)chtig – w(i/ie)ssen – Sch(i/ie)lder – h(i/ie)nter – n(i/ie)dlich – s(i/ie)ngen – F(i/ie)sche

◒ **2** Notiere zu den folgenden Infinitiven die 1. Person Singular im Präteritum. Achte auf den Wechsel des Stammvokals.

fallen – raten – verzeihen – halten – schreiben – scheinen – bleiben – entscheiden – überweisen – schlafen – vermeiden – rufen

Fehlerschwerpunkt: gleich und ähnlich klingende Laute → e/ä und eu/äu → Ableiten

Lerninsel
Seite 337

○ **1** Schreibe die folgenden Lückenwörter auf. Ergänze dabei die fehlenden Buchstaben. Finde verwandte Wörter mit a oder au.

ä oder e? → kr▬ftig – gef▬hrlich – F▬hler – Ern▬hrung – sch▬dlich – m▬hr – verb▬ssern – f▬rben – ver▬ndern – n▬her

äu oder eu? → h▬fig – d▬ten – t▬er – Fr▬de – K▬fer – anf▬ern – Bed▬tung – überz▬gen – Tr▬me – Geb▬de

Mit oder ohne Strategie und Regel

Fehlerschwerpunkte gezielt üben

Lerninsel
Seite 339

Fehlerschwerpunkt: **gleich und ähnlich klingende Laute → s-Laut → Haus-Garage-Modell / Merken**

1 Entscheide, ob **ß** oder **ss** geschrieben werden muss. Achte auf die Länge des Vokals in der ersten Silbe. Schreibe die Wörter korrekt auf.

Gru▬ – Ta▬e – es pa▬t – drau▬en – Schlo▬ – Schlü▬el – ihr wi▬t –
Ku▬ – flie▬en – Flu▬ – hei▬en – Kl▬e – schlie▬en – Fu▬ball –
Fa▬ – sie schie▬t – Spa▬ – Erdnu▬ – la▬en

2 Wähle drei Wörter aus Aufgabe 1 aus und schreibe so viele Wörter der gleichen Wortfamilie auf, wie du kennst, z. B. *Gruß, grüßen, begrüßen, …*

Lerninsel
Seite 337

Fehlerschwerpunkt: **Dehnungs-h → Regel / Merken**

1 Ordne die folgenden Wortstämme den Präfixen und Suffixen zu. Schreibe die kompletten Wörter auf.

-zähl- -nähr- -wohn- -nehm- -lehr- -bühr- -fühl- -strahl- -rühm-

a ge▬end
b Aus▬ung
c Er▬ung
d ge▬ig
e ver▬en
f ge▬voll
g be▬t
h ab▬bar
i Ge▬heit

2 Finde zu den Wörtern in Aufgabe 1 weitere Wörter aus der Wortfamilie und notiere sie. Wähle dann ein Wort je Wortfamile aus und schreibe einen Satz damit auf, z. B. *gebührend: Gebühr, gebühren, … → Er muss eine Gebühr bezahlen.*

Lerninsel
Seite 337

Fehlerschwerpunkt: **gleich und ähnlich klingende Laute → f/v/ph, ks-Laut → Merken / Wörterbuch**

1 Finde Reimwörter mit **F/f**, **Pf/pf** oder **V/v** und schreibe sie untereinander auf, z. B. *Paul – faul, …*

Paul – Tanne – Kater – Teile – Herd – zücken – Ziel – Tau –
Seil – Seife – Hase – Ziege – Rest – lassen – Tisch –

2 Ergänze den **ks**-Laut durch die richtigen Buchstaben. Schreibe die Wörter richtig auf.

a Maronen wa___en auf Bäumen.
b Das Ta___i fuhr uns zum Bahnhof.
c Ich liebe Ke___e.
d Die Kinder haben beim Spiel die Seiten gewe___elt.
e He___en zaubern im Märchen.
f Zum Park musst du lin___ abbiegen.
g Tami hält mit dem Auto unterwe___ an.
h Schau doch im Le___ikon nach!

Fehlerschwerpunkt: Großschreibung → Begleiter, Adjektivprobe (Treppe)

Lerninsel
Seite 338

1 Lies den folgenden Text. Schreibe ihn dann in der korrekten Groß- und Kleinschreibung auf.

In diesem schuljahr haben wir zwei praktika absolviert. Das erste praktikum fand im herbst statt. Von montagmorgen bis freitagmittag waren wir in den betrieben und konnten dort mitarbeiten. Für einige mitschülerinnen und mitschüler war beim ersten praktikum nichts brauchbares dabei. Doch auch das hat etwas gutes, denn nun wissen sie, in welchen berufen sie später nicht arbeiten möchten. Im folgenden praktikum, das im frühjahr stattfand, war es im allgemeinen dann schon leichter. Das lange stehen und die ungewohnten arbeitszeiten machten uns jetzt weniger aus. Der vormittag war immer besonders spannend, weil man die neuen aufgaben zugewiesen bekam. Meistens wussten wir nicht, was die betreuenden für uns vorbereitet hatten. Es war schon eine umstellung zur schule, wo häufig jede woche fast gleich abläuft. Vielen hat ihr praktikum gefallen. Einige haben eine mündliche zusage für einen ausbildungsplatz bekommen. Sie müssen sich jetzt bewerben und für das vorstellungsgespräch üben. Beim üben helfen wir uns.

2 Tauscht eure Texte aus Aufgabe 1 im Tandem aus. Prüft die Groß- und Kleinschreibung. Besprecht dann, Wort für Wort, welche Strategie euch jeweils geholfen hat, das Wort korrekt zu schreiben.

3 Groß oder klein? Entscheidet im Tandem. Formuliert dann einen vollständigen Satz mit dem jeweiligen Wort, z. B. *Der Freitag wird ein besonderer Tag.*

der freitag – freitags / morgen – ab morgen /
eines abends – abends / am abend – morgen abend

das d/Deutsche Wetter – der d/Deutsche Bundestag
der i/Indische Tee – der i/Indische Ozean
die g/Große Kirche – g/Große Kirchstraße
das f/Frankfurter Würstchen – die b/Berliner Mauer

Getrennt oder zusammen?

Trennbare und untrennbare Verben verwenden

1 Lies den Text. Schreibe zu den markierten Verben jeweils den Infinitiv auf.

Selten **geben** Sportler **zu**, dass sie die Grenzen ihrer Belastbarkeit nicht mehr **einschätzen** können. Viele **hören** mit dem Training erst **auf**, wenn Schmerz **auftritt**.

2 Formuliere zu jedem Verb aus Aufgabe 1 einen neuen Satz im Präsens. Wandle ihn dann ins Perfekt um, z. B. *Ich gebe Schwäche zu. → Ich habe Schwäche zugegeben.*

3 Notiert die Verbformen aus Aufgabe 2 in der Tabelle. Erklärt in der Gruppe, worin sich die Schreibung der Verben in Infinitiv, Präsens und Perfekt unterscheidet.

Infinitiv	Präsens	Perfekt
zugeben, …	*ich gebe zu, …*	*ich habe zugegeben, …*

4 Lest in der Gruppe die folgenden Infinitive laut vor. Vergleicht sie mit den Infinitiven aus Aufgabe 1. Erklärt, welchen Unterschied ihr hören könnt.

unternehmen – widersprechen – übersehen – unterstützen – vollenden

5 Schreibt mit den Verben aus Aufgabe 4 je einen Satz im Präsens und im Perfekt auf. Erklärt in der Gruppe, wie die Verben aus Aufgabe 4 das Perfekt bilden.

Lerninsel
Seite 340

! Merke

Trennbare und untrennbare Verben

Ob ein Verb **trennbar** ist **oder nicht**, könnt ihr herausfinden, indem ihr die 1. Person Singular oder das Partizip Perfekt bildet.
trennbar → aufstellen → ich stelle auf – aufgestellt
untrennbar → überbieten → ich überbiete – überboten

Trennbare und untrennbare Verben werden **unterschiedlich betont**:

Betonung auf der **ersten Silbe** → aufstellen → trennbar
Betonung auf dem **Wortstamm** → überbieten → untrennbar

6 Lest die folgenden Sätze und untersucht die markierten Wörter. Beschreibt in der Gruppe, wie sich ihre Bedeutung unterscheidet.

a Morgen mache ich zum ersten Mal Bankdrücken an der Maschine. Man muss **dabei sitzen**. Mein Trainer wird zur Sicherheit **dabeisitzen**.
b Mein Training war sehr hart. Aber ich werde mit einem Muskelkater **davonkommen**. **Davon kommen** dann auch die leichten Schmerzen.
c Das Training macht mir Spaß und ich werde **dabeibleiben**. Das habe ich für mich entschieden und **dabei bleibe** ich.

7 Untersucht die Betonung der markierten Wörter aus Aufgabe 6. Formuliert im Tandem eine Betonungsregel für die getrennt oder zusammengeschriebenen Verben.

8 Formuliert im Tandem Sätze mit den folgenden Verben und Wortgruppen. Darin soll deren unterschiedliche Bedeutung deutlich werden, z. B. *Nach meiner Verletzung kann ich schon wieder gut gehen. – Am Wochenende lasse ich es mir gutgehen.*

gut gehen – gutgehen | gut schreiben – gutschreiben | frei sprechen – freisprechen

schwer fallen – schwerfallen | richtig stellen – richtigstellen

9 Seht euch die folgenden Infinitive an. Erklärt im Tandem, was sie gemeinsam haben und wie sie geschrieben werden.

da sein – ruhig sein – zurück sein – dabei sein – krank sein

10 Erklärt im Tandem, worin sich die unterstrichenen Wörter unterscheiden.

Auch ich möchte darauf achtgeben, mich im Alltag mehr zu bewegen. Darum will ich auch lieber Rad fahren als Auto fahren. Aber die Menschen, die vor den Fitnessstudios Schlange stehen, können einem echt leidtun.

11 Untersucht im Tandem die markierten Wortverbindungen. Beschreibt, woraus sie sich zusammensetzen und wie sie geschrieben werden.

Wie sich manche Sportler nur so motivieren können, dass sie sogar nachts trainieren gehen und sich nicht davon abhalten lassen!

12 Erläutert in der Klasse, wann Verben zusammen- und wann sie getrennt geschrieben werden. Nutzt die Ergebnisse dieser Doppelseite.

Tipp
Lest dazu auch den Merkekasten.

! Merke

V12/V13/V14

Regeln der Getrennt- und Zusammenschreibung von Verben

getrennt geschrieben werden …	**zusammen**geschrieben werden …
Nomen + Verb → Auto fahren, Kuchen backen, …	**Präposition + Verb** → übernehmen, aufstellen, …
Verb + Verb → schreiben lernen, spazieren fahren, …	
Verbindungen mit dem **Verb „sein“** → da sein, dabei sein, aus sein, …	

Adjektiv/Adverb + Verb werden getrennt geschrieben: → frei sprechen, dicht halten, zusammen tragen, sitzen bleiben, …
Es sei denn, es entsteht eine **neue Bedeutung** → freisprechen, dichthalten, zusammentragen, sitzenbleiben, …

Lerninsel
Seite 340/341

Rechtschreibstrategien und -regeln anwenden

○ **1** Lies den folgenden Text, in dem Rechtschreibfehler markiert sind.

Häute treumen vile Menschen von einem gank zum Schönheitschirurgen. Sie wolen liber so ausseen wie die schönen, makellosen Menner und Frauen, die sie teglich im Internet sehen. Sie wollen auf den sozialen Netzwerken beßer ankomen und deshalp eussern sie imer heufiger den Wunsch, sich operieren zu lasen, obwol Operationen meist gefehrlich sind. Dabei zeigen die Bilder im Netz gar nicht die wirklichkeid, sondern sind in den meisten Felen mit Filtern überarbeited. Und ausserdem ist es durch Operationen gar nicht möglich, sein Eusseres an ein bearbeitetes Foto anzugleichen. Nicht immer sind die Betroffenen mit dem Ärgebnis der Operation und ihrer verenderung zufriden. Ursache ist heufik eine falsche Erwartunk. Manche finden sich nach der Behantlung nicht schöner. Damit das nicht passirt, sollte man sich Vorher von Fachkreften oder dem Arzd alle Einzelheiten genau erkleren lasen.

○ **2** Korrigiert im Tandem die Fehler im Text in Aufgabe 1. Übernehmt die Tabelle und ordnet die Fehler den Fehlertypen zu. Nennt die Strategie, die euch geholfen hat.

Fehlertypen	Beispiele aus dem Text	Rechtschreibstrategie
Doppelkonsonant	*wollen, …*	*Haus-Garage-Modell*
gleichklingende Buchstaben am Wortende	*Gang, …*	*… (→ Gänge)*
ä oder e/äu oder eu	*heute, …*	…
i/ie-Schreibung	*viele,*	…
s-Schreibung	…	*nach kurzem Vokal: ss* *nach langem Vokal: ß*
silbentrennendes h	…	*Haus-Garage-Modell*
Dehnungs-h	*obwohl, …*	…
Großschreibung	…	…

○ **3** Diktiert einander abwechselnd im Tandem den folgenden Text.

Tobias will über seine körperliche Fitness genaue Aussagen treffen können. Deshalb trägt er am Handgelenk ein Fitnessarmband. Das Gerät zählt die Schritte, die er täglich geht, und zeigt an, wie viele Kalorien er verbrennt. Es misst alle Bewegungen, ganz gleich, ob er Treppen steigt, spazieren geht oder stillsitzt. Eigentlich will er die Kontrolle über seinen Körper nicht völlig an die Technik abgeben. Denn er weiß am besten, wie viel Sport seinem Körper guttut. Trotzdem trägt er sein Armband regelmäßig, weil es ihm sehr gefällt. Außerdem ist er neugierig und möchte täglich wissen, wie viel er sich bewegt hat.

○ **4** Überprüft eure Texte im Tandem mithilfe der Vorlage. Markiert die Fehler.

5 Sieh dir dann deinen Text mit den Korrekturen an. Prüfe, zu welchem Fehlertyp deine Fehler gehören. Korrigiere sie mithilfe der Strategien. Schreibe sie dann korrigiert in die passende Tabellenspalte in Aufgabe 2.

6 Linda hat einen Beitrag zum Schönheitswahn in den sozialen Netzwerken geschrieben. Lies den Text, der Fehler enthält, die unterstrichen sind.

WEB

08.01.2025 | 3 Kommentare

Immer mehr Menschen wollen auf sozialen Netzwerken einblickgeben in ihr scheinbar perfektes Leben. Sie posieren dabei mit makellosen Körpern vor der Kamera, weil sie besonders viele Leute erreichenwollen. Dass diese inszenierten Bilder auf das Selbstwertgefühl des Betrachters einflussnehmen, kann man nicht ab streiten. Ich bin davonüberzeugt, dass die unzähligen Bilder von perfekten Körpern den Druck erhöhen, gutaussehen zu müssen. Der soziale Druck wird dazuführen, dass wir die inszenierte Schönheit irgendwann normalfinden und mit unserem eigenen Aussehen unzufrieden sind. Den schlechten Einfluss der sozialen Netzwerke auf Selbstwahrnehmung haben Studien bereits nach gewiesen. Leider sind es gerade die jungen Menschen, die auf Vorbilder aus der Medienwelt zurück greifen und ihr Aussehen diesem Ideal an gleichen wollen. Es kann doch nicht wahrsein, dass immer mehr junge Frauen deshalb eine Schönheitsoperation machenlassen.

7 Korrigiert im Tandem die Fehler im Text in Aufgabe 6. Übernehmt die Tabelle und ordnet die korrigierten Schreibweisen zu.

Verbindung	Regel	Korrektur
Substantiv/Nomen + Verb	*getrennt schreiben*	*Einblick geben, …*
Verb + Verb	…	…
Verbindungen mit „sein"	…	…
Adverb + Verb	…	…
Adjektiv + Verb	…	…
Präposition + Verb	…	…

8 Getrennt oder zusammen? Schreibt die Sätze ab und setzt die Verben richtig ein. Überprüft eure Ergebnisse im Tandem.

a Bezüglich ihrer Sportsucht hatte Claudia lange ___ (schwarz + sehen).
b Zahlreiche Hilfsangebote hatte sie nicht ___ (wahr + nehmen).
c Sie hatte ja auch gedacht, dass sie ___ (gesund + bleiben) würde.
d Doch nun hat sie psychologische Hilfe ___ (an + nehmen) und sich für die Arbeit ___ (krank + schreiben) lassen.

Überprüfe dich selbst

1 Lies den folgenden Text.

Jugend debattiert – Ein Forum für junge Menschen

Der bundesweite Wettbewerb „Jugend debattiert“ bietet Schülerinnen und Schülern die Möglichkeit, ihre Meinungen zu aktuellen Themen laut zu äußern und zu verteidigen. Dabei sollen die Kommunikations- und Argumentationsfähigkeiten der Jugendlichen gefördert werden.
In einer Zeit, in der Meinungsvielfalt und kritisches Denken besonders wichtig sind, bietet „Jugend debattiert“ eine wertvolle Plattform. Die Teilnehmenden lernen, sowohl ihre Standpunkte klar und überzeugend zu formulieren als auch die Perspektiven anderer zu respektieren und zu verstehen. Dies fördert nicht nur die persönliche Entwicklung, sondern auch die soziale Kompetenz.

Wortarten

2 Finde zu acht Wortarten je zwei Beispiele im Text und schreibe sie in eine Wortartentabelle.

3 Schreibe die Eigenschaften von Nomen, Verben und Konjunktionen auf.

Verben

4 Bestimme jeweils Person, Numerus, Tempus, Modus und Handlungsart der folgenden Verben.

er beschloss | wir werden lesen | ich schriebe | es wurde gefunden | sie spricht | ihr hattet gearbeitet | du wirst gerufen | sie haben geholfen | Nimm! | ich würde gehen | er war gewesen | wir schliefen

5 Wähle zwei Verben aus Aufgabe 4 aus und schreibe alle Konjugationsformen in der 3. Person im Indikativ auf.

Satzglieder

6 Schreibe den folgenden Satz in ein Satzmodell.

Die Teilnehmenden sollen in Diskussionen ihre persönliche Meinung kompetent vertreten.

7 Bestimme alle Satzglieder im Satz von Aufgabe 6.

Attribute

8 Schreibe die Sätze um, indem du die Aussagen informativer und genauer formulierst. Verwende passende Attribute.

a Bei ___ Menschen spielt ___ Ernährung eine ___ Rolle.
b Zu ___ Ernährung gehören ___ Lebensmittel wie Obst und Gemüse.
c Ein ___ Bestandteil ___ sind Kohlenhydrate.
d Kohlenhydrate findest du in Lebensmitteln wie ___ Vollkornbrot, ___ Haferflocken oder ___ Reis.
e Vermeide aber ___ Snacks und Getränke, die ___.
f Eine ___ Ernährung ist der Schlüssel ___ Energie und einem ___ Lebensstil.

Zeichensetzung

9 Im folgenden Text fehlen die Satzzeichen, Kommas und die Zeichen der wörtlichen Rede. Schreibe den Text ab und korrigiere ihn.

Als Alyah in die Klasse kommt sieht sie Justin Von weitem ruft sie ihm zu Hast du schon das neue Buch über die geheimnisvolle Insel gelesen Justin ist verwundert freut sich aber über Alyahs Aufmerksamkeit und antwortet begeistert Ja, ich habe es gerade erst beendet Es war unglaublich spannend die gefährlichen Klippen und der Dschungel waren toll beschrieben Abenteuerliteratur ist wirklich etwas Besonderes sagt Alyah nachdenklich ich liebe es wenn die Figuren auf unerwartete Herausforderungen stoßen Justin sieht sie verwundert an er glaubt ein Funkeln in ihren Augen gesehen zu haben Er nimmt seinen Mut zusammen und schlägt vor Lass uns doch ein eigenes Abenteuer schreiben Wir könnten eine Geschichte über zwei Freunde erfinden die einen geheimen Schatz suchen und dabei viele spannende Dinge erleben Alyah verdreht die Augen sie weiß nicht was sie dazu sagen soll.

Rechtschreibung

10 Lies das folgende, sehr fehlerhafte Bewerbungsschreiben. Korrigiere alle Rechtschreibfehler und schreibe den Text korrigiert auf.

Sehr geerter Herr Rübsam,

Ihre Anzeige im mainzer Tageblat habe ich gelesen. Dort bieten Sie einen Ausbildungsplatz zum automobilkaufmann an, auf den ich mich gern bewerben möchte. Ich habe Ihre Firma bereits im letzten Jar kenengelernt, als mein Fater dort ein neues Auto gekauft hat und ich beim Verkaufsgesprech zu sehen konnte. Damals bekam ich von einem Mittarbeiter einige Einblicke in die Wergstatt und die restlichen Abteilungen Ihrer Firma. Das fand ich ser spanend.

Ich bin kontaktfreudik und arbeite gerne am PC. Für Autos interesiere ich mich ebenfalls schon seit meiner Kiendheit. Gerne überneme ich auch verantwortung, so engagiere ich mich beim technischen Hilfswerg und rechne mir gute Chancen zur wahl des Jugentleiters aus, wenn im Herbst Neuwahlen sind. In den Praktika, die ich bereits absolviert habe, wurden meine Aufgeschloßenheit und schnelle Auffaßungsgabe gelobd, sodass ich mir auch schwierigere Arbeiten, zum Beispiel in der Datenverarbeitung oder beim erlernen von Verkaufsstrategien, zutraue.

Aktuel besuche ich die 9. Klase der Willy-Brandt-Sekundarschule. Im Somer 2025 wärde ich meinen Abschluß machen.

Über eine Einladunk zum Gesprech würde ich mich freuen.

D25 Lösungen

Das kannst du jetzt:
- Wortarten und Wortgruppen erkennen
- Satzglieder, Satzstrukturen und Satzarten erkennen
- Zeichensetzung verwenden
- Regeln und Strategien der Rechtschreibung anwenden

14 Sprachbetrachtung

Sprachgeschichte, Sprachwandel und Sprachgebrauch untersuchen

Im Alltag begegnet euch Sprache überall. Gesprochen, geschrieben, in einer Fremdsprache, in einem Dialekt oder in einer Fachsprache, die nur Fachleute verstehen. In diesem Kapitel könnt ihr eure Sprachfähigkeiten prüfen und erkennen, wie viele „Einzelsprachen“ ihr selbst beherrscht.

Das lernt ihr jetzt:
- Merkmale der Sprachgeschichte und des Sprachwandels erkennen
- Unterschiede zwischen Sprachen untersuchen
- Fremd-, Lehn- und Erbwörter erkennen und verwenden
- innere und äußere Mehrsprachigkeit unterscheiden

1 Seht euch die Abbildung **A** an und lest die Sprechblasen. Tauscht euch über die Sprechweisen und ihre Wirkung aus.

2 Ordnet die Aussagen in Bild **A** den folgenden Begriffen zu.

Fachsprache | Dialekt | ältere Sprache | Fremdsprache | Jugendsprache

3 Findet ihr noch weitere Aussagen zur Situation in **A**? Formuliert sie und tauscht euch über die Sprachebene aus.

4 Muttersprachen oder Fremdsprachen? Tauscht euch über die folgenden Fragen aus. Schreibt alle Sprachen an die Tafel.
- In welchen Sprachen sprecht ihr mit euren Familien zu Hause?
- Welche Sprachen habt ihr in der Schule erlernt?
- Wie sind eure Erfahrungen beim Erlernen einer anderen Sprache?

5 Die folgenden Wörter zeigen die Veränderungen der Sprache im Lauf der Zeit. Vergleicht die Wörter. Warum verändert sich Sprache? Stellt Vermutungen darüber an und tauscht euch dazu aus.

althochdeutsch: frouwa → mittelhochdeutsch: vrouwe → neuhochdeutsch: Frau

6 Lest die nebenstehenden Jugendwörter der letzten Jahre und beantwortet die Fragen.
- Welche der Wörter kennt ihr?
- Was bedeuten diese Wörter?
- Verwendet ihr diese Wörter?
- In welchen Situationen verwendet ihr diese Wörter?

2020: lost
2021: cringe
2022: smash
2023: goofy
2024: Aura

7 Ihr könnt ein Wort zur nächsten Wahl des Jugendworts einreichen. Macht Vorschläge dafür und begründet eure Wahl.

Briefe im Wandel der Zeit

Sprachwandel untersuchen

1 Auf dieser Seite könnt ihr Briefe der hier abgebildeten Männer lesen. Seht euch zuerst die Bilder an. Achtet auf Frisur und Kleidung. Besprecht in der Klasse, welches wohl das älteste und welches das jüngste Porträt ist.

A

B

C

MK

Internetrecherche → Seite 316

2 Lest die drei Briefe und tauscht euch im Tandem über die Identität der Briefeschreiber und Briefempfängerinnen aus. Ihr könnt im Internet dazu recherchieren.

Johann Nestroy an Caroline Köfer

Mein Fräulein!

Nicht nur der Brief an und für sich, mehr noch die, bey möglicherweise gänzlicher Erfolglosigkeit desselben, gewagte Länge dieses Briefes, ist das, was Sie in Staunen setzen wird. Ohne Ihre Geduld durch die landesüblichen Entschuldigungen noch mehr zu ermüden, eile ich sogleich zur Sache.

Da ich keinen Abend ohne Theaterbesuch verlebe, fügte es sich, daß ich Sie sah, daß ich Sie in Stadt- und Vorstadt-Theater wiederholt gesehen. Ich glaube kaum, daß ich das Glück hatte, von Ihnen bemerkt worden zu seyn [...].

Demungeachtet, mein Fräulein, wage ich es, in diesen Zeilen das auszusprechen, was Sie von vielen Andern, und oft werden gehört haben; ich sage Ihnen nehmlich, daß Sie, liebenswürdig und interessant in hohem Grade, der Gegenstand meiner glühendsten Wünsche sind. [...]

Jimi Hendrix an Uschi Obermaier

Liebste Uschi,

ich hoffe, Du erinnerst Dich noch an mich. Wie geht es Dir? Gut, hoffe ich. [...]

Ich habe mir gerade überlegt, ob ich Dich einladen soll, zu mir zu kommen, wenn Du willst. Ich weiß nicht, wie Du zu mir stehst. Ich weiß, dass ich Dir versprochen hatte, mich zu melden, was ich aber nicht getan habe.

Uschi, in letzter Zeit habe ich sehr, sehr hart an meinen Songs gearbeitet.

Aber eigentlich schreibe ich Dir, weil ich ständig an Dich denken muss, seit wir uns zuletzt gesehen haben. Du hast mich damals sehr glücklich gemacht. Als wir zusammen waren, habe ich nur selten Probleme gewälzt. Ich gehe kaum noch raus und spreche kaum noch mit jemandem. Wie ich schon sagte, arbeite ich ziemlich viel. Aber die Gedanken an Dich sind sehr lebendig. Und vielleicht auch die Gefühle. Sogar meinen eigenen Gefühlen zu trauen, fällt mir schwer. Ständig werde ich verletzt. Aber bei Dir spüre ich etwas Echtes. Ich will einfach wissen, was es ist. Ich möchte Dich wirklich wiedersehen. [...]

Johann Wolfgang Goethe an Katharina Fabricius

Wenn das alles aufgeschrieben wäre, liebe Freundinn, was ich an Sie gedacht habe, da ich diesen schönen Weeg hierher machte und alle Abwechselungen eines herrlichen Sommertags in der süsesten Ruhe genoß; Sie würden mancherley zu lesen haben [...].
Welch Glück ist's ein leichtes, ein freyes Herz zu haben! Muth treibt uns an Beschweerlichkeit, an Gefahren; aber grose Freuden werden nur mit groser Mühe erworben. Und das ist vielleicht das meiste was ich gegen die Liebe habe; man sagt sie mache mutig. Nimmermehr. Sobald unser Herz weich ist, ist es schwach. Wenn es so ganz warm an seine Brust schlägt, und die Kehle wie zugeschnürt ist, und man Thränen aus den Augen zu drücken sucht, und in einer unbegreifflichen Wonne dasitzt wenn sie fließen. O da sind wir so schwach daß uns Blumenketten fesseln, nicht weil sie durch irgend eine Zauberkrafft starck sind, sondern weil wir zittern sie zu zerreißen. [...]

3 Gebt im Tandem die Inhalte der Briefe mit eigenen Worten wieder.

4 Einer der Briefe entspricht dem heutigen Sprachgebrauch. Besprecht in der Gruppe, an welchen Formulierungen man das erkennt.

5 Untersuche die beiden anderen Briefe auf sprachliche Besonderheiten. Mache dir Notizen zu:
- Wörtern und Formulierungen, die heute nicht mehr verwendet werden,
- Auffälligkeiten im Satzbau,
- Besonderheiten der Rechtschreibung.

6 Vergleicht und besprecht eure Ergebnisse aus Aufgabe 5 in der Gruppe.

7 Entscheidet auf der Grundlage eurer Untersuchung, welcher der ältere der beiden Briefe ist. Begründet in der Gruppe eure Vermutung.

Merke

Sprachwandel

Sprache **verändert** sich **ständig** und entwickelt sich weiter.
Vor allem in folgenden **Bereichen** verändert sich Sprache:
- **Wörter und Ausdrücke** werden nicht mehr oder nur selten verwendet, sie **veralten.** → Groschen, Antlitz, saumselig ...
- Wörter kommen als **Bezeichnung für Neues** hinzu. → chillen, bloggen ...
- **Wortbedeutungen** verändern sich. → toll – früher: verrückt, heute: besonders gut ...
- **Rechtschreibung** und **Grammatik** ändern sich. → früher Kuß – heute Kuss; heute wird statt des Genitivs häufiger der Dativ verwendet → wegen dem Regen – wegen des Regens ...

Sprachverwandte

Sprachgeschichte untersuchen

Sprachen gehören zu unterschiedlichen Sprachfamilien. Die deutsche Sprache ist Teil der germanischen Sprachen. Die germanischen Sprachen sind, wie die meisten Sprachen, die in Europa gesprochen werden, den indoeuropäischen Sprachen zuzurechnen.

○ **1** Die Abbildung stellt dar, wie die indoeuropäischen Sprachen miteinander verwandt sind. Sieh dir die Übersicht genau an.

Indoeuropäische/indogermanische Sprachen

- Albanisch
- Armenisch
- Baltisch: Lettisch, Litauisch
- Germanisch: Gotisch †, Deutsch, Luxemburgisch, Jiddisch, Friesisch, Englisch, Niederländisch, Afrikaans, Isländisch, Färöisch, Norwegisch, Schwedisch, Dänisch
- Indisch: Sanskrit †, Hindi/Urdu, Bengali, Punjabi
- Griechisch
- Iranisch: Avestisch †, Persisch, Pashtu, Kurdisch
- Italisch: Latein †, Italienisch, Spanisch, Portugiesisch, Französisch, Provenzalisch, Rumänisch, Rätoromanisch
- Keltisch: Bretonisch, Gälisch, Irisch, Walisisch
- Slawisch: Russisch, Polnisch, Tschechisch, Bulgarisch, Serbisch, Kroatisch, Sorbisch, Slowenisch, Slowakisch
- Anatolisch †
- Tocharisch †

† = ausgestorben

○ **2** Beschreibt in der Gruppe die Übersicht zu den indoeuropäischen Sprachen, z. B. *Die größten Gruppen sind … Es gibt auch kleine Gruppen wie … Verwandt sind … Dieselben sprachlichen Wurzeln haben … Ausnahmen bilden …*

◒ **3** Klärt in der Gruppe, in welchen Ländern der Welt die folgenden Sprachen gesprochen werden.

Spanisch – Kurdisch – Portugiesisch – Gälisch – Englisch – Rätoromanisch – Sorbisch – Slowakisch – Deutsch – Französisch – Afrikaans

◒ **4** Welche weiteren Sprachen außer Deutsch werden in eurer Klasse gesprochen? Versucht, sie einer Sprachfamilie zuzuordnen, und nennt verwandte Sprachen.

● **5** Untersucht in der Klasse eure Sprachen aus Aufgabe 4. Vergleicht sie nach folgenden Kriterien.

Alphabet – Buchstaben und Buchstabenverbindungen – Reihenfolge der Satzglieder – Höflichkeitsformen – Zeitformen – Pluralbildung

6 Bei den germanischen Sprachen kannst du Übereinstimmungen entdecken. Übernimm die Tabelle und ergänze sie mit diesen Wörtern:

geben | se | kommen | geven | see | komma | zien | komme

Deutsch	Englisch	Schwedisch	Niederländisch	Dänisch
hören	*to hear*	*att höra*	*te horen*	*at høre*
…	*to come*	*att …*	*te komen*	*at …*
…	*to give*	*att ge*	*te …*	*at give*
sehen	*to …*	*att …*	*te …*	*at se*

7 Der gemeinsame Ursprung der romanischen Sprachfamilie ist das Vulgärlatein. Es wurde im Westen des Römischen Reiches gesprochen. Übernimm auch diese Tabelle und ordne die folgenden Begriffe ein.

filha | ojo | stella | oreja | nuit | estrela | orecchio | fille | notte | oeil | figlio

Deutsch	Latein	Französisch	Spanisch	Portugiesisch	Italienisch
Sohn	*filius*	*fils*	*hijo*	*filho*	…
Tochter	*filia*	…	*hija*	…	*figlia*
Auge	*oculus*	…	…	*olho*	*occhio*
Ohr	*auris*	*oreille*	…	*orelha*	…
Nacht	*nox*	…	*noche*	*noite*	…
Stern	*stella*	*étoile*	*estrella*	…	…

8 Vergleicht eure Ergebnisse der Aufgaben 6 und 7 in der Gruppe. Besprecht, was euch bei der Lösung der Aufgaben geholfen hat.

Merke

Die indoeuropäischen Sprachen

Indoeuropäisch (auch Indogermanisch) ist der Name der **Sprachfamilie**, die sich zunächst über Europa und weite Teile Südasiens ausbreitete. Ihre **Verbreitung** erfolgte durch **Völkerwanderungen** im Laufe der Jahrtausende und die **europäische Expansion** seit dem 15. Jahrhundert.

Die **indoeuropäische Ursprache** wurde von der **Sprache der Urbevölkerungen** beeinflusst, und es entstanden **Unterfamilien**, aus denen sich schließlich die **verschiedenen Sprachen** entwickelten.

Bei allen indoeuropäischen Sprachen sind **Übereinstimmungen** beim **Wortschatz** und in der **Grammatik** anzutreffen.

Wunn[i]a – wünne – Wonne

Sprachstufen der deutschen Sprache untersuchen

Unsere Sprache hat sich über lange Zeit zu dem entwickelt, was wir heute sprechen und schreiben. Für fast alle europäischen Sprachen gab es eine gemeinsame Ursprache, das Indoeuropäische. Aus dieser haben sich einzelne Sprachgruppen entwickelt, z. B. um 500 v. Chr. die germanischen Sprachen. Zu diesen zählt das Deutsche als westgermanische Sprache. Zwischen dem 6. und 7. Jahrhundert n. Chr. entwickelte sich dann das Althochdeutsche. Weitere Entwicklungsperioden der deutschen Sprache sind das Mittelhochdeutsche, das Frühneuhochdeutsche und im Anschluss unsere heutige Sprache, das Neuhochdeutsche.

1 Im Gedicht „Saget mir ieman: waz ist minne“ von Walther von der Vogelweide steht der folgende Vers. Übersetzt ihn im Tandem.

> Minne ist zweier herzen wünne.

2 Tauscht euch im Tandem darüber aus, was ihr unter „Wonne“ versteht. Nennt Synonyme dafür.

3 Lest den Wörterbucheintrag zum Begriff „Wonne“. Besprecht in der Gruppe, welche Informationen enthalten sind.

Mittelhochdeutsch — Indogermanisch — Althochdeutsch — Altenglisch

Wonne Das Substantiv Wonne *mhd.* wünne, wunne, *ahd.* wunn[i]a, *aengl.* wynn gehört zu der unter → *gewinnen* dargestellten *idg.* Wurzel *u̯en[ə] – „umherziehen, streifen, nach etwas suchen oder trachten“.
Wonne bedeutet zunächst „Verlangen, Lust, Freude, Genuss“, dann „was Genuss, Freude bereitet“, anfänglich mehr in materiellem Sinne, später auch in geistigem. Schon in *ahd.* Zeit konnte das Substantiv Wonne auch für das damit verwandte, bereits damals aussterbende ahd. winne „Weide[platz]“ in dessen Bedeutung eintreten.

! Merke

Etymologie

Die **Etymologie** gibt Auskunft über die **Geschichte eines Wortes**. Man erfährt, woher ein Wort stammt und wie es sich im Laufe der Zeit **verändert** hat.
Man kann das Wort in einem **etymologischen Wörterbuch** (Herkunftswörterbuch) nachschlagen. Die Entwicklung des Wortes kann man in einem **Sprachenstammbaum** darstellen.

4 Übernimm die folgende Übersicht eines Sprachenstammbaumes. Ergänze sie zum Begriff „Wonne“ mithilfe des Wörterbucheintrags aus Aufgabe 3.

Neuhochdeutsch (ab 1650)	→	…		
		↑		
Frühneuhochdeutsch (1350–1650)	→	…		
		↑		
Mittelhochdeutsch (1050–1350)	→	…		
		↑		
Althochdeutsch (700–1050)	→	…	→	verwandtes Wort winne (Weideplatz)
		↑	↗	
Indoeuropäisch/ Indogermanisch	→	*u̯en[ə] (umherziehen, streifen)		

5 Vergleicht im Tandem die verschiedenen Sprachstufen in dem Sprachenstammbaum. Notiert die Lautveränderungen.

6 Schreibe den folgenden Text ab und ergänze ihn.

Das Wort „Wonne“ stammt vom indogermanischen ▬.
Aus ▬ wurde zwischen 700 und 1050 das Wort ▬.
Dies beginnt nun mit dem Laut ▬.
Im Mittelhochdeutschen wurde der Vokal ▬ durch ▬ ersetzt.
Daraus wurde ab 1350 das Wort ▬, das auch heute noch verwendet wird.

7 Das althochdeutsche Wort „wunn[i]a“ wurde auch als Begriff für „Weideplatz“ verwendet. Auch das heutige Wort für „wohnen“ ist damit verwandt. Erklärt in der Gruppe, wie die drei Begriffe zusammenhängen.

8 Schlagt die folgenden Begriffe in einem etymologischen Wörterbuch nach. Erstellt jeweils einen Sprachenstammbaum. Tauscht euch in der Gruppe über die Veränderung der Laute und der Bedeutung aus.

Frau | Hochzeit | Freude | Mann | Herz

Tipp
Nutzt das Digitale Wörterbuch der deutschen Sprache (DWDS).

Von mittelhochdeutscher genâde

Die mittelhochdeutsche Sprachstufe untersuchen

1 Lies die dritte Strophe aus dem mittelhochdeutschen Gedicht des Dichters Wolfram von Eschenbach.

Ursprinc bluomen

Mîn sanc wil genâde suochen
an dich, güetlich wîp: nu hilf, sît helfe ist worden nôt.
dîn lôn dienstes sol geruochen,
daz ich iemer bitte und biute unz an mînen tôt.
lâze mich von dir nemen den trôst,
daz ich ûz mînen langen klagen werde erlôst.

2 Schreibt im Tandem alle Wörter aus dem Gedicht auf, die euch bekannt sind. Schreibt die Übersetzungen daneben, z. B. *mîn → mein, …*

3 Versucht so viele Verse wie möglich zu übersetzen. Besprecht eure Übersetzungen in der Gruppe und tauscht euch dann über den Inhalt der Strophe aus.

4 Lest jetzt eine Übersetzung der Strophe. Vergleicht sie in der Gruppe mit euren Übersetzungen.

Das Hervorbrechen der Blumen

Mein Lied will Erhörung bei dir suchen,
gütige Frau: nun hilf, weil ich der Hilfe bedarf.
Dein Lohn soll meinen Dienst vergelten,
den ich allzeit leiste und erbieten werde bis zum Tod.
Lass mich von dir die Hoffnung gewinnen,
dass ich aus meinem langen Klagen einmal erlöst werde.

5 Vergleicht in der Gruppe einzelne Wörter aus dem mittelhochdeutschen Gedicht mit der Übersetzung. Notiert, welche Laute sich im Laufe der Zeit verändert haben. Formuliert Regeln dazu.

Tipp: Nutze die Regeln aus Aufgabe 5.

6 Übersetze die folgenden mittelhochdeutschen Wörter ins Neuhochdeutsche. Schreibe sie auf.

hiute | zît | hûs | ruofen | mîden | tûsend | niuwes | sîn | liute

MK **7** Schlage die folgenden Wörter im etymologischen Wörterbuch (DWDS) nach. Vergleiche ihre heutige Bedeutung mit der im Mittelalter. Notiere die Unterschiede.

süß | Witz | bescheiden | krank | Streit | Urlaub | schlecht

Und so geht Frühneuhochdeutsch

Die frühneuhochdeutsche Sprachstufe untersuchen

Die frühneuhochdeutsche Sprachstufe erstreckt sich über die Zeit von etwa 1350 bis 1650. Es entwickelte sich eine Schriftsprache, die über die regionalen Mundarten hinausging. Mit der Erfindung des Buchdrucks verbreitete sich die Schriftsprache. Die Bibelübersetzung von Martin Luther bildete die Grundlage für die Herausbildung einer einheitlichen Volkssprache.

MK **1** Recherchiere über Martin Luther und seine Bibelübersetzung. Schreibe einen kurzen Informationstext darüber.

Internetrecherche
Seite 316

2 Lest die Fabel „Vom wolff und lemlin". Klärt in der Gruppe, was ihr davon verstanden habt und wobei ihr Schwierigkeiten hattet.

MARTIN LUTHER

Vom wolff und lemlin

Ein wolff und lemlin kamen on geferd / beide an einen bach zu trincken / Der wolff tranck oben am bach / Das lemlin aber / fern unden / Da der wolff des lemlins gewar ward / lieff er zu yhm / und sprach / warumb truebestu mir das wasser das ich nicht trincken kan / Das lemlin antwortet wie kann ich dirs wasser truben / trinckestu doch ober mir / und mochtest es mir wol truben. Der wolff sprach / Wie? fluchestu mir noch dazu? Das lemlin antwortet / Ich fluche dir nicht. Der wolff sprach / ja Dein Vater thet mir fur sechs monden auch ein solchs / du wilt dich Vetern. Das lemlin antwortet / Bin ich (doch) dazumal nicht geborn gewest / wie sol ich meins Vaters entgelten? Der wolff sprach / So hastu mir aber / meine wisen und ecker abgenaget und verderbet / Das lemlin antwortet / Wie ist (das) muglich / hab ich doch noch keine zeene? Ey sprach der wolff / Und wenn du gleich viel ausreden und schwetzen kanst / wil ich dennoch heint nicht ungefressen bleiben / Und wurget also das unschuldige lemlin und fras es.

3 Diskutiert in der Gruppe, welche Lehre die Fabel in Aufgabe 2 vermitteln soll.

4 Übersetzt im Tandem den Fabeltext in unsere heutige Sprache. Vergleicht dabei die Unterschiede zwischen Frühneuhochdeutsch und Neuhochdeutsch. Macht euch Notizen.

5 Vergleicht eure Übersetzungen in der Klasse. Nennt Merkmale des Frühneuhochdeutschen.

Merke

Die Entwicklung der deutschen Sprache

Sprachen **verändern sich** ständig. Die deutsche Sprache entwickelte sich ab dem 11./12. Jahrhundert vom **Althochdeutschen** zum **Mittelhochdeutschen**. Daraus entstand etwa im 13./14. Jahrhundert das **Frühneuhochdeutsche**, und daraus im 16./17. Jahrhundert unsere heutige Sprache, das **Neuhochdeutsche**.

Alles anti?

Fremdwörter und Lehnwörter untersuchen

Tipp
Verwendet ein Wörterbuch oder das Internet.

1 Lest den Text. Klärt im Tandem die Bedeutung der Wörter, die ihr nicht kennt.

> Viele Menschen verwenden Antivirenprogramme, wenn sie im Internet surfen. Ob sie spezielle Informationen recherchieren, Musik konsumieren oder in sozialen Netzwerken aktiv sind. Manche sind vorsichtig und investieren Geld in ihre Protektion im Netz. Besonders Experten präferieren solche Schutzprogramme.

Lerninsel
Seite 339

2 Finde in Aufgabe 1 die Wörter, die für Fremdwörter typische Präfixe haben. Schreibe zu jedem Präfix auf den Kärtchen das passende Fremdwort aus dem Text auf.

ex- in- inter- prä- re- anti- in- pro- kon-

3 Überlegt euch im Tandem zu jedem Präfix aus Aufgabe 2 zwei weitere Beispiele und schreibt sie auf, z. B. *ex-: exquisit, ...*

4 Klärt im Tandem mithilfe eines Fremdwörterlexikons die Bedeutung der folgenden Fremdwörter. Erklärt dann, was das jeweilige Präfix bedeutet.
- a antithetisch – Antikörper – antiautoritär
- b Intervention – international – interdental
- c multiplizieren – Multimedia – multikulturell
- d Transformation – transportieren – transatlantisch

5 Lies den Text in Aufgabe 1 noch einmal. Notiere die Wörter, die für Fremdwörter typische Suffixe aufweisen. Übernimm die Tabelle und schreibe die Wörter in der Grundform hinein.

-ieren	-iv	-iell	-ion	-ik	-ial
konsumieren, ...	...	...	...	...	...

Tipp
Schreibt die Grundform des Fremdwortes in die Tabelle.

6 Ergänzt im Tandem eure Tabelle aus Aufgabe 5 mit weiteren Fremdwörtern, die die typischen Suffixe aufweisen.

7 Fremdwörter, die aus dem Griechischen kommen, weisen häufig besondere Buchstabenkombinationen auf. Ergänzt im Tandem die Tabelle mit weiteren Fremdwörtern aus dem Griechischen.

Tipp
Verwendet ein Wörterbuch.

th	ps	rh	ph
Theorie, ...	*Psychologie, ...*	*Rhythmus, ...*	*Physik, ...*

8 Übernehmt die folgende Tabelle und füllt sie im Tandem aus. Ergänzt zu jedem Fremdwort die fehlenden Wortarten.

Substantiv	Adjektiv	Verb
Organisation	*organisatorisch*	…
…	…	*demonstrieren*
…	*informativ*	…
Funktion	*funktional*	…
…	…	*realisieren*
…	*explosiv*	…
Konstruktion	…	…
…	*kommunikativ*	…
…	…	*argumentieren*

9 Ordne die folgenden Fremd- und Lehnwörter nach Sachgebieten. Übernimm die Tabelle und ordne die Begriffe zu.

posten – Comeback – Bistro – Debatte – Internet – Teint – downloaden – Dresscode – Trikot – Plenum – Jumpsuit – Soufflé – System – Paragraph – Koalition – Route – Hacker – E-Mail – Update – Aubergine – Candle-Light-Diner – Tour – Onlinebanking – Frikadelle – Foundation – Desktop – Gremium – Hotdog – Badminton – Laptop – Opposition – Concealer – Demonstration – Fraktion – Fitnesscenter – Wellness – Homepage – Creme – Restaurant

Technologie	Sport	Politik	Mode/ Kosmetik	Essen/ Gastronomie
posten, …	*Comeback, …*	*Debatte, …*	…	…

10 Sammelt in der Gruppe weitere Fremd- und Lehnwörter zu den fünf Sachgebieten aus Aufgabe 9 und schreibt sie in eure Tabellen.

11 Findet in der Gruppe für die folgenden Anglizismen eine deutsche Entsprechung.

englischer Ausdruck	deutsche Übersetzung
Computer	*Rechner*
Emoji	…
News Feed	…
Fake News	…
Selfiestick	…
Chatbot	…

So ein Circus oder Zirkus?

Fremd-, Lehn- und Erbwörter untersuchen

1 Lest die folgenden Wörter. Woran erkennt ihr, dass diese Wörter Fremd- oder Lehnwörter sind? Tauscht euch in der Gruppe darüber aus. Begründet eure Meinung.

Shop – Büro – Verb – Thema – Genre – Karton – Rhythmik – Philosoph – Funktion

2 Weist im Tandem für die Wörter aus Aufgabe 1 die typischen Merkmale von Lehn- und Fremdwörtern nach. Übernehmt die Tabelle. Gebt für jedes Fremdwort an, welche Merkmale zutreffen.

	Schreibweise	Aussprache	Betonung	Pluralbildung
Shop	*Sh*	*Sh wie Sch*	*–*	*-s*
Büro	*–*	*–*	*Betonung auf der letzten Silbe*	*-s*
…	…	…	…	…

3 Klärt im Tandem die Bedeutung der folgenden Wörter mithilfe eines Wörterbuchs. Erklärt, warum diese Wörter noch recht neu in der deutschen Sprache sind.

a Selfie
b liken
c googeln
d faken
e facebooken
f Social Bot

Tipp
Verwende ein Fremdsprachenwörterbuch.

4 Aus welcher Sprache stammen die Wörter aus Aufgabe 3? Überprüfe, wie diese Wörter in ihrer Herkunftssprache gebildet und geschrieben werden.

Tipp
Verwende ein Wörterbuch.

5 Sieh dir die französischen Wörter an. Übernimm die Tabelle und ergänze das eingedeutschte Fremdwort.

	Fremdwort im Deutschen		Fremdwort im Deutschen
milieu	*Milieu*	cliché	*Klischee*
nuance	…	trouble	…
garage	…	coulisse	…

6 Vergleicht im Tandem eure Ergebnisse aus Aufgabe 5. Erläutert, worin sich die eingedeutschten Fremdwörter von den französischen Wörtern unterscheiden.

7 Viele Fremdwörter werden in ihrer Schreibweise nicht an die deutsche Sprache angepasst. Versucht es trotzdem und probiert im Tandem Varianten, wie die folgenden Wörter eingedeutscht werden könnten, z. B. *sharen: schären, …*

sharen – skype – Youtube-Channel – Fake News – recherchieren – Emoji – Engagement – Mainstream – Accessoire – Déjà-vu

8 Findet im Tandem zu den Wörtern in Aufgabe 7 deutsche Entsprechungen, z. B.
sharen: teilen, …

9 Für viele Fremdwörter gibt es im Deutschen mehrere richtige Schreibweisen. Lest in der Gruppe die Schreibvarianten und begründet, für welche Schreibweise ihr euch entscheiden würdet.

Yacht – Jacht
Sauce – Soße
Phantasie – Fantasie
circa – zirka

Nougat – Nugat
Top Event – Topevent
Potential – Potenzial
Photographie – Fotografie
Waggon – Wagon

Friseur – Frisör
Circus – Zirkus
Ski – Schi
Portemonnaie – Portmonee

10 Findet in der Gruppe Gründe für die verschiedenen Schreibvarianten aus Ausgabe 9.

11 Wir verwenden heute viele Wörter, die es schon in den Vorstufen der deutschen Sprache gegeben hat, z. B. im Althochdeutschen (700 bis 1050 n. Chr.). Diese Wörter nennt man Erbwörter. Lies die althochdeutschen Wörter und schreibe das heute gebräuchliche Wort dazu auf.

muoter sunna  vriede fuoz swert fater

12 Markiere die Unterschiede zwischen den althochdeutschen Wörtern aus Aufgabe 11 und den Wörtern in der heutigen Form.

! Merke

V15

Fremdwörter, Lehnwörter und Erbwörter

Lerninsel Seite 339

Wörter aus anderen Sprachen werden auf unterschiedliche Weise in die deutsche Sprache **aufgenommen**:

- **Fremdwörter**: Wörter, die **kaum** oder **gar nicht** an die deutsche Sprache **angepasst** werden. Sie werden **übertragen** und behalten die **Schreibweise der Fremdsprache** bei. → to like (engl.) → liken (nicht leiken)
- **Lehnwörter**: Wörter, die an die deutsche Sprache **angepasst** werden. Man schreibt sie **nach den Regeln der deutschen Sprache.** → bureau (frz.) → Büro (nicht Bureau)

Erbwörter sind Wörter, die bereits in den **Vorstufen der deutschen Sprache** vorhanden waren. → muoter (Althochdeutsch) → Mutter

Jeder Mensch ist mehrsprachig

Äußere und innere Mehrsprachigkeit untersuchen

1 Lest die Sätze in den verschiedenen Sprachen in der Klasse laut vor.

A
Alex hat einen Sommerurlaub geplant.
Amelie trinkt gerne Orangensaft.
Die Frau wäscht ein Auto.

B
Alex has planned a summer holiday.
Amelie likes to drink orange juice.
The woman is washing a car.

C
Алекс запланував літню відпустку.
Амелі любить пити апельсиновий сік.
Жінка миє машину.

D
Alex ha planificado las vacaciones de verano.
A Amelie le gusta beber zumo de naranja.
La mujer lava un coche.

E
Alex yaz tatili planladı.
Amelie portakal suyu içmeyi seviyor.
Kadın araba yıkar.

F
Alex a prévu des vacances d'été.
Amelie aime boire du jus d'orange.
La femme lave une voiture.

2 Seht euch in der Klasse die Merkmale der Sprachen von Aufgabe 1 an und ordnet sie den Sprachen zu. Nennt Beispiele und weitere Merkmale.

kyrillisches Alphabet (б, и, й, л)	lateinisches Alphabet (e, i, n, t)
Großschreibung von Satzanfängen, sonst überwiegend Kleinschreibung	Großschreibung von Nomen, Satzanfängen, Eigennamen, Höflichkeitsanreden

3 Übersetzt die drei Sätze aus Aufgabe 1 in eure Familiensprachen. Vergleicht sie in der Klasse und nennt Merkmale.

4 Lies die verschiedenen Aussagen in den Sprechblasen.

Hast du gesehen, was Mia gestern gepostet hat? Voll heftig, das gibt safe einen Shitstorm! **A**

So, jetzt geht's nach Hause. Macht's gut, bis morgen! **B**

Yo, adde mich mal pls. Oder bist du gerade afk? Oder wurdest du gebanned, du Cheater?! Lol! **C**

Durch die Metapher des gebrochenen Herzens wird verdeutlicht, dass … **D**

Kreiht de Haan up'n Mess, ennert sick dat Weer oder dat blift wiet iss! **E**

5 Ordnet im Tandem die Sprechblasen in Aufgabe 4 folgenden Sprachvarietäten zu.

Gruppensprache (z. B. Jugendsprache, Gamersprache)

Alltagssprache | Dialekt | Bildungssprache

6 Besprecht in der Klasse, warum es für ein gutes Gespräch nötig ist, sich an das Gesprächsverhalten des Gegenübers anzupassen.

7 Das Phänomen der Sprachen in der Sprache nennt man innere Mehrsprachigkeit. Erklärt diesen Begriff in der Klasse und grenzt ihn von der äußeren Mehrsprachigkeit ab.

! Merke

Äußere und innere Mehrsprachigkeit unterscheiden

äußere Mehrsprachigkeit
- Beherrschen einer oder mehrerer Sprachen neben der Familiensprache
- Sprachen unterscheiden sich durch Wortschatz, Aussprache und Grammatik
- Deutsch weist viele Gemeinsamkeiten mit anderen germanischen Sprachen auf → Englisch, Niederländisch
- mit anderen Sprachfamilien weniger sprachliche Gemeinsamkeiten

innere Mehrsprachigkeit
- Beherrschen mehrerer Varietäten einer Sprache → Fachsprache, Dialekt
- Standardsprache: allgemein verbindliche Form der Sprache, wird am ehesten in der Schriftsprache realisiert

Alltagssprache (Umgangssprache)
wird in der alltäglichen, vor allem mündlichen Kommunikation genutzt

Bildungssprache
wird im Unterricht verwendet, mit Fachwortschatz und Orientierung am schriftlichen Ausdruck

Fachsprache
wird in bestimmten Fachkreisen gesprochen

Gruppensprache
wird von einer bestimmten Gruppe gesprochen, besondere Form → Jugendsprache

Dialekt
regionale Variante einer Sprache → Kölsch, Bairisch, Sächsisch

15 Texte überarbeiten

Strategien zur Überarbeitung von Texten kennenlernen und nutzen

A

Rechtschreibfehler in einer Message an die Liebste? Halb so wild. Aber Fehler im Anschreiben für den Traum-Ausbildungsplatz? Das ist dann doch eher peinlich und führt garantiert nicht zum Ziel. Texte sind nicht in dem Moment fertig, in dem das letzte Wort aufs Papier geschrieben oder getippt wird. Hier lernt ihr, wie ihr eure Texte korrigiert und überarbeitet.

Das lernt ihr jetzt:
- Verfahren der Textverbesserung überblicken und nutzen
- passende Adjektive, Verben, Partikeln und Adverbien wählen
- mündliche und schriftliche Sprache unterscheiden
- Bezüge durch Konjunktionen herstellen
- Merkmale der Textkohärenz erkennen und anwenden

1 Seht euch das Bild in **A** an. Tom hat eine Bewerbung für einen Ausbildungsplatz verfasst. Bestimmt ist euch aufgefallen, dass der Text sehr fehlerhaft ist. Fasst kurz zusammen, welche Fehler Tom gemacht hat.

2 Findet jetzt alle Rechtschreibfehler in Toms Text. Macht euch Notizen dazu.

3 Tom liefert in seiner Bewerbung gleich mehrere Gründe, warum ihn der Betrieb besser nicht nehmen sollte. Findet sie und begründet eure Wahl.

4 Auch sprachlich ist Toms Bewerbung ein Grund, ihn nicht einzustellen. Was fällt euch an seinem Text auf? Tauscht euch darüber aus.

5 Den Ausbildungsplatz hat Tom natürlich nicht bekommen. Besprecht, worauf er bei seinem nächsten Versuch achten sollte.

6 Welche Kriterien für einen guten Text, z.B. eine Bewerbung, fallen euch ein? Sammelt sie an der Tafel.

7 Schreibt nun eigene Bewerbungen zu euren Traumberufen. Orientiert euch an den Kriterien in Aufgabe 6 und beachtet auch alle Hinweise aus dem Arbeitstechnikkasten auf Seite 91.

8 Veranstaltet eine Schreibkonferenz. Setzt euch in Vierergruppen zusammen und überprüft eure Bewerbungsschreiben aus Aufgabe 7. Gebt einander eine Rückmeldung

9 Überarbeitet eure Bewerbungen, falls nötig.

Da geht noch was

Verfahren der Textverbesserung kennenlernen

Einen guten Text erkennt man an der präzisen und angemessenen Wortwahl. Wichtig ist aber auch, dass inhaltliche Bezüge korrekt hergestellt werden. Hier lernt ihr die Verfahren kennen, die ihr dann auf den Folgeseiten üben könnt.

1 In einer 9. Klasse wurden Erörterungen zum Thema „Sinnhaftigkeit von Rechtschreibprüfungen“ geschrieben. Lies die Erörterung von Beran.

Die Frage, ob es sinnvoll ist, einen Text auf Rechtschreibung zu überprüfen, berührt die Frage der Qualität von schriftlicher Kommunikation.

Eine gründliche Prüfung ist wertvoll, weil korrekte Rechtschreibung den Lesefluss enorm erleichtert und die Verständlichkeit erhöht. Ein fehlerfreier Text hinterlässt einen professionellen Eindruck. Bei Prüfungen und im Beruf ist das besonders wichtig, daher sollte man vor allem in diesen Kontexten darauf achten, seinen Text sorgfältig zu überprüfen und ihn gewissenhaft zu verbessern. Darüber hinaus können Fehler Missverständnisse hervorrufen, die durch eine Überprüfung vermieden werden könnten. Schließlich zeigt ein Text Respekt gegenüber den Lesenden, wenn die Rechtschreibung einwandfrei ist, da er die Aufmerksamkeit nicht durch Fehler stört.

Gegen einen übermäßigen Fokus auf die Rechtschreibung spricht, dass der kreative Schreibprozess dadurch gehemmt werden könnte. Für manche ist die Botschaft des Textes wichtiger als seine Korrektheit, denn gerade in persönlichen Nachrichten an Freunde steht die Bedeutung im Vordergrund.

Insgesamt überwiegen eindeutig die Vorteile einer sorgfältigen Rechtschreibprüfung. Besonders in formellen oder öffentlichen Texten trägt sie dazu bei, Klarheit und Professionalität zu gewährleisten. Bei kreativen Texten kann man vielleicht mehr Freiheiten zulassen, trotzdem sollte die Rechtschreibung als ein zentraler Bestandteil guter Kommunikation betrachtet werden.

2 Tauscht euch im Tandem darüber aus, was euch an Berans Text gefällt. Vervollständigt dafür die Sätze.

Der Text ist ..., dadurch lässt er sich gut lesen und verstehen.
Bei der Wortwahl wurde darauf geachtet, dass ...
Der Text folgt einer klaren Struktur. Das ist daran zu erkennen, dass ...

Die richtigen Worte finden

3 Seht euch im Tandem die unterstrichenen Adjektive in Berans Text an. Lest die Sätze noch einmal und lasst dabei die Adjektive weg. Was verändert sich dadurch? Tauscht euch darüber aus. Notiert drei Stichpunkte zu eurem Eindruck.

4 Findet im Tandem zu den unterstrichenen Adjektiven in Berans Text passende Synonyme. Schreibt die Nominalgruppen mit den zugehörigen Artikeln und Adjektiven auf, z. B. *eine gründliche Prüfung → eine genaue Prüfung, ...*

Tipp
Synonyme sind Wörter mit gleicher Bedeutung.

5 Lies die folgenden Verben und ihre möglichen Synonyme. Finde diese Verben in Berans Text. Teste dann die Synonyme, indem du die Verben durch die Synonyme ersetzt. Finde heraus, welche Synonyme ungeeignet sind.

gewährleisten – garantieren, sicherstellen, für etwas sorgen
hervorrufen – auslösen, bewirken, verursachen
gehemmt werden – gehindert werden, erschwert werden, blockiert werden

6 Zählt im Tandem die Fremdwörter in Berans Text. Besprecht, ob es viele oder wenige sind. Welche Wirkung haben die Fremdwörter?

Die Bedeutung abstufen

7 Sieh dir die grün markierten Wörter in Berans Text an. Lies die Sätze und lasse dabei diese Wörter weg. Was verändert sich? Notiere zu jedem Wort, wie sich die Bedeutung verändert, z. B. *Das Wort „enorm" verstärkt das Wort „erleichtert".*

Bezüge herstellen

8 Sieh dir die rot markierten Konjunktionen in Berans Text an. Sie verbinden in diesem Text Sätze miteinander. Schreibe die Sätze um und streiche die Konjunktionen. Schreibe die Hauptsätze auf, z. B.
1. Eine gründliche Prüfung ist wertvoll. Korrekte Rechtschreibung erleichtert den Lesefluss enorm und erhöht die Verständlichkeit.

Lerninsel
→ Seite 328

9 Tauscht euch im Tandem darüber aus, welche Wirkung die umgeschriebenen Sätze aus Aufgabe 8 auf euch haben. Vergleicht sie mit den Sätzen aus Berans Text. Notiert drei Stichpunkte zu eurem Eindruck.

10 Bezüge werden auch durch andere sprachliche Mittel hergestellt. Lies den Satz aus Berans Text. Notiere, worauf sich die fett gedruckten Stellen beziehen.

Ein fehlerfreier Text hinterlässt einen professionellen Eindruck. Bei Prüfungen und im Beruf ist **das** besonders wichtig, daher sollte man vor allem **in diesen Kontexten** darauf achten, seinen Text sorgfältig zu überprüfen und ihn gewissenhaft zu verbessern.

Tipp
Nutzt die Ergebnisse aus den Aufgaben 9 und 10.

11 Tauscht euch im Tandem darüber aus, welche Möglichkeiten es gibt, Bezüge im Text herzustellen.

Die Qual der Wortwahl

Wortfelder und Wortschatz verwenden

Lerninsel
Seite 328

Adjektive

1 Kombiniere diese häufig verwendeten und eher nichtssagenden Adjektive mit den Nomen zu einer Nominalgruppe. Schreibe sie in einer Liste auf, z. B. *der schöne Ausflug, …*

schön – spannend – interessant – gut – toll – nett – wichtig

Ausflug – Tag – Gesellschaft – Praktikum – Anleitung – Ärztin – Mittagessen

Tipp
MK
Nutze das Online-Wörterbuch OpenThesaurus.

2 Verwende nun ein Synonymwörterbuch oder einen Thesaurus, um die Adjektive in deinen Nominalgruppen in Aufgabe 1 durch präzisere Adjektive zu ersetzen, z. B. *der heitere Ausflug, …*

3 Lege für die sieben Adjektive aus Aufgabe 1 eine Liste an, auf der du jeweils mindestens vier Synonyme notierst, z. B.
schön – angenehm, beeindruckend, heiter, positiv …

4 Frieder hat über ein Konzert für die Schulzeitung geschrieben und das Adjektiv „gut" sehr häufig verwendet. Verbessere den folgenden Bericht schriftlich, indem du jedes „gut" durch ein treffenderes Adjektiv ersetzt.

Der Besuch des Konzertes war ein gutes Erlebnis. Die Atmosphäre in der guten Halle war gut. Die Performance der Band war gut und voll guter Energie. Besonders der gute Auftritt des Sängers war ein Höhepunkt des guten Abends. Die gute Lichtershow verstärkte das gute Gesamterlebnis. Am Ende des Konzertes herrschte gute Begeisterung und das Publikum feierte die Musiker mit guten Ovationen.

5 Vergleicht im Tandem eure überarbeiteten Konzertberichte. Formuliert gemeinsam eine Regel zur Wahl von Adjektiven. Nutzt dafür die folgenden Satzanfänge.

Ein Adjektiv passt besonders gut, wenn …
Oft kann man mehrere Adjektive finden, man sollte sich für das entscheiden, das …
Durch passende Adjektive wird ein Text …

Lerninsel
Seite 329/330

Verben

6 Es gibt auch nichtssagende und ungenaue Verben. Ersetze in den folgenden Sätzen das Verb „machen" durch treffendere Verben.

a Wir machen am Sonntag einen Besuch bei meiner Oma.
b Wir haben zusammen Mittagessen gemacht.
c Der Hund hat ein Loch in den Garten gemacht.
d Zum Glück konnte ich es wieder ganz machen.
e Wir machen im Sommer ein Fest.
f Am Freitagabend machen meine Eltern den Einkauf.

7 Die folgenden Verben haben ähnliche Bedeutungen. Ordnet sie im Tandem so, dass das letzte Verb jeweils das ausgeprägteste, stärkste Verb ist.

Tipp
Beachtet, es gibt mehrere Lösungen.

a verweigern – ablehnen – sich auflehnen – sich wehren – widerstehen

b kritisieren – bemängeln – tadeln – angreifen – verurteilen

c helfen – unterstützen – entlasten – zur Seite stehen – fördern – sich einsetzen

d verstehen – begreifen – erfassen – durchdringen – einsehen

8 Das Verb „sagen" steht häufig vor oder nach der wörtlichen Rede. Wähle vier Verben und schreibe Sätze mit diesen Verben nach diesem Muster auf:

„Ich habe es nicht getan", beteuerte sie.

beteuern | bitten | zugeben | sich beklagen | schreien | flüstern | berichten | wiederholen | spotten | bekräftigen | einräumen

9 Worauf muss man bei der Wahl passender Verben achten? Tauscht euch im Tandem darüber aus. Formuliert eine Regel, nutzt dafür die folgenden Satzanfänge.

Ein Verb passt besonders gut, wenn …
Vermeiden sollte man Verben wie …
Durch passende Verben wird der Satz …

Fremdwörter

Lerninsel
Seite 339

10 Fremdwörter können das Salz in der Suppe sein. Aber zu viele davon versalzen den Text. Lest die Texte zum gleichen Thema und besprecht im Tandem die Wirkung.

Die Nutzung eines Wörterbuchs impliziert die lexikalische Optimierung und semantische Präzision. Als epistemologisches Instrumentarium erleichtert es die Dekodierung idiomatischer Disparitäten und fungiert als katalytischer Faktor für die linguistische Diversifikation und intellektuelle Progression. **A**

Ein Wörterbuch hilft dabei, die Bedeutung von Wörtern genau zu verstehen und den eigenen Wortschatz zu erweitern. Es unterstützt beim Verstehen von schwierigen Formulierungen und trägt dazu bei, sich klarer und präziser auszudrücken. **B**

11 Ordne jedem Fremdwort links ein umgangssprachliches Wort rechts zu. Schreibe die Wortpaare auf.

relevant – perfekt – kompliziert – adrett – attraktiv – irrelevant – finanziell – eventuell – seriös

nebensächlich – vielleicht – schwierig – anziehend – vollkommen – Geld betreffend – ernsthaft – wichtig – hübsch

12 Wählt im Tandem vier Wörter aus Aufgabe 11 aus. Schreibt je einen Satz auf, in dem das Fremdwort vorkommt. Testet im Anschluss, ob das deutsche Synonym ebenfalls passt.

Kleine Wörter, große Wirkung

Partikeln und Adverbien gezielt einsetzen

Partikeln und Adverbien sind unveränderliche, kleine, aber entscheidende Wörter, die Texte lebendiger und klarer machen – oder sie verwässern, wenn sie falsch eingesetzt werden. Partikeln beeinflussen die Stimmung und Haltung im Satz. Adverbien geben Zusatzinformationen zu Zeit, Ort, Art und Weise oder Grund.

Partikeln

○ **1** Schreibe die unten stehenden Sätze ab und setze die folgenden Partikeln ein. Untersuche, wie sich die Aussage durch die Partikel ändert.

doch | halt | vielleicht | eben | ja | schon | mal | eigentlich

a Das ist ___ interessant.
b Du kannst ___ darauf vertrauen.
c Sie hat ___ recht gehabt.
d Das Problem ist ___ schwer zu lösen.

○ **2** Formuliert im Tandem die folgenden Aussagen mithilfe von Partikeln aus Aufgabe 1 so um, dass sie freundlicher oder überzeugender klingen.

Das verstehe ich nicht.
Du hast einen Fehler gemacht.
Das ist falsch.
Wir können daran arbeiten.

◒ **3** Lies den Text. Schreibe alle Partikeln aus dem Text auf und erkläre, welche Funktion sie im Text erfüllen, z. B. *also – hier als Einleitung des Satzes, erzeugt Aufmerksamkeit, …*

Also das war ja mal ein überraschender Tag. Ich hatte halt gedacht, es würde langweilig werden, aber dann hat doch alles ganz anders funktioniert. Heute Nachmittag war ich in der Bibliothek, um ein paar Bücher auszuleihen. Ich wollte eben nur kurz bleiben, aber dann habe ich doch länger gestöbert. Am Ende hatte ich sogar mehr Bücher, als ich so tragen konnte.

○ **4** Ein Text, der zu viele Partikeln enthält, wirkt oft mündlich sprachlich. Überarbeitet den Text in Aufgabe 3 im Tandem. Streicht dabei die unnötigen Partikeln, so dass der Bericht sachlicher und schriftsprachlicher klingt.

◒ **5** Partikeln sind z. B. in einer Erörterung wichtig, weil man damit Argumente hervorheben kann. Lest die folgenden Sätze. Überprüft im Tandem, wie sie sich verändern, wenn ihr die Partikeln nacheinander weglasst. Tauscht euch über die verschiedenen Wirkungen aus.

a Wir sollten doch das Projekt nur noch ein bisschen ändern.
b Das ist sogar mal eine ziemlich gute Idee.
c Ich bin halt noch nicht so ganz überzeugt.
d Ich finde schon, dass wir doch mehr Sportstunden einführen sollten.
e Das ist halt gar nicht falsch.

Adverbien

Lerninsel
→ Seite 328

○ **6** Setze in den folgenden Sätzen die passenden Adverbien ein, um die Handlung genauer zu beschreiben. Schreibe die Sätze ab.

hier | gern | gestern | jetzt

daher | deshalb

a Er rannte ▬ nach Hause.
b Sie sprach ▬ mit ihren Freundinnen.
c Das Auto hielt ▬ vor dem Haus an.
d Die Kinder spielen ▬ im Garten.
e Der Hund bellte ▬ vor der Tür.
f Die Sonne scheint ▬ durch die Wolken.

○ **7** Schreibe zu jedem der folgenden Adverbien einen Satz auf.

draußen | nachmittags | üblicherweise

◒ **8** Bearbeite die folgenden Sätze. Ersetze die unterstrichenen Adverbien durch präzisere Angaben. Schreibe den überarbeiteten Text mit den neuen Wortgruppen auf.

Gestern hat es sehr geregnet. Deshalb sind wir schnell nach Hause gegangen. Aber dazu mussten wir dort entlang, wo die Autos genau am Gehweg entlangfahren. Wir sind so nass geworden.

Partikeln und Adverbien

○ **9** Manchmal schleichen sich unnötige Füllwörter (Partikeln oder Adverbien) ein, die einen Text schwächer machen. Notiere die überflüssigen Wörter.

a Das war ja auch interessanterweise überraschend.
b Also, ich glaube halt, dass das leider oft nicht so sehr gut ist.
c Vielleicht könnten wir ja mal doch früher gehen?

◒ **10** Vergleicht im Tandem die Wirkung der Satzpaare. Welche Version klingt besser? Begründet eure Meinungen.

Das war überraschend. – Das war ja wirklich total überraschend.

Er lief zum Tor. – Er lief unglaublich schnell zum Tor.

Sie fragte nach dem Weg. – Sie fragte leise und höflich nach dem Weg.

◒ **11** Welche Funktion haben Partikeln und Adverbien? Formuliert in der Klasse Merksätze dazu.

Gesprochen oder geschrieben?

Mündliche und schriftliche Sprache unterscheiden

1 Vergleicht in der Gruppe die beiden Texte. Welcher Text klingt wie geschriebene (schriftliche) und welcher wie gesprochene (mündliche) Sprache? Begründet.

A
Lena schrieb ihre Klassenarbeit und legte nach der Hälfte der Zeit den Stift zufrieden zur Seite. „Fertig!", rief sie und gab ab. Auf die Frage, ob sie ihren Text noch einmal prüfen wolle, antwortete sie trotzig: „Warum? Der passt schon!" Dass der Text vor Fehlern strotzte, bemerkte sie erst, als sie die Arbeit zurückbekam.

B
Lena schreibt schnell was hin. Gibt ab. So, fertig! Die Lehrerin so: „Lies nochmal durch." Darauf sie so: „Nö, passt." Voll panne. Lena bekommt die Klassenarbeit wieder. Alles rot. Jetzt denkt se, war doch nicht so ne gute Idee.

2 Prüft die beiden Texte in Aufgabe 1 mithilfe der folgenden Merkmale für mündliche Texte. Klärt in der Gruppe, welche Merkmale vorkommen.

Merkmale mündlicher Texte
kürzere, oft unvollständige Sätze – umgangssprachliche Wörter und Ausdrücke – Wiederholungen – Interjektionen („Ey!", „Oh nein!") – Aneinanderreihung von Hauptsätzen – Verwendung von Konjunktionen wie „und", „oder", „dann" – Dialektwörter oder Jugendsprache – Grammatikfehler oder ungewöhnliche Wortstellungen („weil ich hab dich gesehen") – ungenaue Formulierungen („das da", „Dings", „so was") – Wortverkürzungen („Ham Se?")

3 Lest den kurzen Text aus einer Erzählung. Worum geht es? Kann man das überhaupt herausfinden? Warum nicht? Tauscht euch im Tandem darüber aus. Findet die Merkmale mündlicher Sprache, die auf den Text zutreffen.

Sie hatte nicht aufgepasst. Da hinten geschah irgendwas, aber sie wusste nicht was. Das sollte fertig sein? Es war krumm und schief. Und eines der Teile passte überhaupt nicht hinein. Er sollte es dort hinlegen und von Neuem anfangen. Unglaublich. Wie konnte das passieren?

4 Ersetze alle ungenauen Begriffe aus dem Text in Aufgabe 3. Wenn du nicht weißt, worum es geht, denke dir etwas aus. Schreibe den veränderten Text auf.

5 „Schlangensätze" kennst du. Dabei geht ein Satz in den nächsten Satz über – so wie beim Sprechen. Es ist schwierig, solche Sätze zu verstehen. Lies den „Schlangensatz". Wandle ihn anschließend schriftlich in mehrere Sätze um.

Der Schüler bekam seinen Aufsatz zurück, überall rote Markierungen, und weil die Lehrerin, die mal wieder streng gewesen war, den Text, den er schnell und ohne groß nachzudenken geschrieben hatte, völlig auseinandergenommen hatte, und obwohl er erst dachte, dass das schon irgendwie passen würde, redeten seine Eltern so lange auf ihn ein, bis er sich an den Schreibtisch setzte und alles Stück für Stück überarbeitete, bis der Text am Ende tatsächlich besser war.

6 Spielt im Tandem das **Sprachenspiel**. In der linken Textbox stehen umgangssprachliche Wörter und in der rechten Textbox Wörter, die in geschriebener Sprache vorkommen. Spielt die drei Level, haltet dafür jeweils eine Textbox verdeckt.

Level 1: Lest abwechselnd Begriffe aus eurer Box vor. Die andere Person muss den richtigen Begriff zuordnen.
Level 2: Lest einen Begriff aus eurer Box vor und nennt den dazu passenden Begriff (wie Memory). Für jedes richtige Wortpaar erhaltet ihr einen Punkt. Abwechseln dürft ihr euch jetzt nur noch, wenn der andere einen Fehler macht.
Level 3: Erweitert die Boxen mit eigenen Wortpaaren. Schreibt sie auf.

knülle – verpeilen – kramen – packen – mega – Kohle – quatschen – chillen – flexen – zocken – abhauen – cool – pennen – klappen – futtern – knipsen – schnappen – flitzen – glotzen – schnorren **A**

angeben – essen – weggehen – erschöpft – fotografieren – vergessen – sehr – schlafen – Geld – rennen – fangen – interessant – entspannen – leihen – funktionieren – schauen – spielen – schaffen – sprechen – suchen **B**

7 Wählt im Tandem drei Wörter aus der linken Textbox aus und formuliert mündlich einen Satz damit. „Übersetzt“ diesen Satz nun in Schriftsprache und schreibt je einen Satz dazu auf.

8 Finde die richtigen Nomen-Verb-Verbindungen und beantworte die folgenden Fragen. Schreibe die Verbindungen nach folgendem Muster auf, z. B. *a Was tut man mit Überlegungen? → Man stellt sie an. – Überlegungen anstellen, …*

finden | ziehen | abwägen | anstellen | lösen | eingehen

geben | treffen | stellen | einhalten

a Was tut man mit Überlegungen?
b Was tut man mit Risiken?
c Was tut man mit Fragen?
d Was tut man mit Problemen?
e Was tut man mit Antworten?
f Was tut man mit Feststellungen?
g Was tut man mit Schussfolgerungen?
h Was tut man mit Abmachungen?
i Was tut man mit Verpflichtungen?
j Was tut man mit Lösungen?

9 Ein geschriebener Text sollte in jeder Situation verstanden werden. Man muss sich beim Verfassen mehr Mühe geben, weil die Lesenden nicht nachfragen können. Lest die Merkmale schriftlicher Sprache und tauscht euch in der Gruppe darüber aus. Findet im Text **A** in Aufgabe 1 die passenden Merkmale.

Merkmale schriftlicher Texte
längere Sätze, durchdachter Satzbau – weniger Wiederholungen – Regeln der Rechtschreibung, Zeichensetzung und Grammatik werden eingehalten – genaue, anspruchsvollere Wortwahl – weniger Füllwörter – Verwendung von Fremdwörtern und Fachbegriffen – kein Bezug zur einer konkreten Gesprächssituation – weniger emotionale Sprache – Nutzung von Absätzen und Überschriften zur Strukturierung – Inhalte werden durch Wörter wie „daher“, „dennoch“ verknüpft

Sprachpannen und falsche Bezüge

Textkohärenz prüfen und nutzen

1 Lies den Text und finde alle inhaltlichen Fehler und Logikfehler im Text. Notiere sie.

Letzten Sommer, als wir kurz Ferien hatten, haben wir beschlossen, nach Paris zu fliegen, weil die Strände dort so schön sind. Als wir ankamen, haben wir kein Hotelzimmer gefunden, weil wir es gebucht hatten. Mein Bruder hat dann vorgeschlagen, dass wir zuerst den Eiffelturm besuchen, bevor sie überhaupt unsere Koffer ausgepackt hatten.

Während wir auf dem Weg zum Eiffelturm waren, hat er sich entschieden, ein Boot auf der Seine zu mieten, weil es so heiß war. Die Aussicht vom Boot war atemberaubend, leider hat es durchgehend geregnet, besonders stark, als wir den Sonnenuntergang sahen. Der Sonnenaufgang in Mexiko war bisher der schönste, den wir gesehen haben.

Am nächsten Tag wollten wir den Louvre besuchen, weil wir gehört hatten, dass er gerade wegen Bauarbeiten geschlossen ist. Meine Freundin hat dann ein Bild von der Mona Lisa gemacht, denn das Fotografieren ist dort verboten. Bevor eine Woche rum war, haben wir gestern entschieden, einen Tag am Strand zu verbringen. Es war eine unvergessliche Reise, die wir nie wieder erleben möchten.

Tipp
Achte auf Konjunktionen und Pronomen.

2 Gegen welche weiteren Merkmale der Textkohärenz, also den inhaltlichen Zusammenhang, wurde in dem Text verstoßen? Liste sie auf.

3 Überarbeitet den Text in Aufgabe 1 im Tandem. Nutzt dazu den Merkekasten. Schreibt den korrigierten Text auf.

Merke

Die Textkohärenz untersuchen

Ein Text wird dadurch **zusammenhängend** und **verständlich** (**Textkohärenz**), dass bestimmte Markierungen und Wörter eingebaut werden.

- **Ursache:** Man versteht, warum Figuren so handeln, wie sie es tun, und wieso Ereignisse oder Ideen im Text aufeinander folgen. (→ dadurch, aus diesem Grund, das hat zum Zweck, um)
- **zeitliche Abfolge:** Man versteht den zeitlichen Ablauf von Ereignissen besser. (→ nachdem, als, bevor, dann, zum Schluss)
- **Logik:** Die Informationen sind logisch miteinander verbunden. Man stößt nicht auf Widersprüche. (unlogisch → Dunkel war's, der Mond schien helle.)
- **Wiederholung:** Man erkennt wichtige Schlüsselbegriffe wieder, weil sie im Text immer wiederholt werden.
- **Pronomen:** Durch Pronomen versteht man, welche Personen und Gegenstände gemeint sind. (→ Ein Junge kam heran. Er hatte schwarze Locken.)
- **roter Faden:** Alle Informationen bringen den Text inhaltlich voran. Man kann gut folgen und wird nicht durch überflüssige oder nebensächliche Informationen abgelenkt.
- **Übergangswörter:** Man versteht den Zusammenhang zwischen Sätzen und Absätzen besser. (→ außerdem, falls, weil, dennoch, schließlich, hier, beispielsweise)

4 Lies die „Sprachpannen“, die in verschiedenen Zeitungen vorgekommen und erfasst worden sind. Korrigiere und schreibe sie richtig auf, z. B. *Nach ersten Angaben von Ärzten wurden viele Opfer verletzt.*

Viele Opfer wurden nach ersten Angaben von Ärzten verletzt.

Aus gesundheitlichen Gründen habe ich bei einem Aufenthalt auf Sylt den Orkan „Erwin“ erlebt.

Kaufe Uromas und antike Sachen, Wanduhren, auch defekt, Flohmarktartikel.

5 Diese „Sprachpannen“ stammen aus Texten von Schülerinnen und Schülern. Tauscht euch im Tandem darüber aus, was genau gemeint ist. Korrigiert die Sätze.

Wirtschaft: Die Seeleute sind wochenlang auf Fischfang, danach werden sie tiefgefroren im Hafen ausgeladen und verschickt.
Mathe: Weil ich eine Fünf geschrieben hatte, wurde ich dem Schulleiter zur Kontrolle vorgelegt.
Gemeinschaftskunde: Meine Mutter brachte außer mir noch zwei Kinder zur Welt, ein dreijähriges und ein acht Monate altes.

6 Lest den Text. Tauscht euch im Tandem darüber aus, was daran nicht stimmt. Haltet eure Beobachtungen als Stichpunkte fest.

Es war einmal ein kleiner Junge, der in einem Dorf lebte. Nachdem er sehr jung war, träumte er davon, ein großer Zauberer zu werden. Eines Tages, falls er im Wald spazieren ging, fand er ein altes Buch. Anstatt dass er es öffnete, sah er, als ob es voller Zaubersprüche war. Außer er wusste nicht, wie man sie benutzt. Also beschloss er, den weisen alten Mann im Dorf zu fragen. Bevor er den Mann gefunden hatte, erklärte dieser ihm, dass er das Buch nur benutzen könne, ob er reinen Herzens sei. Obwohl der Junge immer freundlich und hilfsbereit war, durfte er die Zaubersprüche lernen. Indem er jedoch anfangen konnte, musste er eine Prüfung bestehen. Bei der Prüfung zeigte sich, dass der Junge wirklich ein großes Talent hatte. So begann sein Abenteuer als Zauberer.

7 Ersetze nun die unterstrichenen Konjunktionen in Aufgabe 6 durch passende Konjunktionen. Schreibe den Text richtig ab.

! Merke

Logische Fehler

Logische Fehler entstehen meistens durch **falsche Bezüge in einem Satz.**
Typische **Fehlerquellen** sind:
- Reihenfolge von **Hauptsatz und Nebensatz** → Gestern wurden drei Banken von Räubern besucht, die viel Bargeld gelagert hatten. – Richtig ist: Gestern wurden drei Banken, die viel Bargeld gelagert hatten, von Räubern besucht.
- Reihenfolge der **Satzglieder** → Gesucht wird ein Sauerstoffgerät zur Beatmung der deutschen Firma. – Richtig ist: Gesucht wird ein Sauerstoffgerät der deutschen Firma zur Beatmung.
- **Kommasetzung** → Komm, wir essen Opa. – Richtig ist: Komm, wir essen, Opa.
- Falsch verwendete **Adjektive** → die geistliche Entwicklung des Kindes – Richtig ist: die geistige Entwicklung des Kindes

Aus Fehlern wird man klug

Texte korrigieren und über Textkorrektur nachdenken

Fehler machen ist nicht schlimm – sie sind sogar wichtig, um besser zu werden! Wenn du einen Fehler machst und ihn korrigierst, merkt sich dein Gehirn die richtige Lösung besonders gut. Das gilt auch für Rechtschreibung: Aus deinen eigenen Fehlern lernst du nachhaltiger als durch das Lernen von Regeln.

1 Die eigenen Texte zu überarbeiten, ist ein notwendiger Arbeitsschritt, z. B. bei Klassenarbeiten oder Bewerbungen. Beantwortet in der Klasse die folgenden Fragen. Notiert die Antworten zur dritten Frage an der Tafel.
- Wie geht es euch, wenn ihr eure Texte prüfen und überarbeiten müsst?
- Was ist am Texte Korrigieren so frustrierend?
- Was hat euch bisher beim Texte Verbessern geholfen?

2 Sophia aus der Klasse 9a hat eine Erörterung zum gleichen Thema geschrieben wie Beran auf Seite 286. Ihr Text ist nicht gut gelungen. Lies Sophias Text.

Ich weiß nicht obs sinnvoll is texte auf recht Schreibung zu über prüfen. viele Leute Fragen sich das. Leute die dafür sind finden das es einfacher ist. Solche texte zu lesen. Die richtig geschrieben sind. Siet auf jeden fall besser aus. Außerdem wen man kein Fehler hat, dann denken andere auch du hast dir mühe gegebn. Das ist voll wichtich in Job und Schule auch. Außerdem wen du was falsch falsch reinschreibst dann verstehn dich die andern nicht so gut. das wäre dann ja blöd.

aber andere sagen auch Rechtschreibung is nich sooo wichtich. wen man sich zu viele Gedanken und so über fehler macht. Obwohl man kann nicht mehr so gut schreiben. Schnell ne nachricht an die Bestie, voll ok wen das nicht perfegt ist.

Aber ich denk schon das wichtig ist recht Schreibung zu prüfen, weil das ist sonst vol peinlich. Is bei manchen Texten vielleicht nicht so wichtich, aber macht doch nen bessern Eindruck, wen kein Fehler da sind. ist auch für die Leser dann nicht so stressig. Der hat sonst keine gute zeit beim lesen, haha.

3 Kopiere den Text in Aufgabe 2 und korrigiere ihn. Nutze dafür die folgenden Korrekturzeichen. Ihr könnt in der Klasse auch eigene Zeichen vereinbaren.

I	Wortfehler (Rechtschreibung, Groß-/Kleinschreibung, Getrennt-/Zusammenschreibung)	–	Zeichenfehler (Satzzeichen, Komma, Silbentrennung)	+	grammatischer Fehler
V	vergessenes Wort	A	Ausdrucksfehler	W	Wortwiederholung
WW	ungeeignete Wortwahl	S	Satzbau	T	Tempusfehler

4 Ihr habt Sophias Text korrigiert. Besprecht in der Klasse, was euch geholfen hat, die Fehler zu berichtigen.

5 Legt jetzt in der Klasse eine eigene Checkliste an. Orientiert euch an der Tabelle.

Fehler	Wie kann ich den Fehler berichtigen? Tipp: Fehlerstelle immer farbig markieren
Rechtschreibfehler	a) im Wörterbuch nachschlagen und in einer Wortgruppe aufschreiben: z. B. *perfekt, der perfekte Tag* b) Strategie aufschreiben: z. B. *voll – Doppelkonsonant – ein vol-ler Tag* c) Grundwort zuordnen: *sieht – sehen*
Komma vergessen oder zu viel	a) Satz analysieren: Verben finden, Teilsätze identifizieren b) Kommaregeln wiederholen! Es gibt nur vier Regeln. c) Satz mit der richtigen Zeichensetzung abschreiben
Fehler bei der Silbentrennung	…
Wort oder Wortteil weggelassen	…
Nomen kleingeschrieben	eine Nominalgruppe mit dem Nomen aufschreiben, z. B. *eine gute Nachricht, der nervige Fehler*
Wort falsch getrennt geschrieben	…
…	…

Arbeitstechnik

Texte korrigieren und überarbeiten

Prüfe deine Texte nach dem Schreiben immer auf sprachliche Richtigkeit, korrigiere und überarbeite sie dann.

1. **Lies** den Text **laut**. Dann fallen die **„Stolperstellen"** auf, z. B. fehlende oder überflüssige Buchstaben und Wörter. Korrigiere diese Stellen.
2. Korrigiere und überarbeite den Text jetzt in **vier Durchgängen**:
   - Prüfe die **Rechtschreibung**. Markiere falsche Wörter und korrigiere sie mithilfe der **Rechtschreibstrategien**.
   - Prüfe die **Zeichensetzung**: Satzschlusszeichen, Zeichen der wörtlichen Rede und Kommas. Korrigiere.
   - Prüfe die **Zeitformen** und die **grammatischen Endungen**. Markiere die Fehler und korrigiere sie.
   - Prüfe, ob **Wortwiederholungen** oder Fehler beim Satzbau vorhanden sind. Markiere sie. Ersetze Wörter und stelle die Sätze um.
3. Prüfe zum **Schluss**: Passt der **Stil** deines Textes zur **Textart**? Ersetze unpassende Formulierungen. Sind Sätze zu lang? Sind alle Sätze logisch und verständlich?

Überarbeite den Text auf der Grundlage dieser Fragen noch einmal.

Überprüfe dich selbst

1 Lies den folgenden Text. Kopiere ihn oder lege eine Folie zum Korrigieren darüber.

Es ist Abend vor der Klassenarbeit und I can't stop thinking? Mein Herz wummert, hände feucht, mir ist kotz übel. Ich hab das Gefühl, ich hab nich genug gelernt habe, trotzdem ich die letzen Tage nur am Schreibtisch. Meine friends sagen sie sind auch nervös, aber ich glaub die tun nur so, sind besser vorbereitet. Ich versuch, mich zu chillen, aber klappt nich, zu nervös. Ich denk an all das zeug, was ich noch nich weiß und die ich morgen wissen muss. Ich hoffe, morgen früh gehts besser, aber im Moment ich einfach nur nervös und müde. Ich bin so ein schlumpi, hab so meine Zeit vertrödelt? Ich wünschte, ich könnt einfach Zeit zurückdrehen und mehr lernen.

2 Finde die acht **Rechtschreibfehler** im Text in Aufgabe 1 und korrigiere sie. Achtung: Es gibt einen Fehler, der doppelt auftaucht.

3 Finde drei Fehler bei der **Zeichensetzung** im Text und korrigiere sie.

4 Finde vier Stellen im Text, an denen **Wörter vergessen** wurden. Ergänze sie.

5 Finde das Adjektiv, das **dreimal** im Text vorkommt. Vermeide die Wortwiederholung und ersetze das Wort durch präzise Synonyme.

6 Finde drei **umgangssprachliche Wörter** im Text und ersetze sie durch passendere Wörter.

7 Der Text in Aufgabe 1 ist sehr von mündlicher Sprache geprägt. Belege das an drei Stellen im Text. Nenne die Merkmale dazu.

8 Nach der Korrektur sieht der Text nun so aus. Lies den überarbeiteten Text.

Am Vorabend der bevorstehenden Klassenarbeit befinde ich mich in einem Zustand unaufhörlicher Gedankenkreise. Mein Herz pulsiert heftig, meine Hände sind schweißnass und mir ist übel. Das Gefühl der unzureichenden Vorbereitung überkommt mich, obwohl ich die letzten Tage ausschließlich am Schreibtisch verbracht habe. Meine Freunde behaupten ebenfalls angespannt zu sein, doch ich vermute, dass sie nur so tun und tatsächlich besser vorbereitet sind. Ich bemühe mich, mich zu beruhigen, jedoch ohne Erfolg, da meine Nervosität überhandnimmt. Meine Gedanken kreisen um all das Wissen, das mir noch fehlt und das ich bis morgen beherrschen muss. Ich hoffe, dass es mir morgen früh besser geht, doch momentan bin ich einfach nur aufgeregt und erschöpft. Ich fühle mich wie ein Versager, der seine Zeit vergeudet hat. Ich wünschte, ich könnte die Zeit zurückdrehen und mehr lernen.

9 Der Text in Aufgabe 8 ist sehr schriftsprachlich geprägt. Belege das an drei Stellen im Text. Nenne die Merkmale dazu.

10 Suche drei Verben aus dem Text in Aufgabe 8 heraus und finde für diese passende Synonyme.

11 Suche drei Adjektive aus dem Text in Aufgabe 8 heraus und finde für diese Synonyme.

12 Korrigiere die folgenden „Sprachpannen“ aus Schülertexten.

Sport: Matthias schoss den Ball sehr schräg und landete in der Seitenscheibe eines Autos.
Geschichte: Der Krieg kostete viele Dörfer und Städte das Leben.
Sport: Beim Kugelstoßen ruht das Gewicht auf dem mittleren Bein.

13 Lies den folgenden Text. Streiche die Füllwörter und überflüssigen Satzteile und schreibe dann den Text ohne diese ab.

Also morgen, da steht ja, wie du weißt, eine Klassenarbeit an, und ich habe, wie soll ich sagen, wirklich, wirklich sehr große Angst davor. Es ist so, dass ich ständig ununterbrochen daran denken muss, und, ehrlich gesagt, kaum noch schlafen kann, weil die Angst, wie soll ich sagen, überwältigend ist. Und also ich habe wirklich, wirklich viel gelernt, aber die Angst, die bleibt halt doch, und ich weiß einfach nicht, wie ich damit umgehen soll. Also, ja, das ist, wie gesagt, die Situation.

14 Finde für die folgenden Fremdwörter passende deutsche Wörter.

innovativ | dynamisch | komplex | sarkastisch | fatal | introvertiert

Tipp
Nutze ein Wörterbuch.

15 Lies den Text. Überarbeite ihn, indem du das eintönige „und dann“ durch passendere Formulierungen ersetzt. Schreibe den neuen Text auf.

Die Sonne schien hell am Himmel und der Schüler hatte mal wieder verschlafen und dann redeten seine Eltern so lange auf ihn ein und dann vergaß er sein Frühstück und dann musste er in aller Eile das Haus verlassen und dann machte er sich auf den Weg zur Schule und dann entschloss er sich seufzend, doch noch einmal zurückzugehen, um seine vergessenen Hausaufgaben zu holen, und dann dachte er, dass er den Weg schon irgendwie schaffen würde und dann erreichte er schließlich, völlig außer Atem, aber rechtzeitig, die Schule.

D26 Lösungen

Das kannst du jetzt:
- Texte nach Kriterien verbessern
- passende Adjektive, Verben, Partikeln und Adverbien verwenden
- mündliche und schriftliche Sprache unterscheiden
- Bezüge durch Konjunktionen herstellen
- Merkmale der Textkohärenz erkennen und beachten

Mit dem Leseschlüssel einen Sachtext erschließen

V16

Schritt 1

Vor dem Lesen
- Sieh dir die Bilder an und lies die Überschrift
- Vermute, worum es in dem Text gehen könnte.
- Fasse zusammen, was du über das Thema weißt.

Schritt 2

Beim Lesen – erstes Lesen
- Lies den Text.
- Verschaffe dir einen ersten Überblick über den Inhalt.

So geht's

Vor dem Lesen/Beim Lesen

Anja Gribhofer: Wie viel Zucker ist in Ordnung? (2024, Ausschnitt, RND)

Kaum vorstellbar, dass die Europäer und Europäerinnen über Jahrtausende ohne Zucker auskamen. [...] Lange war das aus Persien und Indien importierte zerkleinerte Zuckerrohr ein Luxusgut. Das änderte sich erst mit der industriellen Produktion ab dem 19. Jahrhundert. Heute ist Zucker vor allem aus Sicht von Ernährungs- und Gesundheitsfachleuten eine Plage.

Die Weltgesundheitsorganisation (WHO) empfiehlt, die tägliche Zufuhr von Zucker, der Lebensmitteln zugesetzt ist, auf höchstens 10 Prozent der Gesamtenergiezufuhr zu beschränken. Bei einem Erwachsenen mit einem geschätzten Energiebedarf von 2000 Kilokalorien sind das etwa 50 Gramm Zucker. Bedenkt man, dass 250 Milliliter Cola bereits rund 27 Gramm Zucker beinhalten können, kann die empfohlene Zuckergrenze schnell überschritten werden. [...]

Kein Wunder also, dass laut der Deutschen Gesellschaft für Ernährung (DGE) der Zuckerkonsum deutlich über den Empfehlungen liegt. Demnach liegt er bei erwachsenen Frauen bei durchschnittlich 13,9 Prozent und bei Männern bei 13 Prozent. Zucker ist allerdings in vielen Lebensmitteln „versteckt". Laut der WHO enthält beispielsweise ein Teelöffel Ketchup etwa vier Gramm Zucker.

Doch warum ist Zucker so ein Problem? Lebensmittel, denen viel Zucker zugesetzt wird, sind oft arm an weiteren Nährstoffen. Konkret heißt das, dass nach dem Essen schnell wieder der Hunger kommt. [...] Die Menschen greifen nach weiteren Snacks. Schnell wird dem Körper auf diese Weise mehr Energie als nötig zugeführt. „Wenn wir am Ende des Tages zu viel Energie aufgenommen haben, als wir benötigen, dann nehmen wir zu", erläutert Rebecca Karpenkiel, Diätassistentin aus Hamburg. [...] Der Genuss von zu viel Zucker könne zu Übergewicht, Adipositas und damit einhergehenden Krankheiten wie Diabetes und Herz-Kreislauf-Erkrankungen führen. [...]

Der Rückschluss könnte jetzt sein: Weg mit dem Zucker! [...] Doch der vollständige Verzicht ist schwer. Das liegt zum einen daran, dass der Zucker längst nicht mehr nur in Schokolade [...] oder Plunderteilchen steckt, sondern auch in Lebensmitteln, in denen man ihn nicht vermutet. Süßes ist zudem fester Bestandteil gesellschaftlicher Anlässe und Feste: Ein Kinobesuch ohne zuckriges Popcorn macht den meisten nur halb so viel Spaß. [...]

Die Überschrift und das Bild zeigen das Thema an.

1 wichtig: Zucker erst Luxus, jetzt im Überfluss

2 wichtig: WHO empfiehlt höchstens 50 Gramm Zucker pro Tag

3 wichtig: Konsum von Zucker liegt über Empfehlung

4 wichtig: Zucker sättigt nicht gut, deshalb essen Menschen mehr, Krankheitsrisiko steigt

5 wichtig: Verzicht ist schwer, weil Zucker oft versteckt oder Teil von Anlässen ist

Beim Lesen – zweites Lesen

- Lies den Text genauer.
- Gliedere den Text in Sinnabschnitte.
- Notiere die wichtigsten Informationen aus jedem Abschnitt.
- Finde zu jedem Sinnabschnitt eine Überschrift.
- Kläre unbekannte Begriffe aus dem Textzusammenhang oder mithilfe eines Lexikons oder des Internets.

So geht's

Beim Lesen

Anja Gribhofer: Wie viel Zucker ist in Ordnung? (2024, Ausschnitt, RND)

Kaum vorstellbar, dass die Europäer und Europäerinnen über Jahrtausende ohne Zucker auskamen. […] Lange war das aus Persien und Indien importierte zerkleinerte Zuckerrohr ein Luxusgut. Das änderte sich erst mit der industriellen Produktion ab dem 19. Jahrhundert. Heute ist Zucker vor allem aus Sicht von Ernährungs- und Gesundheitsfachleuten eine Plage.

Die Weltgesundheitsorganisation (WHO) empfiehlt, die tägliche Zufuhr von Zucker, der Lebensmitteln zugesetzt ist, auf höchstens 10 Prozent der Gesamtenergiezufuhr zu beschränken. Bei einem Erwachsenen mit einem geschätzten Energiebedarf von 2000 Kilokalorien sind das etwa 50 Gramm Zucker. Bedenkt man, dass 250 Milliliter Cola bereits rund 27 Gramm Zucker beinhalten können, kann die empfohlene Zuckergrenze schnell überschritten werden. […]

Kein Wunder also, dass laut der Deutschen Gesellschaft für Ernährung (DGE) der Zuckerkonsum deutlich über den Empfehlungen liegt. Demnach liegt er bei erwachsenen Frauen bei durchschnittlich 13,9 Prozent und bei Männern bei 13 Prozent. Zucker ist allerdings in vielen Lebensmitteln „versteckt". Laut der WHO enthält beispielsweise ein Teelöffel Ketchup etwa vier Gramm Zucker.

Doch warum ist Zucker so ein Problem? Lebensmittel, denen viel Zucker zugesetzt wird, sind oft arm an weiteren Nährstoffen. Konkret heißt das, dass nach dem Essen schnell wieder der Hunger kommt. […] Die Menschen greifen nach weiteren Snacks. Schnell wird dem Körper auf diese Weise mehr Energie als nötig zugeführt. „Wenn wir am Ende des Tages zu viel Energie aufgenommen haben, als wir benötigen, dann nehmen wir zu", erläutert Rebecca Karpenkiel, Diätassistentin aus Hamburg. […] Der Genuss von zu viel Zucker könne zu Übergewicht, Adipositas und damit einhergehenden Krankheiten wie Diabetes und Herz-Kreislauf-Erkrankungen führen. […]

Der Rückschluss könnte jetzt sein: Weg mit dem Zucker! […] Doch der vollständige Verzicht ist schwer. Das liegt zum einen daran, dass der Zucker längst nicht mehr nur in Schokolade […] oder Plunderteilchen steckt, sondern auch in Lebensmitteln, in denen man ihn nicht vermutet. Süßes ist zudem fester Bestandteil gesellschaftlicher Anlässe und Feste: Ein Kinobesuch ohne zuckriges Popcorn macht den meisten nur halb so viel Spaß. […]

unbekannte Wörter:
Persien → früheres Reich auf dem Gebiet des heutigen Irans
…

1 Überschrift: Zucker früher und heute

2 Überschrift: Empfehlung der WHO

3 Überschrift: Zu hoher Zuckerkonsum

4 Überschrift: Negative Folgen von Zucker

5 Überschrift: Schwierigkeiten beim Verzicht

Schritt 3

Nach dem Lesen

- Formuliere Fragen zum Inhalt des Textes und beantworte sie.
- Fasse den Inhalt mündlich oder schriftlich zusammen.

Eine Sachtextanalyse verfassen

Analyse zu Anja Gribhofer: Wie viel Zucker ist in Ordnung?

Anja Gribhofer befasst sich in ihrem Artikel „Wie viel Zucker ist in Ordnung?", der 2024 beim Redaktionsnetzwerk Deutschland (kurz: RND) erschien, mit dem menschlichen Zuckerkonsum. Sie beantwortet nicht nur die Frage, die sie bereits als Überschrift gewählt hat, sondern erläutert außerdem, warum Menschen meist zu viel Zucker konsumieren und warum das problematisch sein kann.

Die Autorin leitet in die Thematik ein, indem sie berichtet, dass sich Zucker erst „ab dem 19. Jahrhundert" (Z. 5) mithilfe der Industrialisierung als alltägliches Lebensmittel durchsetzen konnte. Auf dieser Grundlage gibt sie den Standpunkt der Weltgesundheitsorganisation (kurz: WHO) dazu wieder, die Zucker kritisch sieht und den Menschen rät, ihren Konsum zu begrenzen. Gribhofer verdeutlicht diese Ansicht, indem sie zuvor bereits eher umgangssprachliche Formulierungen wählt und erklärt, dass Experten das Süßungsmittel als „eine Plage" (Z. 7) sehen würden. Außerdem nennt sie konkrete Zahlen, um die Forderung der WHO greifbarer zu machen: Zucker sollte nur „10 Prozent der Gesamtenergiezufuhr" (Z 9) ausmachen, das sind umgerechnet nicht mehr als „50 Gramm" (Z. 11) pro Tag. Um ihr Argument noch weiter zu veranschaulichen, führt die Autorin an dieser Stelle das Beispiel Cola an, da bereits in einem Glas des Getränks mehr als die Hälfte der täglich empfohlenen Zuckermenge enthalten ist (vgl. Z. 11f.). Konkrete Zahlen werden außerdem genutzt, um anschließend darauf hinzuweisen, dass die Menschen die empfohlene, tägliche Menge an Zucker in der Regel überschreiten. Gribhofer begründet das damit, dass sich Zucker in vielen Lebensmitteln befindet, in denen man ihn nicht erwartet (vgl. Z. 16 ff.). Auch an dieser Stelle wird mit einem anschaulichen Beispiel gearbeitet, um die Argumentation zu unterstützen (vgl. Z. 17f.).

Anschließend erklärt die Autorin, warum ein zu hoher Zuckerkonsum problematisch sein kann. Dabei ist ihr Hauptargument, dass Nahrung mit einem hohen Zuckeranteil nicht lange satt macht, wodurch Menschen mehr essen, um sich wirklich gesättigt zu fühlen (vgl. Z. 20 ff.). Die Schlussfolgerung, dass sich daraus nicht nur eine Gewichtszunahme, sondern auch mögliche Krankheiten ergeben, wird durch eine Expertenaussage unterstützt (vgl. Z. 23 ff.).

Am Ende ihres Artikels betont Gribhofer, dass ein Verzicht auf Zucker zwar ein logischer Schluss aus ihrer Argumentation sei, dieser aber nicht leicht umzusetzen ist. Da Zucker in verschiedenen Formen zu unserer Kultur gehört, zum Beispiel in Form von zuckrigem Popcorn beim Kinobesuch, wird für die meisten Menschen ein Leben ohne Zucker sehr schwer (vgl. Z. 27 ff.).

Die Argumentation von Anja Gribhofer ist strukturiert aufgebaut und besonders durch die Arbeit mit Beispielen und Zahlen gut nachvollziehbar. Der Großteil ist in sich schlüssig. Nur im letzten Absatz unterlegt die Autorin ihre Meinung nicht mehr mit Fakten, sodass er weniger überzeugend wirkt.

Dennoch hat sie nicht unrecht mit ihrem Verweis darauf, dass sich ein Verzicht auf Zucker in unserer heutigen Gesellschaft nur schwer umsetzen lässt. Allerdings machen es immer mehr zuckerfreie oder -reduzierte Produkte meiner Meinung nach durchaus möglich, den eigenen Zuckerkonsum zu senken und sich den Empfehlungen der WHO anzunähern. Damit wäre ein erster Schritt zur Krankheitsvorsorge bereits getan.

So geht's

Einleitung:
- Titel, Autorin/Autor, Thema, Textart, Erscheinungsdatum und Quelle nennen
- Funktion des Textes nennen

Hauptteil:
- Text abschnittweise zusammenfassen
- Kernaussage des Textes wiedergeben
- Meinung der Autorin/des Autors wiedergeben
- charakteristische sprachliche Mittel nennen

Wiedergabe von Textinhalten:
direkt zitiert
indirekt zitiert

Schluss:
- Beurteilung des Textes
- eigene Meinung formulieren

Lesestrategien und Lesetechniken

Orientierendes Lesen

Um herauszufinden, ob ein Text für die weitere Arbeit geeignet ist, kannst du dir mit dem orientierenden Lesen **einen ersten Überblick verschaffen**. Du überfliegst den ganzen Text mit den Augen und konzentrierst dich dabei auf folgende **Orientierungspunkte**:

- Titel des Textes
- Aufbau des Textes
- Überschriften der Absätze
- besonders Hervorgehobenes, wichtige Wörter
- Abbildungen und Bildunterschriften
- die ersten Sätze der Einleitung und der Absätze

Willst du herausfinden, ob ein ganzes Buch geeignete Texte enthält, orientiere dich am besten an Klappentext, Vorwort und Einleitung sowie am Inhaltsverzeichnis.

Selektives Lesen

Selektiv bedeutet „auswählend" oder „zielgerichtet". Selektives Lesen meint also die **gezielte Suche nach bestimmten Informationen** in einem oder mehreren Texten. Das selektive Lesen erfolgt in den meisten Fällen nach dem orientierenden Lesen, wenn du entschieden hast, dass der Text für deine Zwecke infrage kommt. Entscheidend ist, dass du eine **konkrete Fragestellung** hast und beim Lesen nach Antworten darauf suchst.

Erschließendes Lesen

Um einen Text verstehen und nutzen zu können, musst du **durch gründliches Lesen den Inhalt erschließen und Textzusammenhänge erkennen**. Dabei helfen dir verschiedene Lesetechniken, z. B. der **Leseschlüssel**.

Vergleichendes Lesen

Manchmal musst du **mehrere Texte** unter **bestimmten Aspekten** lesen. So kannst du vorgehen:

- Lege eine Tabelle mit den Vergleichsaspekten an.
- Erschließe **Text 1**, markiere und fertige Notizen an. Übertrage die wichtigsten Aussagen in die Tabelle.
- Wiederhole das mit **Text 2**. Stelle Gemeinsamkeiten und Unterschiede fest.

LERNINSEL

Ein Diagramm beschreiben und auswerten

V07 **Diagramme findest du in Sachbüchern, Zeitungsartikeln oder im Internet. Sie stellen Daten, Sachverhalte und Zusammenhänge grafisch dar.**

So geht's

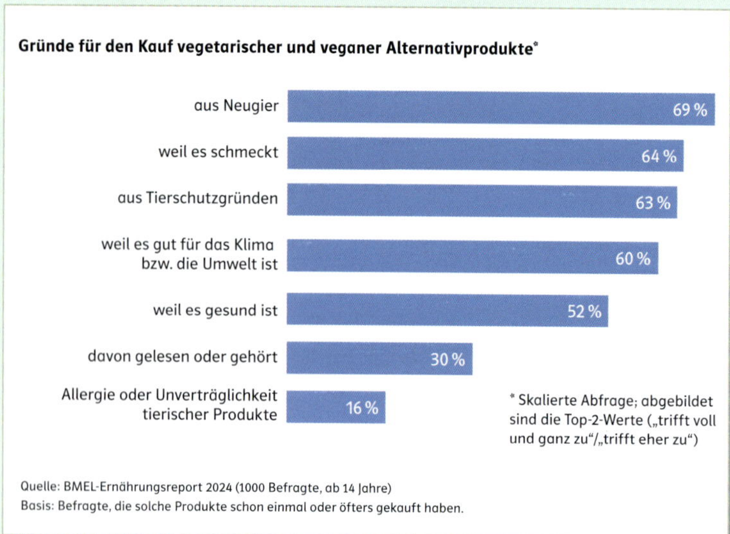

allgemeiner Überblick
- Lies die Überschrift. Nenne das Thema und die Quelle.
- Nenne die Diagrammform und woran man die Ergebnisse ablesen kann (Höhe der Säulen, Länge der Balken, Größe der Abschnitte).

genauere Beschreibung
- Nenne die Angaben, die gemacht werden und worauf sie sich beziehen.
- Beschreibe auffällige Angaben (höchste, kleinste Werte).
- Vergleiche Angaben.

Auswertung
- Fasse zusammen was das Diagramm zeigt.
- Bewerte die Ergebnisse.
- Leite Schlussfolgerungen ab.

So geht's

Ein Diagramm beschreiben und auswerten

Das Diagramm „Gründe für den Kauf vegetarischer und veganer Alternativprodukte" verdeutlicht, was Verbraucher dazu bewegt, auf Fleischprodukte zu verzichten und dafür fleischlose Ersatzprodukte zu kaufen. Es wurden 1000 Verbraucherinnen und Verbraucher ab 14 Jahren 2024 zum Thema befragt und die Ergebnisse wurden im BMEL-Ernährungsreport veröffentlicht. — Thema und Quelle nennen

Das Balkendiagramm nennt auf der y-Achse die vorgegebenen Gründe für den Kauf und die x-Achse zeigt den prozentualen Anteil der Befragten. Es werden sieben Gründe für den Kauf von fleischlosen Ersatzprodukten angegeben. — Diagrammform

Neugier ist der am häufigsten genannte Grund für die Kaufentscheidung. 69 Prozent der Befragten haben aus diesem Grund schon einmal vegetarische oder vegane Alternativen gekauft. Weitere Motivationen sind der Geschmack (64 %), Tierschutzgründe (63 %) oder weil es gut für das Klima bzw. die Umwelt ist (60 %). 52 % der Befragten gaben an, dass sie fleischlose Produkte kaufen, weil es gesund ist, und 30 % entschieden sich dafür, weil sie von vegetarischer oder veganer Kost gelesen oder gehört haben. Der seltenste Grund für den Kauf von fleischlosem Ersatz ist eine Allergie oder die Unverträglichkeit tierischer Produkte. Nur 16 % gaben diesen Grund an. — Angaben; auffällige Angaben/Vergleiche

Zusammenfassend kann man sagen, dass es 2024 sehr verschiedene Gründe für den Kauf vegetarischer oder veganer Alternativen gibt und nur in seltenen Fällen eine gesundheitliche Unverträglichkeit den Kauf entschieden hat. Man kann erkennen, dass besonders häufig die Sorge um den Tier- und Umweltschutz die Entscheidung beeinflusst hat. — Zusammenfassung/Auswertung

Mit dem Leseschlüssel einen erzählenden Text erschließen

V17

Schritt 1

Vor dem Lesen
- Sieh dir die Bilder an.
- Lies die Überschrift.
- Vermute, worum es in dem Text gehen könnte.

Schritt 2

Beim Lesen
- Lies den Text.
- Notiere unbekannte Begriffe und kläre sie.
- Formuliere W-Fragen zum Text.
- Lies den Text ein weiteres Mal.
- Markiere die Textstellen, die Antworten auf die W-Fragen geben.

Schritt 3

Nach dem Lesen
- Beantworte die W-Fragen.
- Fasse den Inhalt zusammen.
- Prüfe, ob deine Vermutungen zutreffend waren.

So geht's

Beim Lesen

Das explodierende Klo

Ein Pharmaziestudent in Tübingen nahm aus dem Labor regelmäßig kleine Mengen metallisches Natrium mit und sammelte es in seinem angemieteten Zimmer. Er bewahrte alles in einem großen Glas unter Wasser auf, bald sah die bräunliche Substanz aus wie Schmutz im Glas.
Als der Student im letzten Jahr aus der Wohnung auszog, ließ er aus Versehen das Glas zurück. Die Vermieterin glaubte, es handle sich um vergammeltes Gemüse, und schüttete den Inhalt des Glases in die Toilette. Sofort explodierte das Klo, die Vermieterin flog mitsamt der Klotür, die es aus den Angeln riss, mehrere Meter weit durch den Flur. Sie verletzte sich zum Glück nur leicht und stand ein wenig unter Schock, der Student aber wurde wegen unerlaubten Sprengstoffbesitzes angezeigt.

Die Überschrift zeigt das Thema an.

W-Fragen:
Wer?
Wann?
Wo?
Was?

Textart: Anekdote/moderne Sage

unbekannte Wörter:

Pharmaziestudent: Student der Arzneimittelkunde

Natrium: chemisches Element

Substanz: Stoff, Material

Einen erzählenden Text untersuchen

V04 ▷ **Du kennst viele Texte, in denen eine Geschichte erzählt wird: Jugendbücher, Erzählungen oder Romane. Die Geschichten erzählen Erlebtes, Erdachtes, Gehörtes oder Geträumtes.**

Einen erzählenden Text untersuchen

Inhalt
- Titel und Thema
- Ort
- Zeit
- Handlung

Figuren (Wer?)
- Hauptfiguren, Nebenfiguren
- Beziehungen der Figuren zueinander
- Eigenschaften

Erzählweise
- Erzählform
- Erzählverhalten

Zeitgestaltung
- lineares und nichtlineares Erzählen
- Erzählzeit und erzählte Zeit

Sprache
- auffällige Wortwahl
- sprachliche Bilder

Textart
- Erzählung
- Märchen
- Jugendbuch
- Sage
- Fabel
- Krimi
- Kurzgeschichte
- Roman

Fachbegriffe

Inhalt und Figuren

Begriff	Erklärung	Beispiel
Titel	Hinweis auf Inhalt und Thema	*Ins Nordlicht blicken (C. Franz) → Hinweis auf Handlungsorte im Norden (Hamburg, Grönland)*
Handlungs-schritte	einzelne Abschnitte eines Geschehens	*Pakku geht ins Schachcafé in Hamburg. Er lernt dort Lloyd kennen.*
äußere Handlung innere Handlung	• das, was die Figuren tun und sagen • das, was die Figuren denken und fühlen	*Lloyd nimmt Pakku bei sich auf.* *Lloyd liebt Pakku wie einen Sohn.*
Figuren	• direkte Charakterisierung (Eigenschaften werden direkt genannt) • indirekte Charakterisierung (Eigenschaften lassen sich vom Handeln, Sprechen, Denken und Fühlen ableiten) • Figurenkonstellation	*Pakku ist in Hamburg einsam und menschenscheu. →* Auf eine traurige Weise wirkte er unberührbar. (S. 235) *Pakku ignoriert seinen Vater und dessen Alkoholproblem (verhält sich passiv) →* Manchmal drehte ich meine Anlage bis zum Anschlag auf, um ihn nicht zu hören. (S. 15) *Hauptfigur Pakku, Vater Peter, „Ersatzvater“ Lloyd, Pakkus Freundin Shary*
Thema	Kernaussage	*Pakku sucht nach seiner Identität als Inuit.*

Zeitgestaltung und Aufbau

Begriff	Erklärung	Beispiel
linear (chronologisch) 	Erzählen in der zeitlichen Reihenfolge, so wie die Geschehnisse passiert sind	*Schilderung der Entdeckung Pakkus als blinder Passagier an Bord eines Kreuzfahrtschiffs*
nicht linear (nicht chronologisch) 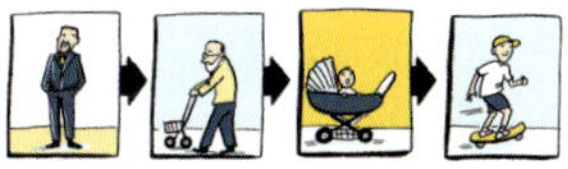	Erzählen in der zeitlichen Reihenfolge der Geschehnisse mit Unterbrechungen durch Rückblenden oder Vorausdeutungen	*zwei Handlungsstränge wechseln sich ab: der 1. spielt 2011 in der Vergangenheit (Rückblenden), der 2. spielt 2020*
Erzählzeit	Zeit, die man zum Lesen eines Textes braucht	*vier Minuten Lesezeit*
erzählte Zeit	Zeitraum der Geschichte	*Zeitraum von einem Tag*
zeitdeckend 	Erzählzeit = erzählte Zeit	Ich schaute in die Runde. Noch ehe ich erkennen konnte, wer heute alles da war, winkte mir Aqqaluk auch schon zu. (S. 41)
zeitraffend 	Erzählzeit ist kürzer als erzählte Zeit	Sven hatte sich in seinem Schuppen eine vorsintflutliche Krabbenpulanlage eingerichtet. (S. 40)
zeitdehnend 	Erzählzeit ist länger als erzählte Zeit	Ich drehte mich um. Vor mir stand ein Mann in einer Schiffsuniform, einer ähnlichen, wie ich sie selbst trug, nur dass seine Hose weiß war und nicht schwarz. Er herrschte mich an, aber sein Gesicht zeigte mir, dass er mich gar nicht wahrnahm ... (S. 177)

Erzählweise

Begriff	Erklärung	Beispiel
Erzählform	Er-/Sie-Form, Ich-Form	Jonathan schüttelte den Kopf. „Nein." Er lachte kurz ... (S. 48) → *Er-Form* Ich drehte mich um. (S. 177) → *Ich-Form*
auktoriales Erzählverhalten 	• allwissend • hat Überblick über das gesamte Geschehen und kennt Gefühle und Gedanken aller Figuren • kann bewerten und kommentieren	Es war eine klare, wolkenlose Nacht, in der Jonathan Querido in einem Liegestuhl an Deck der Alaska saß und versuchte, die Panik in den Griff zu bekommen ... (S. 5)
personales Erzählverhalten 	• Geschehen wird aus der Sicht einer Figur wiedergegeben • Wahrnehmung ist auf diese Figur beschränkt	Die Panik kroch mir den Rücken hoch. In meinem Kopf jagten sich die Gedanken. (S. 192)
neutrales Erzählverhalten 	• Geschehen wird scheinbar unvermittelt wiedergegeben • keine erzählende Stimme erkennbar	„Jonathan." „Ich heiße Shary." „So wie der Hurrikan, der Kuba zerstört hat?" (S. 22)

Einen Jugendbuchauszug untersuchen

Cornelia Franz: Ins Nordlicht blicken (Auszug)

Nuuk, Grönland, Frühling 2011

1 „Wir sollten mal loslegen, Pakku. Vielleicht kannst du endlich mal googeln, wo wir am besten die Imkerausrüstung herkriegen.“ Mein Vater saß mir am Küchentisch gegenüber und drehte sich eine Zigarette. [...] Er hatte genau den Spritpegel, den er brauchte, um auf Hochtouren zu laufen. Und an diesem Nachmittag nutzte er das, um mir ein schlechtes Gewissen zu machen, weil unser Bienenprojekt nicht so richtig in Schwung kam.

„Mach du das doch“, antwortete ich müde.

„Würde ich ja, aber du blockierst doch jeden Abend den Computer. Was spielst du da eigentlich?“

„Alles Mögliche. Vielen Dank für das Stichwort.“ Ich nahm meinen Teebecher und flüchtete in mein Zimmer. Doch eigentlich hatte ich keine Lust zu spielen, ich hatte nur weggewollt aus unserer engen Küche, in der sich das schmutzige Geschirr türmte, weil keiner von uns sich daranmachte, die Spülmaschine auszuräumen. [...]

2 Ich schaltete den PC ein und trieb mich tatsächlich auf drei, vier Imkerseiten herum. Nach einer halben Stunde summte mir der Kopf und ich war mir tausend Prozent sicher: Das Ganze war eine Schnapsidee meines Vaters und hatte nichts, absolut nichts mit mir zu tun.

3 Aber was hatte mit mir zu tun? Was ging mich wirklich etwas an? War nicht mein größtes Problem, dass es nichts und niemanden gab, zu dem ich wirklich passte? Okay, Aqqaluk war mein Freund und Anga war cool und ich mochte ihn, aber sie waren anders als ich, sie lebten wie selbstverständlich in diesem Land und ich glaube, sie liebten es, ganz gleich, ob es eine verdammte Sackgasse am Ende der Welt war. [...]

Und mein Vater? Mann, er war erst vierzig, aber hatte sein Leben gelebt und hatte aufgegeben, noch etwas anderes daraus zu machen, egal, wie viele tolle Ideen er noch ausbrüten würde. Das war es doch: Ich war das Ergebnis einer seiner tollen Ideen, in die er sich gestürzt hatte. [...] Vor zwanzig Jahren war er auf der Suche nach dem ganz großen Kick hier gelandet, dann hatte er ein Inuit-Mädchen aus irgendeinem Kaff im Norden kennengelernt und ein Kind gezeugt. Basta. [...]

4 Im Nebenzimmer hörte ich den Fernseher dröhnen, mein Vater guckte Fußball, wahrscheinlich dänische Liga. Ich überlegte, mich zu ihm zu setzen, aber ohne dass ich einen wirklichen Entschluss gefasst hätte, flimmerte auch schon das Backgammonbrett vor mir auf. [...]

(Cornelia Franz: Ins Nordlicht blicken. München: dtv, 2017 © 2012, S. 61–64)

So geht's

1 ersten Eindruck formulieren
- Pakku ist unzufrieden mit seiner Lebenssituation

2 Inhalt wiedergeben
- **Ort:** bei Pakku zu Hause
- **äußere Handlung:** 1 Pakku und sein Vater sprechen über ein Imkerprojekt, bis Pakku flüchtet, 2 Pakku informiert sich über das Imkern, 3 Pakku denkt über sich und das Leben seines Vaters nach, 4 Pakku zieht sich zurück
- **innere Handlung:** Pakku fühlt sich zu Hause und mit seinem Vater nicht wohl; er fühlt sich anders als seine Freunde; er verurteilt seinen Vater für dessen Handlungen

3 Text untersuchen
- **Figuren:** Pakku und Vater
- **Beziehung der Figuren:** Familie, angespanntes Verhältnis
- **Eigenschaften der Figuren:** Pakku: verschlossen, unzufrieden Vater: indirekte Charakterisierung durch Pakku; früher abenteuerlustig, heute gesetzt, Alkoholiker
- **Erzählform:** Ich-Form, personales Erzählverhalten
- **lineares Erzählen**
- **Sprache:** wörtliche Rede, Gedanken von Pakku, direkt und wertend, Wortwiederholungen, Umgangssprache

4 Deutung formulieren
- Pakkus Verhältnis zu seinem Vater ist schlecht und er ist unzufrieden, weshalb er viel Zeit allein verbringt. Er weiß aber auch nicht, wie es weitergehen soll.

Einen Jugendbuchauszug analysieren

Der Auszug aus dem Jugendbuch „Ins Nordlicht blicken" von Cornelia Franz aus dem Jahr 2012 ist Teil des Handlungsstranges, der 2011 auf Grönland spielt. Das Thema ist Pakkus schwieriges Verhältnis zu seinem Vater und die Einsamkeit, die er auf Grönland empfindet.

Der Auszug beginnt damit, dass Pakku von seinem Vater auf ein Imkerprojekt angesprochen wird. Da Pakku das Gespräch unangenehm ist, flieht er in sein Zimmer. Dort recherchiert er kurz zum Imkern, verliert jedoch schnell die Motivation. Daraufhin begibt sich der Teenager in eine Gedankenspirale, in der er seine fehlende Zugehörigkeit in seiner Heimat reflektiert und auf dieser Grundlage Urteile über seine Freunde und seinen Vater fällt. Anstatt sich anschließend zu seinem Vater zu setzen, zieht sich Pakku weiter zurück und spielt ein Computerspiel.

Der Textausschnitt ist in der Ich-Form und aus Pakkus Sicht geschrieben. Somit handelt es sich um ein personales Erzählverhalten, durch das Lesende einen direkten Einblick in die Gedanken der Hauptfigur und seine Gefühle erhalten. Da der Ausschnitt 2011 spielt, ist er eine Rückblende, innerhalb derer aber linear erzählt wird. Während des dritten Abschnittes wird zudem zeitdeckend erzählt, da das Lesen und das Denken von Pakkus Gedanken gleich lang dauert. Dadurch erhalten Lesende die Möglichkeit, sich besser in Pakku hineinzuversetzen, weil er sie Stück für Stück in seinem Gedankenprozess mitnimmt.

Schon zu Beginn des Ausschnittes wird deutlich, dass Pakku und sein Vater ein angespanntes Verhältnis haben. Dies scheint anfangs vor allem durch den Alkoholkonsum des Vaters ausgelöst zu werden, der indirekt durch Formulierungen wie „Spritpegel" (Z. 4) aufgezeigt wird. Solche alltagssprachlichen Formulierungen helfen zusätzlich auch dabei, die Situation für Lesende greifbarer zu machen. Später im Ausschnitt wird deutlich, dass Pakku seinen Vater dafür verurteilt, dass er zwar vielfältige Ideen hat, aber in Bezug auf diese nicht aktiv wird (vgl. Z. 9f.). Die Wiederholung der Formulierung „tolle Ideen" (Z. 30) gibt den Gedanken von Pakku dabei einen ironischen Charakter und verdeutlicht, dass der Sohn diese Ideen anders wahrnimmt als der Vater. Hier bekommt der Frust, den die Hauptfigur empfindet, eine tiefere Ebene. Während er sich vorher darüber ärgert, dass sein Vater seine Ideen nicht selbst verfolgt, wird nun deutlich, dass sich Pakku ebenfalls als eine „seiner tollen Ideen" (Z. 31) sieht, um die sich der Vater nicht richtig kümmert. Das erklärt auch, warum er nicht die Chance auf eine Annäherung nutzt und gemeinsam mit seinem Vater Fußball schaut, sondern sich stattdessen weiter zurückzieht. An diesen Auszügen wird deutlich, dass sich Pakku in seinem Zuhause nicht wohl und erwünscht fühlt. Dass er diesen Rückhalt auch nicht bei seinen Freunden findet, führt für die Hauptfigur zu einem Gefühl der Einsamkeit: „War nicht mein größtes Problem, dass es nichts und niemanden gab, zu dem ich wirklich passte?" (Z. 22f.).

Insgesamt zeigt der Textausschnitt also eine deutliche Distanz zwischen dem Vater und Pakku, die durch ihre angespannte Kommunikation vergrößert wird. Durch die Ich-Form werden die Unsicherheiten von Pakku für Lesende spürbar und sie haben die Möglichkeit, sich in ihn hineinzuversetzen.

So geht's

1 **Einleitung**
Titel, Autorin/Autor, Textart, Thema, Entstehungsjahr

2 **Hauptteil**
kurze Inhaltsangabe

Erzählform und Erzählverhalten nennen

Zeitgestaltung benennen

Figurencharakterisierung

sprachliche Besonderheiten
- Alltagssprache
- Wortwiederholungen
- Gedankenwiedergabe von Pakku

3 **Schluss**

Ein Gedicht untersuchen

V03 Gedichte sind Texte in einer besonderen sprachlichen Versform. Sie bringen Gefühle und Gedanken zum Ausdruck und wirken durch ihren Klang und ihre sprachlichen Bilder.

Ein Gedicht untersuchen

Inhalt
- Titel
- Stimmung
- Thema
- Inhalt der Strophen

Form
- Strophe
- Vers
- Reimschema
- Metrum und Rhythmus

Sprache
- sprachliche Bilder
- auffällige Wortwahl

Sprecherin/ Sprecher
- lyrischer Sprecher
- in Ich-Form: lyrisches Ich

Fachbegriffe: Inhalt, Form und Sprache

Begriff	Erklärung	Beispiel
Titel	Hinweis auf Inhalt und Thema	Berlin (C. Morgenstern, S. 132)
Stimmung	Ausdruck von Empfindungen, Gefühlen und Gedanken	*ruhig, geheimnisvoll, rätselhaft, mystisch, sehnsüchtig*
Thema	Grundgedanken des Gedichts	*Atmosphäre im nächtlichen Berlin*
lyrisches Ich	Sprecher im Gedicht; nicht mit der Autorin/dem Autor identisch	*lyrisches Ich bekennt sich zu seiner Liebe zu Berlin*
Strophe	Sinnabschnitt aus mehreren Versen, formale Gliederung	Ich liebe dich bei Nebel und bei Nacht, wenn deine Linien ineinander schwimmen, – zumal bei Nacht, wenn deine Fenster glimmen und Menschheit dein Gestein lebendig macht.
Vers	Gedichtzeile, kleinste Einheit im Gedicht	
Reim und Reimschema	• Gleichklang zweier Wörter vom letzten betonten Vokal an • formale Anordnung der Reime in einer Strophe (aabb – Paarreim, abab – Kreuzreim, abba – umarmender Reim)	• *3 Strophen je 4 Verse* • *1. Strophe: umarmender Reim; 2./3. Strophe: Kreuzreim*
Metrum	Abfolge der betonten und unbetonten Silben innerhalb eines Verses	x x́ x x́ x x́ x x́ x x́ Ich liebe dich bei Nebel und bei Nacht,
Enjambement	eine Sinneinheit (ein Satz) endet nicht mit dem Versende, sondern wird im nächsten Vers fortgesetzt	selbst die vielen zeitungen ruhen nur kurz aus auf den ständen ... (J. Wagner: greenpoint, S. 130)
sprachliches Mittel: Personifikation	Dinge oder Erscheinungen werden wie Menschen dargestellt	Einheit naht (V. 8)
sprachliches Mittel: Vergleich	zwei Dinge oder Bereiche werden durch „wie“ oder „als“ miteinander verglichen	wie Seelenburgen stehn sie mystisch da (V. 6)
sprachliches Mittel: Metapher	neu verbundene Wörter erhalten eine übertragene Bedeutung	Gestein (V. 4), Seelenburgen (V. 6), Schachteln (V. 10)
Symbol	in einem Kulturkreis festgelegtes bildliches Zeichen	*z. B. Herz steht für Liebe, Anker steht für Hoffnung*

So geht's

Alev Tekinay: Dazwischen (2001)

Jeden Tag packe ich den Koffer
ein und dann wieder aus.

Morgens, wenn ich aufwache,
plane ich die Rückkehr,
aber bis Mittag gewöhne ich mich mehr
an Deutschland.

Ich ändere mich
und bleibe doch gleich
und weiß nicht mehr,
wer ich bin.

Jeden Tag ist das Heimweh
unwiderstehlicher,
aber die neue Heimat hält mich fest
Tag für Tag noch stärker.

Und jeden Tag fahre ich
zweitausend Kilometer
in einem imaginären Zug
hin und her,
unentschlossen zwischen
dem Kleiderschrank
und dem Koffer,
und dazwischen ist meine Welt.

Inhalt untersuchen
- Titel beachten: „Dazwischen“ inhaltlich als eine unsichere Position, formal als Rahmen vom Titel bis zum letzten Vers
- Stimmung erfassen: unsicher, verzweifelt, zerrissen
- Thema benennen: Zerrissenheit zwischen der verlassenen und der gegenwärtigen Heimat
- Inhalt der einzelnen Strophen

Form untersuchen
- fünf Strophen, verschiedene Anzahl von Versen
- Reimschema: keines
- Metrum: unregelmäßig

Sprache untersuchen
- Personifikation
- Metapher
- Paradoxon
- Wortwiederholungen

Auffälligkeiten
- viele Enjambements (Zeilensprünge)
- viele Zeitangaben

1 Stimmung erfassen
- Gedicht zeigt die Zerrissenheit des lyrischen Ichs zwischen alter und neuer Heimat
- Stimmung: unsicher, verzweifelt, zerrissen

2 Inhalt wiedergeben
- das lyrische Ich beschreibt, wie es wiederholt den Koffer ein- und auspackt, in die alte Heimat zurückzukehren und sich gleichzeitig an die neue Heimat gewöhnen möchte
- das lyrische Ich empfindet die eigene Situation als ein „Dazwischen“

3 Gedicht untersuchen
- formale Unregelmäßigkeiten unterstreichen die innere Zerrissenheit und den Konflikt des lyrischen Ichs, es befindet sich in einer ungeordneten Situation
- Enjambements weisen auf eine konflikthafte, unentschiedene Situation
- die Zeitangabe „jeden Tag“ bestätigt die Dramatik der Situation und ihre Regelmäßigkeit
- die Metaphern „Koffer“ und „Kleiderschrank“ stehen für die beiden Heimaten
- das Paradoxon deutet auf den Zwiespalt hin, in dem sich das lyrische Ich befindet

4 Deutung formulieren
Das Gedicht thematisiert die Situation des lyrischen Ichs, das seine Heimat verlassen hat und an einem neuen Ort heimisch zu werden versucht. Es beschreibt die Zerrissenheit zwischen zwei Heimaten und die Gefühle von Einsamkeit, Fremdheit und Heimweh.

LERNINSEL

Eine Gedichtanalyse verfassen

So geht's

Gedichtanalyse zu „Dazwischen" von Alev Tekinay

Das Gedicht „Dazwischen" der türkischen Autorin Alev Tekinay aus dem Jahr 2001 thematisiert das Gefühl eines inneren Zwiespalts zwischen verlassener und neuer Heimat, das ein lyrisches Ich empfindet.

1 **Einleitung:** Textart, Titel, Autorin/Autor, Erscheinungsjahr, Thema

Zu Beginn wird beschrieben, wie das lyrische Ich täglich einen Koffer ein- und auspackt, was den immer präsenten Wunsch nach Rückkehr in die alte Heimat, aber auch nach Ankommen in der neuen Heimat beschreibt. Morgens fühlt das lyrische Ich Heimweh, anschließend macht sich ein Gefühl der Gewöhnung an die neue Heimat breit. Was diese innere Zerrissenheit zwischen den beiden Welten bedeutet, wird in der 3. Strophe beschrieben: Das lyrische Ich fühlt sich in seiner Identität verunsichert und empfindet die eigene Situation als ein „dazwischen", ein Gefühl, weder hierhin noch dorthin zu gehören, sondern sich in einem Zwiespalt zu befinden. Verdeutlicht wird dies im Paradoxon „Ich ändere mich und bleibe doch gleich" (V. 7/8). In der letzten Strophe steht eine imaginäre Zugfahrt in die alte Heimat im Mittelpunkt, die bereits benannte Situation wird als unentschlossenes „hin und her" (V. 18) zwischen „Kleiderschrank" (V. 20) und „Koffer" (V. 21), also zwischen neuer und alter Heimat, beschrieben.

Vermittelt wird im gesamten Gedicht eine Stimmung von Verzweiflung, Zerrissenheit und Unsicherheit. Deutlich wird dies auch in der unregelmäßigen Form des Gedichts, der unterschiedlichen Verszahl der fünf Strophen, der fehlenden Reimform und dem unregelmäßigen Metrum. Zahlreiche Enjambements, z. B. in den Versen 1/2 und 5/6, verweisen auf eine konflikthafte und unentschiedene Situation, in der sich das lyrische Ich befindet.

2 **Hauptteil:** Inhaltsangabe, Form, lyrisches Ich, Stimmung, Sprache, Absicht

Der Begriff „dazwischen" in Titel und letztem Vers rahmt das Gedicht ein und deutet auf das Thema hin. Er verweist ebenso auf die Dramatik der Situation von Menschen, die ihre Heimat verlassen haben und sich an eine neue Umgebung gewöhnen müssen. Manchmal führt die Zerrissenheit zwischen beiden Welten dazu, sich seiner eigenen Identität nicht mehr sicher zu sein.

3 **Schluss:** persönliche Meinung

Ein Gedicht betont vortragen

Vorbereitung

1. Gedicht abschreiben oder kopieren
2. Gedicht mehrfach lesen und Sprechweisen (Sprechtempo, Betonung, Lautstärke, Pausen) festlegen und markieren
3. Vortrag üben

Vortrag

1. Publikum anschauen und ruhig stehen
2. auf Sprechweisen achten

Einen dramatischen Text untersuchen

Einen dramatischen Text untersuchen

Inhalt
- Handlung
- Ort und Zeit
- Konflikte
- Figuren (Eigenschaften, Beziehungen der Figuren zueinander)

Sprache
- auffällige Wortwahl
- sprachliche Bilder

Regieanweisung
- zu Ort, Bühnenbild
- zu Sprechweise
- zum Handeln und Verhalten der Figuren

Fachbegriffe

Inhalt und Figuren

Begriff	Erklärung	Beispiel
Titel	Hinweis auf besonders wichtige Inhalte oder Textstellen	*„Das Herz eines Boxers": Hinweis auf die 3. Szene, Leo erklärt, was einen echten Boxer ausmacht*
Konflikt	Aufeinandertreffen unterschiedlicher Interessen	*Konflikt zwischen Leo und Jojo, Konflikt zwischen Jojo und dem Anführer der Clique*
Figuren	Personen in einem Drama	*Jojo, Leo, Clique von Jojo, ...*
Figurenkonstellation	Verhältnis zwischen den Figuren, z. B. befreundet oder verfeindet	*Leo und Jojo im Zentrum, Jojos Clique als andere Figurengruppe im Hintergrund*

Aufbau

Begriff	Erklärung	Beispiel
Akt (= Aufzug)	größerer Handlungsabschnitt mit mehreren Szenen	*Theaterstücke mit fünf Akten: Romeo und Julia (Shakespeare), Nathan der Weise (Lessing), Wilhelm Tell (Schiller)*
Szene (= Auftritt)	kleinerer Handlungsabschnitt, in der Regel an einem bestimmten Ort	*„Das Herz eines Boxers" besteht aus 7 Szenen (pro Tag eine Szene).*
Exposition	Beginn eines Dramas, wichtige Figuren treten auf, Konflikte werden angedeutet	*1. Szene: Leo spielt den Hilflosen, Jojo muss als Jugendstrafe im Altenheim streichen; gegenseitige Ablehnung der Figuren*
Dialog	Gespräch in Rede und Gegenrede von mindestens zwei Figuren	Leo: Kauf ihr eine Rose. Jojo: Wie? Leo: Das sind diese roten Blumen mit den Dornen [...].
Monolog	eine Figur spricht längere Zeit allein, oft direkt zum Publikum, manchmal eine ganze Szene lang	Leo: Doch, einmal, und das ist mir heute noch unangenehm. Ich war vorher in einem Heim, in dem ich mich richtig wohlgefühlt habe. Na ja, und da ist es mir passiert, [...].
Regieanweisung	Empfehlungen für die Sprechweise, Mimik, Gestik, meist kursiv gedruckt	Jojo: Ich hab heute keine Lust zu streichen. *Jojo greift in seine Hosentasche.* [...]

Sprache

Begriff	Erklärung	Beispiel
Wortwahl	• Wörter oder Wortgruppen, welche den Charakter der Figur verdeutlichen • auffällige sprachliche Bilder	Jojo: Was glotzt du denn so? Erster Besuch seit dem Krieg, was? Glaub bloß nicht, dass ich das hier aus Menschenfreude mache. Sehe ich aus wie jemand, der ein Herz für Senioren hat?

LERNINSEL

In dem Zweifigurenstück „Herz eines Boxers“ begegnen sich der 16-jährige Jojo und der Rentner Leo in einem Altenheim. Jojo muss wegen eines Diebstahls die Wände im Altenheim streichen und freundet sich mit dem ehemaligen Preisboxer Leo an.

So geht's

Lutz Hübner: Das Herz eines Boxers
(Szene 6, Ausschnitt)

Leo: Die werden mich irgendwo anders hinbringen.

Jojo: Warum sollten sie das?

Leo: Die sperren mich irgendwo ein.

Jojo: Ach was, die werden ein bisschen mehr auf dich aufpassen.

Leo: Eben. Ich werde nicht mehr allein in den Hof dürfen, sie werden genau auf mich aufpassen. Ich komme hier nicht mehr raus, das ertrage ich nicht.

Jojo: Du bist hier nicht im Knast.

Leo: Ich komme hier nicht mehr weg, was ist der Unterschied?

Jojo: Vielleicht wäre das ja auch absolut blödsinnig gewesen in Frankreich.

Leo: Wie soll ich das wissen, wenn ich nicht hinfahre?

Jojo: Aber irgendwie geht's doch immer weiter, oder? Ich hab doch auch nichts, bei mir ist doch auch alles schiefgegangen, ist doch letztendlich genauso beschissen.

Leo: Es ist doch egal, was man macht. Was man machen könnte, ist wichtig.

Jojo: Irgendwas wird dir schon einfallen.

Leo: Jojo, es ist mein Ernst.

(Leo gibt Jojo das Geld.)

Das brauche ich nicht mehr. Du kannst es haben. Tu mir nur einen Gefallen. Hol mir in der Apotheke ein paar Tabletten, sagen wir drei Rollen. Bring sie mir morgen vorbei. Nimm den Rest und geh mit dem Mädchen bei dem Schotten essen.

Jojo: Du bist doch vollkommen verrückt.

Leo: Du sagst immer, ich wäre verrückt, wenn du etwas nicht verstehst. Du hast bis jetzt noch alles verstanden, du wirst auch das noch verstehen. Bis dahin tu einfach, worum ich dich bitte, ja?

Jojo: Und wenn mir noch was einfällt, um dich hier rauszuholen?

Leo: Ich habe lange Wochen Zeit gehabt, mir etwas auszudenken, es hat nicht geklappt. Ich bin jetzt müde, geh jetzt, ich will schlafen. Es ist nicht mehr viel zu streichen, das schaffst du morgen.

(Leo setzt sich wieder in den Sessel. Jojo zögert, dann geht er.)

Inhalt untersuchen

- den Zusammenhang verstehen:
  Leos Ausbruchsversuch ist schiefgegangen, weil er mit der Automatik des Wagens nicht zurechtgekommen ist. Jojo ist positiv gestimmt, weil das Mädchen mit ihm ausgehen möchte. In der nächsten Szene präsentiert Jojo dann Leo eine neue Ausbruchsidee. Diesmal gelingt der Ausbruch.
- die emotionale Situation der Figuren klären:
  Leo hat seinen Lebenswillen verloren. Er glaubt nicht mehr daran, das Altenheim verlassen zu können. Er möchte sich mit Tabletten umbringen.
  Jojo versucht, Leo Mut zu machen.
- die Beziehung der Figuren zueinander klären:
  Leo und Jojo haben sich angefreundet. Leo vertraut Jojo. Er gibt ihm Geld und bittet ihn, Tabletten zu besorgen. Damit gesteht er ihm auch indirekt seinen Wunsch, sich selbst zu töten. Bisher hat Leo dem Jugendlichen Mut gemacht hat. In dieser Szene versucht Jojo mehrfach, ihm Mut zu machen.

Regieanweisungen untersuchen

Jojos Zögern zeigt, dass er Leo gern überzeugen würde und ihm helfen will. Dann fällt ihm nichts mehr ein und er geht doch.

Sprache untersuchen

Leo wiederholt: „Ich komme hier nicht mehr raus/weg.“ (Z. 6 f., 9). Das verdeutlicht seine Hoffnungslosigkeit.
Jojo benutzt eine ähnliche Formulierung wie Leo vorher ihm gegenüber („Aber irgendwie geht's doch immer weiter, oder?“ Z. 13). In der 3. Szene sagt Leo: „[…] ganz k.o. ist man nie. Na gut, man liegt am Boden, dann steht man wieder auf.“

Ergebnisse zusammenführen

Nach dem misslungenen Ausbruchsversuch ist Leo verzweifelt und möchte nicht mehr leben. Deshalb bittet er Jojo, ihm Tabletten zu besorgen. Jojo versucht, ihm Mut zu machen. Während es bis zu dieser Szene immer Leo war, der Jojo ermutigt hat, etwas aus seinem Leben zu machen, ist es nun umgekehrt. Dabei benutzt Jojo sogar ähnliche Formulierungen wie Leo vorher ihm gegenüber. Aber seine Aufmunterungsversuche bleiben ohne Erfolg.

V05 ▷ # Einen dramatischen Text gestalten

So geht's

Ein Standbild bauen

Beziehung der Figuren
Das Standbild verdeutlicht die Beziehung zwischen Leo und Jojo in der 6. Szene. Leo hat seinen Lebenswillen verloren, Jojo will ihm Mut machen, ihn aufrichten.

Nähe/Distanz
relativ große Nähe: enges Verhältnis zueinander

Körperhaltung, Mimik und Gestik
Leo: schlaff, hängende Arme, schaut nach unten (Hoffnungslosigkeit, in sich gekehrt)
Jojo: zieht kräftig, schaut Leo besorgt an, ist ihm ganz zugewandt

Höhe
Jojo steht „höher", Leo sitzt. (In dieser Szene ist Jojo der Starke, also der, der dem anderen Mut macht.)

Zitate
Die beiden Aussagen sind exemplarisch für Leos Hoffnungslosigkeit bzw. Jojos Aufmunterungsversuche.

So geht's

Eine Szene spielen

Aufgaben verteilen
- Regisseurin/Regisseur (können auch zwei Personen sein)
- Schauspielerinnen/Schauspieler: *Jojo, Leo*
- Bühnenbild, Requisiten und Kostüme überlegen: *fast leere Bühne, nur ein Sessel, eine Leiter und ein Farbeimer; Kleidung für Jojo und Leo*

Sprechweise, Mimik und Gestik festlegen
- Leo: *resigniert, eher leise und eintönig; wird lauter und lebendiger bei „Jojo, es ist mein Ernst." (Z. 19)*
- Jojo: *lauter als Leo, animierender positiver Tonfall, gegen Ende zunehmend besorgter Tonfall*

Regieanweisungen umsetzen, Position überlegen
- *Leo hat eine schlaffe Körperhaltung, bewegt sich wenig, am Ende lässt er sich schlapp in den Sessel fallen.*
- *Jojo ist unruhig, bewegt sich viel, springt sozusagen um Leo herum und gestikuliert mit den Armen, nähert sich Leo immer wieder und geht dann wieder ein Stückchen weg. Beim Zögern am Ende sieht er Leo aus etwa drei Metern Entfernung ein paar Sekunden besorgt an.*

Checkliste

Wir haben
- ☑ die Szene besprochen und geklärt, wie wir sie verstehen.
- ☑ die Eigenschaften der Figuren und die Position der Figuren zueinander erfasst.
- ☑ alle Rollen verteilt und besprochen, welche Aufgaben erfüllt werden müssen.
- ☑ die Sprechweise, Mimik, Gestik und Körperhaltung der Figuren geübt.
- ☑ die Regieanweisungen beachtet und umgesetzt.
- ☑ ein Bühnenbild, Kostüme und Requisiten, die zu der Szene passen.
- ☑ die Szene mehrmals geübt und verbessert.

Im Internet recherchieren

V18

Das Internet nutzt du in der Schule vor allem, um Informationen zu recherchieren. Es bietet dir zum Beispiel vielfältige Möglichkeiten, ein Referat interessant zu gestalten.

1 Vorwissen sammeln und Fragen formulieren
- Notiere alles, was du zum Thema bereits weißt.
- Formuliere Fragen, die du noch klären möchtest.

Thema: Nachhaltigkeit im täglichen Leben
Gebiete: Ernährung, Wohnen, Verkehr, ...

2 Suchbegriffe auswählen
- Überlege dir einen oder mehrere Begriffe, die zu deinem Thema passen. Nutze Oberbegriffe.
- Wähle wenige Wörter aus und erweitere die Suche, wenn du nichts oder zu viel findest.

Begriffe: Nachhaltigkeit,
Klimaschutz,
Ernährung
nachhaltige Ernährung

3 Suchmaschine wählen
- Wähle eine Suchmaschine aus.
- Gib Begriffe ins Suchfeld ein.

Helles Köpfchen, Duckduckgo, Google

4 Suchergebnis eingrenzen
- Wenn du ein Leerzeichen zwischen Begriffen lässt und vor auszuschließenden Begriffen direkt ein Minuszeichen setzt, grenzt das die Suche ein.

Nachhaltigkeit Ernährung -vegan

- Wenn du Begriffe mit *OR* kombinierst, erhältst du für beide Begriffe Informationen.

Nachhaltigkeit OR Ernährung

5 Suchergebnisse bewerten und auswählen
- Passen die Stichwörter zum Thema?
- Wähle durch **orientierendes Lesen** Geeignetes aus: Überfliege die Texte. Prüfe, ob Teilüberschriften, Anfang und Ende zum Thema passen.
- Prüfe die Glaubwürdigkeit. Sind die Inhalte zuverlässig, die Informationen gehaltvoll, verständlich, aktuell?
- Prüfe die Identität der Verfasserin/des Verfassers und der Quelle.

Deutsche Gesellschaft für Ernährung:
- *sichere Quelle, offizielle Internetseite*
- *sachlich korrekter Stil*
- *genaue Quellenangabe,*
- *Kontaktadressen verfügbar*
- *Verweis auf weitere Quellen durch Hyperlinkstruktur*

> Wikipedia: Online-Lexikon, in dem jeder Artikel schreiben und bearbeiten kann. Prüfe die Informationen durch weitere Rechercheergebnisse. Notiere die Quellen.

6 Geeignete Texte selektiv lesen
- Suche nach Schlüsselwörtern bzw. Informationen, die zu deiner Aufgaben passen.
- Vergleiche die Texte: Suche nach Gemeinsamkeiten. Überlege, welche abweichenden Angaben du nutzen kannst und welche nicht.

> Das Thema verlangt z. B. zu klären: Was ist Nachhaltigkeit? Wie kann jede Person in Bezug auf Ernährung nachhaltig leben?

So geht's

Die Vertrauenswürdigkeit von Quellen prüfen

Nachhaltig ernähren (Internetseite der Deutschen Gesellschaft für Ernährung)

„Eine nachhaltige und gesunde Ernährung besteht aus Ernährungsmustern, die alle Aspekte der Gesundheit und des Wohlbefindens einer Person fördern; geringe Auswirkungen auf die Umwelt haben und wenig Umweltbelastung verursachen; verfügbar, bezahlbar, sicher und fair sind und kulturell akzeptiert werden. Die Ziele einer nachhaltigen und gesunden Ernährung sind es, ein optimales Wachstum und die bestmögliche Entwicklung aller Personen zu erreichen sowie die Funktion und das körperliche, psychische und soziale Wohlbefinden in allen Lebensphasen der gegenwärtigen und künftigen Generationen zu begünstigen; zur Vorbeugung aller Formen der Fehlernährung (d. h. Unterernährung, Mikronährstoffmangel, Übergewicht und Adipositas) beizutragen; das Risiko von ernährungsmitbedingten nichtübertragbaren chronischen Erkrankungen zu verringern sowie die Erhaltung der Biodiversität und die Gesundheit des Planeten zu unterstützen. Nachhaltige und gesunde Ernährungsformen müssen alle Aspekte der Nachhaltigkeit vereinen, um unbeabsichtigte Konsequenzen zu vermeiden.“ FAO (ed.): Sustainable healthy Diets. Guiding Principles, Rome 2019

Ökologisch nachhaltig zu essen bedeutet, sich mit Mahlzeiten aus überwiegend pflanzlichen Lebensmitteln zu ernähren. [...]

Mit 52 % (6,1 Mio. Tonnen) in privaten Haushalten entsteht der Großteil der Lebensmittelabfälle. Jede*r Verbraucherin wirft demnach etwa 75 kg Lebensmittel im Jahr weg. Dies ergab eine Studie des Thünen-Instituts im Auftrag des BMEL zusammen mit der Universität Stuttgart.

Deutsche Gesellschaft für Ernährung e. V.
Godesberger Allee 136
53175 Bonn

- offizielle Internetseite der Deutschen Gesellschaft für Ernährung
- Absichten klar erkennbar
- Informationen über Begriff, seine Bedeutung und Ziele
- Informationsgehalt und Ausgewogenheit
- Definition, Bedeutung und Schlussfolgerungen in sachlich informierendem Stil
- Verweis auf weitere Quellen, Belege und Quellen nachprüfbar
- klare Definition und Informationen über Maßnahmen,
- objektiv nachprüfbare Fakten (im Gegensatz zu subjektiver Darstellung), hier: keine Meinung und/oder Bewertung

Impressum/Adresse angegeben

Ein Textverarbeitungsprogramm nutzen

Checkliste

1. Den Text gestalten

- ☑ Ich habe eine gut lesbare Schriftgröße (11 oder 12) verwendet.
- ☑ Ich habe durchgängig dieselbe Schriftart genutzt.
- ☑ Ich habe Schrifteffekte (**fett**, *kursiv*, unterstrichen; andere Textfarbe) sparsam und nur da eingesetzt, wo ich etwas hervorheben möchte.
- ☑ Ich habe einen längeren Text durch Absätze unterteilt.

2. Den Text überarbeiten

- ☑ Ich habe die von der automatischen Rechtschreibprüfung rot markierten Wörter überprüft.
- ☑ Ich weiß, dass die automatische Rechtschreibprüfung nicht alle Fehler erkennt, und kontrolliere meinen Text daraufhin.
- ☑ Ich habe alle weiteren Fehler korrigiert.

Ein Referat vorbereiten und halten

Mit einem Referat kannst du deinen Mitschülerinnen und Mitschülern Informationen zu einem Thema, mit dem du dich beschäftigt hast, weitergeben. In der Schule wirst du häufig Referate halten. Dabei ist es wichtig, dass du auf bestimmte Dinge achtest.

1 Vorbereitung

- **Informationen sammeln:** Nutze verschiedene und verlässliche Quellen. Mache dir Notizen.
- **Informationen auswerten und ordnen:** Sichte dein Material. Fasse die wichtigsten Informationen zusammen und ordne sie, z. B. nach Stichworten.
- **Das Referat gliedern:**
  - Einleitung: Wecke Interesse beim Publikum. Nenne Thema und Ziel deines Referats.
  - Hauptteil: Überlege dir Unterpunkte. Trage die Informationen vor.
  - Schluss: Fasse das Wichtigste zusammen. Du kannst auch deine Meinung wiedergeben.
- **Das Referat ausgestalten:** Lege einen Stichwortzettel oder eine Karteikarte für jeden Unterpunkt an. Ergänze Anschauungsmaterial, z. B. Karten, Abbildungen, Präsentationsfolien.

So geht's

Einleitung ①

Literatur im Mittelalter
→ Folie 1: Abb.: Handschrift, Einband

- **Thema + Ziel** nennen
- Interesse wecken

Hauptteil ②

→ Folie 2: Gliederung

1. *Mittelalter – Epochen*
   - *Zeiträume*
   - *historische Hintergründe*

   → Folie 3: Abb. Kloster
2. *Literaturzentren*

   ...
3. *Autoren*

   → Folie 10: Abb. Walther von der Vogelweide

- **Stichwortzettel** übersichtlich und gut lesbar gestalten, keine ganzen Sätze
- **Karteikarten** nur einseitig beschriften und nummerieren
- **Materialien** mit anderer Farbe notieren
- **Stichworte** groß notieren
- **wichtige Stellen** mit Unterstreichungen oder Textmarkern hervorheben

Schluss ⑧

- *Bezüge zur Gegenwart*
- *Fragen?*

→ Folie: Quellen

- **Wichtiges** zusammenfassen, Anregungen geben
- **Quellen** nennen
- nach Fragen erkundigen

2 Durchführung

- Übe deinen Vortrag mehrmals. Nutze deine Stichwortzettel.
- Trage möglichst frei vor. Halte Blickkontakt zum Publikum.
- Sprich deutlich, langsam und laut.

Ein Präsentationsprogramm nutzen

Eine Bildschirmpräsentation hilft dir, dein Referat anschaulicher zu machen. So bleibt das Publikum aufmerksam und kann das Gesagte besser verstehen. Mit einem Präsentationsprogramm, z. B. PowerPoint, kannst du Präsentationsfolien mit verschiedenen Gestaltungsoptionen erstellen.

Mache dich zuerst mit dem Programm vertraut:
- Wie kannst du eine Folie anlegen?
- Wo kannst du ein Layout wählen?
- Wie kannst du Text eingeben und formatieren?
- Wie werden Abbildungen eingefügt?
- Wie kannst du die Übergänge gestalten?

So geht's

Gestaltung der Präsentationsfolien

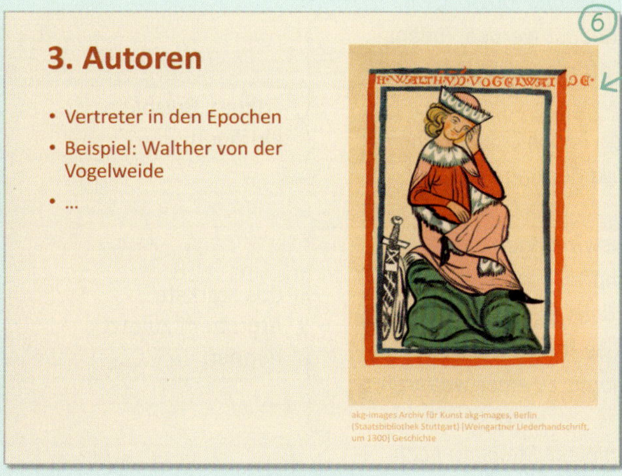

1 Folien einrichten
- einheitliches Design festlegen
- schlicht und übersichtlich
- wenige Farben
- Folien nummerieren
- Übergänge festlegen

2 Text einfügen
- gut lesbare Schriftgröße (mind. 22) und Schriftart
- erste Folie gibt Überblick (Thema, Gliederung)
- wenige Stichpunkte (max. sieben Zeilen), keine ganzen Sätze
- eine Überschrift je Folie
- Effekte festlegen (Unterstreichung, fett, kursiv)
- Folie mit Quellenangaben am Ende

3 Abbildungen einfügen
- aussagekräftige Abbildungen zur Veranschaulichung
- ca. zwei Abbildungen pro Folie, Folien nicht überladen
- auch Ton-/Videomaterial möglich

4 Rechtschreibprüfung nutzen
- Wörter mit roten Wellenlinien prüfen
- rechte Maustaste auf das Wort klicken → richtiges Wort auswählen

LERNINSEL

Einen Standpunkt in einer Debatte vertreten

V19

Eine Debatte ist eine Diskussion nach festen Regeln, in der eine Streitfrage von verschiedenen Positionen aus erörtert wird. Typischer Aufbau einer Debatte:
→ Streitfrage
→ vier Personen (zwei Pro und zwei Kontra), keine Gesprächsleitung
→ Ablauf: Eröffnungsrunde, freie Aussprache, Schlussrunde

Drei Grundregeln

1. Allgemeine Gesprächsregeln beachten
aktiv zuhören, wenn andere reden
- den anderen genau zuhören
- andere ausreden lassen
- nachfragen, wenn etwas unklar ist

wenn ich rede
- laut und deutlich sprechen
- freundlich und höflich sein
- beim Thema bleiben

2. Die eigene Meinung begründet darstellen
- eigene Meinung klar formulieren
- verschiedene Argumente vorbringen
- Beispiele geben

3. Auf andere Beiträge eingehen
- andere Meinungen ernst nehmen
- andere Argumente aufgreifen
- Gemeinsamkeiten benennen

So geht's

Streitfrage: Sollten Mädchen und Jungen in bestimmten Fächern getrennt unterrichtet werden?

Die Streitfrage ist, ob Jungen und Mädchen in bestimmten Fächern getrennt unterrichtet werden sollen. ← Streitfrage nennen

Ich halte das aus verschiedenen Gründen für falsch. ← eigene Position formulieren

Zunächst ist es wichtig, darauf hinzuweisen, dass in unserer Gesellschaft keine strikte Trennung nach Geschlecht herrscht. Sowohl in Ausbildungen oder Universitäten als auch im späteren Arbeitsleben sind alle Menschen darauf angewiesen, dass sie gut zusammenarbeiten können. Deshalb ist es notwendig, dass diese Fähigkeiten bereits in der Schule aufgebaut werden. Zudem gibt es keine Studien, die belegen, dass Mädchen und Jungen grundlegend unterschiedlich lernen. Eine Trennung nach Geschlecht hätte demnach keine Auswirkungen auf die Unterrichtsmethoden. } wichtige Argumente aufführen

Es besteht allerdings die Gefahr, dass Stereotype weiter ausgebaut werden, indem Jungen stärker in den naturwissenschaftlichen Fächern – die oft als „männlich" gedeutet werden – gefördert werden, Mädchen dafür zum Beispiel in Sprachen. Sobald eine solche Gewichtung Einfluss auf den Unterricht hat, haben Schülerinnen und Schüler nicht mehr die gleichen Bildungschancen. Das wirkt der angestrebten Gleichstellung in der Gesellschaft entgegen. } Fakten, Beispiele einfügen

Zusätzlich hätte eine Trennung nach Geschlechtern große Auswirkungen auf Vorurteile, mit denen unsere Gesellschaft bereits jetzt zu kämpfen hat. Eine Unterteilung in Mädchen und Jungen unterstützt die Ansicht, dass es nur zwei Geschlechter gäbe. Nicht-binäre oder transsexuelle Jugendliche könnten dabei ausgeschlossen werden. Eine Trennung im Unterricht würde somit zu einer weiteren Diskriminierung dieser Gruppen führen. } das stärkste Argument zuletzt nennen

Deshalb bringt eine Trennung nach Geschlecht im Unterricht meiner Meinung nach viele Schwierigkeiten, aber keine positiven Effekte mit sich. ← Fazit nennen

Einen informierenden Text materialgestützt schreiben

V01 Beim informierenden Schreiben auf der Grundlage von Materialien musst du die Aufgabenstellung genau beachten: Für wen schreibst du und mit welchem Ziel? Was ist das Thema und welche Teilthemen werden genannt? Die Materialien musst du entsprechend auswerten. Dabei helfen die Markierungen und die Zusammenfassung in Stichpunkten.

So geht's

Materialien auswerten

Aufgabenstellung:
Verfasse für die Schulzeitung einen Informationstext über E.T.A. Hoffmann. Achte auf die Schwerpunkte:
- Leite zu Beginn in das Thema ein und erkläre, inwiefern E.T.A. Hoffmann (auch heute noch) ein bedeutender Autor ist.
- Gib im Hauptteil wichtige Informationen über sein Leben und seine Karriere wieder.
- Gehe anschließend kurz darauf ein, warum Hoffmann ein Autor der Romantik ist und welche Besonderheiten sein Werk aufweist.
- Formuliere einen aussagekräftigen Schlusssatz.

Material 1 E.T.A. Hoffmann – Biografie und Werke

- geboren am 24. Januar 1776 in Königsberg
- Juristenfamilie
- studiert Jura, erst in Königsberg, später in Glogau und Berlin
- Abschluss 1800
- wird Gerichtsassessor (Richter auf Probe) in Polen
- 1802: Heirat mit Maria Michalina Thekla („Mischa") Rorer-Trzynska
- zeichnet Karikaturen über höhere Beamte und wird strafversetzt
- 1806 verliert er Posten als Regierungsrat in Warschau
- arbeitet als Musiklehrer, Kapellmeister, Komponist, Musikkritiker und Bühnenbildner
- 1814: erneuter Staatsdienst
- 1816: Anstellung am Kammergericht Berlin
- 1819: Leitung der „Immediat Commission zur Ermittlung hochverräterischer … Umtriebe" (Ermittlung gegen Burschen- und Turnerschaften)
- ein Leben lang künstlerisch aktiv, der öffentliche Erfolg durchs Schreiben kommt aber erst in den letzten Jahren
- stirbt am 25. Juni 1822 in Berlin

Bedeutende Werke:
- Ritter Gluck. Eine Erinnerung aus dem Jahr 1809 (1809)
- Der Sandmann (1816)
- Undine (1816, Zauberoper)
- Nussknacker und Mäusekönig (1819/1821 in „Die Serapionsbrüder" veröffentlicht)
- Das fremde Kind (1819/1821 in „Die Serapionsbrüder" veröffentlicht)
- Lebensansichten des Katers Murr (1819/1821)
- Meister Floh (1822)
- Des Vetters Eckfenster (1822)

So geht's

Material 2 E.T.A. Hoffmann – Leben und Schaffen

Als „Gespenster-Hoffmann“ ist er ins kollektive kulturelle Gedächtnis eingegangen, als Schöpfer des Kriminalromans und Spezialist für unheimliche Geschichten voller Rätsel und Kuriosa. Leicht vergisst man dabei seine weiteren künstlerischen Begabungen: Er malte, zeichnete Karikaturen, entwarf Bühnenbilder fürs Theater. Zudem spielte er glänzend Klavier, komponierte Kammer- und Kirchenmusik, Orchesterwerke und die abendfüllende Oper *Undine*. Überhaupt sah sich Ernst Theodor Wilhelm Hoffmann lange Zeit in der Rolle eines Komponisten und Musikers, den dritten Vornamen änderte er und nannte sich Amadeus, aus Bewunderung für Mozart. Die erste literarische Veröffentlichung kam spät, 1809, da ließ er den verstorbenen Komponisten Christoph Willibald Ritter von Gluck wiederauferstehen und durch das Berlin der Gegenwart spazieren. Schon hier spricht Hoffman vom „Reich der Träume“, in dem alles möglich scheint und die absonderlichsten Dinge passieren. [...]

Mit solcher Phantastik erweitert Hoffmann die zeitgenössische deutsche Literatur um ein völlig neues Genre, heute würde man seine Prosa als *mystery thriller* bezeichnen. Ihre besondere Wirkung – mithin auch den großen Erfolg beim Publikum – erzielt der Autor, indem er den Geschichten einen äußerst realistischen Hintergrund gab. Die Handlung spielte nicht in verwunschenen Märchenzonen, sondern an klar erkennbaren Orten, auf Plätzen und Straßen; die Protagonisten streifen durch Berlin oder Dresden, sitzen in einschlägigen Cafés, bestaunen Museen und Theater – und urplötzlich regieren Gespenster das Geschehen! Hoffmann benutzte Stadtpläne, verwertete lokale Besonderheiten und Nachrichten, die Leser identifizierten ihre eigene Welt und gruselten sich umso mehr. Zwar träumte Hoffmann ebenso idealistisch wie seine Kollegen der romantischen Epoche vom „Leben in der Poesie, der sich der heilige Einklang aller Wesen als tiefstes Geheimnis der Natur offenbaret“, doch faszinierten ihn fast ausschließlich die Schatten- und Nachtseiten der menschlichen Existenz. [...]

Von Kindesbeinen an war E.T.A. Hoffmann mit Rausch, Halluzination und Wahnsinn leidvoll vertraut. Der Vater, ein Säufer, verließ die Familie, Hoffmanns Mutter reagierte darauf mit pathologischer Hysterie. Durch die Wohnung eines wunderlichen Onkels, wo der Junge aufwuchs, hallten zudem die Schreie einer Irren, die im oberen Stockwerk hauste. Diese Eindrücke begleiteten Hoffmann sein Leben lang, sie prägten die Basis seiner Kunst und eines Daseins voller exzessiver Schwankungen. Früh griff er selbst zum Alkohol, wurde ein notorischer, später legendärer Trinker, der tagsüber als honoriger Rat am Berliner Kammergericht gewissenhaft seine anspruchsvollen Pflichten erfüllte, abends in der Kneipe die Puppen tanzen ließ und nachts, bisweilen absichtsvoll im Delirium, meisterliche Werke schrieb.

(Joachim Scholl: 50 Klassiker. Deutsche Schriftsteller, Hildesheim 2011, S. 58–59)

Material 3 E.T.A. Hoffmann – Bedeutung

E.T.A. Hoffmann (1776–1822) gilt als einer der wichtigsten Schriftsteller der Epoche der deutschen Romantik. Nicht zuletzt, weil seine Werke auch außerhalb Deutschlands Beachtung und Anerkennung fanden. Besonders ausschlaggebend für seinen Erfolg war jedoch sein Talent, in seinen Geschichten die Realität mit fantastischen Elementen zu vermischen und somit eine Art magischen Realismus zu erschaffen. Dazu nutzte er unter anderem Motive, die sich auch heute noch großer Beliebtheit bei Lesenden erfreuen: Vampire, Doppelgänger, die Großstadt oder Traumlandschaften. All dies machte Hoffmann zu einer Schlüsselfigur in der europäischen Literaturgeschichte und verschaffte ihm den Titel als Begründer des heutigen Fantasy-Genres.

Sein Einfluss ging jedoch über die Welt der Literatur hinaus. Er inspirierte zwar auch andere Autoren wie Franz Kafka oder den amerikanischen Horror-Schriftsteller Edgar Allan Poe, aber Hoffmanns Analysen der menschlichen Psyche, seine literarische Verarbeitung von Identitätskrisen oder dem Unterbewusstsein wirkten sich ebenso auf das Schaffen von Psychoanalytikern wie Sigmund Freud aus. Zudem wurden Hoffmanns Werke in zahlreichen Theater- und Musikstücken aufgegriffen und verarbeitet.

So geht's

Einen informierenden Text materialgestützt schreiben

E.T.A. Hoffmann – Der Begründer der Fantasy

Dass jemand, der bereits vor über 200 Jahren starb, nach wie vor ein Autor von großer Bedeutung sein kann, verdeutlicht das Beispiel E.T.A. Hoffmann. Durch seine besondere Art des fantastischen Erzählens erlangte er nicht nur in Deutschland, sondern auch im Ausland großen Ruhm und wird vielfach als „Schöpfer des Kriminalromans" (Material 2) und des Fantasy-Genres bezeichnet. Seine Werke inspirierten nicht nur andere Autoren, sondern hatten ebenfalls Einfluss auf andere Künste wie das Theater und die Oper, aber auch auf Wissenschaften wie die Psychologie.

mit Überschrift und **Einleitung** das Interesse der Lesenden wecken: Hoffmann als bedeutender Autor

Ernst Theodor Wilhelm Hoffmann wurde am 24. Januar 1776 in Königsberg geboren – den dritten Namen änderte er später in Anlehnung an den Komponisten Mozart zu Amadeus. Seine Kindheit war geprägt von Leid. Sein Vater war Alkoholiker und verließ die Familie, der Mutter wurde daraufhin das frühere Krankheitsbild Hysterie diagnostiziert.

Hauptteil mit vorgegebenen Themen: Leben

Da er aus einer Familie voller Juristen stammte, entschied sich auch Hoffmann für ein Jura-Studium, welches er 1800 in Berlin abschloss. Anstellung fand er danach als Richter auf Probe in Polen, wo er 1802 heiratete. Immer wieder geriet Hoffmann in Konflikte mit seinen Vorgesetzten, zum Beispiel weil er Karikaturen über sie zeichnete. 1806 verlor er seinen Posten und musste mehrere Jahre durch sein kreatives Schaffen, unter anderem als Musiklehrer, Geld verdienen. Erst 1814 kehrte er zurück in den Staatsdienst, arbeitete erst am Kammergericht und wurde später Leiter einer Untersuchungskommission für Burschen- und Turnerschaften. In dieser Position blieb er bis zu seinem Tod am 25. Juni 1822 in Berlin.

- Karriere

Sein literarisches Schaffen begann E.T.A. Hoffmann erst recht spät in seinem Leben. Sein erstes Werk, Ritter Gluck. Eine Erinnerung aus dem Jahr 1809, veröffentlichte er mit 33 Jahren. Vorher lebte er seine Kreativität durch Malen und Zeichnen sowie durch Musizieren und Komponieren aus. Neben seinen vielen Erzählungen ist zum Beispiel auch die Oper Undine erschienen. Denn obwohl sich Hoffmann selbst für viele Jahre eher als Musiker sah, erzielte er mit der Schriftstellerei seine größten Erfolge. Dort arbeitete er mit typisch romantischen Motiven, wie zum Beispiel Traumlandschaften, die er mit realen Handlungsorten verknüpfte, was damals nicht üblich war. Er schuf so „eine Art magischen Realismus" (Material 3). Sein Ziel war es, dass Lesende so ihre eigenen Städte in seinen Erzählungen wiederfanden, wodurch die fantastischen Aspekte noch furchteinflößender wirken sollten. Außerdem griff er so einen weiteren romantischen Aspekt auf: die Großstadt. Ein ebenso wichtiges Motiv in Hoffmanns Werken ist die dunkle Seite der menschlichen Psyche. Es ist denkbar, dass er dabei viele seiner eigenen Erfahrungen in sein Schreiben einfließen ließ.

- kreatives Schaffen
- Romantik

gezielte Verwendung von Zitaten

E.T.A. Hoffmanns Veröffentlichungen waren somit nicht nur wegweisend für die Epoche der Romantik, sondern beeinflussen das Genre der Fantasy und Autorinnen und Autoren in aller Welt bis heute.

aussagekräftiger **Schluss**satz

LERNINSEL

Eine schriftliche Erörterung verfassen

Du kannst deinen Standpunkt zu einer Streitfrage schriftlich formulieren und andere Menschen davon überzeugen. Begründe deine Meinung mit Argumenten und stütze diese durch Beispiele. Berücksichtige auch die Argumente der Gegenseite.

1. Schriftliche Erörterung planen
- die Streitfrage erfassen
- Argumente dafür oder dagegen mit passenden Beispielen sammeln
- den eigenen Standpunkt bestimmen
- Gliederung erstellen:
  - **Einleitung:** Streitfrage nennen, Interesse der Leserinnen und Leser wecken
  - **Hauptteil:** Argumente für den eigenen Standpunkt in nachvollziehbarer Reihenfolge anführen, mit passenden Beispielen stützen, Argumente verknüpfen, Gegenargumente entkräften
  - **Schluss:** verschiedene Möglichkeiten, z.B. Ergebnisse zusammenfassen, eine Forderung formulieren, einen Ausblick in die Zukunft geben oder einen Bezug zur Einleitung herstellen

2. Schriftliche Erörterung verfassen
- Einleitung, Hauptteil und Schluss schreiben
- sachlich und im Präsens schreiben
- Zusammenhänge verdeutlichen, indem Wörter und Sätze durch Konjunktionen und Adverbien verknüpft werden

3. Schriftliche Erörterung überarbeiten
- Inhalt überprüfen: Überzeugungskraft und Reihenfolge der Argumente
- sprachliche Gestaltung prüfen: sachlicher Stil, Präsens, Verknüpfung der Sätze
- sprachliche Korrektheit prüfen: Rechtschreibung und Zeichensetzung

So geht's

Standpunkt, Argument, Beispiel unterscheiden

Ist Influencer*in ein erstrebenswerter Beruf? ← Streitfrage

*→ Influencer*in ist kein erstrebenswerter Beruf* ← Standpunkt: Meinung, Urteil, Forderung

zu viel Arbeit, keine wirkliche Freizeit ← Argument: Begründung

*Influencer*innen verdienen ihr Geld damit, dass sie ihr Leben online teilen. Das betrifft jeden Aspekt, sie müssen also alles aufnehmen. Die Bilder und Videos müssen zusätzlich bearbeitet werden, bevor sie auf den verschiedenen Plattformen hochgeladen werden können, was sehr lange dauern kann.* ← Beispiele als Stütze des Arguments

So geht's

Eine schriftliche Erörterung verfassen

*Influencer*in – Ein erstrebenswerter Beruf?*

*Sobald man sich im Internet aufhält, kommt man nicht an ihnen vorbei: Influencer*innen. Online teilen sie ihr Leben, ihre neuesten Shopping-Errungenschaften oder bewerben neue Produkte. Aber ist Influencer*in zu sein tatsächlich so erstrebenswert oder hat der Beruf auch seine Schattenseiten?*

*Natürlich verdienen Influencer*innen durch Produktplatzierungen oder Werbedeals mit großen Firmen eine Menge Geld. Dafür ist aber stets eine enorme Reichweite notwendig. Mit wenigen Tausend Follower*innen lassen sich kaum langfristige Kooperationsbeziehungen aufbauen. Ein kritischer Blick auf die Profile von Influencer*innen zeigt zudem, dass fast alle von ihnen bereits auf anderen Wegen bekannt geworden sind. Es sind ehemalige oder noch aktive Sportler*innen, Models oder Stars aus Film und Fernsehen. Da kommt schnell die Frage auf, ob es wirklich für jeden Menschen möglich ist, mit Social Media das große Geld zu verdienen. Vielmehr entsteht der Eindruck, dass bereits im Vorfeld ein großes Interesse an der Person bestehen muss, damit sie auch online erfolgreich wird.*

*Ein weiteres Argument gegen den Beruf der Influencer*innen ist ihre beinahe durchgehende Onlinepräsenz. Neben Kooperationen teilen sie viele, auch intime, Momente aus ihrem Leben, sodass kaum noch Freizeit ohne eine Kamera oder das Handy möglich ist. Doch da hört die Arbeit nicht auf. Alle Fotos und Videos müssen nach der Aufnahme noch bearbeitet und später auf verschiedenen Plattformen gepostet werden. Expert*innen raten zum Beispiel dazu, dass man täglich mindestens ein Video posten sollte, damit der Algorithmus den eigenen Content auch bei den Abonnent*innen ausspielt. Dadurch entsteht ein enormer Druck.*

*Dennoch bietet der Beruf der Influencer*innen auch Bekanntheit und Anerkennung – für viele Menschen etwas, dass sie sich wünschen. Endlose Kommentare unter den Postings oder die Frage nach gemeinsamen Fotos bieten soziale Bestätigung. Allerdings kommen mit der steigenden Bekanntheit auch zunehmend negative Kommentare. Viele Influencer*innen sehen sich inzwischen dazu gezwungen, Beleidigungen und Hassrede unter ihren Beiträgen zur Anzeige zu bringen. Denn genauso wie positives Feedback einen Einfluss auf das eigene Wohlbefinden haben kann, wirken sich eben auch negative Rückmeldungen deutlich aus.*

*Deshalb ist Influencer*in aus meiner Sicht kein erstrebenswerter Beruf. Social Media kann als Hobby viele Vorteile mit sich bringen, aber als Job verlangt es einem nicht nur viel ab, sondern bietet auch keine sichere Perspektive – sowohl finanziell als auch für die eigene Psyche.*

Einleitung: Interesse wecken und die Streitfrage benennen

Argumente entfalten und verknüpfen

Hauptteil: Argumente und passende Beispiele darstellen

auf Gegenargumente eingehen

Schluss: die eigene Meinung erneut formulieren und die Argumentation kurz zusammenfassen

Checkliste

1. Inhalt und Aufbau

- ☑ Meine Einleitung benennt die Streitfrage und weckt Interesse.
- ☑ Meine Argumente sind gut aufeinander abgestimmt und stützen meinen Standpunkt.
- ☑ Meine Argumente sind vom schwächsten zum stärksten Argument angeordnet.
- ☑ Meine Argumente werden durch passende Beispiele gestützt.
- ☑ Ich habe Gegenargumente entkräftet.
- ☑ Ich habe meinen Standpunkt deutlich gemacht.

2. Sprache und Gestaltung

- ☑ Ich habe sachlich und im Präsens geschrieben.
- ☑ Ich habe die Zusammenhänge durch passende Satzverknüpfungen verdeutlicht.
- ☑ Ich habe die Rechtschreibung, den Satzbau und die Zeichensetzung überprüft.

Ein Bewerbungsschreiben verfassen

V02

So geht's

Nico Böhringer
Blumenweg 4a, 29221 Celle, Tel. 05141/123456, E-Mail: n.boehring@xyz.de

Hotel und Pension Wegner
Seestraße 37
30449 Hannover

05.02.2025

Bewerbung um einen Ausbildungsplatz
als Hotelfachmann im Ausbildungsjahr 2025/26

Sehr geehrte Frau Wegner,

mit großem Interesse habe ich auf Ihrer Website erfahren, dass Sie zwei Ausbildungsplätze als Hotelfachmann anbieten. Hiermit möchte ich mich um einen dieser Plätze in Ihrem Hotel bewerben. Schon lange habe mich für die Hotellerie begeistert, vor allem interessiert mich die Kombination aus Kundenservice, Organisation und Teamarbeit. Mir liegen strukturiertes Arbeiten und Organisieren, aber auch der Umgang mit Menschen und die Arbeit im Team.

Im letzten Jahr habe ich im Rahmen eines Praktikums bereits Erfahrungen im Bereich Gastronomie gesammelt, indem ich in einem Restaurant als Aushilfe gearbeitet habe. Dabei konnte ich meine Kommunikationsfähigkeiten und mein ausgeglichenes Naturell in stressigen Situationen unter Beweis stellen. Auch das hat mich in meiner Berufswahl bestärkt.

Ich freue mich sehr darauf, in Ihrem Haus die verschiedenen Bereiche eines Hotels kennenzulernen und meine Fähigkeiten in der Praxis weiterzuentwickeln. Besonders ansprechend finde ich die Möglichkeit, in einem internationalen Umfeld zu arbeiten und Gäste aus aller Welt zu betreuen. Über die Möglichkeit, meine Ausbildung in Ihrem Hotel zu absolvieren, würde ich mich sehr freuen.

Aktuell besuche ich die Realschule in Celle und werde im Sommer 2025 meinen Sekundarabschluss machen. Zu meinen besten Fächern zählen Biologie, Deutsch und Englisch.

Über eine Einladung zu einem persönlichen Gespräch werde ich mich sehr freuen.

Mit freundlichen Grüßen
Nico Böhringer

Anlagen:
Lebenslauf, Kopie des letzten Schulzeugnisses

Kopf
Absenderin/Absender

Empfängerin/Empfänger

Datum

Betreff

Anrede

Bewerbungstext
Warum dieser Beruf?
Warum ich?
Warum dieses Unternehmen?
Bitte um Einladung

Grußformel
Unterschrift

Anlagen

Einen Lebenslauf verfassen

So geht's

LEBENSLAUF

Persönliche Daten

Name	Nico Böhringer	vollständige Kontaktdaten
Anschrift	Blumenweg 4a 29221 Celle	
Telefon	Tel. 05141/123456	
E-Mail	n.boehring@xyz.de	
Geburtsdatum/-ort	07.09.2009 in Hannover	

Foto: nicht zwingend erforderlich

Schulbildung

seit 2019	Neue Realschule (Celle)
2018–2019	Astrid-Lindgren-Grundschule (Celle)
2015–2018	Grundschule „An der Weide“ (Hannover)

Praktische Erfahrungen

2024	zweiwöchiges Schülerpraktikum im Restaurant „Zur Linde“ in Celle

praktische Erfahrungen, die dich für diesen Ausbildungsplatz qualifizieren

Persönliche Fähigkeiten und Interessen

Sprachkenntnisse	Muttersprache Deutsch, gute Englischkenntnisse, Grundkenntnisse in Spanisch
Computerkenntnisse	sicherer Umgang mit MS Office (Word, PowerPoint)
Hobbys	Mannschaftssport (Volleyball), Kochen

besondere Fähigkeiten, die für den Ausbildungsplatz wichtig sind

Hobbys, die deine Vorlieben zeigen

Celle, 05.02.2025
Nico Böhringer

Ort, Datum
Unterschrift

Checkliste

Eine Bewerbung vorbereiten

Ich habe
- ☑ die Form der Bewerbung beachtet (per Post, per E-Mail, per Formular auf Website des Arbeitgebers)
- ☑ ein Bewerbungsschreiben verfasst
- ☑ meinen Lebenslauf geschrieben
- ☑ meine Zeugnisse und weitere Nachweise (z. B. für Praktika) kopiert

Wortarten unterscheiden und verwenden

Flektierbare Wortarten

Nomen
Schlange, Polizeieinsatz, Angst

Artikel
der, die, das, ein, eine

Possessivpronomen
mein, dein, sein, unser, euer, ihr
Personalpronomen
ich, du, er/sie/es, wir, ihr, sie
Demonstrativpronomen
dieser, diese, dieses, jener, jene, jenes
Relativpronomen
der, die, das, welcher, welche, welches

Adjektiv
laut, schön, gefährlich, schnell, blau

Nicht flektierbare Wortarten

Präposition
auf, während, mit, wegen, für, durch, aus, nach

Konjunktion
nebenordnend: *und, oder, denn, aber, sondern, jedoch*
unterordnend: *weil, da, während, als, damit, dass, wenn, obwohl*

Adverb
temporal: *heute, jetzt, immer*
modal: *gern, besonders, so*
lokal: *dort, hier, oben*
kausal: *deshalb*

Interjektion (Ausruf)
oh, ah, aha, igitt

Wortarten

- **flektierbar**
  - konjugierbar Verb
  - **deklinierbar**
    - festes Genus Nomen
    - meist steigerbar Adjektiv
    - nicht steigerbar Artikel, Pronomen
- **nicht flektierbar**
  - Präposition
  - Konjunktion
  - Interjektion
  - Adverb

Verb

infinite Verbform (nicht konjugiert) — *schwimmen, schwimmend, geschwommen*
finite Verbform (konjugiert) — *ich schwimme*

Verb → **Personalform**, **Numerus**, **Modus**, **Tempus**, **Handlungsart**

Tempus (Zeitform)

Präsens: Präsensstamm + Personalendung	*Er fotografiert die Orcas.*
Präteritum: Präteritumstamm + Personalendung	*Er fotografierte die Orcas.*
Perfekt: Personalform von *haben* oder *sein* im Präsens + Partizip II des Vollverbs	*Er hat die Orcas fotografiert.*
Plusquamperfekt: Personalform von *haben* oder *sein* im Präteritum + Partizip II des Vollverbs	*Er hatte die Orcas fotografiert.*
Futur I: Personalform von *werden* im Präsens + Infinitiv des Vollverbs	*Er wird die Orcas fotografieren.*
Futur II: Personalform von *werden* im Präsens + Partizip II des Vollverbs + Infinitiv von *haben* oder *sein*	*Er wird die Orcas fotografiert haben.*

Handlungsart

Aktiv:	*Die Besatzung* Subjekt	*sichtet* Prädikat	*die Orcas.* Akkusativobjekt	
Passiv:	*Die Orcas* Subjekt	*werden* Prädikat	*(von der Besatzung)* Präpositionalobjekt	*gesichtet.* Prädikat

Tempus	**Passiv** (infinite oder finite Form von werden, Hilfsverb des Tempus und Partizip II des Vollverbs)
Präsens	*Die Filmaufnahme wird (von Tauchern) gemacht.*
Präteritum	*Die Filmaufnahme wurde (von Tauchern) gemacht.*
Perfekt	*Die Filmaufnahme ist (von Tauchern) gemacht worden.*
Plusquamperfekt	*Die Filmaufnahme war (von Tauchern) gemacht worden.*
Futur I	*Die Filmaufnahme wird (von Tauchern) gemacht werden.*
Futur II	*Die Filmaufnahme wird (von Tauchern) gemacht worden sein.*

Modus (Aussageweise): **Indikativ, Konjunktiv, Imperativ**

Indikativ

Bilden: siehe Tempus (S. 329)

Verwenden: etwas als wirklich darstellen

Haie gibt es nicht im Süßwasser.

Konjunktiv I

Bilden: Präsensstamm des Verbs + Personalendung des Konjunktivs (-e/-est/-e/-en/-et/-en)

(sie) ruf-e, (du) tauch-est, (ihr) erlaub-et;
Ausnahme: (er) sei

Verwenden: wiedergeben, was jemand anderes gesagt hat

Sie sagt, das Tauchen habe sie sehr begeistert.

Ist die Konjunktiv-I-Form identisch mit dem Indikativ Präsens, verwendet man den Konjunktiv II.

Sie nehmen sich viel Zeit.
→ Sie nähmen sich viel Zeit.

Konjunktiv II

Bilden: Wortstamm des Präteritums + Personalendung des Konjunktivs (-e/-est/-e/-en/-et/-en)

- *starke Verben:* Enthält der Präteritumstamm den Stammvokal a, o, u, wird dieser häufig zum Umlaut (ä, ö, ü).
  (er) trüg-e, (sie) verlör-e,
  (du) hätt-est, (sie) träf-en
- *schwache Verben:* Die Formen des Konjunktivs II und des Indikativs Präteritum sind gleich.
  (er) atmet-e, (sie) kämpft-en

Tempusformen

Gegenwart: *Es entständen künstliche Riffe.*

Vergangenheit: nur eine Konjunktivform *Es wären künstliche Riffe entstanden.*

Zukunft: *Es würden künstliche Riffe entstehen.*

Verwenden:

- etwas als wünschenswert oder nur vorgestellt darstellen
  Eine Unterwasserexpedition wäre fantastisch.
- etwas vermuten, etwas vorsichtig behaupten
  Es könnte sich um eine Attrappe handeln.
- höflich auffordern oder fragen
  Könntest du bitte die Tauchflasche tragen?

Umschreibung mit *würde*

Bilden: Konjunktiv II von *werden* + Infinitiv

(sie) würde fahren, (wir) würden springen

Verwenden:

- wenn die Konjunktiv-II-Form und der Indikativ Präteritum gleich sind (sorgt für Eindeutigkeit)
  Sie betrachteten die Korallenriffe. → Sie würden die Korallenriffe betrachten.

Imperativ

Bilden: Imperativ Singular:

- Präsensstamm + Endung -e
  Bleib(e) bei mir! Frag(e) nach!
- bei Wechsel von e zu i in der 3. Person Singular: Präsensstamm mit i + endungslos
  Hilf mir beim Verteilen!
  Gib mir bitte den Rucksack!

Imperativ Plural:

- Präsensstamm + Endung -t
  Prüft das Ventil! Weckt die Crew!

Verwenden: eine direkte Aufforderung ausdrücken

Lies die Anleitung!

Bitten und Aufforderungen können auch mit

- **Modalverben** oder
  Du darfst dich hier nicht aufhalten!
- dem **Futur I** formuliert werden.
  Ihr werdet jetzt genau aufpassen!

Wortbildung

Kompositionen (Zusammensetzungen)	**Derivationen** (Ableitungen)
• aus zwei (oder mehr) **Wörtern** zusammengesetzt • bestehen aus **Bestimmungs- und Grundwort** • oft mit **Fugenelement** *→ Überraschung-s-gast*	• von einem **Wortstamm** durch ein **Präfix** oder **Suffix** abgeleitet • Präfixe und Suffixe sind **unselbstständig**, können nicht allein stehen
Vanille + Eis → Vanilleeis Eis + kalt → eiskalt	ver- + schreiben → verschreiben Eis + -ig → eisig
Bestimmungswort + Grundwort → Zusammensetzung	Präfix Stamm Suffix → Ableitung
Das Grundwort bestimmt meist die Wortart.	Das Suffix bestimmt die Wortart.

Derivationen können auch ohne Präfix und Suffix erfolgen. *→ tanzen – der Tanz*
Abgeleitete oder zusammengesetzte Wörter mit einem gemeinsamen Wortstamm bilden eine **Wortfamilie**.

Eis: **eisig**, **Eistee**, **Vanilleeis**, **eiskalt**, **Erdbeereis**, **eislaufen**, **...**, **Eiskristall**

V20 Wortgruppen erkennen und verwenden

Wörter verbinden sich häufig mit anderen Wörtern zu **Wortgruppen**.
→ der Hund, dieses Kind, mit dem Hund, das fröhliche Kind, den Hund streicheln

Die **Wörter** einer Wortgruppe gehören **inhaltlich** und **grammatisch** zusammen. Eine **Wortart** spielt die wichtigste Rolle, sie bildet den **Kern**.

Man unterscheidet:

Verbgruppen	*den Hund streicheln, das Kind rufen*
Nominalgruppen	*der Hund, der muntere Hund*
Adjektivgruppen	*der muntere Hund, (das) sehr fröhliche (Kind)*
Präpositionalgruppen	*mit dem Hund, zu dem fröhlichen Kind*
Adverbgruppen	*knapp daneben, nur heute, sehr oft*
Adjunktorgruppen	*(Der Hund ist größer) als die Katze. (Er ist so groß) wie ein Fuchs.*

Satzglieder und Attribute erkennen und verwenden

Umstellprobe, Ersatzprobe, Weglassprobe und Erweiterungsprobe

Bei der **Umstellprobe** stellst du die Wörter im Satz um. Wörter, die bei Umstellungen immer zusammenbleiben, bilden gemeinsam ein Satzglied.

Robert Koch	erhielt	für die Entdeckung der Tuberkulose-Erreger	den Nobelpreis.
Den Nobelpreis	erhielt	Robert Koch	für die Entdeckung der Tuberkulose-Erreger.
Für die Entdeckung der Tuberkulose-Erreger	erhielt	Robert Koch	den Nobelpreis.

Bei der **Ersatzprobe** ersetzt du mehrere Wörter durch ein einziges Wort, etwa durch ein Pronomen.

Der berühmte Mediziner	entwickelte	neue wissenschaftliche Methoden.
Er	entwickelte	sie.

Bei der **Weglassprobe** lässt du Wörter oder Wortgruppen weg. So kannst du feststellen, welche Satzglieder oder Teile von Satzgliedern unbedingt notwendig sind.

In der Umkehrung ergänzt du bei der **Erweiterungsprobe** hilfreiche Informationen, damit du durch Attribute oder Adverbiale genauer oder anschaulicher schreibst.

Das Prädikat als Kern des Satzes

Ohne Prädikat gibt es keinen Satz.

Das Prädikat besteht aus mindestens einem **Verb**.

Robert Koch erforschte Bakterien.

Das Prädikat kann **einteilig** oder **mehrteilig** sein.

Er hat zunächst in einem dürftig ausgestatteten Labor gearbeitet.

Manche Verben wie *sein* oder *werden* verlangen neben dem Subjekt ein weiteres Satzglied. Ohne dieses **Prädikativ** wäre der Satz unvollständig. Das Prädikativ kann ein Nomen oder eine Wortgruppe sein, das die Eigenschaften des Subjekts klärt.

Robert Koch	*ist*	*Nobelpreisträger.*
Subjekt		*Prädikativ*
Robert Koch	*ist*	*ein berühmter Mann.*

Satzglieder erfragen

Satzglied	Frage	Beispiel
Subjekt	*Wer oder Was?*	*1883 reiste Robert Koch nach Kalkutta.*
Objekte		
• Genitivobjekt	*Wessen?*	*Für Erfolg bedarf es Ausdauer.*
• Dativobjekt	*Wem?*	*Der Ruhm gebührt ihm.*
• Akkusativobjekt	*Wen oder was?*	*Dort wollte er die Cholera untersuchen.*
• Präpositionalobjekt	*Präposition + wem oder wen?* *Wo(r) + Präposition*	*Im 19. Jahrhundert starben viele Menschen an Infektionskrankheiten.*

Adverbiale

• Temporalbestimmung: Zeit	*Wann? Wie lange? Seit wann? Wie oft?*	*Der Italiener Filippo Pacini hatte den Cholera-Erreger schon 1854 entdeckt.*
• Lokalbestimmung: Ort	*Wo? Wohin? Woher?*	*Er forschte in seinem Labor.*
• Modalbestimmung: Art und Weise	*Wie? Auf welche Art und Weise?*	*Er hat den Erreger detailliert beschrieben.*
• Kausalbestimmung: Grund	*Warum? Weshalb?*	*Wegen der geringen Verbreitung der Schrift war Koch diese nicht bekannt.*

Teile von Satzgliedern: Attribute

Attribute sind **keine Satzglieder**. Sie bleiben bei der Umstellprobe mit den anderen Wörtern des Satzgliedes zusammen. Sie bestimmen ein Nomen näher.

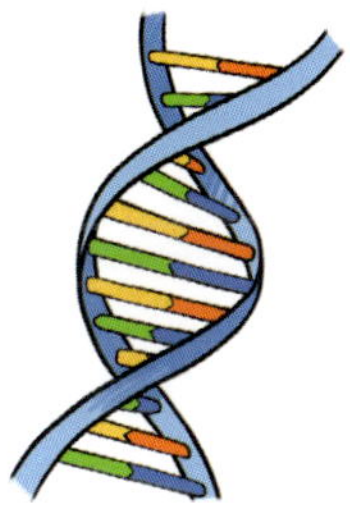

Attribute können in verschiedenen Formen auftreten:

• Adjektiv	*eine sensationelle Entdeckung*
• Partizip	*die gestohlenen Daten*
• Wortgruppe mit Präposition	*das Geheimnis von ihnen*
• Nomen oder Wortgruppe im Genitiv	*die Entschlüsselung der DNA*
• Attributsatz (Relativsatz)	*Sie schnitt in der Prüfung, die schwer war, als Beste ab.*

V21 ⓓ

Das Satzmodell

- Man kann die **Struktur von Sätzen** mithilfe eines Satzmodells untersuchen und beschreiben.
- Das Modell zeigt die Position des **Prädikats** und der verschiedenen **Satzglieder**.
- Bei mehrteiligen Prädikaten steht im **linken Verbfeld** die finite (konjugierte) Verbform. Sie bildet zusammen mit dem Rest des Prädikats im **rechten Verbfeld** die **Satzklammer**.
- Satzgefüge und Satzreihen lassen sich im Satzmodell in zwei Tabellenzeilen untereinander darstellen.

Satzklammer (linkes Verbfeld ↔ rechtes Verbfeld)

Vorfeld	linkes Verbfeld	Mittelfeld	rechtes Verbfeld	Nachfeld
einteiliges Prädikat				
Er	*ruft*	*den Hund.*		
zweiteiliges Prädikat				
Sie	*führt*	*den Hund*	*aus.*	
Satzgefüge (Hauptsatz + Nebensatz)				
Der Hund	*hat*	*das Futter*	*gefressen,*	*weil er Hunger hatte.*
	weil	*er Hunger*	*hatte.*	
Satzreihe (Hauptsatz + Hauptsatz)				
Der Hund	*fraß*	*das Futter*	*auf*	
und	*lief*	*davon.*		

Nebensätze unterscheiden

Adverbialsätze unterscheiden und verwenden

Adverbialsätze informieren über nähere Umstände und Zusammenhänge von Handlungen. Du kannst nach der Art der Information verschiedene Adverbialsätze unterscheiden.

Adverbialsatz	Fragen	Eingeleitet durch	Beispiel
Temporalsatz: Zeit	*Wann? Wie lange? Seit wann? Bis wann?*	als, während, bis, bevor, ehe, nachdem, sobald	*Als Alexander von Humboldt zehn Jahre alt war, entwarf er bereits Karten von Afrika.*
Lokalsatz: Ort, Richtung	*Wo? Wohin? Woher?*	wo, wohin, woher	*Er forschte dort, wo es viel Neues zu entdecken gab.*
Modalsatz: Art und Weise	*Wie? Auf welche Art und Weise?*	indem, (so) wie, (anders) als, ohne dass, als ob, dadurch dass	*Humboldt konnte neue Erkenntnisse erlangen, indem er seine Umgebung genau beobachtete.*
Kausalsatz: Grund, Ursache	*Warum? Weshalb? Wieso? Weswegen?*	weil, da, zumal	*Weil es sein großer Traum war, bereitete er schon seit 1793 seine Amerika-Reise vor.*

V22

Subjekt- und Objektsätze unterscheiden und verwenden

Auch Nebensätze können Subjekte und Objekte sein. Du kannst sie erfragen.

Subjektsatz
Wer oder was?
Wer von Fremdem fasziniert ist, findet eine Kombination aus Reisen und Forschen bestimmt reizvoll.
→ Wer oder was findet eine Kombination aus Reisen und Forschen bestimmt reizvoll?
Wer von Fremdem fasziniert ist, ...

Objektsatz
Wen oder was?
Goethe bestätigt, dass Alexander von Humboldt ein ausgezeichneter Erzähler war.
→ Wen oder was bestätigt Goethe?
..., dass Alexander von Humboldt ein ausgezeichneter Erzähler war.

Attributsätze erkennen und verwenden

Ein Relativsatz ist eine Form des Attributs. Er gibt Informationen zu dem Nomen, auf das er sich bezieht, und steht meist dahinter. Eingeleitet wird ein Relativsatz durch ein Relativpronomen.

Die Reiseroute, die er zurücklegte, ist beeindruckend.

Kommasetzung bei Satzgefügen

Jeder Hauptsatz und Nebensatz besitzt in der Regel ein **Subjekt** und ein **finites** (gebeugtes) **Verb**. Satzgefüge bestehen aus mindestens einem **Hauptsatz** (HS) und mindestens einem **Nebensatz** (NS). Sie werden durch **Kommas** voneinander getrennt. Ihre Reihenfolge kann unterschiedlich sein:

- **nachgestellter Nebensatz: HS, NS** — *Jeanne Baret verkleidete sich als Mann, weil Frauen zu dieser Zeit auf Marineschiffen verboten waren.*
- **vorangestellter Nebensatz: NS, HS** — *Weil Frauen zu dieser Zeit auf Marineschiffen verboten waren, verkleidete sich Jeanne Baret als Mann.*
- **eingeschobener Nebensatz: HS, NS, HS** — *Jeanne Baret verkleidete sich, weil Frauen zu dieser Zeit auf Marineschiffen verboten waren, als Mann.*

V11

Satzzeichen richtig setzen

Hauptsatz (HS)
Im Hauptsatz steht das finite (gebeugte) Verb in der Regel **nach dem ersten Satzglied.**
Sie ging an Bord, weil sie neugierig auf die Welt war.
Wenn der **Nebensatz vor dem Hauptsatz** steht, steht das finite (gebeugte) Verb **nach dem Komma am Anfang** des Hauptsatzes.
Dass es sich um eine Frau handelte, bemerkte die Besatzung erst nach einiger Zeit.

Nebensatz (NS)
Im Nebensatz steht das finite (gebeugte) Verb an **letzter Stelle**. Nebensätze werden häufig durch unterordnende Konjunktionen eingeleitet.
Sie ging an Bord, weil sie neugierig auf die Welt war.
Es können **mehrere Nebensätze** in einem Satzgefüge vorkommen.
Sie blieb lange Zeit auf Mauritius, wo sie Pflanzen sammelte, die noch unbekannt waren.

Mit Kommas Satzstrukturen verdeutlichen

Kommas strukturieren komplexe Sätze und erleichtern so deren Verständlichkeit.

Regel 1 (Grundregel)
Aufzählungen in Form von Wörtern oder Wortgruppen sowie Satzreihen trennt man durch Komma voneinander ab.

Auf seinen Reisen führte er Teleskope, Barometer, Thermometer mit.

Regel 1 A (Ergänzungsregel)
Kein Komma steht bei Aufzählungen und Satzreihen, die mit den Konjunktionen *und, sowie, sowohl … als auch, weder … noch, oder, entweder … oder* verbunden sind.

Sowohl ein Mondkrater als auch eine Meeresströmung sind nach dem berühmten Forscher benannt.

Regel 2 (Grundregel)
Einschübe und Hervorhebungen (z. B. Appositionen, Partizipialgruppen) trennt man durch Komma vom übrigen Satz ab.

Er hat sich mit zahlreichen Forschungsgebieten, unter anderem der Botanik, Zoologie, Vulkanologie und Kartografie, beschäftigt.

Regel 3 (Grundregel)
Kommas stehen in **Satzgefügen**. Sie trennen den Hauptsatz vom Nebensatz oder Nebensätze untereinander ab.

Alexander von Humboldt nahm gewaltige Strapazen auf sich, da er möglichst viel von der Welt sehen wollte.

Regel 4
Infinitivgruppen (erweiterter Infinitiv) mit zu
(Erweiterungen sind Satzglieder sowie Konjunktionen)

Alexander von Humboldt nahm die Strapazen auf sich, um viel von der Welt zu sehen.

Er startete mit dem Ziel, den Orinoco zu erkunden.

Regeln und Strategien der Rechtschreibung

V23

Du musst die Schreibung der meisten Wörter nicht auswendig lernen. Bei vielen Wörtern kannst du die Schreibweise durch die Strategien Zerlegen, Verlängern, Ableiten und Merken sowie die Regeln für die Großschreibung erkennen.

Strategie Zerlegen – Wörter in Silben zerlegen

Das Zerlegen von zweisilbigen Wörtern hilft dir, viele Wörter richtig zu schreiben, da sie meist einen typischen Aufbau haben:

- Jede Silbe enthält einen Vokal.
- Die zweite Silbe beginnt immer mit einem Konsonanten und enthält ein **e**.

Wichtig für Wörter
- mit **i** und **ie** → *fin|den, Tie|re*
- mit silbentrennendem **h** → *frü|her*
- mit Doppelkonsonanten → *Affen*
- mit **tz** oder **ck** → *Katze, Brücke,*

So kannst du Wörter in Silben zerlegen:

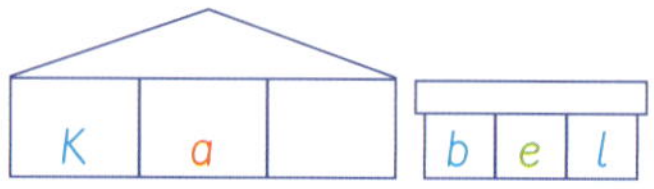

- Im Haus-Garage-Modell ist bei **offenen Silben** das dritte Zimmer im Haus unbesetzt und der **Vokal wird lang gesprochen.**

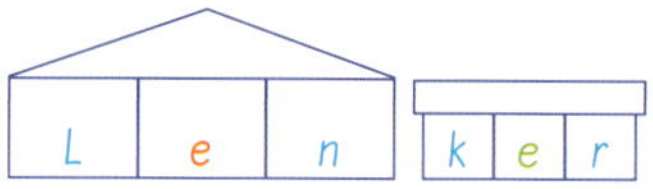

- Im Haus-Garage-Modell ist bei **geschlossenen Silben** das dritte Zimmer im Haus besetzt und der **Vokal wird kurz gesprochen.**

Strategie Verlängern

Das Verlängern von Wörtern hilft dir, die Schreibung am Wortende zu klären.

Wichtig für Wörter
- mit **s**, **ss** und **ß** am Wortende → *Kreis, Biss, Gruß*
- mit **b**, **d** und **g** am Wortende → *gelb, Feld, Weg*
- mit **p**, **t** und **k** am Wortende → *Typ, weit, Bank*

So kannst du Wörter verlängern:
Am **Ende von Wörtern** klingen **s**, **ss** und **ß**, **b** und **p**, **d** und **t**, **g** und **k** gleich. Willst du wissen, wie das Wort am Ende geschrieben wird, musst du es verlängern:
- Bei **Nomen** bildest du den Plural.
  → *Kreis – Kreise, Biss – Bisse, Gruß – Grüße, Erfolg – Erfolge*
- Bei **Verben** bildest du den Infinitiv oder die wir-Form.
  → *er schob – (wir) schieben*
- Bei **Adjektiven** hilft dir die Steigerung.
  → *rund – runder*

Strategie Ableiten

Das Ableiten hilft dir, bei ähnlich klingenden Lauten die richtige Schreibung zu finden.

Wichtig für Wörter
- mit **ä** oder **e** → *Wälder, Schere*
- mit **äu** oder **eu** → *Bäume, freuen*

a → ä
au → äu

So kannst du Wörter ableiten:
In vielen Wörtern klingen **ä** und **e**, aber auch **äu** und **eu** gleich.
- Findest du ein verwandtes Wort mit **a** und **au**, schreibst du **ä** oder **äu**.
  → *Wälder – Wald, Bäume – Baum*
- Gibt es kein **verwandtes Wort** mit **a** oder **au**, schreibst du **e** oder **eu**. → *Schere, Heu*

Strategie Merken

Für einige Wörter gibt es keine Regeln. Du musst dir die Schreibung der sogenannten Merkwörter einprägen.

Wichtig für Wörter
- mit **v/V** → *von, vergessen, vielleicht, Vater*
- mit Dehnungs-**h** → *Fehler, nehmen, Gewohnheit, fahren*
- mit **ks**-Laut → *Wachs, Axt*
- mit Doppelvokal und **ai** → *Boot, Haar, Fee, Kaiser*
- und Fremdwörter → *Atmosphäre, explodieren, Cousin*

So kannst du dir Wörter merken:
- Merkstellen markieren
- Merkwörter mehrfach schreiben
- Wortkarten anlegen
- Wörterlisten mit Merkwörtern erstellen
- Sätze mit den Merkwörtern bilden
- Merkverse erfinden und lernen
- Wörter aus der Wortfamilie suchen
  → *fahren, Fahrrad, Fähre …*
- im Wörterbuch nachschlagen
  → *Wachs, Axt*

Regeln der Großschreibung

Die Großschreibung von Wörtern hilft dir beim Lesen. Nomen werden immer großgeschrieben.

Wichtig für Wörter
- bei denen dir nicht klar ist, ob sie großgeschrieben werden.

große Luftballons

große, rote Luftballons

große, rote, leuchtende Luftballons

So kannst du überprüfen, ob Wörter großgeschrieben werden:
- mit dem Wissen über die Begleiter von Nomen (bestimmte und unbestimmte Artikel und Possessivpronomen)
- mit Adjektiven, die man davorsetzen kann
- wenn die Wörter auf **-heit**, **-keit**, **-ung**, **-nis**, **-schaft** enden
- mit Merkwissen: Satzanfänge werden immer großgeschrieben.

V24

Nomen und Nominalisierungen großschreiben

Suffix (Nachsilbe) als Signal beachten
Endet das Wort auf *-keit, -nis, -schaft, -ung, -heit, -tum?*
Geheimnis, Brauchtum, Wissenschaft, Neuigkeit, Beliebtheit, Leistung

Unbestimmte Mengenangaben als Signal beachten
Stehen Wörter wie *alles, wenig, viel, nichts, etwas, manches* vor gebeugten Adjektiven, müssen diese großgeschrieben werden.
etwas Neues, viel Sehenswertes, alles Gute

Zeit- und Ortsangaben schreiben
Zeitangaben mit Nomen müssen großgeschrieben werden.
Zeitangaben können auch als Adverbien vorkommen. Diese werden kleingeschrieben.
In der Nacht kann man den Sternenhimmel beobachten. Die Sterne kann man nachts beobachten.
Ortsangaben werden häufig mit Adverbien gemacht. Diese werden kleingeschrieben.
Wir staunten über die Felsformationen überall im Wald. Sie türmten sich den Hang hinauf wie Riesen auf. Etwas links davon glitzerte ein See in der Sonne.

V25

Schreibung von Eigennamen

Eigennamen bezeichnen vor allem **Namen von Personen, Orten und Marken** und werden **großgeschrieben**.

- mit Endung **-er** → *die Berliner Straße, die Allgäuer Alpen*

- mit **Adjektiven** als Teil des Eigennamens → *die Deutsche Bahn, der Indische Ozean* (aber klein, wenn von Ortsnamen abgeleitet: ein deutsches Auto, das indische Restaurant)

Bindestriche in Eigennamen bei: Vor- und Nachnamen, Namen von Straßen und Plätzen, Namen von Orten und Regionen, Namen von Institutionen (→ *Maybach-Ufer*)

Namen von Straßen, Plätzen und Gebäuden werden:

zusammengeschrieben,
wenn der erste Teil
- ein eingliedriger Personenname → *Goetheplatz*
- ein Nomen → *Dorfstraße*
- ein unverändertes Adjektiv → *Neumarkt*

ist.

getrennt geschrieben,
wenn sie
- ein verändertes Adjektiv → *Breite Straße*
- einen geografischen Namen mit **-er** → *Düsseldorfer Straße* enthalten.

Wörter mit i-Laut schreiben

Schreibe **i**, wenn die erste **Silbe geschlossen** ist. →

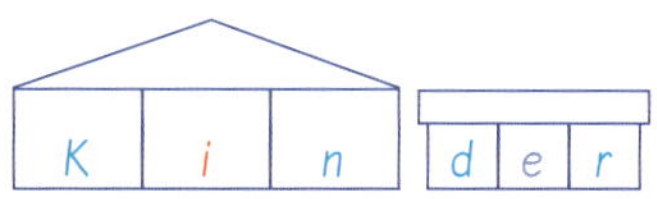

Schreibe **ie**, wenn die erste **Silbe offen** ist. →

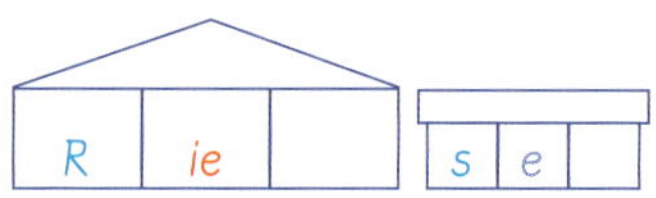

Merke dir die **i**-Schreibung bei Ausnahmen → *Igel, ihr, ihnen* und Fremdwörtern → *Benzin, Kilo, minus*.

Wörter mit s-Laut schreiben

Für **s**-Laute gibt es drei Schreibungen: **s**, **ss** und **ß**.
Schreibe **s**, wenn der **s**-Laut weich und summend (stimmhaft) gesprochen wird. → *Hase, sauber*
Schreibe **ss** oder **ß**, wenn der **s**-Laut scharf und zischend (stimmlos) gesprochen wird. → *Schüssel, Soße*
Einsilber müssen verlängert werden. → *Spaß – Späße, Kuss – Küsse, Gras – Gräser*

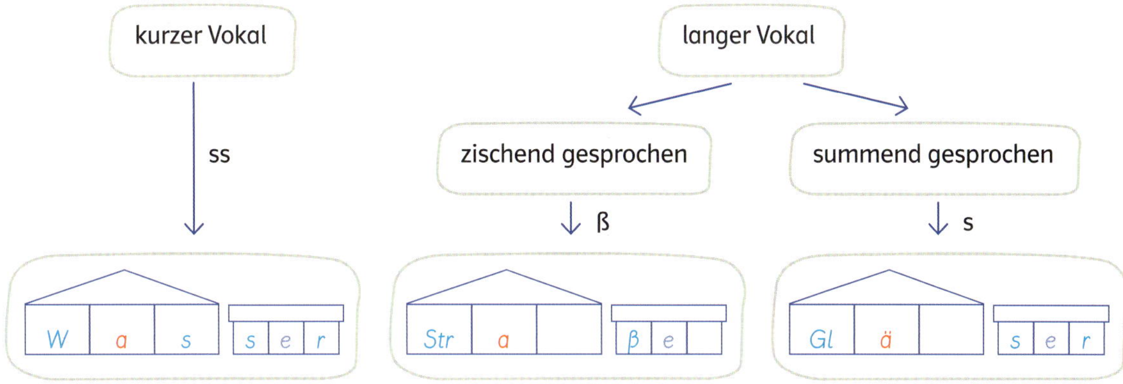

V15 ▷ **Fremdwörter schreiben**

Häufige Fremdwortbestandteile beachten
Gehört zu dem Wort ein typisches Suffix oder Präfix?

informativ
Innovation
Management
Strategie
Transport
Geografie
multikulturell

Typische Buchstaben und Buchstaben-verbindungen beachten
Gibt es typische Buchstabenverbindungen aus der Herkunftssprache?

ou: Route, Souvenir
th: Thermik, Thermometer
ph: Phänomen, Phase
rh: Rhythmus, Rhetorik
y: System, Physik
ik: Statistik, Technik
ai: Saison, Taille

So geht's

Fremdwörter schreiben

Viele Reiseveranstalter bieten den Touristen sportliche Aktivitäten an. So gibt es in Hotels oft Animationen, die im Pool mit Gymnastik beginnen, aber auch Attraktionen wie waghalsiges Paragliding können auf dem Programm stehen. Natürlich gibt es dafür Spezialisten, die genügend Wissen über die nötige Thermik mitbringen, damit alles funktioniert. Für sie gibt es keine Routine, jedes Detail am Fallschirm wird vor dem Sprung exakt überprüft. Gleiches gilt auch für das Canyoning, das Flusswandern mit Klettereinsätzen und Wasserfallsprüngen. Solange nichts passiert, macht dies alles viel Spaß, aber etwas Kondition sollte man schon mitbringen, bevor man sich auf derlei einlässt.

typische Buchstaben und Buchstaben-verbindungen

typische Prä- und Suffixe

Verben getrennt schreiben und zusammenschreiben

V12

Die Getrennt- und Zusammenschreibung von Verben hängt sowohl von der Bedeutung und Betonung der Wörter ab als auch von der Wortart, mit der das Verb eine Verbindung eingeht.

Betonung

Betonst du beim Sprechen nur einen Bestandteil, wird das Verb **zusammengeschrieben**.

auffallen, dableiben, zusammentragen

Sprichst du beide Bestandteile betont, schreibst du **getrennt**.

da bleiben, zusammen tragen

Bedeutung

Entsteht eine neue Bedeutung, indem die Bedeutung der einzelnen Bestandteile verblasst, schreibst du die Verbindung zusammen.

Lass uns die Kiste zusammen tragen. (gemeinsam heben) → Er will alle Rekorde zusammentragen. (sammeln)

zusammentragen

zusammen tragen

Verbindungen mit dem Verb *sein* schreibt man getrennt, wenn sie nicht nominalisiert werden.
dabei sein, vorhanden sein, aber: das Vorhandensein

V14

Adjektiv-Verb-Verbindungen schreiben

Auch bei Verbindungen aus Adjektiv und Verb kann man die Betonungs- und Bedeutungsregeln anwenden.

Adjektiv-Verb-Verbindungen werden **zusammengeschrieben**, wenn

- eine neue Bedeutung entsteht.
  Beachte: Wenn sich nicht genau entscheiden lässt, ob eine neue Bedeutung entsteht, dann sind beide Schreibweisen erlaubt.

  Den Rekord zu halten, wird ihm schwerfallen.
  aber: klar werden/ klarwerden

- du das Adjektiv nicht sinnvoll steigern kannst.

  den PC hochfahren,
  nicht: höher fahren

- du das Adjektiv nicht mit *sehr* erweitern kannst.

  den Angeklagten freisprechen,
  nicht: sehr freisprechen

freisprechen

frei sprechen

V13

Nomen-Verb-Verbindungen und Verb-Verb-Verbindungen schreiben

Nomen-Verb-Verbindungen und Verb-Verb-Verbindungen schreibt man **in der Regel getrennt**.

Rad fahren, Ski laufen, laufen lernen, lesen üben

Nomen-Verb-Verbindungen, bei denen die Bedeutung des Nomens verblasst ist, schreibt man zusammen.

teilhaben, nicht: (einen) Teil haben

Beide Schreibweisen sind erlaubt bei
- Verbindungen mit *bleiben* oder *lassen*, wenn die Verbindung im übertragenen Sinn gebraucht wird.
- der Verbindung aus *kennen* und *lernen*.

den Schirm liegen lassen/liegenlassen (vergessen)
kennen lernen/kennenlernen

So geht's

Verben getrennt schreiben und zusammenschreiben

Präsentieren will gelernt sein

Beim Halten eines Referates sollte man professionell sein. Dafür muss man auch eine Folienpräsentation erstellen können und präsentieren lernen. Nicht jeder weiß, dass die Folien einen hellen, unauffälligen Hintergrund benötigen und dass mindestens Schriftgröße 24 verwendet werden sollte. Man sollte besonders groß schreiben, weil dann auch in der letzten Reihe alles sichtbar ist. Auch sollten nicht zu viele Stichpunkte auf einer Folie zu sehen sein, damit es übersichtlich bleibt. Deshalb muss man als Vortragender zusehen, dass nur das Wichtigste knapp zusammengefasst dargeboten wird. Wer das oft übt, dem wird es bald auch nicht mehr schwerfallen. Es gilt also: Maß halten/maßhalten. Wer ganz sichergehen will, dass alles klappt, der probt sein Referat vorher im Klassenzimmer. Er muss auch wissen, wie er seine Dateien hochladen kann, um sie dann abrufen zu können.

Verbindungen mit dem Verb sein → getrennt schreiben

Verb-Verb-Verbindungen → in der Regel getrennt schreiben, auch Infinitiv mit *zu*

Adjektiv steigerbar/mit *sehr* erweiterbar → getrennt schreiben

Betonungsprobe → Zusammenschreibung

Verbindung hat eine neue Gesamtbedeutung → Zusammenschreibung

beide Schreibweisen sind möglich

Sprachliche Mittel in Sachtexten

Sachtexte sind häufig neutral, sachlich, präzise und in Fachsprache formuliert. Merkmale: unpersönliche Ausdrucksweise, komplexer Satzbau, Nominalstil und Fachwortschatz. Je nach Absicht (informieren, appellieren, argumentieren) werden die sprachliche Mittel genutzt.

sprachliche Mittel	Funktion
auffällige Wortzusammensetzungen	Aufmerksamkeit, Anschaulichkeit
wörtliche Rede/Zitate	Beweis, Glaubwürdigkeit
Fachwörter	Fachkompetenz, Eindeutigkeit
Passiv	Handlung/Vorgang im Vordergrund
Aufzählungen	Verstärkung, Informationsdichte
Nominalstil	Sprachökonomie, Informationsdichte
sprachliche Bilder	Anschaulichkeit

Feedback

V26 Beim Feedback geben dir andere Personen eine Rückmeldung zu deinen Ergebnissen. Sie sagen dir, was du gut gemacht hast oder woran du vielleicht noch arbeiten musst. Du kannst selbst anderen ein Feedback geben.

Feedback geben

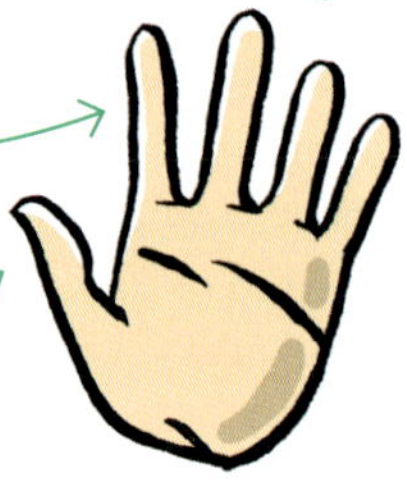

Nenne zuerst alles, was dir gut gefallen hat.

Höre gut zu. Mache dir Notizen.

Kläre offene Fragen. Beschreibe ohne Wertung, was dir noch aufgefallen ist.

Gib Tipps zur Verbesserung.

Achte darauf, freundlich und positiv zu sprechen.

Feedback nehmen

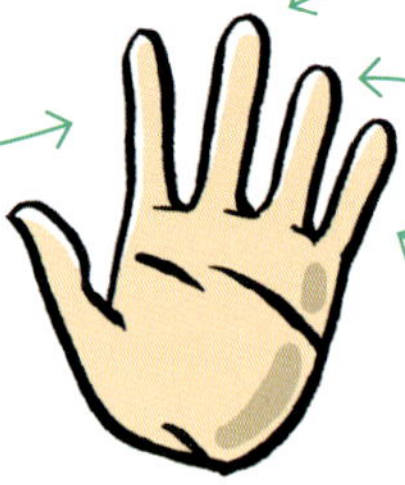

Frage nach, wenn du etwas an der Kritik nicht verstanden hast.

Höre zuerst aufmerksam zu, was dir jemand sagt. Mache dir eventuell Notizen.

Rechtfertige dich nicht. Denke daran, es ist die persönliche Sichtweise einer Person.

Überlege, welche nützlichen Informationen dir das Feedback gebracht hat.

Überlege, wo deine Stärken und wo deine Schwächen liegen. Versuche, gute Anregungen für dich zu nutzen.

Mindmap

Eine Mindmap hilft euch dabei, Informationen zu ordnen und übersichtlich darzustellen.

1. Schreibe das Thema in die Mitte.
2. Ziehe davon ausgehend Äste, die du mit den Teilthemen bezeichnest.
3. Verzweige Äste in Nebenäste und notiere dazu zentrale Begriffe oder Begriffspaare, die zu den Teilthemen gehören.

Portfolio/E-Portfolio

In einem Portfolio oder auch einem digitalen E-Portfolio kannst du alle Notizen, Bilder und Beiträge zu einem Thema sammeln.

1. Lege ein Inhaltsverzeichnis an und vervollständige es am Ende.
2. Hefte deine bisher gesammelten Informationen dazu oder speichere sie ab.
3. Ergänze auch Materialien, die du selbst gefunden oder erstellt hast.
4. Gestalte die erste Seite (oder den Einband).
5. Ergänze dein Portfolio fortlaufend.

Rollenspiel

1. Mache dir die Zusammenhänge, in denen dein Text steht, deutlich.
2. Erfasse die Stimmung in dem Text und lege deine Sprechweise fest.
3. Notiere in deinem Textabschnitt Lautstärke, Betonung und Pausen.
4. Lerne deine Textstellen auswendig.
5. Lege fest, wie du die Eigenschaften deiner Figur umsetzen kannst.
6. Probiere verschiedene Darstellungsformen. Verändere jeweils Körperhaltung, Mimik und Gestik.
7. Übe so lange, bis du mit deiner Darstellung zufrieden bist.

Schreibkonferenz

Die Schreibkonferenz haltet ihr in der Gruppe ab. Sie hilft euch, eigene Texte zu besprechen und anschließend zu überarbeiten. Orientiert euch bei der Beurteilung an den Checklisten und an den Spezialistenkarten.

1. Klärt zuerst, mit welchem Ziel der Text jeweils verfasst wurde.
2. Lest einen Text vor und gebt Rückmeldung, was euch besonders gut gefallen hat.
3. Werdet zu Spezialistinnen und Spezialisten. Verteilt die Aufgaben für:

Aufbau | Inhalt | Ausdruck | Rechtschreibung

4. Jeder liest nun jeden Text noch einmal aufmerksam und notiert an den Rand, was gelungen ist und was weniger gelungen ist.
5. Besprecht den Text Abschnitt für Abschnitt in der Gruppe. Gebt Tipps für die Überarbeitung und macht Verbesserungsvorschläge.
6. Jeder erhält seinen Text zurück und kann ihn überarbeiten.

Aufbau

- Gibt es eine passende Überschrift?
- Ist der Text gegliedert? (bei Argumentation: Einleitung, Hauptteil, Schluss)
- Wird am Schluss eine Forderung, ein Wunsch oder eine Schlussfolgerung formuliert?

Inhalt

- Werden Thema und Ziel des Textes deutlich?
- Wurde auf die Adressaten des Textes, z. B. in der Anrede, geachtet?
- Sind die Informationen ausreichend?
- Wurden überflüssige Informationen weggelassen?
- Wird die Position des Schreibenden deutlich? (bei Argumentation: Wurde überzeugend und logisch nachvollziehbar argumentiert?)

Ausdruck

- Wurde sachlich und in der passenden Zeitform geschrieben?
- Werden Zusammenhänge durch Satzverknüpfungen und passende Konjunktionen deutlich?
- Wurde abwechslungsreich formuliert (Wortwahl, Satzanfänge, Satzbau)?

Rechtschreibung

- Sind die Regeln der Rechtschreibung eingehalten worden?
- Sind die Satzzeichen korrekt gesetzt?

Verzeichnis der Textarten

Register

Textquellenverzeichnis

12.1 Art 140 Grundgesetz für die Bundesrepublik Deutschland. Unter: https://www.gesetze-im-internet.de/gg/art_140.html (Zugriff 19.11.2018); **12.2** Sonntagsöffnung: Wunsch des Einzelhandels erfüllt. Unter: https://www.moers-marketing.de/verkaufsoffener-sonntag-wunsch-des-einzelhandels-erfuellt/ (Zugriff 17.04.2025, gek.); **13** Ladenschluss. Standpunkte zur Sonntagsöffnungszeit: Dirk B. Unter: https://handel.verdi.de/themen/ladenschluss-freier-sonntag/++co++93244a7c-e025-11e3-8361-525400248a66 (Zugriff 19.11.2018); **16** Frank Hielscher, Ansgar Kemmann, Tim Wagner: Debattieren unterrichten. Friedrich Verlag Seelze 2010, S. 20 f.; Zur besseren altersgemäßen Verständlichkeit wurde der Originaltext verändert, ohne den Inhalt und/oder Sinn zu verändern.; **20** Umfrage: Deutliche Mehrheit befürwortet Werbeschranken für ungesunde Lebensmittel. (17.07.2023). Unter: https://www.foodwatch.org/de/umfrage-deutliche-mehrheit-befuerwortet-werbeschranken-fuer-ungesunde-lebensmittel (Zugriff 20.05.2025, gek.); **22** Wahlrecht ab 16. Wann sind wir fähig, wichtige Entscheidungen zu treffen? (22.03.2024) Unter: https://www.deutschlandfunk.de/wahlrecht-ab-16-wahlalter-deutschland-100.html (Zugriff 17.04.2025, gek.); **27** Das Mittelalter in Europa – Überblick. Unter: https://www.lernhelfer.de/schuelerlexikon/geschichte/artikel/das-mittelalter-europa-ueberblick (Zugriff 25.09.2019, gek.); **28** Das Nibelungenlied. Neu erzählt von Franz Fühmann. Verlag Neues Leben Berlin 1975; **30.f.** Das Nibelungenlied. Neu erzählt von Franz Fühmann. Verlag Neues Leben, Berlin 1975; **32** Nibelungenlied-Handschrift C. Badische Landesbibliothek Karlsruhe, Cod. Hs. Don. Unter: https://www.blb-karlsruhe.de/sammlungen/unesco-weltdokumentenerbe-nibelungenlied/das-nibelungenlied/ (Zugriff 08.02.2020, gek.); **33** Das Nibelungenlied. Nach der Handschrift C der Badischen Landesbibliothek Karlsruhe. Mittelhochdeutsch und neuhochdeutsch. Hrsg. u. übers. v. Ursula Schulze. Artemis & Winkler, Düsseldorf 2005, S. 8f.; **34.1** Erster Merseburger Zauberspruch. Unter: https://www.eichenstamm.com/merseburger-zauberspr%C3%BCche/ (Zugriff 04.12.2019); **34.2** Zweiter Merseburger Zauberspruch. Unter: https://www.eichenstamm.com/merseburger-zauberspr%C3%BCche/ (Zugriff 04.12.2019); **35** Die Merseburger Zaubersprüche. Unter: https://www.merseburger-dom.de/dom-st-laurentius-und-johannes/merseburger-zaubersprueche.html (Zugriff 25.09.2019, gek.); **36.1** Minnesang. Mittelhochdeutsche Texte mit Übertragungen und Anmerkungen. Hrsg. u. übers. v. Helmut Brackert. Fischer Taschenbuch Verlag, Frankfurt/M. 1991, S. 8; **36.2** Die Gedichte von Walther von der Vogelweide. Hrsg. v. Carl von Kraus. Walter de Gruyter, Berlin 1959, S. 9f.; **36.3** Walther von der Vogelweide: Ich saß auf einem Stein. Übers. v. Oliver Tekolf. In: deutsch.kombi plus 6. Erweiterte Allgemeine Ausgabe. Sprach- und Lesebuch Klasse 10. Ernst Klett Verlag, Stuttgart 2013, S. 195; **37** Walther von der Vogelweide. Unter: https://www.wissen.de/lexikon/walther-von-der-vogelweide (Zugriff 25.09.2019, gek.); **38f.1** Hildebrandslied, althochdeutscher Text. Unter: https://www.lernhelfer.de/schuelerlexikon/deutsch-abitur/artikel/hildebrandslied??? (Zugriff 25.09.2019, gek.); **38f.2** Hildebrandlied. Übers. v. Udo Klinger. Unter: http://www.udoklinger.de/Deutsch/Gesch/Germ.html (Zugriff 25.09.2019, gek.); **41** Hartmann von Aue: Gregorius. Der „gute Sünder". Hrsg. u. erl. v. Friedrich Neumann. Brockhaus, Wiesbaden 1958; **43** Aus: Novalis Werke. Hrsg. u. kommentiert v. Gerhard Schulz. C.H. Beck München 1977, S. 385; **44** Novalis. Werke in einem Band. Ausgew. u. eingel. v. Hans-Dietrich Dahnke. Aufbau-Verlag Berlin/Weimar 1989, S. 41; **44f.** Joachim Scholl: Deutsche Schriftsteller. Von Grimmelshausen bis Grass. Gerstenberg Hildesheim 2011, S. 54, 56; **46** Novalis. Werke in einem Band. Ausgew. u. eingel. v. Hans-Dietrich Dahnke. Aufbau-Verlag Berlin/Weimar 1989, S. 111–114; **47** Novalis. Werke in einem Band. Ausgew. u. eingel. v. Hans-Dietrich Dahnke. Aufbau-Verlag Berlin/Weimar 1989, S. 5; **50.1** Brüder Grimm. Kinder- und Hausmärchen. Die handschriftliche Urfassung von 1810. Stuttgart: Reclam 2007 (Universal-Bibliothek, 18520), S. 70/71; **50.2** Jacob u. Wilhelm Grimm: Kinder- und Haus-Märchen. Gesammelt durch die Brüder Grimm. Unter: http://www.maerchenlexikon.de/Grimm/khm-texte/khm025.htm (Zugriff 20.11.2018, bearb.); Zur besseren altersgemäßen Verständlichkeit wurde der Originaltext verändert, ohne den Inhalt und/oder Sinn zu verändern.; **52** Joachim Scholl: Deutsche Schriftsteller. Von Grimmelshausen bis Grass. Gerstenberg Hildesheim 2011, S. 66f.; **53** CC-BY-SA-4.0 Lizenzbestimmungen: https://creativecommons.org/licenses/by-sa/4.0/legalcode; Zur besseren altersgemäßen Verständlichkeit wurde der Originaltext verändert, ohne den Inhalt und/oder Sinn zu verändern., siehe *3; **54.1** Karoline von Günderrode: Überall Liebe. In: Christa Wolf: Der Schatten eines Traumes: Gedichte, Prosa, Briefe, Zeugnisse von Zeitgenossen. Buchverlag Der Morgen Berlin 1979, S. 55; **54f.** Karoline von Günderrode: Gesammelte Werke. Bd. 1-3. Hrsg. v. Leopold Hirschberg. Bibliophiler Verlag O. Goldschmidt-Gabrielli Berlin-Wilmersdorf, 1920-1922.; **55** Karoline von Günderrode: Gesammelte Werke. Bd. 1-3. Hrsg. v. Leopold Hirschberg. Bibliophiler Verlag O. Goldschmidt-Gabrielli Berlin-Wilmersdorf, 1920-1922.; **56f.** Sibylle Duda: Karoline von Günderrode. Unter: http://www.fembio.org/biographie.php/frau/biographie/karoline-von-guenderrode/ (Zugriff 20.11.2018, gek.); **57.1** „Ich sende dir ein zärtliches Pfand". Die Briefe der Karoline von Günderrode. Hrsg. v. Birgit Weißenborn. Insel Frankfurt/M./Leipzig 1992, S. 78f., 82; **57.2** Adolph Freiherr Knigge: Über den Umgang mit Menschen. Schmidtsche Buchhandlung Hannover 1788, Kapitel 29; **58** Joseph Freiherr von Eichendorff: Sehnsucht. Unter: http://gutenberg.spiegel.de/buch/gedichte-9611/18 (Zugriff 20.11.2018); **59.1** Adina-Monica Trinca: Deutsche Literatur vom Mittelalter bis zur Romantik. Eine Literaturgeschichte nicht nur für Jugendliche. Hrsg. v. Hansgeorg Schmidt-Bergmann. Mitteldeutscher Verlag Halle/Saale 2011, S.153; **59.2** Joachim Scholl: Deutsche Schriftsteller. Von Grimmelshausen bis Grass. Gerstenberg Hildesheim 2011, S. 73-75; **60** Joseph von Eichendorff: Aus dem Leben eines Taugenichts. Novelle. Reclam Stuttgart 1970, S. 3f.; **61** Kindlers Literaturlexikon, Bd. 4. dtv München 1974, S. 1267; **63** Novalis. Werke in einem Band. Hrgs. v. Hans-Dietrich Dahnke u. Rudolf Walbiner Aufbau Berlin 1983, S. XIV; **76** F. Scott Fitzgerald: Die Schönen und die Verdammten. Übers. v. Renate Orth-Guttmann. Penguin München 2021, S. 26; **80** Jugendschutz bei TikTok: Keine Beauty-Filter für Minderjährige, v. 03.12.2024, unter: https://www.schau-hin.info/news/jugendschutz-bei-tiktok-keine-beauty-filter-fuer-minderjaehrige (Zugriff 25.04.2025, gek.); **85** Desirée Schmuck: Machen uns soziale Medien unglücklich? (21.11.2021) Unter: https://www.spektrum.de/frage/internetpsychologie-machen-soziale-medien-ungluecklich/1911832?utm_source=pocket-newtab-global-de-DE (Zugriff 27.04.2022, gek.); **121.1** Schwarz zu blau. T: Pierre Baigorry, David Conen © BMG Rights Management GmbH, Berlin/Fixx & Foxy Publ. Pierre Krajewski/Hanseatic Musikverlag GmbH, Hamburg; **121.2** Bochum. T: Herbert Grönemeyer © 1984 Grönland Musikverlag, Berlin; **121.3** Orhan Veli Kanık: Fremdartig. Gedichte in zwei Sprachen. Hrsg., übers. u. m. Nachw. v. Yüksel Pazarkaya. Dağyeli Berlin 2015 © Stuttgart 1985; **122** Kurt Tucholsky: Gesammelte Werke, Bd. 1: 1907-1924. Hrsg. v. Mary Gerold-Tucholsky u. Fritz J. Raddatz. Rowohlt Reinbek 1960; **124** Kurt Tucholsky: Gesammelte Werke, Bd. 1: 1907-1924. Hrsg. v. Mary Gerold-Tucholsky u. Fritz J. Raddatz. Rowohlt Reinbek 1960; **126** Jonas Nonnenmann: Poetry-Slammer Sebastian 23: „Nicht nur vorlesen, sondern Emotionen ‚rüber bringen". (03.12.2008) Unter: https://www.badische-zeitung.de/poetry-slammersebastian-23-nicht-nur-vorlesen-sondern-emotionen-rueber-bringen--118575369.html (Zugriff 25.04.2025, gek.); **127** Nora Gomringer: Sag doch mal was zur Nacht. Voland & Quist Dresden 2006; **128, 129** Erich Kästner: Ein Mann gibt Auskunft. Atrium Zürich 1930. Zit. nach: Großstadtlyrik. Hrsg. v. Waltraud Wende. Reclam Stuttgart 1999, S. 149; **130** Jan Wagner: Selbstporträt mit Bienenschwarm. Ausgewählte Gedichte 2001- 2015. Hanser Berlin 2016; **132** Christian Morgenstern: Melancholie. Neue Gedichte. Cassirer Berlin 1906; **135** Theresa Fontane: Stadtgedicht. (2013) Unter: https://module.dilewe.de/media/ 0fc51c6929a8d352dd697 34c993bf4382b1d05bd_Theresa-Fontane-Stadtgedicht.pdf (Zugriff 25.04.2025,gek.); **138f.** Katja Brandis, Hans-Peter Ziemek: Ruf der Tiefe. Beltz & Gelberg Weinheim 2011, S. 65f.; **140** Katja Brandis, Hans-Peter Ziemek: Ruf der Tiefe. Beltz & Gelberg Weinheim 2011, S. 65f., S. 109, S. 76; **141** Katja Brandis, Hans-Peter Ziemek: Ruf der Tiefe. Beltz & Gelberg Weinheim 2011, S. 320; **142** Kenneth Oppel: Wolkenpiraten. Übers. v. Anna Blankenburg. Beltz & Gelberg Weinheim 2006, S. 58f., 33f.; **143** Kenneth Oppel: Wolkenpiraten. Übers. v. Anna Blankenburg. Beltz & Gelberg Weinheim 2006, S. 123, 345; **144** Kenneth Oppel: Wolkenpiraten. Übers. v. Anna Blankenburg. Beltz & Gelberg Weinheim 2006, S. 121, 7f., 14; **145** Kenneth Oppel: Wolkenpiraten. Übers. v. Anna Blankenburg. Beltz & Gelberg Weinheim 2006, S. 42f., 370; **146** Kenneth Oppel: Wolkenpiraten. Übers. v. Anna Blankenburg. Beltz & Gelberg Weinheim 2006, S. 484; **147** Kirsten Fuchs: Mädchenmeute. Rowohlt Taschenbuch Berlin 2015, S. 138; **148** Kirsten Fuchs: Mädchenmeute. Rowohlt Taschenbuch Berlin 2015, S. 15; **148f.** Kirsten Fuchs: Mädchenmeute. Rowohlt Taschenbuch Berlin 2015, S. 107; **150f.** Garry Paulsen: Der Fluss. Übers. v. Thomas Lindquist. Carlsen Hamburg 2005, S. 37-40; **152** Garry Paulsen: Der Fluss. Übers. v. Thomas Lindquist. Carlsen Hamburg 2005, S. 10; **153** Garry Paulsen: Der Fluss. Übers. v. Thomas Lindquist. Carlsen Hamburg 2005, S. 41; **155** Delphine de Vigan: No & ich. Übers. v. Doris Heinemann. Knaur München 2010, S. 9, 11f.; **157** Wolfgang Herrndorf: Tschick. Rowohlt, Berlin 2011, S. 223; **158.f.** Wolfgang Herrndorf: Tschick. Rowohlt, Berlin 2011, S. 21, 23, 36, 38, 39; **160** Wolfgang Herrndorf: Tschick. Rowohlt, Berlin 2011, S. S. 61-63, 75, 76, 87; **162** Wolfgang Herrndorf: Tschick. Rowohlt, Berlin 2011, S. 7, 10, 11, 232, 233, 235; **163** Wolfgang Herrndorf: Tschick. Rowohlt, Berlin 2011, S. 21, 42, 43; **164** Wolfgang Herrndorf: Tschick. Rowohlt, Berlin 2011, S. 33f., 82f.; **165** Wolfgang Herrndorf: Tschick. Rowohlt, Berlin 2011, S. 7, 107-109; **166** Wolfgang Herrndorf: Tschick. Rowohlt, Berlin 2011, S. 237-239; **168** Wolfgang Herrndorf: Tschick. Rowohlt, Berlin 2011, S. 190-193; **170f.** Wolfgang Herrndorf: Tschick. Rowohlt Berlin 2011, S. 113, 114, 214, 215, 217; **172f.** Wolfgang Herrndorf: Tschick. Rowohlt, Berlin 2011, S. 117, 173-175; **175** Wolfgang Herrndorf: Tschick. Rowohlt, Berlin 2011, S. 15f.; **175** Wolfgang Herrndorf: Tschick. Rowohlt Berlin 2011, S. 63; **175** Wolfgang Herrndorf: Tschick. Rowohlt, Berlin 2011, S. 31, 87, 52, 83; **177, 178f., 180f., 182f.,184f., 186f., 188f., 191** Lutz Hübner: Creeps. Ein Jugendtheaterstück. Hartmann & Stauffacher Verlag Köln 2005; **198** Kai Kupferschmidt: Insekten als Nahrung. Maden für Milliarden. (25.05.2013) Unter: http://www.tagesspiegel.de/wissen/insekten-als-nahrung-maden-fuer-milliarden/8251908.html (Zugriff 20.11.2018, bearb.); Zur besseren altersgemäßen Verständlichkeit wurde der Originaltext verändert, ohne den Inhalt und/oder Sinn zu verändern.; **200f.** Containern: Lebensmittel „retten" oder Diebstahl? (19.01.2023) Unter: https://www.wwf.de/themen-projekte/landwirtschaft/ernaehrung-konsum/lebensmittelverschwendung/containern-lebensmittel-retten-oder-diebstahl (Zugriff 20.05.2025, gek.); **204f.** Robin Jüngling: Warum nachhaltige Ernährung immer wichtiger wird, v. Dezember 2024, unter: https://www.goethe.de/prj/ger/de/wow/nachhaltig-erklaert/vegan-deutschland-26278669.html (eingesehen 14.04.2025); **208f.** Tobias Betz: Gentechnik in der EU: Kommt die große Lockerung? (23.03.2025) Unter: https://www.br.de/nachrichten/bayern/gentechnik-in-der-eu-kommt-die-grosse-lockerung,Ug03GJb (Zugriff 06.05.2025, gek.); **218f.** Künstliche Intelligenz: Die Flut gefälschter Fakten, Interview m. Stefan Feuerriegel, v. 20.11.2023, unter: https://www.lmu.de/de/newsroom/newsuebersicht/news/kuenstliche-intelligenz-die-flut-gefaelschter-fakten.html (Zugriff: 29.04.25); **225** Christoph Sterz im Gespräch mit Piotr Heller: Online-Dating. Wenn die KI beim Flirten hilft. Auf: Deutschlandfunk Nova v. 31.01.2024, unter: https://www.deutschlandfunknova.de/beitrag/dating-ki-hilft-bei-partnerwahl%C2%A0 (Zugriff: 07.01.2025); **226f.** Warnung vor Killerrobotern: UN und Rotes Kreuz verlangen Verbot. (05.10.2023) © dpa Deutsche Presse-Agentur GmbH; **253** Verbraucherzentrale NRW e.V.: Superfood: Hype um Früchte und Samen, v. 04.04.2025, unter: https://www.verbraucherzentrale.de/wissen/lebensmittel/nahrungsergaenzungsmittel/superfood-hype-um-fruechte-und-samen-12292 (eingesehen am 14.04.2025); **270.1** Briefe bewegen die Welt. Teil 2: Liebe, Schicksal, Leidenschaft. Hrsg. v. Hellmuth Karasek. teNeues Verlag Kempen 2011, S. 99; **270f.** Briefe bewegen die Welt. Teil 2: Liebe, Schicksal, Leidenschaft. Hrsg. v. Hellmuth Karasek. teNeues Verlag Kempen 2011, S. 105; **271** Alles um Liebe Goethes Briefe aus der ersten Hälfte seines Lebens. Hrsg. v. Ernst Hartung. Wilhelm Langewiesche/Brandt Düsseldorf/Leipzig 1906, S. 68f.; **274** Duden. Das Herkunftswörterbuch. Bibliogr. Institut, Mannheim 2010, S. 933; **276** Das Hervorbrechen der Blumen, 3. Strophe. Übers. v. Max Wehrli. Unter: http://fabelnundanderes.at/wolfram_von_eschenbach.htm (Zugriff 25.09.2019, gek.); **277** Martin Luther: Vom wolff und lemlin. In: Hutten, Müntzer, Luther. Werke in zwei Bänden. Bd. 2: Luther. Ausgew. v. Siegfried Streller. Aufbau Verlag, Berlin/Weimar 1982; **300** Anja Gribhofer: Auch Süßstoffe sind umstritten. Ernährung: Wie viel Zucker ist in Ordnung? (04.02.2024) Unter: https://www.rnd.de/gesundheit/ernaehrung-wie-viel-zucker-ist-in-ordnung-HAWVZ4HCMNBH5KCNKJ5BWGOORI.html (Zugriff 05.05.2025, gek.); **301, 302** Anja Gribhofer: Auch Süßstoffe sind umstritten. Ernährung: Wie viel Zucker ist in Ordnung? (04.02.2024) Unter: https://www.rnd.de/gesundheit/ernaehrung-wie-viel-zucker-ist-in-ordnung-HAWVZ4HCMNBH5KCNKJ5BWGOORI.html (Zugriff 05.05.2025, gek.); **305** Rolf Wilhelm Brednich: Pinguine in Rückenlage. Brandneu sagenhafte Geschichten von heute. C. H. Beck München 2004, S. 70; Zur besseren altersgemäßen Verständlichkeit wurde der Originaltext verändert, ohne den Inhalt und/oder Sinn zu verändern.; **306** Cornelia Franz: Ins Nordlicht blicken. München: dtv, 2017 © 2012 S,15, S. 235; **307** Cornelia Franz: Ins Nordlicht blicken. München: dtv, 2017 © 2012 S. 5, 22, 40, 41, 48, 177, 192; **308** Cornelia Franz: Ins Nordlicht blicken. München: dtv, 2017 © 2012, S. 61-64; **309** Cornelia Franz: Ins Nordlicht blicken. München: dtv, 2017 © 2012, S. 61-64; **310** Christian Morgenstern: Melancholie. Neue Gedichte. Cassirer Berlin 1906; **311** Alev Tekinay, Dazwischen. In: Viele Kulturen – eine Sprache. Hrsg. v. Günter Gerstberger. Robert-Bosch-Stiftung 2001; **312** Alev Tekinay: Dazwischen. In: Viele Kulturen – eine Sprache. Adelbert-von-Chamisso-Preisträgerinnen und Preisträger 1985-2001, Robert-Bosch-Stiftung 2001.; **314** Lutz Hübner: Das Herz eines Boxers. Ein Jugendtheaterstück. Taschenbücherei Texte & Materialien. Hrsg. v. Klaus-Ulrich Pech u. Rainer Siegle. Ernst Klett, Stuttgart 2009, S. 28f.; **317** Nachhaltige Ernährung: Ziele für Nachhaltige Entwicklung – Sustainable Development Goals. Unter: https://www.dge.de/ernaehrungspraxis/nachhaltige-ernaehrung/ (Zugriff 04.05.2022, gek.); **322** Joachim Scholl: Deutsche Schriftsteller: Von Grimmelshausen bis Grass, Hildesheim 2010, S. 58–59; **323** Joachim Scholl: Deutsche Schriftsteller: Von Grimmelshausen bis Grass, Hildesheim 2010, S. 58–59

Bildquellenverzeichnis

Cover.1 Getty Images Plus, München (Jasmin Merdan/Moment); **Cover.2** Getty Images Plus, München (Jasmin Merdan); **1.1–2** Oser, Liliane, Hamburg; **1.3** Wieland, Tobias, Celle; **2.1** ZDF/Svea Pietschmann; **2.2** akg-images, Berlin (Denis Chevalier); **3.1** stock.adobe.com, Dublin (Sternstunden); **3.2** ShutterStock.com RF, New York (UfaBizPhoto); **4.1** IMAGO, Berlin (Becker&Bredel); **4.2** Getty Images Plus, München (E+/kali9); **4.3** Getty Images Plus, München (iStock/Brasil2); **5.1** Alamy stock photo, Abingdon (Tetyana Kochneva); **5.2** © 2016 Lago Film GmbH, Studiocanal Film GmbH. All rights reserved.; **6.1** Picture-Alliance, Frankfurt/M. (Panama Pictures); **6.2** ShutterStock.com RF, New York (Faiz Dila); **7.1** stock.adobe.com, Dublin (peshkova); **7.2, 9** Wieland, Tobias, Celle; **10** ZDF / Svea Pietschmann; **11.1** Picture-Alliance, Frankfurt/M. (Erwin Scheriau/APA/picturedesk.com); **11.2** Picture-Alliance, Frankfurt/M. (dts-Agentur); **11.3** ShutterStock.com RF, New York (BearFotos); **11.4–6** Oser, Liliane, Hamburg; **12.1–5** Oser, Liliane, Hamburg; **13** Wieland, Tobias, Celle; **14.1–2** Wieland, Tobias, Celle; **14.3** Oser, Liliane, Hamburg; **15.1–2** Oser, Liliane, Hamburg; **16** ShutterStock.com RF, New York (New Africa); **18** Getty Images Plus, München (iStock/Ohoho); **19** Wieland, Tobias, Celle; **20** Getty Images Plus, München (iStock/bit245); **22** ShutterStock.com RF, New York (Evgeny Kostenko stock); **24** Getty Images Plus, München (iStock/Ohoho); **25** Getty Images Plus, München (iStock/Olena Kurashova); **26** akg-images, Berlin (Denis Chevalier); **27.1** Getty Images, München (Moment Open 7/© Schettler 2015); **27.2** ShutterStock.com RF, New York (vichie81); **27.3** Getty Images, München (De Agostini); **27.4** akg-images, Berlin (Christopher Wood Gallery, London) [John Strickland Goodall: Richard III./Turnierszene]; **28–30** Goedelt, Marion, Berlin; **32** BPK, Berlin (Staatsbibliothek zu Berlin); **34** Alamy stock photo, Abingdon (Art Collection 2); **36** akg-images, Berlin (Universitätsbibliothek Heidelberg) [Herrad von Wildonie: Große Heidelberger Liederhandschrift (Codex Manesse), 1310–1340]; **38** akg-images, Berlin; **40** akg-images, Berlin (Universitätsbibliothek Heidelberg) [Herrad von Wildonie: Große Heidelberger Liederhandschrift (Codex Manesse), 1310–1340]; **41** INTERFOTO Pressebild - Agentur, München (Bildarchiv Hansmann); **42** stock.adobe.com, Dublin (Sternstunden); **43.1** akg-images, Berlin (arkivi); **43.2** ShutterStock.com RF, New York (Rudy Balasko); **43.3** Alamy stock photo, Abingdon (anyaberkut); **44** Alamy stock photo, Abingdon (Historic Images); **45** akg-images, Berlin; **48, 50** Wiemers, Sabine, Düsseldorf; **52** akg-images, Berlin; **54, 55** Wiemers, Sabine, Düsseldorf; **56** akg-images, Berlin [V. Schertle: Karoline von Günderrode, Porträt um 1800]; **58** Alamy stock photo, Abingdon (ART Collection); **59** akg-images, Berlin; **60** Wiemers, Sabine, Düsseldorf; **62** akg-images, Berlin; **64** ShutterStock.com RF, New York (UfaBizPhoto); **65.1** Getty Images Plus, München (Moment/Olga Pankova); **65.2** Getty Images Plus, München (E+/FG Trade); **65.3** Getty Images Plus, München (iStock/grinvalds); **65.4** Schwarwel, Leipzig; **66.1** Alamy stock photo, Abingdon (Danita Delimont / David Noyes); **66.2** Getty Images Plus, München (E+/South_agency); **66.3** ShutterStock.com RF, New York (Galina Zhigalova); **67** Fotosatz_Buck, Kumhausen/Hachelstuhl nach Appinio, Juli 2019; **69** Oser, Liliane, Hamburg; **72.1** Getty Images Plus, München (E+ / xavierarnau); **72.2** Getty Images Plus, München (E+/piola666); **72.3** Picture-Alliance, Frankfurt/M. (imageBROKER/Andy Gin); **74.1** Ernst Klett Verlag GmbH, Stuttgart, Abbildung: ShutterStock.com RF, New York (oliveromg); **74.2** Fotosatz_Buck, Kumhausen/Hachelstuhl nach Statista-Umfrage Sport & Fitness 2018; **76.1** ShutterStock.com RF, New York (Prostock-studio); **76.2** Getty Images Plus, München (iStock/Harbucks); **76.3** plainpicture GmbH & Co. KG, Hamburg (Mihaela Ninic); **76.4** Getty Images Plus, München (iStock/Andrii Iemelyanenko); **78** Getty Images Plus, München (iStock/dikushin); **79** Fotosatz_Buck, Kumhausen/Hachelstuhl nach KKH Kaufmännische Krankenkasse; **80.1** Mauritius Images, Mittenwald (IanDagnall Computing/Alamy/Alamy Stock Photos); **80.2** stock.adobe.com, Dublin (www.freund-foto.de); **82.1** Fotosatz_Buck, Kumhausen/Hachelstuhl nach Statista Consumer Insights Beauty & Cosmetics, Juli 2023; **82.2** Oser, Liliane, Hamburg; **84** ShutterStock.com RF, New York (Prostock-studio); **85** Getty Images Plus, München (iStock/PRUDENCIOALVAREZ); **86** IMAGO, Berlin (Becker&Bredel); **87.1** stock.adobe.com, Dublin (Countrypixel); **87.2** stock.adobe.com, Dublin (Tyler Olson); **87.3** Image- und Nachwuchskräftekampagne der DWA, Hennef, www.wasser-allesklar.de; **87.4** Ernst Klett Verlag GmbH, Stuttgart, Abbildung: stock.adobe.com, Dublin (Robert Kneschke); **88** Oser, Liliane, Hamburg; **91, 92, 94.1–4** Oser, Liliane, Hamburg; **96** stock.adobe.com, Dublin (Fotolia RAW); **98, 100** Oser, Liliane, Hamburg; **101** Fotosatz_Buck, Kumhausen/Hachelstuhl; **104** Getty Images Plus, München (E+/kali9); **106.1** Alamy stock photo, Abingdon (Johner Images); **106.2–7** jani lunablau, Barcelona; **107** Oser, Liliane, Hamburg; **110.1** Getty Images Plus, München (DigitalVision/Tom Werner); **110.2** Getty Images Plus, München (DigitalVision / Hinterhaus Productions); **110.3** ShutterStock.com RF, New York (Halfpoint); **110.4** ShutterStock.com RF, New York (Twinsterphoto); **110.5** Getty Images Plus, München (E+/FatCamera); **110.6** Getty Images Plus, München (DigitalVision / Compassionate Eye Foundation); **112.1** micromonkey - Fotolia.com; **112.2** Picture-Alliance, Frankfurt/M. (Frank Hoermann/SVEN SIMON); **112.3** Alamy stock photo, Abingdon (Sergey Novikov); **113.1** Goedelt, Marion, Berlin; **113.2** stock.adobe.com, Dublin (dglimages); **114.1** ShutterStock.com RF, New York (Nejron Photo); **114.2** ShutterStock.com RF, New York (Dmitry Kalinovsky); **114.3** ShutterStock.com RF, New York (LightField Studios); **115.1** stock.adobe.com, Dublin (Izabela Magier); **115.2** Alamy stock photo, Abingdon (GR/Photo); **116.1** ShutterStock.com RF, New York (Igor Tichonow); **116.2** Alamy stock photo, Abingdon (Frank Hecker); **116.3** stock.adobe.com, Dublin (Andreas); **116.4** stock.adobe.com, Dublin (OrthsMedien); **118** ShutterStock.com RF, New York (Nejron Photo); **119.1–6** jani lunablau, Barcelona; **120** Getty Images Plus, München (iStock/Brasil2); **121.1** Alamy stock photo, Abingdon (Heiko Küverling); **121.2** Alamy stock photo, Abingdon (Jan Schuler); **122** Wiemers, Sabine, Düsseldorf; **123** © Ludwig Meidner-Archiv, Jüdisches Museum der Stadt Frankfurt am Main, Foto: Jüdisches Museum Frankfurt, Ursula Seitz-Gray; **125** Oser, Liliane, Hamburg; **126** IMAGO, Berlin (Manfred Segerer); **127** IMAGO, Berlin (gezett); **128–130.1** Wiemers, Sabine, Düsseldorf; **130.2** Alamy stock photo, Abingdon (Philip Scalia); **132, 135** Wiemers, Sabine, Düsseldorf; **136** Alamy stock photo, Abingdon (Tetyana Kochneva); **137.1** Alamy stock photo, Abingdon (Bordeianu Andrei); **137.2** ShutterStock.com RF, New York (Aris Suwanmalee); **137.3** Alamy stock photo, Abingdon (robertharding/Alex Treadway); **137.4** Allgaier, Patrick /Weisser, Gwendolin, Ehrenkirchen; **138** Katja Brandis/Hans-Peter Ziemek, Ruf der Tiefe © Gulliver von Beltz & Gelberg in der Verlagsgruppe Beltz, Weinheim, Basel, 2012; **143** Getty Images Plus, München (E+ / MATJAZ SLANIC); **146** Kirsten Fuchs: Mädchenmeute © Rowohlt Taschenbuch, 2025; **149** Oser, Liliane, Hamburg; **150** Getty Images Plus, München (Photos.com); **154** Getty Images Plus, München (E+/MATJAZ SLANIC); **156, 157.1/2,** © 2016 Lago Film GmbH, Studiocanal Film GmbH. All rights reserved.; **157.3** Wolfgang Herrndorf: Tschick © Rowohlt Taschenbuch, 2012; **158, 160, 162, 165.1** © 2016 Lago Film GmbH, Studiocanal Film GmbH. All rights reserved.; **165.2** Oser, Liliane, Hamburg; **166, 168, 170, 173, 174** © 2016 Lago Film GmbH, Studiocanal Film GmbH. All rights reserved.; **176** Picture-Alliance, Frankfurt/M. (Panama Pictures); **177.1** RTL Television; **177.2** Glow up – Deutschlands nächster Make-up-Star: Autor und Entertainer Riccardo Simonetti ist Host der achtteiligen Make-up-Competition. © ZDF/Max Menning; **178** Ernst Klett Verlag GmbH, Stuttgart; **179, 180, 183, 185, 186, 188, 190** Lutz Hübner: Creeps, Kellertheater Hamburg, 2011, Regie: Günter Karl, Fotos: Joachim Kahl; **192** ShutterStock.com RF, New York (Faiz Dila); **193.1** 123rf Germany, c/o Inmagine GmbH, Nidderau (Maksim Bejkow); **193.2** Getty Images Plus, München (iStock/Fudio); **193.3** ShutterStock.com RF, New York (Nina Firsova); **194** ShutterStock.com RF, New York (CK Bangkok Photography); **198** DrechslerLehmann, Leipzig nach: FACT SHEET #01, ACADEMIA SUPERIOR, Linz 2017 (diverse Quellen), Abbildung: F1online digitale Bildagentur, Frankfurt (Ingram); **199** Oser, Liliane, Hamburg; **200** Picture-Alliance, Frankfurt/M. (Clemens Fabry/Die Presse/picturedesk.com); **203** Fotosatz_Buck, Kumhausen/Hachelstuhl nach GfK-

Erfassung des Lebensmittelabfalls der privaten Haushalte in Deutschland 2020, Quelle: Hübsch, 2021, https://www.bmel.de/SharedDocs/Downloads/DE/_Ernaehrung/Lebensmittelverschwendung/GfK-Analyse-2020-Botschaften.html; **204** Getty Images Plus, München (vaaseenaa/iStock); **207** Fotosatz_Buck, Kumhausen/Hachelstuhl nach: Deutschland, wie es isst. Der BMEL-Ernährungsreport 2024, S. 9, https://www.bmel.de/DE/themen/ernaehrung/ernaehrungsreport2024.html; **209** 123rf Germany, c/o Inmagine GmbH, Nidderau (Marcin Balcerzak); **210** Picture-Alliance, Frankfurt/M. (dpa-Zentralbild/Peter Förster); **211.1** Verband Lebensmittel ohne Gentechnik e.V.; **211.2** Goedelt, Marion, Berlin; **212** Getty Images Plus, München (vaaseenaa/iStock); **213** Fotosatz_Buck, Kumhausen/Hachelstuhl nach: CoBANK, AgFunder; **213** Getty Images Plus, München (iStock/y-studio); **214** stock.adobe.com, Dublin (peshkova); **215.1** ShutterStock.com RF, New York (Gorodenkoff); **215.2** stock.adobe.com, Dublin (zapp2photo); **215.3** Getty Images Plus, München (PhonlamaiPhoto/iStock); **216, 217, 218.1** Goedelt, Marion, Berlin; **218.2** KI-generiert mit Midjourney. Quelle: https://de.wikipedia.org/wiki/Midjourney -https://commons.wikimedia.org/wiki/File:Pope_Francis_in_puffy_winter_jacket.jpg; **220** Mauritius Images, Mittenwald (BSIP); **222** Thinkstock, München (DragonImages); **224** ShutterStock.com RF, New York (MardeFondos); **226** stock.adobe.com, Dublin (Natthapoom); **228** Goedelt, Marion, Berlin; **230** ShutterStock.com RF, New York (MardeFondos); **231** stock.adobe.com, Dublin (Tomasz Wozniak); **232.1–3** Goedelt, Marion, Berlin; **234** Getty Images Plus, München (Moment/Witthaya Prasongsin); **235** stock.adobe.com, Dublin (WoGi); **238** Picture-Alliance, Frankfurt/M. (dpa / Erwin Elsner); **240** Christian Morgenstern, Alle Galgenlieder, marix Verlag ein Imprint von Verlagshaus Römerweg, 2016, ISBN 9783937715155; **243** akg-images, Berlin; **244.1** Picture-Alliance, Frankfurt/M. (Hannes P. Albert); **244.2** Mauritius Images, Mittenwald (Néstor J. Beremblum/Alamy); **244.3** Picture-Alliance, Frankfurt/M. (REUTERS/Tobias Schwarz); **244.4** Picture-Alliance, Frankfurt/M. (osnapix/Titgemeyer); **247.1–3** Goedelt, Marion, Berlin; **249** Oser, Liliane, Hamburg; **250** Getty Images Plus, München (CharlieAJA/iStock); **252.1–3** Goedelt, Marion, Berlin; **254** Schwarwel, Leipzig; **258** Wiemers, Sabine, Düsseldorf; **259, 260, 261** Goedelt, Marion, Berlin; **263** Ernst Klett Verlag GmbH, Stuttgart; **265** Wiemers, Sabine, Düsseldorf; **267, 268** Goedelt, Marion, Berlin; **270.1** akg-images, Berlin (brandstaetter images/Hermann Klee); **270.2** Alamy stock photo, Abingdon (Pictorial Press Ltd); **270.3** akg-images, Berlin (Stiftung Weimarer Klassik) [Georg Melchior Kraus: Johann Wolfgang v. Goethe, 1775/76]; **273** Oser, Liliane, Hamburg; **274–276** akg-images, Berlin (Universitätsbibliothek Heidelberg) [Große Heidelberger Liederhandschrift, Codex Manesse, 1310–1340]; **279** Oser, Liliane, Hamburg; **281.1–2** Goedelt, Marion, Berlin; **282** stock.adobe.com, Dublin (sunt); Geoatlas, Hendaye; **283** Oser, Liliane, Hamburg; **283, 284, 285, 287** Schwarwel, Leipzig; **288** Goedelt, Marion, Berlin; **291** Goedelt, Marion, Berlin; **292** Goedelt, Marion, Berlin; **293, 295, 298, 299** Goedelt, Marion, Berlin; **300.1** Oser, Liliane, Hamburg; **300.2, 301** stock.adobe.com, Dublin (Osterland); **303.1–4** Oser, Liliane, Hamburg; **304** Fotosatz_Buck, Kumhausen/Hachelstuhl nach: Deutschland, wie es isst. Der BMEL-Ernährungsreport 2024, S. 11, https://www.bmel.de/DE/themen/ernaehrung/ernaehrungsreport2024.html; **305.1** Oser, Liliane, Hamburg; **305** Schwarwel, Leipzig; **306, 307.1–5** Oser, Liliane, Hamburg; **311** Goedelt, Marion, Berlin; **312** Oser, Liliane, Hamburg; **313, 315** Ernst Klett Verlag GmbH, Stuttgart; **316** Oser, Liliane, Hamburg; **319.1** Ernst Klett Verlag GmbH, Stuttgart; Abbildung: akg-images, Berlin (Erich Lessing) [Hildegard von Bingen: Scivias]; **319.2** Ernst Klett Verlag GmbH, Stuttgart; Abbildung: akg-images, Berlin (Staatsbibliothek Stuttgart) [Weingartner Liederhandschrift, um 1300]; **321** Alamy stock photo, Abingdon (ART Collection); **324** Grigo, Pe, Bielefeld; **327** ShutterStock.com RF, New York (Pavel L Photo and Video); **328, 330, 331** Oser, Liliane, Hamburg; **333** Pflügner, Matthias, Berlin; **335** Oser, Liliane, Hamburg; **336, 337.1** Goedelt, Marion, Berlin; **337.2** Brüggemann, Vera, Bielefeld; **338, 339, 340.1–2, 342.1–3, 343.1–3, 354.1–9, 355.1–9** Oser, Liliane, Hamburg

Finde deinen Weg mit dem Einschätzungstest

Name: Klasse: Datum:

Ernährung in der Zukunft

Finde deinen Weg

In diesem Kapitel lernst du, Sachtexte zu erschließen und Diagramme zu analysieren. Mit dem Test kannst du dein Wissen überprüfen. Löse die folgenden Aufgaben und überprüfe deine Ergebnisse mit dem Lösungsblatt. Die Auswertung kannst du selbst anhand deiner erreichten Punkte vornehmen.

1 Untersuche den Sachtext nach der Verwendung sprachlicher Mittel. Ergänze die Tabelle unten.

Gerechte Ernährung der Weltbevölkerung

Die Sicherung der menschlichen Ernährung ist eine der dringendsten Herausforderungen. Laut der Welternährungsorganisation leiden aktuell rund 800 Mio. Menschen auf der Welt an Hunger. Ursachen dafür sind: Kriege, Naturkatastrophen, der Klimawandel, Armut, ungerechte Nahrungsmittelverteilung und eine grundsätzliche weltweite Ressourcenverknappung. All dies trägt dazu bei, dass die Zukunft der Welternährung gefährdet ist.
Die globale Ressourcenverknappung könnte man leicht und alltagstauglich verringern, indem die Produktion und der Konsum von Tierprodukten deutlich reduziert werden. Zugleich müssten in den Industriestaaten stärker pflanzen lastige Ernährungsstile gefördert werden.
Bereits 35 % der weltweiten Getreideernte werden für die Tierfütterung verwendet. Dazu kommen 70–75 % der weltweiten Sojaernte. Würden die als Futter verwendeten Pflanzen bzw. die dafür verwendeten Ackerflächen direkt für die menschliche Ernährung bereitgestellt werden, ließen sich viel mehr Menschen ernähren als über den „Umweg Tier".
Verschiedene Studien der letzten Jahre zeigen, welche Vorteile sich aus einer deutlichen Verringerung von tierischen Produkten ergeben würden: Eine Studie der Universität Minnesota (2013) zeigte, dass schon heute vier Mrd. Menschen mehr ernährt werden könnten, wenn ihnen die gesamte Getreide- und Sojaernte direkt zugänglich wäre. Die Universitäten Göttingen und Hohenheim wiesen nach, dass schon eine Verringerung des Fleischkonsums um 20 % durch die Industriestaaten „zu einer spürbaren Verbesserung der Ernährungssituation in Entwicklungsländern" führen könnte.

Marla Müller im Ernährungsforum vom 03.02.2025

sprachliche Mittel	Beispiele aus dem Text
auffällige Komposita/ Wortzusammensetzungen	
Zitate	
Fachwörter	
Aufzählungen	
Nominalstil	

Autorin: Karin Berndt
Illustration: Rudolf Hungreder, Leinfelden-Echterdingen

Name: Klasse: Datum:

Ernährung in der Zukunft

Finde deinen Weg – Lösungen

Aufgabe 1
Sieht deine Tabelle so oder so ähnlich aus? Dann gib dir die entsprechenden Punkte.

sprachliche Mittel	Beispiele aus dem Text	
auffällige Komposita/ Wortzusammensetzungen	– Ressourcenverknappung – Nahrungsmittelverteilung – pflanzenlastige Ernährungsstile	☐
Zitate	„zu einer spürbaren Verbesserung der Ernährungssituation in Entwicklungsländern"	☐
Fachwörter	– Welternährungsorganisation – Tierfütterung	☐
Aufzählungen	– Kriege, Naturkatastrophen, der Klimawandel Armut, ungerechte Nahrungsmittelverteilung und eine grundsätzliche weltweite Ressourcenverknappung – leicht und alltagstauglich	☐
Nominalstil	– Ernährung der Weltbevölkerung – Produktion und der Konsum von Tierprodukten – Verringerung des Fleischkonsums (…) durch die Industriestaaten	☐

Du hast ______ von 5 Punkten erreicht.

Aufgabe 2
Stimmen deine Ergebnisse mit den folgenden Aussagen überein? Gib dir entsprechende Punkte.

Zusammenfassung Abschnitt 1:
800 Mill. Menschen hungern; die Ursachen sind vielfältig, vor allem die allgemeine Ressourcenverknappung ist daran schuld ☐

Zusammenfassung Abschnitt 2:
Ressourcenverknappung lässt sich verringern durch weniger Produktion und Konsum tierischer Produkte und verstärkte pflanzliche Ernährung in den Industriestaaten ☐

Zusammenfassung Abschnitt 3:
Tierfütterung verbraucht 35 % der weltweiten Getreide- sowie 70–75 % der weltweiten Sojaernte; würde diese Ernte stattdessen direkt an Menschen gehen, müssten viel weniger hungern ☐

Zusammenfassung Abschnitt 4:
Studien zeigen die Vorteile der Verringerung tierischer Produkte, schon 20 % weniger Fleischkonsum in den Industrieländern brächte eine spürbare Verbesserung ☐

Kernaussage:
Die Produktion und der Konsum von Tierprodukten muss in den Industriestatten deutlich zurückgehen, um die Ernährung der Weltbevölkerung zu sichern. ☐

Du hast ______ von 5 Punkten erreicht.

Autorin: Karin Berndt

START

Drei Wege – ein Ziel! Finde deinen Weg mit diesem Einschätzungstest. **D21**

A
B
C

- **Was?** Mit dem Einschätzungstest überprüfst du dein Wissen und deine Kompetenzen nach der gemeinsamen Erarbeitung in der Klasse.
- **Wie?** Du kannst den Test selbst durchführen, deine Ergebnisse mit dem Lösungsblatt überprüfen und anschließend auswerten. Du erhältst einen Hinweis, auf welcher Seite (Weg A, B oder C) du weiterarbeiten kannst.
- **Wo?** Die Tests und Lösungen findest du in den Medien zum Schulbuch, auf dem eBook oder du erhältst sie von deiner Lehrkraft.

Mit Operatoren arbeiten

Operatoren sind Verben, die dir signalisieren, wie du eine Aufgabe bearbeiten sollst. Achte auf inhaltliche und sprachliche Anforderungen. Die Operatoren sind in drei Anforderungsbereiche gegliedert.

Anforderungsbereich I
Informationen erfassen, Inhalte wiedergeben

Informationen erfassen und richtig benennen

nenne, benenne, gib an, zeige

- Entnimm dem Text oder dem Material (z. B. Bild, Karte, Tabelle) die gesuchten Begriffe oder Informationen.
- Führe sie nacheinander auf.
- Verwende, wenn möglich, Fachbegriffe.
  - *Folgende Punkte kann ich nennen: …*
  - *… heißt …*
  - *… wird … genannt.*

bestimme, definiere

- Formuliere kurz und genau (ohne Beispiele), was der Begriff, die Situation oder ein Problem bedeuten.
  - *Mit … bezeichnet man …*
  - *… bedeutet: …*

Prozesse, Ereignisse und Sachverhalte widerspiegeln

beschreibe

- Gib wieder, was du auf der Darstellung oder im Text wahrnimmst.
- Achte auf wesentliche Merkmale (d. h., erfasse den Kern einer Sache).
- Verwende, wenn möglich, Fachbegriffe.
- Beachte bei Vorgängen die zeitliche Reihenfolge.
  - *Ich sehe/erkenne …*
  - *Das Material/Bild zeigt …*
  - *Man erkennt …*
  - *Im Text wird … genannt …*
  - *Zuerst …, dann …, danach …*

berichte

- Beschreibe sachlich und in der zeitlichen Reihenfolge den Ablauf eines Ereignisses.
- Beantworte die W-Fragen.
- Gib das Ereignis knapp und im Präteritum wieder.
  - *Am Montagmorgen geschah …*
  - *Daraufhin passierte …*
  - *Das hatte zur Folge, dass …*

gib wieder

- Lies den Text oder betrachte das Material unter einer bestimmten Fragestellung.
- Gib die wichtigsten Gedanken dazu mit deinen Worten wieder.
  - *In dem Text/Bild geht es um …*
  - *Es wird dargestellt, wie …*
  - *Die Autorin ist der Ansicht, dass …*

Anforderungsbereich II
Wissen verarbeiten und anwenden

Prozesse, Ereignisse oder Strukturen erklären und erläutern

erkläre, werte aus

- Setze dich vertieft mit den Einzelheiten einer Sache auseinander.
- Formuliere Ursachen bzw. Gründe, Folgen und Gesetzmäßigkeiten.
- Stelle die Sache so dar, dass ein anderer sie versteht.
  - *Dies kann man erklären mit …*
  - *Es bedeutet, dass … / Das heißt, …*
  - *Da/weil/aufgrund …*
  - *Infolgedessen …*

begründe

- Gib den Grund / die Ursache für etwas, z. B. deine Meinung, an.
- Stütze eigene oder fremde Aussagen durch Begründungen.
  - *Da … / weil … / denn …*
  - *Deshalb … / dadurch …*
  - *Aufgrund … / Aus diesem Grund …*

erläutere

- Stelle Prozesse oder Ereignisse ausführlich dar.
- Wie beim Erklären sollst du Ursachen, Folgen und Gesetzmäßigkeiten deutlich machen.
- Gib zusätzliche Informationen, Belege und Beispiele an.
  - *Aufgrund von …*
  - *Das ist darauf zurückzuführen, dass …*
  - *Infolge von …, sodass …*
  - *Deshalb/dadurch …*
  - *Zum Beispiel …*

untersuche, erschließe, analysiere

- Werte ein Material (z. B. einen Text oder eine Abbildung) gezielt aus.
- Stelle (in Gedanken) Fragen an das Material nach festgelegten oder eigenen Kriterien.
- Suche nach wichtigen Merkmalen bzw. Antworten.
- Stelle diese Merkmale und Aspekte des Textes strukturiert bzw. übersichtlich dar.
  - *Betrachtet man …, dann …*
  - *Folgende Merkmale kann ich ablesen: …*
  - *Daraus geht hervor, dass …*
  - *Besonders wichtig ist …*